中英文对照

Chinese/English

2013

天津滨海新区统计年鉴

TIANJIN BINHAI NEW AREA STATISTICAL YEARBOOK

天津市滨海新区统计局　编

Compiled by Tianjin Binhai New Area Bureau of Statistics

中国统计出版社

China Statistics Press

滨海新区海河大桥
Haihe River Bridge in Binhai New Area

翠亨小区
Cuiheng Community

繁忙的天津港
Busy Tianjin Port

华纳高尔夫球场
Warner International Golf Course

建设中的滨海新区
Binhai New Area in Construction

建设中的于家堡金融区
Yujiapu Financial District in Construction

开发区生活休闲区
Living & Leisure Area in TEDA

空港经济区鸟瞰
Aerial View of Airport Economic Area

泰达MSD大厦
TEDA MSD Mansion

泰丰公园
Taifeng Park

天津港保税区
Tianjin Port Free Trade Zone

泰达现代服务产业区
TEDA Modern Service Industry Zone

北塘三河岛遗址生态公园
Beitang Sanhedao Ruins Ecological Park

滨海高新区鸟瞰
Aerial View of Binhai Hi-tech
Industrial Development Park

滨海航母主题公园
Binhai Aircraft Carrier
Theme Park

滨海新区晚霞
Sunset Glow in Binhai New Area

滨海新区街景
Street Scene of
Binhai New Area

滨海新区全貌
View of Binhai New Area

中航直升机总装线
Helicopter Assembly
Line of AVIC

中新生态城国家动漫园
National Animation Industry
Park in Sino-Singapore
Tianjin Eco-City

行驶中的津滨轻轨
Jinbin Light Rail in Operation

全区生产总值（亿元）
GDP (100 million yuan)

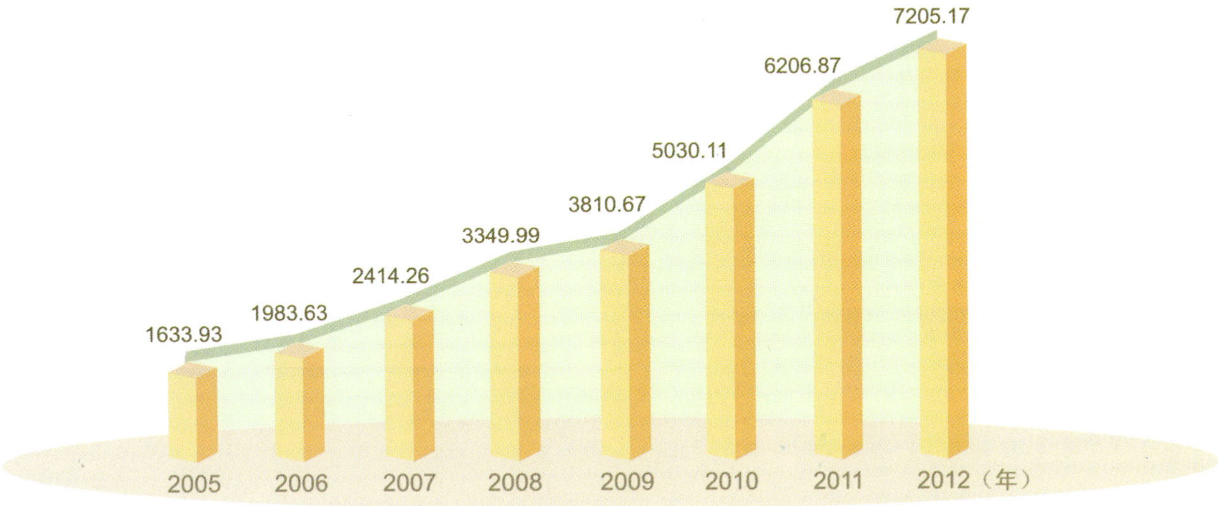

产业结构（%）
Industrial Struture

第一产业 Primary Industry　第二产业 Secondary Industry　第三产业 Tertiary Industry

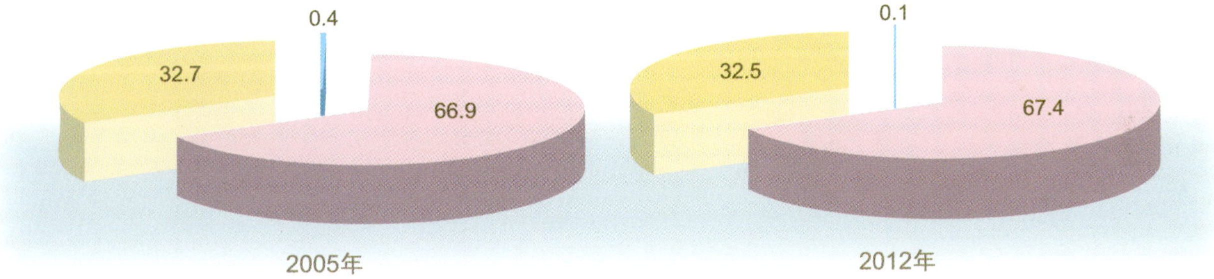

固定资产投资（亿元）
Total Investment in Fixed Assets (100 million yuan)

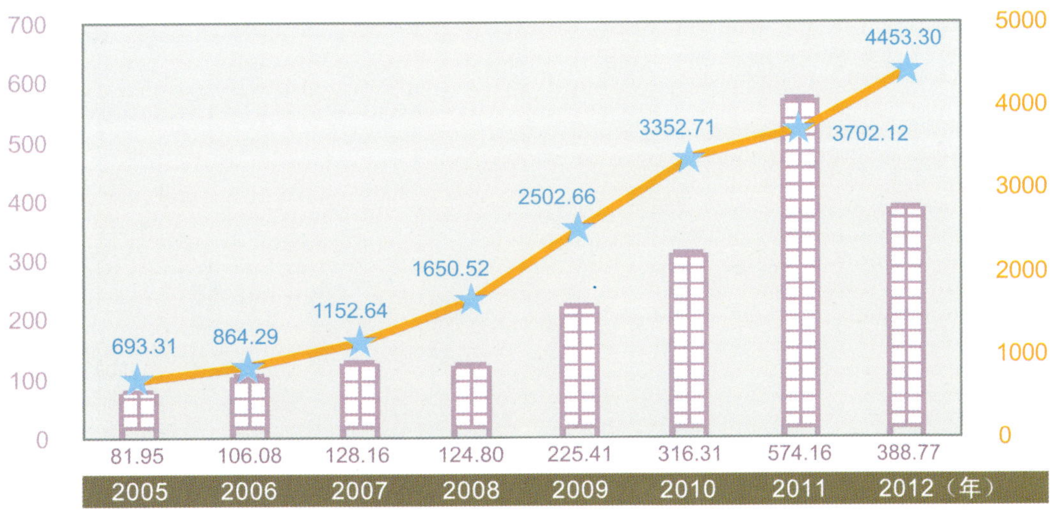

固定资产投资 Total Investment　# 房地产投资 Investment in Real Estate

全部工业总产值（亿元）
All the Gross Output Value of Industry (100 million yuan)

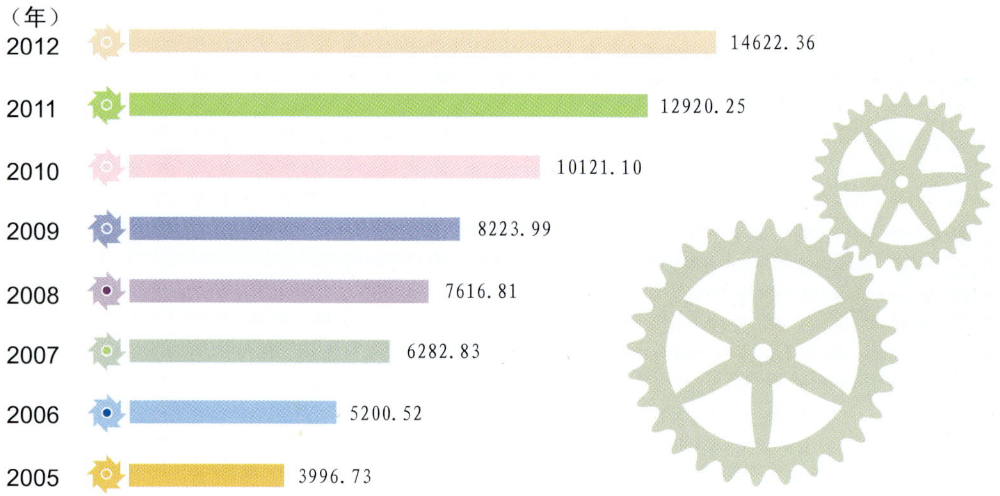

社会消费品零售总额（亿元）
Total Retail Sales of Consumer Goods (100 million yuan)

港口货物吞吐量（万吨）
Volume of Freight Handled & Passenger Traffic at Ports (10000 tons)

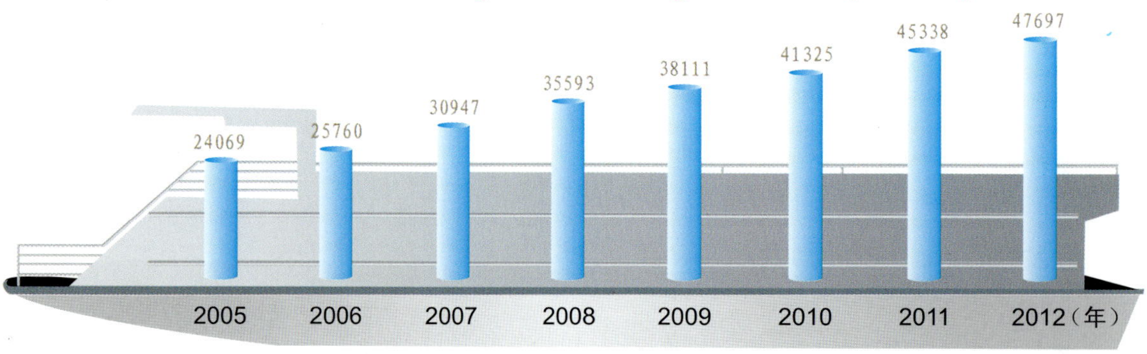

外贸出口总额（亿美元）
Total Value of Exports (USD 100 million)

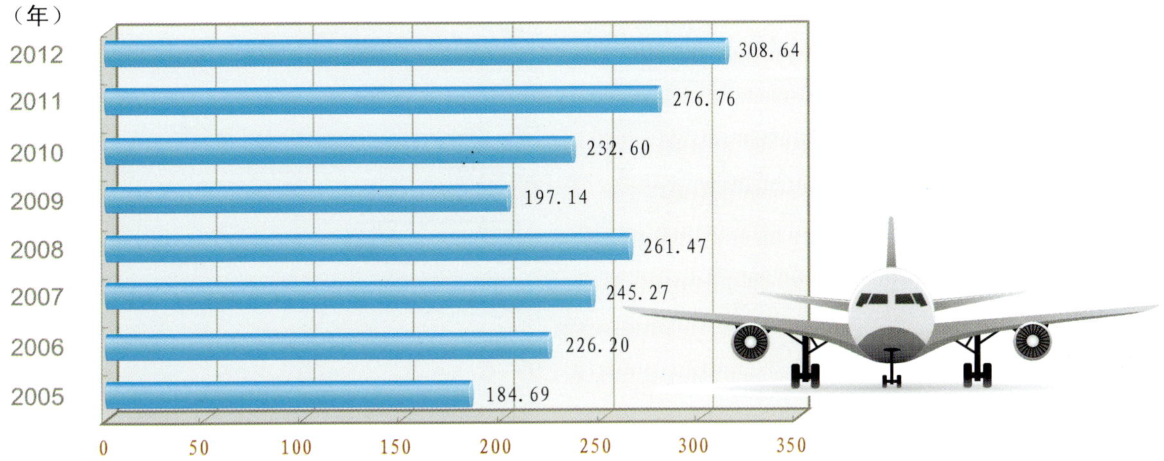

实际直接利用外资额（亿美元）
Actual Direct Utilization of Foreign Capital (USD 100 million)

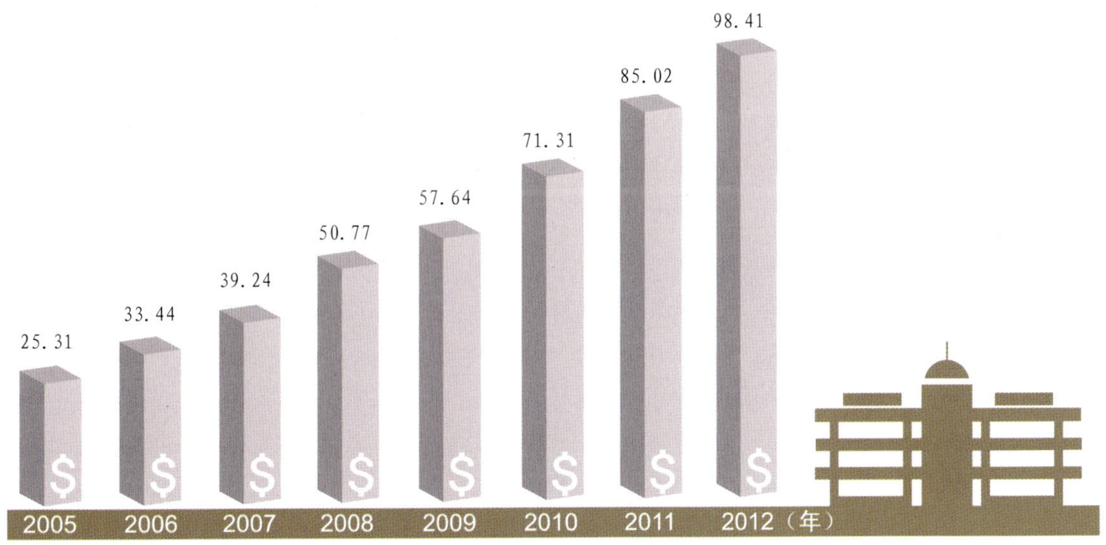

实际利用内资额（亿元）
Domestic Investment Actually used (100 million yuan)

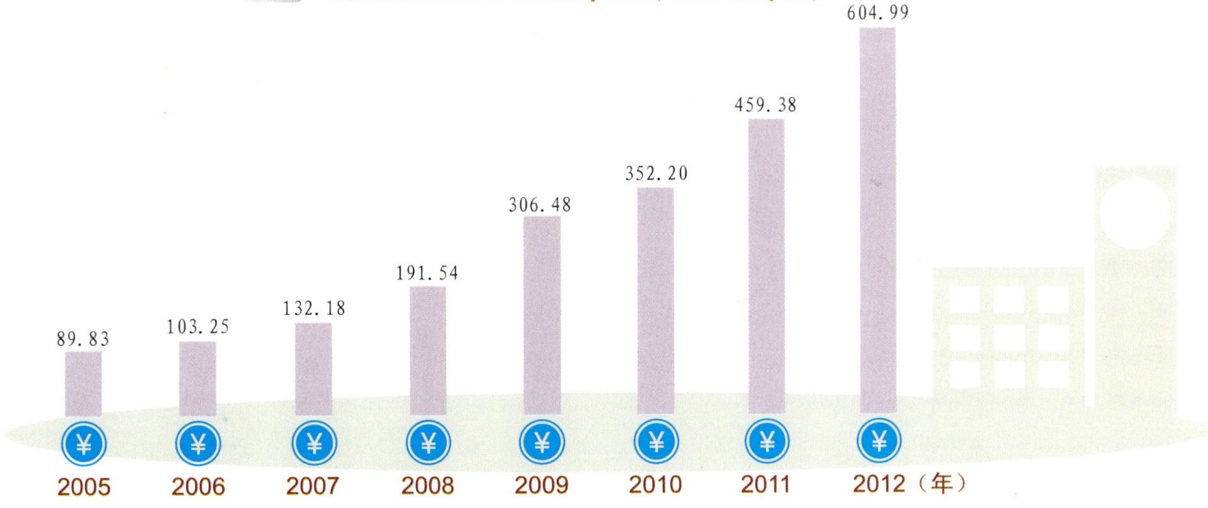

金融机构人民币存贷款余额（亿元）
RMB Deposits and loans of Financial Institutions (100 million yuan)

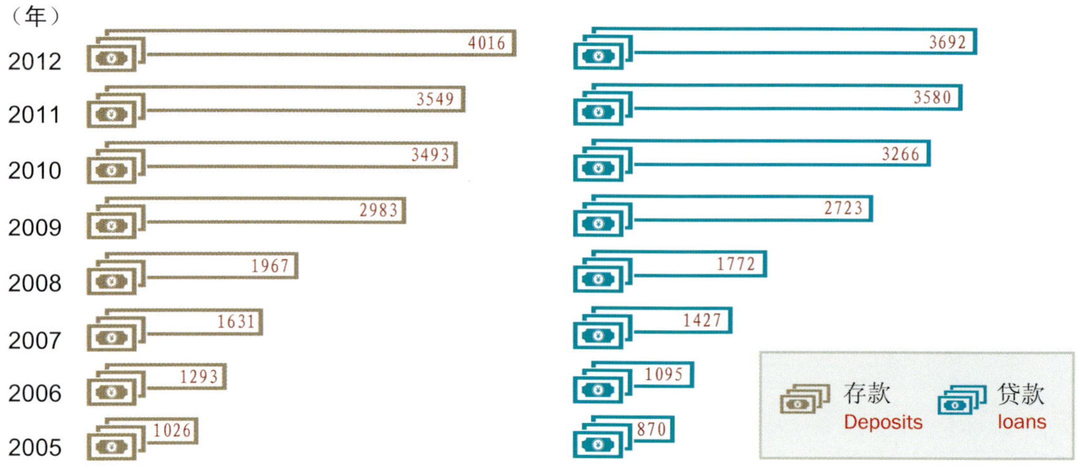

财政收入（亿元）
Government Revenue (100 million yuan)

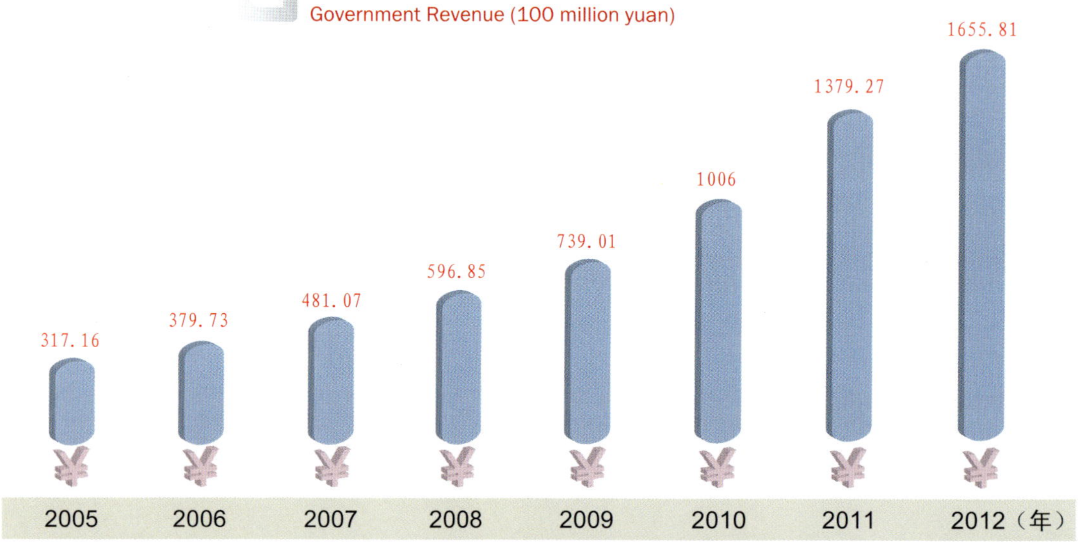

2012年每天主要经济社会活动情况
Average Daily Economic and Social Activities in 2012

全区生产总值19.74亿元
Gross Domestic Product（1.974 billion yuan）

第三产业增加值6.41亿元
Value Added of Tertiary Industry（641 million yuan）

全部工业总产值40.06 亿元
All the Gross Output Value of Industry（4006 million yuan）

财政收入4.54亿元
Government Revenue （454 million yuan）

全社会固定资产投资12.20亿元
Total Investment in Fixed Assets（1220 million yuan）

天然原油产量8.49吨
Output of Crude Petroleum Oil（84900 tons ）

无缝钢管产量8164吨
Output of Seamless Steel Pipe（8164 tons ）

移动通信手持机 25.19万部
Mobile Phones（251900 pieces）

港口货物吞吐量130.68万吨
Volume of Freight Handled in Ports（1.3068 million tons）

社会消费品零售额3.04亿元
Total Retail Sales of Consumer Goods（304 million yuan）

外贸出口总额8456万美元
Total Value of Exports in Foreign Trade（USD 84.56 million）

实际直接利用外资2696万美元
Actual Direct Utilization of Foreign Capital （USD 26.96 million）

实际利用内资1.66亿元
Domestic Investment Actually Used（166 million yuan）

津滨轻轨乘客人数8.44万人次
Passengers of Binhai Mass Trains （84400 person-times）

《天津滨海新区统计年鉴—2013》

编辑委员会

Tianjin Binhai New Area Statistical Yearbook 2013

Editorial Board and Staff

编 者 说 明

一、《天津滨海新区统计年鉴》是一部全面反映天津滨海新区经济和社会发展情况的权威性工具书，创刊于2000年，以后逐年出版。年鉴以其丰富翔实的统计数据全面反映滨海新区经济和社会发展情况，为社会各界了解、认识滨海新区提供科学的参考依据。

二、2013版《天津滨海新区统计年鉴》分十一篇，系统收录了天津滨海新区2012年经济和社会各方面的统计数据，以及其他重要历史年份的主要统计数据。为方便读者使用，书后附有统计指标解释。全书中英文对照，配有光盘。

三、年鉴中的主要统计数据来源于统计系统的统计年报、少部分来源于滨海新区有关部门及市相关部门的统计资料。

四、年鉴中所使用的度量衡单位均采用国际统一标准计量单位，行业分类标准均采用国家标准GB/T 4754-2011。

五、年鉴中数据合计数和相对数由于四舍五入取舍不同而产生的计算误差，均未做机械调整。

六、年鉴中“空格”表示该项统计指标无数据、数据不足表中最小单位或数据不详，“#”表示其中的主要项。

七、由于统计方法制度的变化以及与不同年份有关专业的普查、调查、清查结果数据相衔接等原因，年鉴中部分指标的历史年度数据会有所调整，读者在使用以往的历史资料时，凡数据与本年鉴不一致的均以本年鉴为准。

八、《天津滨海新区统计年鉴》在编辑过程中，得到了市、区有关部门和单位的大力支持，在此致以真诚的谢意！限于我们编辑水平和经验的欠缺，不足之处，敬请广大读者给予批评指正。

Preface

Ⅰ. *Tianjin Binhai New Area Statistical Yearbook* is a statistics publication to reflect various aspects of Tianjin Binhai New Area's economic and social development, which was started in 2000 and published by year after. With plentiful and detailed statistical materials, the yearbook shows us basic condition of Binhai New Area's economic and social development, and provides scientific references for people to know Binhai New Area.

Ⅱ. *Tianjin Binhai New Area Statistical Yearbook-2013* is complied by 11 chapters, including data of Tianjin Binhai New Area's economic and social development in 2012, and main statistical indicators in other important historical years. In order to help readers using these statistical materials better, *Explanatory Notes on Main Statistical Indicators* are attached after. The book is written in Chinese & English, and is equipped with electric CD.

Ⅲ. The major data sources of this book are annual statistical report of statistics system, a few from statistics data of Binhai New Area's departments and related municipal departments.

Ⅳ. The units of measurement used in this book are internationally standard measurement units; sector listed is classified by the standard of GB/T 4754-2011.

Ⅴ. Statistical discrepancies due to rounding are not adjusted in this book.

Ⅵ. In this yearbook, {(blank)} indicates the data not available or the figure is not large enough to be measured with the smallest unit in the table. "#" indicates the major items of the total.

Ⅶ. As a result of change of statistics institution and keeping consistent with data of census, surveys and checks, some data in this yearbook are different from former yearbooks. When using historical data, users should take the data of this book as standard.

Ⅷ. In the editing process of *Tianjin Binhai New Area Statistical Yearbook*, we have been concerned and supported by the related departments and units. We deeply thanks for this all. Based on our limited level, perhaps there are some mistakes in this book, we welcome all of the readers give us your criticism.

篇目索引

Subject Index

目　录

第二篇 人口、就业和劳动工资
Chapter 2 Population，Employment and Labor Wages

第三篇 农 业
Chapter 3 Agriculture

第四篇 工 业
Chapter 4 Industry

第五篇 固定资产投资、房地产和建筑业
Chapter 5 Investment in Fixed Assets, Real Estate and Construction

第八篇　对外经济贸易
Chapter 8　Foreign Trade and Economic Cooperation

第九篇　人民生活、社会事业和其他
Chapter 9　People's Life, Social Undertakings and Others

第十篇　城建环保和交通邮电

Chapter 10　Urban Construction, Environment Protection, Transportation, Post and Telecommunications

第十一篇 科技、教育及文化体育卫生
Chapter 11 Science and Technology, Education, Culture, Sports and Public Health

2012年天津市滨海新区国民经济和社会发展统计公报

天津市滨海新区统计局

2013年3月8日

2012年是加快推进滨海新区开发开放的关键一年，也是实施“十二五”规划承前启后的重要一年。面对错综复杂的国内外发展环境，滨海新区在市委、市政府的领导下，深入贯彻落实党的“十八大”和市第十次党代会精神，坚持以科学发展观统领经济社会发展全局，以转变发展方式为主线，以加快结构调整为主攻方向，紧紧围绕国家战略定位，全力推进滨海新区开发开放。全区经济呈现较快增长，人民生活水平稳步提高，社会各项事业取得新进展。

一、经济总量

经济持续较快发展。初步核算，全年生产总值达到7205.17亿元，按可比价格计算，比上年增长20.1%，连续三年实现跨千亿元台阶。分产业看，第一产业完成9.36亿元，增长2.9%；第二产业完成4857.76亿元，增长21.9%；第三产业完成2338.05亿元，增长16.1%。三次产业结构为0.1:67.4:32.5，第三产业比重比上年提高1.4个百分点。

图1　2008-2012年滨海新区生产总值

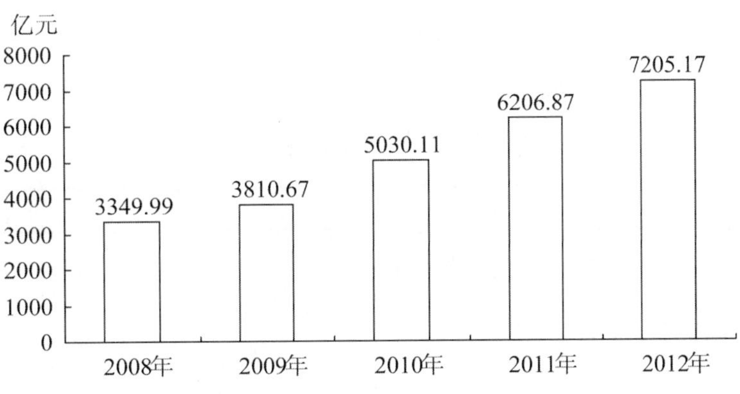

二、农业和新农村建设

农业生产保持稳定。农业总产值完成23.89亿元，比上年增长3.1%，其中种植业产值6.29亿元，下降5.3%；畜牧业产值6.49亿元，增长5.2%；渔业产值11.07亿元，增长6.8%，占农业总产值的比重为46.3%。

现代农业初具规模。3个市级科技园区、6个农业标准化示范基地全面建成，11个市、区两级园区加快建设。组织实施27项新品种、新技术试验示范及推广应用项目。新增设施农业7156亩，改造提升2800亩，建成“放心菜基地”4000亩，新建和改建循环水养殖车间6.5万平方米。

新农村建设步伐加快。2012年示范镇试点新开工61万平方米，主体竣工69.3万平方米，完成投资18.85亿元。其中茶淀示范镇已建成，太平示范镇（一期）主体竣工，塘沽“三煤气”周边七村安置、新城镇、汉沽大田镇、大港太平镇二期、小王庄、中塘等项目积极推进。示范镇累计完成投资 168 亿元。安置房累计竣工 135 万平方米，1.4 万农民入住。

表 1　主要农副产品产量

产品名称	单　位	产　量	比上年增长（%）
肉　类	吨	24371	4.8
奶　类	吨	13306	8.8
水产品	吨	53090	2.6
禽　蛋	吨	4245	7.9
水　果	吨	64478	5.7
蔬　菜	吨	8893	5.5

三、工业和建筑业

工业生产平稳运行。实现工业增加值 4622.81 亿元，比上年增长 22.9%，拉动新区经济增长 16.1 个百分点，对经济增长的贡献率达到 70.2%。完成规模以上工业总产值 14416.75 亿元，增长 15.8%；销售产值 14284.60 亿元，增长 12.8%；产销率为 99.1%；出口交货值 2048.94 亿元，增长 13.8%。

工业经济效益企稳回升。规模以上独立核算工业企业完成主营业务收入 14572.85 亿元，比上年增长 11.4%；实现利税总额 1965.52 亿元，增长 3.8%，其中税金总额 688.91 亿元，增长 10.5%。在 38 个工业行业中，32 个行业实现盈利。

先进制造业发展水平继续提升。形成以战略性新兴产业为先导、高新技术产业为引领、优势支柱产业为支撑的现代工业体系，产业结构不断呈现“高端化、高质化、高新化”发展趋势。石油和化工、电子信息、汽车装备制造及现代冶金、轻工纺织、新能源新材料、航空航天、生物医药、军工八大支柱产业完成工业总产值 13715.82 亿元，占新区规模以上工业比重为 95.1%。

表 2　主要工业产品产量

产品名称	单　位	产　量	比上年增长（%）
天然原油	万　吨	3098.31	-2.8
汽　油	万　吨	170.75	1.3
柴　油	万　吨	600.18	-6.4
乙　烯	万　吨	113.16	-15.7
锂离子电池	万　只	49840.30	13.6
钢　材	万　吨	1210.36	8.7
生　铁	万　吨	1055.47	5.0
汽　车	万　辆	45.44	-8.9
移动电话	万　部	9193.85	1.5
微波炉	万　台	914.17	2.3
照相机	万　台	812.79	-3.8
自行车	万　辆	946.22	2.7
家　具	万　件	294.00	42.9
食用植物油	万　吨	169.73	25.1

建筑业平稳发展。资质以上建筑企业（不含劳务分包）完成总产值 1550.42 亿元，与上年基本持平；实现增加值 234.95 亿元，比上年增长 4.1%。房屋施工面积 4891.61 万平方米，下降 9.3%，其中住宅施工面积 1609.72 万平方米，增长 8.3%；房屋竣工面积 966.83 万平方米，下降 0.6%，其中住宅竣工面积 311.27 万平方米。

四、固定资产投资

固定资产投资较快增长。全社会固定资产投资完成 4453.30 亿元，比上年增长 20.3%。分产业看，第一产业完成投资 25.77 亿元，增长 28.5%；第二产业完成投资 1476.13 亿元，增长 11.4%；第三产业完成投资 2951.40 亿元，增长 25.2%。三次产业投资比例为 0.6: 33.1:66.3。

图 2　2008-2012 年滨海新区固定资产投资

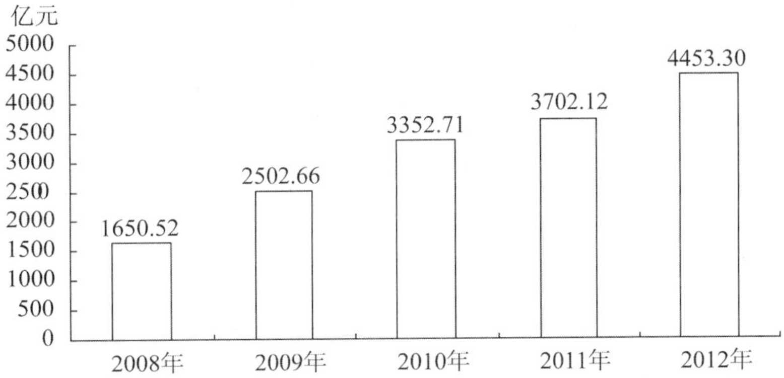

重大项目进展顺利。中海油油气田勘探开发、临港装备制造业基地软基处理、西外环高速公路、未来科技城基础设施建设、京津城际延长线天津至于家堡工程等一批项目开工建设。新开工计划总投资 5000 万以上重点项目 516 个，竣工项目 207 个。重点项目中计划总投资 10 亿元以上大项目 150 个，完成投资 1250.41 亿元，占新区重点项目完成投资的 48.8%。

城市配套设施建设不断优化。135 个重大基础设施项目完成投资 909.79 亿元。津秦客运专线完成铺轨，于家堡站、滨海站、滨海北站加快推进。中央大道北段、春风路地道、海景大道等 11 条道路竣工，西外环高速、轻纺联络线等 9 条道路加快建设。供排水、供热、燃气、污水处理等一批配套设施建成使用，城市载体功能进一步增强。

五、国内贸易和旅游会展业

市场销售保持活跃。全年完成商品销售额 12882.05 亿元，比上年增长 23.6%；社会消费品零售总额 1015.36 亿元，增长 15.6%。日用及热点商品销售增势较好，服装类增长 81.0%，汽车类增长 29.9%，金银珠宝类增长 17.1%，日用品类增长 9.3%，食品类增长 8.8%。

旅游会展业蓬勃发展。欢乐海魔方加紧建设，妈祖圣像落成，北塘古镇开街，航母主题公园改造全面提速。极地海洋馆、东疆港人工沙滩成为新的客源增长点。全年旅游接待量 1500 万人次，比上年增长 30%;实现旅游综合收入 100 亿元，增长 70%。年末实有 A 级旅游景区 10 个，各类旅行社 46 家。成功举办第三届中国国际文化创意展交会、第三届滨海生态城市论坛及博览会、中国国际石化大会等 56 个大型展会，参观人数达 83 万人次。

六、对外贸易和招商引资

进出口平稳增长。全年外贸进出口总额 812.38 亿美元，比上年增长 14.2%，其中进口 503.74 亿美元，增长 15.9%；出口 308.64 亿美元，增长 11.6%。一般贸易和加工贸易出口稳步增长，其中一般贸易出口 64.19 亿美元，增长 2.2%；加工贸易出口 206.72 亿美元，增长 11.7%。

出口商品结构进一步优化。高技术含量产品出口增加，机电产品和高新技术产品出口额 251.29 亿美元和 170.91 亿美元，分别占出口总额的 81.4%和 55.4%。其中计算机与通信技术出口 126.63 亿美元，增长 12.4%，占高新技术产品出口额的 74.1%。对东盟、拉美等市场出口加快，出口额为 40.33 亿美元和 34.14 亿美元，分别增长 49.0%和 38.4%。

表 3　进出口综合情况

指　标	绝对数（亿美元）	比上年增长（%）
一、出口总额	**308.64**	**11.6**
1、按贸易性质分		
#一般贸易	64.19	2.2
加工贸易	206.72	11.7
2、按商品类别分		
#机电产品	251.29	13.9
#高新技术产品	170.91	12.8
3、按经营单位分		
#国有企业	29.29	37.4
中外合资企业	127.22	17.1
中外合作企业	0.54	-0.4
外商独资企业	118.15	1.7
二、进口总额	**503.74**	**15.9**
1、按贸易性质分		
#一般贸易	227.79	13.6
加工贸易	136.77	16.7
2、按商品类别分		
#机电产品	349.69	17.9
#高新技术产品	200.56	20.7
3、按经营单位分		
#国有企业	47.86	14.7
中外合资企业	187.23	18.8
中外合作企业	1.19	57.5
外商独资企业	185.21	5.4

招商引资取得新突破。德国大众汽车变速器生产基地、空客天津总装线二期、陶氏化学等一批有影响的大项目入区发展。成功引进卡梅隆佩斯集团、搜狐视频、华夏人寿等 37 个总部项目，总部企业超过 200 家。全年利用外资项目 372 个,比上年增长 5.4%；外资实际到位额 98.07 亿美元，增长 15.4%。利用内资项目 716 个，增长 17.0%；内资实际到位额 604.99 亿元，增长 32.0%。

七、交通和邮电业

交通运输业较快发展。天津港 30 万吨级航道一期完工，神华煤炭码头二期建设加快，天津机场扩建工程进展顺利，国际航运中心和国际物流中心功能明显增强。全年港口货物吞吐量完成 4.77 亿吨，比上年增长 5.2%，保持了中国北方第一大港的领先地位；集装箱吞吐量 1230.31 万标准箱，增长 6.2%。

机场旅客吞吐量增势平稳，全年旅客吞吐量 814 万人次，比上年增长 7.8%；货邮吞吐量 19.43 万吨，增长 6.2%。新开提升 10 条公交线路，建成 6 处首末站、70 对中途站，新投入节能环保公交车 100 辆。

邮政通信业保持平稳发展。全年邮电业务总量完成 10.49 亿元，比上年增长 9.4%，其中邮政业务总量 2.51 亿元，增长 8.8%；电信业务总量 7.98 亿元，增长 9.7%。发送邮政函件 1275 万件，增长 4.7%；邮政包裹 22.2 万件，增长 4.3%；邮政快递 133.4 万件，下降 12.4%。年末固定电话用户 42.65 万户，净增 1.14 万户。移动电话用户 43.79 万户，净增 5.34 万户。互联网宽带接入用户 31.65 万户，增长 10.4%。

八、财政和金融

财政收入再上新水平。财政总收入 1655.8 亿元，比上年增长 20.1%；地方财政收入 1122.6 亿元，增长 22.4%，其中一般预算收入 731.8 亿元，增长 22.9%；基金收入 390.8 亿元，增长 21.4%。税收收入平稳增长，完成税收收入 492.10 亿元，增长 10.4%。从主要税种看，城市维护建设税完成 39.7 亿元，增长 61.6%；营业税 175.1 亿元，增长 18.6%；增值税 86.4 亿元，增长 9.1%；企业所得税 90.7 亿元，增长 5.1%。

图 3　2008-2012 年滨海新区财政收入

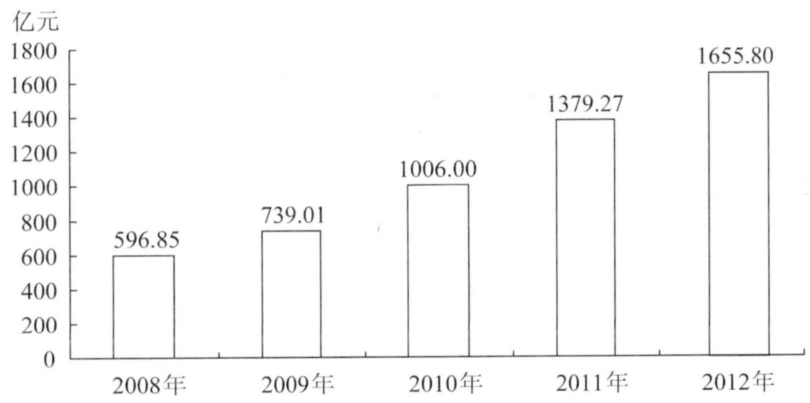

财政支出结构调整优化。一般预算支出 548.80 亿元，比上年增长 25.4%，其中教育文化卫生支出 81.97 亿元，增长 30.6%；科学技术支出 26.62 亿元，增长 30.9%；社会保障和就业支出 9.03 亿元，增长 28.1%。

银行业存贷款规模稳步扩大。年末新区金融机构本外币各项存款余额 4221.83 亿元，增长 15.1%，比年初增加 560.36 亿元。其中，单位存款余额 3010.97 亿元，增长 16.2%，比年初增加 424.77 亿元；储蓄存款余额 1262.34 亿元，增长 15.4%，比年初增加 168.08 亿元。年末金融机构本外币各项贷款余额 3911.63 亿元，增长 3.1%，比年初增加 113.44 亿元。其中,短期贷款余额 1321.82 亿元，增长 17.2%，比年初增加 192.80 亿元；中长期贷款余额 2491.35 亿元，下降 3.5%，比年初减少 90.16 亿元。

金融市场较快发展。年末天津股权交易所累计挂牌企业 247 家，总市值达到 212 亿元，实现直接融资 47.9 亿元；金融资产交易所累计挂牌项目 16234 个，涉及金额 9313 亿元，成交金额超过 960 亿元；铁合金交易所现有硅铁、硅锰、金属镁、锰矿等 4 个交易品种，全年成交量 80 万吨，成交金额 54 亿元。

九、科学技术和教育

科技实力和自主创新能力进一步增强。全年实施 44 项重大科技成果产业化攻关，形成 30 项代表行业制高点的关键技术。新增国家级企业技术中心 2 家、市级企业重点实验室 14 家、市级企业技术中心 13 家、孵化器 9 家。市级以上认定的各类研发中心 235 家。新增科技型中小企业 4389 家、科技小巨人企业 260 家，总数分别达到 11049 家和 526 家。新认定国家级高新技术企业 135 家，总量达到 740

家。专利申请 14808 件；专利授权 6682 件。科技成果项目 2100 项，其中 7 项获得国家科学技术奖，91 项获得天津市科学技术奖。

教育事业取得新进展。新建、改扩建学校和幼儿园 27 所，南开中学滨海生态城学校启动建设。学前教育行动计划顺利完成。义务教育学校全部通过市现代化达标验收，被评为全国“两基”工作先进地区。引进北京东方剑桥幼教集团、天津外国语大学附属学校等名优教育资源。市级以上重点高中 7 所，4 所普通高中获批天津市特色高中实验项目。接待美国等国家学生代表团 400 余人交流访问。11 个国家的 600 余名高中学生出席滨海新区高中生国际论坛活动。塘沽第一中等职业学校成为国家级示范校，滨海职业学院成为市级示范校。

表 4　各类学校、学生和教师情况

指　标	学校数		在校生数		专任教师数	
	绝对数（所）	比上年±%	绝对数（人）	比上年±%	绝对数（人）	比上年±%
合　计	**276**	**1.1**	**177358**	**0.6**	**14076**	**4.0**
高等教育	2	持平	12560	2.8	594	16.0
中等职业教育	4	持平	7424	-14.7	400	-4.8
普通高中教育	26	4.0	20421	-2.8	2077	1.8
普通初中教育	57	1.8	39500	1.6	3770	2.7
小学教育	86	-1.2	72893	2.7	5535	2.0
学前教育	97	2.1	24391	0.2	1644	17.8
特殊教育	4	持平	169	3.7	56	-9.7

十、文化、卫生和体育

文化建设硕果累累。公共文化服务体系、文化市场体系建设取得新进展，文艺创作、广播影视和新闻出版取得新成绩。塘沽新华书店、汉沽版画刻字馆、大港大剧院改造完工。新建和提升 105 个文化站、104 个文化广场、86 个农家书屋。举办第二届滨海国际艺术节、第二届社区文化艺术节、“滨海情”文艺演出等各类文化活动上千场，157 项精品力作获得省部级以上大奖。放映滨海“2191”公益电影 3560 场。全年摄制电影故事片、动画片和电视剧 17 部，大型电视连续剧《妈祖》通过央视审查，作为 2013 年开年大戏在央视播出。11 部滨海新区百本书系图书出版发行。滨海广播电视台 3 个广播频率和 3 个电视频道，综合人口覆盖率达 100%。有线电视用户 44.47 万户，其中数字用户 43.48 万户。年末实有艺术表演团体 38 个，文化馆 3 个，各类博物馆、纪念馆 20 个，公共图书馆 6 个，影剧院 7 个，各艺术门类国家级协会会员 101 人，市级协会会员 531 人。

卫生事业进一步发展。空港国际医院、天津医科大学中新生态城医院开工建设，第五中心医院、港口医院和安定医院新建病房投入使用。建成心脏大血管外科等 4 个国家级重点学科。开设 21 个国医堂。城乡居民基本医疗保险参保 45 万人，参保率达到 98%。年末共有各类卫生机构 581 所，其中，医院 49 所、卫生院 13 所、社区卫生服务中心（站）144 所，疾控机构 7 所，妇幼保健机构 4 所。拥有病床 6362 张，其中，医院 5621 张、卫生院 100 张、社区卫生服务中心（站）395 张。现有卫生技术人员 11261 人，其中，执业医师 4188 人、执业助理医师 238 人、注册护士 4238 人。年门、急诊 1283.95 万人次，出院人数 15.16 万人次。

体育事业顺利推进。现有体育场馆 38 个，优秀体育运动员 532 人。组建 5 个体育单项协会，培养

体育指导员700余人。获得全国性比赛奖牌31枚，其中金牌10枚，银牌9枚，铜牌12枚。在天津市第三届全民健身运动会上取得金牌和奖牌数第一。被授予全国青少年业余训练工作先进单位和全国群众体育工作先进单位。

十一、环境保护和安全生产

环境保护工作进一步加强。年末新设立天津大神堂牡蛎礁国家级海洋特别保护区。自然保护区总数达到3个，总面积3.91万公顷。完成52个重点减排项目，实现增产不增污。全年空气质量二级和好于二级天数为307天。建成北塘、空港、南排河等6座污水处理厂，新增日处理能力13.6万吨，城镇污水处理率达到 93%。第一垃圾发电厂建成投产。住宅老旧供热管网三年改造计划全面完成，新增供热面积441.06 万平方米。市容环境综合整治深入开展，整修主干道路30条、社区66个，新建改造公园10个，新增和改造提升绿化面积1262万平方米，绿化覆盖率达到35.5%。创建国家环保模范城工作扎实推进，国家卫生城区复审工作进展顺利。

安全生产形势总体平稳。事故起数和死亡人数实现"双下降"，全年发生各类安全生产死亡事故111起，死亡120人，同比事故起数减少17起，下降13.3%，死亡人数减少20人，下降14.3%。其中生产安全死亡事故17起，死亡18人，同比事故起数减少18起、下降51.4%，死亡人数减少18人、下降50%；道路交通死亡事故90起，死亡97人，同比事故起数减少3起、下降3.2%，死亡人数减少7人、下降6.7%。

十二、人口、人民生活和社会保障

人口总量继续增长。2012年新区常住人口263.52万人，增加9.86万人；外来常住人口137.68万人，增加8.89万人。常住人口密度为1160人/平方公里，每平方公里比上年增加43人。人口出生率7.77‰，死亡率5.27‰，自然增长率2.5‰。户籍人口115.88万人，比上年增加2.08万人。

居民收入稳步增长。最低工资标准由每月的1160元提高到1310元，增长12.9%，连续第八年调增企业退休人员养老金。全年城镇单位从业人员人均劳动报酬61350元，比上年增长9.5%。城市居民人均可支配收入33866元，增长12.0%；农村居民人均可支配收入13725元，增长13.0%。

住房保障能力稳步提高。全年开工建设保障性住房项目15个，建筑面积200万平方米，竣工100万平方米。建设农民还迁住宅218万平方米，竣工151万平方米。累计为4088户发放廉租住房补贴和经济租赁住房补贴。

社会保障体系进一步完善。参保人数稳步增长，参保结构稳步改善，保障水平稳步提高。全年新增就业11.76万人，比上年增长9.9%；转移农村富余劳动力10142人；帮扶2235名就业困难人员就业。城镇登记失业率继续保持在3%。参加城职养老保险人数105.33万人，增长4.3%；参加城职医疗保险人数104.09万人，增长5.8%；参加城职工伤保险人数91.34万人，增长5%；参加城职失业保险人数76.21万人，增长6.6%；参加城职生育保险人数74.86万人，增长11.4%。城镇职工参保率达到93%以上。累计参加城乡居民养老保险7.4万人，其中参加养老保险2.8万人，享受老年生活补贴4.6万人。加大困难群众救助力度，发放各类社会救助金7886万元。新建老年照料中心14个、社区服务中心5个和23个社区服务站，为1877位困难老人发放养老服务政府补贴。

注：1. 2012年各项统计数据均为快报数。

2. 生产总值及各产业、各行业增加值绝对数按当年价格计算，增长速度按可比价格计算。

第一篇
综　合
Chapter 1
General Survey

1-1　行政建制(2012年底)
Administrative Divisions (End of 2012)

单位：个　(unit)

项　目	Item	街道办事处 Subdistrict Offices	居民委员会 Residents' Committees	镇政府 Town Governments	村民委员会 Village Committees
合　计	**Total**	**24**	**226**	**8**	**212**
#塘　沽	Tanggu	11	101	1	28
汉　沽	Han'gu	4	28	3	44
大　港	Dagang	5	77	3	74

1-2　滨海新区建成区面积
Developed Area of Binhai New Area

单位：平方公里　(sq.km)

项　目	Item	2011	2012
合　计	**Total**	**303.07**	**322.64**
按功能区分	**By Functional Area**		
塘　沽	Tanggu	44.37	45.22
汉　沽	Han'gu	19.12	19.12
大　港	Dagang	64.9	65.17
经济技术开发区	TEDA	55.57	57.00
天津港保税区	TPFTZ	31.28	33.22
高新区	THIP	7.05	8.41
生态城	Eco-city	2.64	5.45
东疆港	Dongjiang Port	8.06	8.19
旅游区	Tourism Area	0.41	0.85
中心商务区	Central Business District	16.41	16.41
临港经济区	Lingang Ecomonic Zone	11.84	14.70
轻纺经济区	Textile Park	1.16	2.13
北塘经济区	Beitang Ecomonic Area	3.83	4.19
中心渔港	Marine Ecomonic Area	0.20	1.51
南港工业区	Nangang Industrial Zone		1.63
天 津 港	Tianjin Port	36.23	39.44
按建设用途分	**By Use of Construction**		
居住用地	Dwelling	39.18	42.6
公共设施用地	Public Facilities	30.78	32.57
工业用地	Industry	84.25	89.71
仓储用地	Warehouse	34.49	37.95
对外交通用地	Traffic	16.49	15.67
道路广场用地	Road and Square	36.07	44.65
市政公用设施用地	Public Facilities of Municipal Administration	8.64	9.89
绿　地	Green Land	50.74	47.17
特殊用地	Special Land	2.43	2.43

资料来源：天津市滨海新区规划和国土资源管理局。
Source: Tianjin Binhai New Area Planning & Land Resourced Administration.

1-3 海域使用情况
Statistics on Use of Sea Area

单位：公顷 (hectare)

海域使用类型	Type of Sea Area	2011	2012	2012比2011年增长(%) Increase Rate in 2012 over 2011(%)
总　计	**Total**	**881.37**	**1047.88**	**18.9**
渔业用海	Use for Fishery	146.21	47.92	-67.20
交通运输用海	Use for Transportation	300.10	579.39	93.10
工业用海	Use for Industry	400.22	355.63	-11.10
旅游娱乐用海	Use for Tourism and Entertainment		19.98	
排污倾倒用海	Use for Waste Discharged			
造地工程用海	Use for Landfill Engineering	22.92	44.97	96.20
特殊用海	Special Use	11.91		

资料来源：天津市海洋局。
Source: Tianjin Oceanic Administration.
注：2011年、2012年数据为当年审批用海面积。
Note: Data of 2011 and 2012 are sea area approved in current year.

1-4 气象资料(2012年)
Meteorological Data, 2012

指　标	Item	单　位	unit	塘　沽 Tanggu	汉　沽 Han'gu	大　港 Dagang
平均气温	Average Temperature	℃	℃	12.8	12.0	12.8
平均相对湿度	Average Relative Humidity	%	%	56	68	58
日照时数	Hours of Sunshine	小时	hour	2495.7	2530.3	2413.0
降水量	Precipitation	毫米	mm	833.9	768.6	987.1
无霜期	Non-frosting Period	天	day	230	210	221
雾天数	Foggy Days	天	day	8	33	8

1-5 法人和产业活动单位数(2012年)(按登记注册类型分)
Number of Legal Entities and Unit with Industrial Undertakings, 2012 (Grouped by Registered Type)

单位：个 (unit)

项目	Item	合计 Total	法人单位 Legal Entities	#企业法人 Business Entities	产业活动单位 Unit with Industrial Undertakings	#企业 Enterprise
总计	**Total**	**56463**	**53245**	**50075**	**3218**	**2732**
内资企业	**Domestic-funded Enterprises**	**51983**	**49450**	**46326**	**2533**	**2082**
国有企业	State-owned	3632	2853	1290	779	419
集体企业	Collective-owned	1276	1189	1077	87	78
股份合作企业	Cooperative	287	267	264	20	20
联营企业	Joint Ownership Enterprises	111	103	96	8	6
国有联营企业	State Joint Ownership	30	27	27	3	3
集体联营企业	Collective Joint Ownership	36	33	28	3	1
国有与集体联营企业	State and Collective Joint Ownership	19	19	18		
其他联营企业	Others	26	24	23	2	2
有限责任公司	Limited Liability Corporations	7433	6880	6638	553	533
国有独资公司	Sole State-funded Corporations	270	168	168	102	94
其他有限责任公司	Other Limited Liability Corporations	7163	6712	6470	451	439
股份有限公司	Share Holding Corporations Ltd.	778	619	613	159	157
私营企业	Private Enterprises	36181	35386	35082	795	778
私营独资企业	Sole Private Enterprises	2712	2646	2556	66	64
私营合伙企业	Private Partnership	1677	1665	1636	12	10
私营有限责任公司	Private Limited Liability Corporations	31039	30356	30178	683	671
私营股份有限公司	Private Share Holding Corporations Ltd.	753	719	712	34	33
其他企业	Others	2285	2153	1266	132	91
港、澳、台商投资企业	**Enterprises with Investment from Hong Kong, Macao and Taiwan**	**1298**	**1114**	**1104**	**184**	**182**
与港澳台商合资经营企业	Hong Kong, Macao and Taiwan Joint Venture	407	379	377	28	27
与港澳台商合作经营企业	Hong Kong, Macao and Taiwan Cooperative Operation	43	15	15	28	28
港澳台商独资企业	Hong Kong, Macao and Taiwan Funded Solely	818	701	693	117	116
港澳台商投资股份有限公司	Hong Kong, Macao and Taiwan Share Holding Corporations Ltd.	27	19	19	8	8
其他港澳台投资企业	Other enterprises with Investment from Hong Kong, Macao and Taiwan	3			3	3
外商投资企业	**Foreign Funded Enterprises**	**3182**	**2681**	**2645**	**501**	**468**
中外合资经营企业	Chinese-foreign Joint Venture	940	849	834	91	86
中外合作经营企业	Chinese-foreign Cooperative Operation	54	53	51	1	1
外资企业	Enterprises with Sole Foreign Investment	2114	1738	1720	376	349
外商投资股份有限公司	Share Holding Corporations Ltd. with Foreign Investment	69	38	37	31	30
其他外商投资	Other Foreign Investment	5	3	3	2	2

1-6 法人和产业活动单位数(2012年)(按行业类别分)
Number of Legal Entities and Unit with Industrial Undertakings, 2012 (Grouped by Sector)

单位：个 (unit)

项 目	Item	合 计 Total	法人单位 Legal Entities	#企业法人 Business Entities	产业活动单位 Unit with Industrial Undertakings
总 计	**Total**	**56463**	**53245**	**50075**	**3218**
农、林、牧、渔业	**Agriculture, Forestry, Animal Husbandry and Fishery**	**521**	**514**	**475**	**7**
农、林、牧、渔服务业	Agriculture, Forestry, Animal Husbandry and Fishery Services	521	514	475	7
采 矿 业	**Minerals Mining**	**89**	**54**	**54**	**35**
煤炭开采和洗选业	Mining and Washing of Coal	6	6	6	
石油和天然气开采业	Extraction of Petroleum and Natural Gas	10	4	4	6
黑色金属矿采选业	Mining and Processing of Ferrous Metal Ores	6	5	5	1
有色金属矿采选业	Mining and Processing of Non-Ferrous Metal Ores	2	2	2	
非金属矿采选业	Mining and Processing of Nonmetal Ores	15	11	11	4
开采辅助活动	Support Activities for Mining	50	26	26	24
制 造 业	**Manufacturing**	**8386**	**8120**	**8119**	**266**
#农副食品加工业	Processing of Food from Agricultural Products	177	168	168	9
食品制造业	Manufacture of Foods	222	195	195	27
酒、饮料和精制茶制造业	Manufacture of Wine, Beverages and Refined Tea	60	56	56	4
纺织业	Manufacture of Textile	145	144	144	1
纺织服装、服饰业	Manufacture of Textile Garments and Wearing Apparel	179	176	176	3
皮革、毛皮、羽毛及其制品和制鞋业	Manufacture of Leather, Fur, Feather and Related Products, Footwear	34	34	34	
木材加工及木、竹、藤、棕、草制品业	Processing of Timber, Manufacture of Wood, Bamboo, Rattan, Palm, and Straw Products	110	109	109	1
家具制造业	Manufacture of Furniture	74	71	71	3
造纸及纸制品业	Manufacture of Paper and Paper Products	205	200	200	5
印刷业和记录媒介的复制业	Printing, Reproduction of Recording Media	131	128	128	3
文教、工美、体育和娱乐用品制造业	Manufacture of Articles for Culture, Education, Art, Craft, Sport and Recreation	95	94	94	1
石油加工、炼焦及 核燃料加工业	Processing of Petroleum, Coking, Processing of Nuclear Fuel	79	78	78	1
化学原料及化学制品制造业	Manufacture of Raw Chemical Materials and Chemical Products	719	697	697	22
医药制造业	Manufacture of Medicines	193	166	166	27
化学纤维制造业	Manufacture of Chemical Fibers	17	15	15	2
橡胶和塑料制品业	Manufacture of Rubber and Plastics	561	548	548	13
非金属矿物制品业	Manufacture of Non-metallic Mineral Products	443	429	429	14
黑色金属冶炼及压延加工业	Smelting and Pressing of Ferrous Metals	182	178	178	4
有色金属冶炼及压延加工业	Smelting and Pressing of Non-ferrous Metals	100	97	97	3
金属制品业	Manufacture of Metal Products	1033	1015	1015	18
通用设备制造业	Manufacture of General Purpose Machinery	834	818	818	16
专用设备制造业	Manufacture of Special Purpose Machinery	711	690	690	21
汽车制造业	Manufacture of Cars	215	207	207	8
铁路、船舶、航空航天和其他运输设备制造业	Manufacture of Transport Equipment for Railway, Shipping, Aviation, Spaceflight and Others	298	293	293	5
电气机械及器材制造业	Manufacture of Electrical Machinery and Equipment	454	434	434	20

1-6 续表 1 continued

单位：个 (unit)

项 目	Item	合 计 Total	法人单位 Legal Entities	#企业法人 Business Entities	产业活动单位 Unit with Industrial Undertakings
计算机、通信和其他电子设备制造业	Manufacture of Computers, Communication and Other Electronic Equipment	477	436	436	41
仪器仪表制造业	Manufacture of Measuring Instruments	257	253	253	4
其他制造业	Other Manufactures	131	127	127	4
废弃资源综合利用业	Comprehensive Utilization of Waste Resources	34	32	32	2
金属制品、机械和设备修理业	Repair of Metal Products, Machinery and Equipment	238	232	231	6
电力、热力、燃气及水生产和供应业	**Production and Supply of Electric Power, Heat Power, Gas and Water**	**214**	**170**	**169**	**44**
电力、热力的生产和供应业	Production and Supply of Electric Power and Heat Power	109	83	83	26
燃气生产和供应业	Production and Supply of Gas	35	30	30	5
水的生产和供应业	Production and Supply of Water	70	57	56	13
建 筑 业	**Construction**	**2991**	**2796**	**2795**	**195**
房屋建筑业	Building Engineering	351	291	291	60
土木工程建筑业	Civil Engineering	559	511	511	48
建筑安装业	Building Installation	893	847	847	46
建筑装饰和其他建筑业	Building Decoration and Others	1188	1147	1146	41
批发和零售业	**Wholesale and Retail Trades**	**18218**	**17398**	**17396**	**820**
批发业	Wholesale	13699	13405	13403	294
零售业	Retail	4519	3993	3993	526
交通运输、仓储和邮政业	**Transportation, Storage and Post Services**	**4970**	**4730**	**4660**	**240**
铁路运输业	Railway Transport	17	13	13	4
道路运输业	Highway Transport	618	565	549	53
水上运输业	Waterway Transport	223	212	206	11
航空运输业	Air Transport	20	14	14	6
管道运输业	Pipeline Transport	6	4	4	2
装卸搬运和其他运输服务业	Load & Unload and Other Transport Services	3269	3189	3147	80
仓储业	Storage Services	737	705	700	32
邮政业	Post Services	80	28	27	52
住宿和餐饮业	**Accommodation and Catering Services**	**838**	**698**	**652**	**140**
住宿业	Accommodation	215	193	185	22
餐饮业	Catering Services	623	505	467	118
信息传输、软件和信息技术服务业	**Information Transmission, Software and IT Services**	**1225**	**1072**	**1045**	**153**
电信、广播电视和卫星传输服务	Telecommunications, Broadcasting, Television and Satellite Transmission Services	142	46	44	96
互联网和相关服务	Internet and Related Services	79	73	71	6
软件和信息技术服务业	Software and IT Services	1004	953	930	51
金 融 业	**Financial Intermediation**	**1095**	**1052**	**1037**	**43**
货币金融服务	Monetary and Financial Services	196	184	175	12
资本市场服务	Capital Market Services	439	432	427	7
保险业	Insurance	49	36	36	13
其他金融业	Other Finance Intermediation	411	400	399	11

1-6 续表 2 continued

单位：个 (unit)

项　目	Item	合计 Total	法人单位 Legal Entities	#企业法人 Business Entities	产业活动单位 Unit with Industrial Undertakings
房地产业	**Real Estate**	**2069**	**1767**	**1741**	**302**
租赁和商务服务业	**Leasing and Business Services**	**6882**	**6556**	**6327**	**326**
租赁业	Leasing Services	524	504	492	20
商务服务业	Business Services	6358	6052	5835	306
科学研究和技术服务业	**Scientific Research and Technical Services**	**3530**	**3432**	**3081**	**98**
研究与试验发展	R&D	294	281	270	13
专业技术服务业	Special Technical Services	1825	1753	1460	72
科技推广和应用服务业	Science and Technology Promotion and Application Services	1411	1398	1351	13
水利、环境和公共设施管理业	**Management for Water Conservancy, Environment and Public Facilities**	**329**	**305**	**193**	**24**
水利管理业	Management for Water Conservancy	63	50	19	13
生态保护和环境治理业	Ecological Protection and Environmental Management	40	38	27	2
公共设施管理业	Management for Public Facilities	226	217	147	9
居民服务、修理和其他服务业	**Resident Services，Repair and Other Services**	**2041**	**1926**	**1833**	**115**
居民服务业	Resident Services	492	437	396	55
机动车、电子产品和日用产品修理业	Repair of Motor Vehicles, Electronics and Household Goods	426	404	395	22
其他服务业	Other Services	1123	1085	1042	38
教　育	**Education**	**649**	**612**	**103**	**37**
卫生和社会工作	**Health Care and Social Work**	**292**	**190**	**60**	**102**
卫　生	Health Care	262	162	57	100
社会工作	Social Work	30	28	3	2
文化、体育和娱乐业	**Culture, Sports and Entertainment**	**445**	**424**	**332**	**21**
新闻出版业	News Publication	30	27	20	3
广播、电视、电影和音像业	Broadcasting, TV, Movies and Video Recording	55	48	38	7
文化艺术业	Culture and Art	102	99	59	3
体　育	Sports	70	67	48	3
娱乐业	Entertainment	188	183	167	5
公共管理、社会保障和社会组织	**Public Management, Social Security and Social Organizations**	**1679**	**1429**	**3**	**250**
中国共产党机关	Chinese Communist Party Agencies	49	43		6
国家机构	Government Agencies	665	486		179
人民政协、民主党派	The People's Political Consultative Conference, Democratic Parties	13	13		
社会保障	Social Security	43	24	2	19
群众团体、社会团体和其他成员组织	Mass Organizations, Social Organizations and Other Organizations	462	416	1	46
基层群众自治组织	Grass-roots Mass Autonomous Organizations	447	447		

1-7 国民经济主要指标
Main Indicators of Economic Development

项 目 Item	单 位 unit	1994	2011	2012	2012比2011年增长(%) Increase Rate in 2012 over 2011(%)
户籍人口户数 Registered Households	万户 10000 households	31.89	41.66	41.95	0.7
户籍人口 Registered Population	万人 10000 persons	99.82	113.80	115.88	1.8
男 性 Male	万人 10000 persons	52.18	58.64	59.74	1.9
女 性 Female	万人 10000 persons	47.64	55.16	56.14	1.8
单位从业人员 Number of Employment Personnel in Urban Units	万人 10000 persons		116.15	131.94	13.6
地区生产总值 Gross Domestic Product	亿元 100 million yuan	168.66	6206.87	7205.17	20.1
第一产业 Primary Industry	亿元 100 million yuan	3.36	8.82	9.36	2.9
第二产业 Secondary Industry	亿元 100 million yuan	114.55	4273.89	4857.76	21.9
第三产业 Tertiary Industry	亿元 100 million yuan	50.75	1924.15	2338.05	16.1
规模以上工业总产值(现价) Gross Output Value of Industry Above Designated Size (Current Price)	亿元 100 million yuan	346.27	12828.95	14519.77	13.2
农林牧渔业总产值(现价) Gross Output Value of Farming, Forestry, Animal Husbandry and Fishery (Current Price)	亿元 100 million yuan	4.51	22.51	23.93	6.3
全社会固定资产投资总额 Total Investment in Fixed Assets	亿元 100 million yuan	108.03	3702.12	4453.30	20.3
房屋竣工面积 Floor Space of Buildings Completed	万平方米 10000 sq.m	117.13	972.56	966.83	-0.6
#住 宅 Residential Buildings	万平方米 10000 sq.m	62.37	412.76	311.27	-24.6
财政收入 Government Revenue	亿元 100 million yuan		1379.27	1655.81	20.1
#地方财政收入 Local Government Revenue	亿元 100 million yuan		917.27	1122.60	22.4
财政支出 Government Expenditures	亿元 100 million yuan	13.03	753.42	899.02	19.3
港口货物吞吐量 Volume of Freight Handled in Ports	万吨 10000 tons	4562.10	45337.99	47696.93	5.2

1-7 续表 continued

项 目 Item	单 位 unit	1994	2011	2012	2012比2011年增长(%) Increase Rate in 2012 over 2011(%)
外贸出口总额 Total Value of Exports in Foreign Trade	亿美元 USD 100 million	5.90	276.76	308.64	11.5
邮电业务总量 Business Value of Post and Telecommunication Services	亿元 100 million yuan	1.77	9.59	10.57	10.1
直接利用外资 Foreign Capital Actually Used					
直接利用外资项目个数 Number of Foreign Direct Investment Contracts	个 unit	987	353	372	5.4
直接利用外资合同金额 Foreign Direct Investment Contracted	亿美元 USD 100 million	16.04	129.53	142.54	10.1
实际直接利用外资金额 Actual Direct Utilization of Foreign Capital	亿美元 USD 100 million		85.02	98.41	15.8
实际利用内资额 Domestic Investment Actually Used	万元 10 000 yuan		459.38	604.99	31.7
社会消费品零售总额 Total Retail Sales of Consumer Goods	亿元 100 million yuan	25.92	887.53	1108.12	24.9
金融机构人民币存款余额 RMB Deposits Balance of Financial Institutions	亿元 100 million yuan	120.07	3549.24	4016.12	13.2
金融机构人民币贷款余额 RMB Loans Balance of Financial Institutions	亿元 100 million yuan	119.18	3580.07	3691.60	3.1
城乡居民储蓄存款余额 RMB Saving Deposits Balance of Urban & Rural Households	亿元 100 million yuan	49.57	1074.13	1224.38	14.0
城镇单位从业人员平均工资 Annual Average Remuneration of Employment Personnel in Urban Units	元 yuan		56010	65629	15.4
卫生机构数 Health Care Institutions	个 unit	345	572	586	2.4
#医院、卫生院 Hospitals and Health Care Centers	个 unit	59	63	63	
医院、卫生院床位数 Beds in Hospitals and Health Care Centers	张 unit	4257	5586	5840	4.5
卫生技术人员 Medical Technical Personnel	人 person	9587	11114	11478	3.3
#医 生 Doctors	人 person	4586	4509	4525	0.4

1-8　滨海新区国民经济主要指标占全市比重(2012年)
Main Statistics on Binhai New Area Economic Development as Percentage of Municipality, 2012

指　标　Item	单　位 Unit	全　市 Municipality	滨海新区 Binhai New Area	占全市比重(%) As Percentage of Municipality(%)
常住人口 Permanent Population	万人 10000 persons	1413.15	263.52	18.6
户籍人口户数 Registered Households	万户 10000 households	351.24	41.95	11.9
户籍人口 Registered Population	万人 10000 persons	993.20	115.88	11.7
男　性 Male	万人 10000 persons	498.67	59.74	12.0
女　性 Female	万人 10000 persons	494.53	56.14	11.4
单位从业人员 Number of Employment Personnel in Urban Units	万人 10000 persons	289.07	131.94	45.6
生产总值 Gross Domestic Product	亿元 100 million yuan	12893.88	7205.17	55.9
第一产业 Primary Industry	亿元 100 million yuan	171.60	9.36	5.5
第二产业 Secondary Industry	亿元 100 million yuan	6663.82	4857.76	72.9
第三产业 Tertiary Industry	亿元 100 million yuan	6058.46	2338.05	38.6
规模以上工业总产值(现价) Gross Output Value of Industry Above Designated Size (Current Price)	亿元 100 million yuan	23427.50	14519.77	62.0
农林牧渔业总产值(现价) Gross Output Value of Farming, Forestry, Animal Husbandry and Fishery (Current Price)	亿元 100 million yuan	375.62	23.93	6.4
全社会固定资产投资总额 Total Investment in Fixed Assets	亿元 100 million yuan	8871.31	4453.30	50.2
房屋竣工面积 Floor Space of Buildings Completed	万平方米 10000 sq.m	3636.51	966.83	26.6
#住　宅 Residential Buildings	万平方米 10000 sq.m	2137.76	311.27	14.6
财政收入 Government Revenue	亿元 100 million yuan		1655.81	
#地方财政收入 Local Government Revenue	亿元 100 million yuan		1122.60	
财政支出 Government Expenditures	亿元 100 million yuan	2143.21	899.02	41.9
港口货物吞吐量 Volume of Freight Handled in Ports	万吨 10000 tons	47697	47697	100.0

1-8 续表 continued

指 标 Item	单 位 Unit	全 市 Municipality	滨海新区 Binhai New Area	占全市比重(%) As Percentage of Municipality(%)
外贸出口总额	亿美元	483.14	308.64	63.9
Total Value of Exports	USD 100 million			
邮电业务总量	亿元	186.74	10.57	5.7
Business Value of Post and Telecommunication Services	100 million yuan			
直接利用外资				
Foreign Capital Actually Used				
直接利用外资项目个数	个	632	372	58.9
Number of Foreign Direct Investment Contracts	unit			
直接利用外资合同金额	亿美元	185.85	142.54	76.7
Foreign Direct Investment Contracted	USD 100 million			
实际直接利用外资金额	亿美元	150.16	98.41	65.5
Actual Direct Utilization of Foreign Capital	USD 100 million			
实际利用内资额	亿元	2600.67	604.99	23.3
Domestic Investment Actually Used	10 000 yuan			
限额以上批发零售业商品销售总额	亿元	23284.41	13340.47	57.3
Total Sales of Wholesale and Retail Trade above Designated Size	10 000 yuan			
社会消费品零售总额	亿元	3921.43	1108.12	28.3
Total Retail Sales of Consumer Goods	100 million yuan			
金融机构人民币存款余额	亿元	19356.08	4016.12	20.7
RMB Saving Deposits Balance of Financial Institutions	100 million yuan			
金融机构人民币贷款余额	亿元	16977.76	3691.60	21.7
RMB Loans Balance of Financial Institutions	100 million yuan			
城乡居民储蓄存款余额	亿元	6991.09	1224.38	17.5
RMB Saving Deposits Balance of Urban & Rural Households	100 million yuan			
卫生机构数	个	4551	586	12.9
Health Care Institutions	unit			
#医院、卫生院	个	465	63	13.5
Hospitals and Health Care Centers	unit			
医院、卫生院床位数	张	48896	5840	11.9
Beds in Hospitals and Health Care Centers	unit			
卫生技术人员	人	76922	11478	14.9
Medical Technical Personnel	person			
#医 生	人	30710	4525	14.7
Doctors	person			

1-9 滨海新区生产总值(1997-2012年)
Gross Domestic Product of Binhai New Area, 1997-2012

年 份 Year	全市总计 Total of Municipality	滨海新区合计 Total of Binhai New Area	第一产业 Primary Industry	第二产业 Secondary Industry	第三产业 Tertiary Industry
绝对数(亿元) Value (100 million yuan)					
1997	1264.63	382.04	4.90	262.72	114.42
1998	1374.60	416.58	5.36	264.41	146.81
1999	1500.95	467.89	4.83	299.80	163.26
2000	1701.86	571.74	5.20	383.45	183.09
2001	1919.08	685.32	5.67	454.22	225.43
2002	2150.76	862.45	6.09	576.06	280.30
2003	2578.03	1046.30	7.30	697.66	341.34
2004	3111.00	1323.26	7.91	878.85	436.50
2005	3905.64	1633.93	7.15	1092.55	534.22
2006	4462.74	1983.63	7.25	1354.40	621.98
2007	5252.76	2414.26	6.78	1669.86	737.63
2008	6719.01	3349.99	7.02	2304.37	1038.60
2009	7521.85	3810.67	7.43	2569.87	1233.37
2010	9224.46	5030.11	8.17	3432.81	1589.12
2011	11307.28	6206.87	8.82	4273.89	1924.15
2012	12893.88	7205.17	9.36	4857.76	2338.05
环比增长速度(%) Ring Growth Increase Rate (%)					
1997	12.1	20.0	2.2	19.7	21.9
1998	9.3	13.8	13.4	11.4	20.4
1999	10.0	14.7	-7.5	17.8	7.6
2000	10.8	18.3	4.7	22.5	6.9
2001	12.0	17.8	8.9	18.6	16.2
2002	12.5	20.1	7.1	21.8	16.6
2003	14.8	20.4	17.1	20.8	19.6
2004	15.7	20.1	6.0	22.2	15.2
2005	14.7	19.8	-4.8	22.0	15.7
2006	14.5	20.2	0.9	24.4	11.5
2007	15.2	20.5	-3.9	17.9	28.6
2008	16.5	23.1	2.0	23.9	21.4
2009	16.5	23.5	5.5	24.7	20.8
2010	17.4	25.1	1.1	26.0	23.4
2011	16.4	23.8	3.3	26.9	16.9
2012	13.8	20.1	2.9	21.9	16.1

1-9 续表 continued

单位：亿元 (100 million yuan)

年份 Year	滨海新区生产总值 Gross Domestic Product	第一产业 Primary Industry	第二产业 Secondary Industry	工业 Industry	建筑业 Construction
1997	382.04	4.90	262.72	245.37	17.35
1998	416.58	5.36	264.41	243.81	20.60
1999	467.89	4.83	299.80	280.64	19.16
2000	571.74	5.20	383.45	359.13	24.32
2001	685.32	5.67	454.22	428.35	25.87
2002	862.45	6.09	576.06	545.85	30.21
2003	1046.30	7.30	697.66	657.85	39.81
2004	1323.26	7.91	878.85	833.86	44.99
2005	1633.93	7.15	1092.55	1035.03	57.52
2006	1983.63	7.25	1354.40	1284.55	69.85
2007	2414.26	6.78	1669.86	1556.92	112.94
2008	3349.99	7.02	2304.37	2145.87	158.50
2009	3810.67	7.43	2569.87	2385.54	184.32
2010	5030.11	8.17	3432.81	3215.39	217.42
2011	6206.87	8.82	4273.89	4036.40	237.49
2012	7205.17	9.36	4857.76	4622.81	234.95

年份 Year	第三产业 Tertiary Industry	#交通运输、仓储和邮政业 Transportion, Storage and Post Services	批发零售业和住宿餐饮业 Wholesale and Retail Trades, Accommodation and Catering Services	金融业 Financial Intermediation	房地产业 Real Estate
1997	114.42	40.74	30.40	18.98	2.81
1998	146.81	40.57	44.21	20.11	11.72
1999	163.26	45.40	56.54	13.12	12.49
2000	183.09	52.69	63.94	9.20	14.47
2001	225.43	67.30	83.69	7.73	15.66
2002	280.30	80.58	110.43	6.86	16.07
2003	341.34	98.72	137.68	6.92	17.18
2004	436.50	117.05	188.07	7.33	26.90
2005	534.22	132.21	225.77	11.17	31.25
2006	621.98	148.59	256.84	13.75	37.23
2007	737.63	216.21	238.80	29.83	55.80
2008	1038.60	254.04	328.25	66.88	62.45
2009	1233.37	276.73	413.87	80.10	81.28
2010	1589.12	340.19	561.49	106.64	92.02
2011	1924.15	248.15	626.95	178.86	133.66
2012	2338.05	288.13	694.81	248.46	146.76

1-10 滨海新区生产总值
Gross Domestic Product of Binhai New Area

项 目	Item	2011	2012	2012比2011年增长(%) Increase Rate in 2012 over 2011(%)
绝对数(亿元)	**Value (100 million yuan)**			
地区生产总值	**Gross Domestic Product**	**6206.87**	**7205.17**	**20.1**
第一产业	Primary Industry	8.82	9.36	2.9
第二产业	Secondary Industry	4273.89	4857.76	21.9
#工 业	Industry	4036.40	4622.81	22.9
第三产业	Tertiary Industry	1924.15	2338.05	16.1
#交通运输、仓储和邮政业	Transportion, Storage and Post Services	248.15	288.13	12.4
批发和零售业	Wholesale and Retail Trades	594.59	668.97	13.0
住宿和餐饮业	Accommodation and Catering Services	32.36	25.84	4.1
金融业	Financial Intermediation	178.86	248.46	30.5
房地产业	Real Estate	133.66	146.76	8.7
构 成(%)	**Composition (%)**			
地区生产总值	**Gross Domestic Product**	**100**	**100**	**(百分点) (Percentage Points)**
第一产业	Primary Industry	0.1	0.1	
第二产业	Secondary Industry	68.9	67.4	-1.5
#工 业	Industry	65.0	64.2	-0.8
第三产业	Tertiary Industry	31.0	32.5	1.5
#交通运输、仓储和邮政业	Transportion, Storage and Post Services	4.0	4.0	
批发和零售业	Wholesale and Retail Trades	9.6	9.3	-0.3
住宿和餐饮业	Accommodation and Catering Services	0.5	0.4	-0.1
金融业	Financial Intermediation	2.9	3.4	0.5
房地产业	Real Estate	2.2	2.0	-0.2
占全市比重(%)	**As Percentage of Municipal GDP (%)**			
地区生产总值	**Gross Domestic Product**	**54.9**	**55.9**	**1.0**
第一产业	Primary Industry	5.5	5.5	
第二产业	Secondary Industry	72.1	72.9	0.8
#工 业	Industry	74.3	75.5	1.2
第三产业	Tertiary Industry	36.9	38.6	1.7
#交通运输、仓储和邮政业	Transportion, Storage and Post Services	39.3	42.2	2.9
批发和零售业	Wholesale and Retail Trades	40.5	39.8	-0.7
住宿和餐饮业	Accommodation and Catering Services	16.6	11.6	-5.0
金融业	Financial Intermediation	23.6	24.8	1.2
房地产业	Real Estate	32.5	32.6	0.1

1-11 分功能区生产总值
Gross Domestic Product by Functional Area

单位：亿元 (100 million yuan)

项目	Item	1994	2011	2012	2012比2011年增长(%) Increase Rate in 2012 over 2011(%)
新区合计	**Total**	**168.66**	**6206.87**	**7205.17**	**20.1**
第一产业	Primary Industry	3.36	8.82	9.36	2.9
第二产业	Secondary Industry	114.55	4273.89	4857.76	21.9
第三产业	Tertiary Industry	50.75	1924.15	2338.05	16.1
塘沽	**Tanggu**	**58.68**	**471.12**	**574.79**	**19.4**
第一产业	Primary Industry	1.19		1.15	3.5
第二产业	Secondary Industry	26.11		186.71	31.7
第三产业	Tertiary Industry	31.38		386.94	14.0
汉沽	**Han'gu**	**11.72**	**90.20**	**109.14**	**14.1**
第一产业	Primary Industry	1.04	5.16	5.54	7.7
第二产业	Secondary Industry	7.93	48.15	57.84	23.2
第三产业	Tertiary Industry	2.75	36.90	45.76	4.5
大港	**Dagang**	**48.31**	**241.67**	**288.95**	**20.3**
第一产业	Primary Industry	0.76	2.19	2.30	3.9
第二产业	Secondary Industry	40.72	139.88	172.73	26.8
第三产业	Tertiary Industry	6.83	99.59	113.92	11.4
经济技术开发区	**TEDA**	**48.77**	**1884.63**	**2205.59**	**20.4**
第一产业	Primary Industry				
第二产业	Secondary Industry	39.12	1475.10	1719.21	21.8
第三产业	Tertiary Industry	9.65	409.53	486.38	14.7
天津港保税区	**TPFTZ**	**1.69**	**877.80**	**1025.39**	**21.0**
第一产业	Primary Industry				
第二产业	Secondary Industry		261.83	354.02	27.6
第三产业	Tertiary Industry	1.69	615.98	671.38	18.1
高新区	**THIP**		**364.74**	**668.57**	**25.0**
第一产业	Primary Industry				
第二产业	Secondary Industry		182.38	339.31	33.4
第三产业	Tertiary Industry		182.36	329.26	18.2

1-12　分功能区生产总值产业构成
Composition of Gross Domestic Product by Functional Area

单位：%　　(%)

项　目	Item	1994	2011	2012
新区合计	**Total**	**100**	**100**	**100**
第一产业	Primary Industry	2.0	0.1	0.1
第二产业	Secondary Industry	67.9	68.9	67.4
第三产业	Tertiary Industry	30.1	31.0	32.5
塘　沽	**Tanggu**	**100**	**100**	**100**
第一产业	Primary Industry	2.0		0.2
第二产业	Secondary Industry	44.5		32.5
第三产业	Tertiary Industry	53.5		67.3
汉　沽	**Han'gu**	**100**	**100**	**100**
第一产业	Primary Industry	8.9	5.7	5.1
第二产业	Secondary Industry	67.7	53.4	53.0
第三产业	Tertiary Industry	23.4	40.9	41.9
大　港	**Dagang**	**100**	**100**	**100**
第一产业	Primary Industry	1.6	0.9	0.8
第二产业	Secondary Industry	84.3	57.9	59.8
第三产业	Tertiary Industry	14.1	41.2	39.4
经济技术开发区	**TEDA**	**100**	**100**	**100**
第一产业	Primary Industry			
第二产业	Secondary Industry	80.2	78.3	77.9
第三产业	Tertiary Industry	19.8	21.7	22.1
天津港保税区	**TPFTZ**	**100**	**100**	**100**
第一产业	Primary Industry			
第二产业	Secondary Industry		29.8	34.5
第三产业	Tertiary Industry	100	70.2	65.5
高 新 区	**THIP**		**100**	**100**
第一产业	Primary Industry			
第二产业	Secondary Industry		50.0	50.8
第三产业	Tertiary Industry		50.0	49.2

1-13 分功能区生产总值环比增长速度(1998-2012年)
Ring Growth Rate of Gross Domestic Product by Functional Area, 1998-2012

单位：% (%)

年份 Year	塘沽 Tanggu	汉沽 Han'gu	大港 Dagang	经济技术开发区 TEDA	天津港保税区 TPFTZ	高新区 THIP
1998	-10.9	5.8	6.0	19.8	33.0	
1999	14.0	-0.6	11.1	19.1	24.7	
2000	40.7	14.5	15.1	21.0	16.0	
2001	25.6	8.1	10.2	25.0	26.2	
2002	22.8	14.5	23.5	30.0	40.0	
2003	17.5	10.3	15.1	25.1	38.2	
2004	18.4	15.0	18.4	25.3	32.4	
2005	18.2	18.9	16.0	25.2	37.1	
2006	28.6	21.5	6.7	28.8	34.2	
2007	24.3	19.6	12.0	20.3	41.4	
2008	23.0	23.1	20.2	23.1	30.1	
2009	17.7	28.3	25.8	22.6	24.3	33.3
2010	20.6	22.8	24.2	25.1	31.1	33.2
2011	22.5	18.8	23.1	24.9	30.0	31.8
2012	19.4	14.1	20.3	20.4	21.0	25.0

1-14　国内招商引资情况(2010-2012年)
Domestic Investment, 2010-2012

项　　目	Item	2010	2011	2012
项目数(个)	**Number of Contracts**	**396**	**612**	**716**
塘　沽	Tanggu	44	8	10
汉　沽	Han'gu	9	15	23
大　港	Dagang	93	183	158
开发区	TEDA	39	41	45
保税区	TPFTZ	93	68	70
高新区	THIP	19	27	43
东疆港区	Dongjiang FTPZ	28	73	126
中新生态城	Sino-Singapore Eco-City	71	76	106
滨海旅游区	Binhai Tourism Area		16	30
临港经济区	Lingang Ecomonic Zone		17	24
中心商务区	Central Business District		60	6
轻纺经济区	Textile Park		20	35
中心渔港	Marine Ecomonic Area		1	5
北塘经济区	Beitang Ecomonic Area		7	35
实际到位额(万元)	**Domestic Investment Actually Used (10000 yuan)**	**3521982**	**4593768**	**6049870**
按区域分组	**By Region**			
塘　沽	Tanggu	894257	174468	230308
汉　沽	Han'gu	182600	66053	87320
大　港	Dagang	735239	516751	681968
开发区	TEDA	607852	824959	1085082
保税区	TPFTZ	602221	817934	1077571
高新区	THIP	400010	547074	722046
东疆港区	Dongjiang FTPZ	21688	140000	184919
中新生态城	Sino-Singapore Eco-City	78115	140350	185307
滨海旅游区	Binhai Tourism Area		140210	185215
临港经济区	Lingang Ecomonic Zone		373116	491065
中心商务区	Central Business District		612440	808679
轻纺经济区	Textile Park		80280	105726
中心渔港	Marine Ecomonic Area		80037	105662
北塘经济区	Beitang Ecomonic Area		80096	105803
按资金投向分组	**By Industry Invested**			
农　业	Agriculture	23705	4258	22593
工　业	Industry	1543698	1126318	1608393
建筑业	Construction	187451	205871	345727
交通运输仓储业	Transportion, Storage	16974	52472	269818
批发零售贸易业	Wholesale and Retail Trades	152596	288451	354536
住宿和餐饮业	Accommodation and Catering Services	28000	9107	24218
房地产业	Real Estate	818582	1075817	593409
其　他	Others	750976	1831474	2837976

资料来源：天津市滨海新区商务委员会。
Source: Tianjin Binhai New Area Commission of Commerce.

1-15 历年国内招商引资情况
Domestic Investment in Every Year

年份 Year	项目数 (个) Number of Contracts (unit)	投资协议额 (亿元) Domestic Investment Contracted (100 million yuan)	实际到位额 (亿元) Domestic Investment Actually Used (100 million yuan)
1994	193	3.67	
1995	102	4.12	3.66
1996	150	6.24	5.21
1997	156	11.32	6.51
1998	63	13.33	6.55
1999	48	10.98	6.04
2000	284	14.78	7.99
2001	133	15.53	10.65
2002	138	21.58	14.59
2003	503	36.12	25.41
2004	719	76.60	52.71
2005	797	109.47	89.83
2006	647		103.25
2007	716		132.18
2008	539		191.54
2009	453		306.48
2010	396		352.20
2011	612		459.38
2012	716		604.99

资料来源：天津市滨海新区商务委员会。

Source: Tianjin Binhai New Area Commission of Commerce.

注：2006年开始取消投资协议额指标。

Note: Domestic Investment Contracted have been canceled since 2006.

1-16 滨海新区主要指标完成情况(1997-2012年)
Main Statistics on Binhai New Area, 1997-2012

项 目	Item	1997	1998	1999	2000
地区生产总值(亿元)	Gross Domestic Product (100 million yuan)	382.04	416.58	467.89	571.74
第一产业	Primary Industry	4.90	5.36	4.83	5.20
第二产业	Secondary Industry	262.72	264.41	299.80	383.45
工 业	Industry	245.37	243.81	280.64	359.13
建筑业	Construction	17.35	20.60	19.16	24.32
第三产业	Tertiary Industry	114.42	146.81	163.26	183.09
#交通运输、仓储和邮政业	Transportion, Storage and Post Services	40.74	40.57	45.40	52.69
批发和零售业	Wholesale and Retail Trades	30.40	44.21	56.54	63.94
住宿和餐饮业	Accommodation and Catering Services				
金融业	Financial Intermediation	18.98	20.11	13.12	9.20
房地产业	Real Estate	2.81	11.72	12.49	14.47
工业总产值(亿元)	Gross Output Value of Industry (100 million yuan)	864.05	895.50	986.00	1244.43
全社会固定资产投资总额(亿元)	Total Investment in Fixed Assets (100 million yuan)	155.83	178.76	173.50	184.34
直接利用外资合同数(个)	Number of Foreign Direct Investment Contracts (unit)	623	658	346	292
直接利用外资合同额(亿美元)	Foreign Direct Investment Contracted (USD 100 million)	21.12	18.47	19.25	33.06
实际直接利用外资额(亿美元)	Actual Direct Utilization of Foreign Capital (USD 100 million)				
外贸出口总额(亿美元)	Total Value of Exports in Foreign Trade (USD 100 million)	24.33	28.09	30.01	44.63
社会消费品零售总额(亿元)	Total Retail Sales of Consumer Goods (100 million yuan)	57.21	64.12	69.69	79.96
财政收入(亿元)	Government Revenue (100 million yuan)	24.32	24.59	28.26	39.13
城镇单位从业人员人数(万人)	Employment Personnel in Urban Units (10000 persons)	59.81	60.87	56.53	55.31
城镇单位从业人员平均工资(元)	Annual Average Remuneration of Employment Personnel in Urban Units(yuan)	10707	11391	11825	14011

注：1.2002年以前财政收入为区级一般预算收入。2.从2001年起，社会消费品零售总额含个体私营零售额，劳动工资指标统计范围为单位从业人员。3.从2003年起，直接利用外资按外经贸委新口径统计。4.2005年以前年度滨海新区生产总值中，批发和零售业增加值含餐饮业增加值。5.从2010年起，工业总产值为规模以上工业总产值。6.1997-2010年城镇单位从业人员平均工资为人均劳动报酬。

Note: a) Government revenue refers to general budgetary government revenue at district level before 2002. b) From 2001, total retail sales of consumer goods include individual and private retail sales, and indicators of labor and remuneration adopt the coverage of employment personnel of urban units. c) From 2003, foreign direct investment adopt the new coverage of Foreign Trade and Economic Relations Commission.
d) In GDP of Binhai New Area, wholesale and retail trades include added value of catering sevices before 2005. e) From 2010, gross output value of industry refers to industry above designated size. f) Data of annual average remuneration of employment personnel in urban units from 1997 to 2010 refer to per Capita wages.

1-16 续表

项　　目	Item	2001	2002	2003
地区生产总值(亿元)	Gross Domestic Product (100 million yuan)	685.32	862.45	1046.30
第一产业	Primary Industry	5.67	6.09	7.30
第二产业	Secondary Industry	454.22	576.06	697.66
工　业	Industry	428.35	545.85	657.85
建筑业	Construction	25.87	30.21	39.81
第三产业	Tertiary Industry	225.43	280.30	341.34
#交通运输、仓储和邮政业	Transportion, Storage and Post Services	67.30	80.58	98.72
批发和零售业	Wholesale and Retail Trades	83.69	110.43	137.68
住宿和餐饮业	Accommodation and Catering Services			
金融业	Financial Intermediation	7.73	6.86	6.92
房地产业	Real Estate	15.66	16.07	17.18
工业总产值(亿元)	Gross Output Value of Industry (100 million yuan)	1463.38	1700.04	2133.21
全社会固定资产投资总额(亿元)	Total Investment in Fixed Assets (100 million yuan)	243.45	280.89	464.08
直接利用外资合同数(个)	Number of Foreign Direct Investment Contracts (unit)	276	371	458
直接利用外资合同额(亿美元)	Foreign Direct Investment Contracted (USD 100 million)	32.03	38.91	24.52
实际直接利用外资额(亿美元)	Actual Direct Utilization of Foreign Capital (USD 100 million)	24.49	28.14	12.15
外贸出口总额(亿美元)	Total Value of Exports in Foreign Trade (USD 100 million)	54.31	72.01	89.38
社会消费品零售总额(亿元)	Total Retail Sales of Consumer Goods (100 million yuan)	118.61	134.22	156.11
财政收入(亿元)	Government Revenue (100 million yuan)	45.86	44.66	171.80
城镇单位从业人员人数(万人)	Employment Personnel in Urban Units (10000 persons)	52.64	53.52	58.93
城镇单位从业人员平均工资(元)	Annual Average Remuneration of Employment Personnel in Urban Units(yuan)	17960	20348	20468

continued

2004	2005	2006	2007	2008	2009	2010	2011	2012
1323.26	1633.93	1983.63	2414.26	3349.99	3810.67	5030.11	6206.87	7205.17
7.91	7.15	7.25	6.78	7.02	7.43	8.17	8.82	9.36
878.85	1092.55	1354.40	1669.86	2304.37	2569.87	3432.81	4273.89	4857.76
833.86	1035.03	1284.55	1556.92	2145.87	2385.54	3215.39	4036.40	4622.81
44.99	57.52	69.85	112.94	158.50	184.32	217.42	237.49	234.95
436.50	534.22	621.98	737.63	1038.60	1233.37	1589.12	1924.15	2338.05
117.05	132.21	148.59	216.21	254.04	276.73	340.19	248.15	288.13
188.07	210.79	241.91	220.80	308.59	392.20	536.89	594.59	668.97
	14.98	14.93	18.00	19.66	21.67	24.60	32.36	25.84
7.33	11.17	13.75	29.83	66.88	80.10	106.64	178.86	248.46
26.90	31.25	37.23	55.80	62.45	81.28	92.02	133.66	146.76
3030.75	3996.73	5200.52	6282.83	7616.81	8223.99	10091.69	12828.95	14519.77
565.47	693.31	864.29	1152.64	1650.52	2502.66	3352.71	3702.12	4453.30
477	625	500	398	330	315	346	353	372
37.62	49.86	61.80	76.68	91.86	104.94	117.78	129.53	142.54
17.44	25.31	33.44	39.24	50.77	57.64	71.31	85.02	98.41
136.99	184.69	226.20	245.27	261.47	197.14	232.60	276.76	308.64
180.03	206.52	213.83	255.80	330.75	451.24	743.58	887.53	1108.12
206.03	288.33	379.73	481.07	596.85	739.01	1006.00	1379.27	1655.81
63.32	67.62	70.11	75.74	60.78	73.38	77.19	116.15	131.94
23964	27209	31416	37184	46000	51754	54562	56010	65629

1-17 滨海新区主要指标环比增长速度(1998-2012年)
Ring Growth Rate of Main Statistics on Binhai New Area, 1998-2012

单位：% (%)

项目	Item	1998	1999	2000	2001
滨海新区生产总值	Gross Domestic Product	13.8	14.7	18.3	17.8
第一产业	Primary Industry	13.4	-7.5	4.7	8.9
第二产业	Secondary Industry	11.4	17.8	22.5	18.6
工　业	Industry	11.2	19.1	22.4	19.0
建筑业	Construction	16.0	-8.6	24.1	12.7
第三产业	Tertiary Industry	20.4	7.6	6.9	16.2
#交通运输、仓储和邮政业	Transportion, Storage and Post Services	1.3	10.5	13.9	17.9
批发和零售业	Wholesale and Retail Trades	33.7	20.7	6.0	18.6
住宿和餐饮业	Accommodation and Catering Services				
金融业	Financial Intermediation	32.4	-18.6	-13.1	3.8
房地产业	Real Estate	65.0	3.3	11.1	15.2
工业总产值	Gross Output Value of Industry	12.5	15.1	24.1	21.3
全社会固定资产投资	Total Investment in Fixed Assets	14.7	-2.9	6.2	32.1
直接利用外资项目合同数	Number of Foreign Direct Investment Contracts	5.6	-47.4	-15.6	-5.5
直接利用外资合同金额	Foreign Direct Investment Contracted	-12.5	4.2	71.7	-3.2
实际直接利用外资额	Actual Direct Utilization of Foreign Capital				
外贸出口总额	Total Value of Exports in Foreign Trade	15.5	6.8	48.7	21.7
社会消费品零售总额	Total Retail Sales of Consumer Goods	12.1	8.7	15.4	13.5
财政收入	Government Revenue	1.1	14.9	38.5	17.2
城镇单位从业人员	Employment Personnel in Urban Units	1.8	-7.1	-2.2	1.5
城镇单位从业人员平均工资	Annual Average Remuneration of Employment Personnel in Urban Units	6.4	3.8	18.5	9.1

注：1.2002年以前财政收入为区级一般预算收入。2.2005年以前滨海新区生产总值中，批发和零售业增加值含餐饮业。3.2010、2011年工业总产值增速为规模以上工业总产值增速。

Note: a) Government revenue refers to general budgetary government revenue at district level before 2002. b) In GDP of Binhai New Area, wholesale and retail trades include added value of catering sevices before 2005. c) Increase rate of gross output value of industry in 2010 and 2011 refers to increase rate of industry above designated size.

1-17 续表 continued 1

单位：%

项 目	Item	2002	2003	2004	2005	2007
滨海新区生产总值	Gross Domestic Product	20.1	20.4	20.1	19.8	20.5
第一产业	Primary Industry	7.1	17.1	6.0	-4.8	-3.9
第二产业	Secondary Industry	21.8	20.8	22.2	22.0	17.9
工 业	Industry	22.4	20.7	23.2	22.5	17.2
建筑业	Construction	12.5	21.3	4.0	11.0	33.5
第三产业	Tertiary Industry	16.6	19.6	15.2	15.7	28.6
#交通运输、仓储和邮政业	Transportion, Storage and Post Services	19.7	24.5	17.6	5.8	48.6
批发和零售业	Wholesale and Retail Trades	17.0	16.4	11.9	18.0	30.0
住宿和餐饮业	Accommodation and Catering Services				13.1	7.9
金融业	Financial Intermediation	10.4	21.3	16.4	48.1	19.3
房地产业	Real Estate	6.3	18.3	26.8	8.1	6.5
工业总产值	Gross Output Value of Industry	24.4	30.3	42.1	31.9	20.8
全社会固定资产投资	Total Investment in Fixed Assets	15.4	65.2	21.8	22.6	33.4
直接利用外资项目合同数	Number of Foreign Direct Investment Contracts	34.4	33.5	4.1	31.0	-20.4
直接利用外资合同金额	Foreign Direct Investment Contracted	21.5	58.5	53.4	32.5	24.1
实际直接利用外资额	Actual Direct Utilization of Foreign Capital	14.9	47.6	43.5	45.1	17.3
外贸出口总额	Total Value of Exports in Foreign Trade	32.6	24.1	53.3	34.8	8.4
社会消费品零售总额	Total Retail Sales of Consumer Goods	13.2	16.3	15.3	14.7	19.6
财政收入	Government Revenue	-2.6	19.1	20.6	32.2	26.7
城镇单位从业人员	Employment Personnel in Urban Units	-1.6	6.7	7.5	68.0	8.0
城镇单位从业人员平均工资	Annual Average Remuneration of Employment Personnel in Urban Units	13.3	13.2	17.1	13.5	15.4

1-17 续表 continued 2

单位：% (%)

项　目	Item	2008	2009	2010	2011	2012
滨海新区生产总值	Gross Domestic Product	23.1	23.5	25.1	23.8	20.1
第一产业	Primary Industry	2.0	5.5	1.1	3.3	2.9
第二产业	Secondary Industry	23.9	24.7	26.0	26.9	21.9
工　业	Industry	24.5	25.0	27.1	27.9	22.9
建筑业	Construction	13.0	20.6	11.2	10.7	4.1
第三产业	Tertiary Industry	21.4	20.8	23.4	16.9	16.1
#交通运输、仓储和邮政业	Transportion, Storage and Post Services	12.1	10.6	20.3	10.6	12.4
批发和零售业	Wholesale and Retail Trades	21.3	28.5	32.4	22.2	13.0
住宿和餐饮业	Accommodation and Catering Services	13.3	8.8	7.4	18.6	4.1
金融业	Financial Intermediation	18.0	21.9	24.2	20.9	30.5
房地产业	Real Estate	-1.1	27.9	5.5	16	8.7
工业总产值	Gross Output Value of Industry	29.4	11.6	34.6	27.1	13.2
全社会固定资产投资	Total Investment in Fixed Assets	43.2	49.2	34.0	32.0	20.3
直接利用外资项目合同数	Number of Foreign Direct Investment Contracts	-17.1	-12.3	9.8	13.9	5.4
直接利用外资合同金额	Foreign Direct Investment Contracted	19.8	5.7	12.2	10.7	10.1
实际直接利用外资额	Actual Direct Utilization of Foreign Capital	29.4	22.1	23.7	20.8	15.8
外贸出口总额	Total Value of Exports in Foreign Trade	6.3	-21.9	18.0	19.0	11.5
社会消费品零售总额	Total Retail Sales of Consumer Goods	29.3	31.8	26.4	19.4	24.9
财政收入	Government Revenue	24.1	16.0	36.1	37.1	20.1
城镇单位从业人员	Employment Personnel in Urban Units	-19.8	20.7	5.2	50.5	13.6
城镇单位从业人员平均工资	Annual Average Remuneration of Employment Personnel in Urban Units	23.7	12.5	5.4	2.7	9.5

1-18 塘沽基本情况
Basic Statistics on Tanggu

指 标	Item	2011	2012
户籍户数(万户)	Registered Households (10 000 households)	18.62	18.58
#农业户	Agricultural Households	2.28	2.28
户籍人口(万人)	Registered Population (10 000 persons)	50.19	50.62
1. 农业人口	Agricultural Population	5.66	5.54
非农业人口	Non-agricultural Population	44.52	45.08
2. 男	Male	25.9	26.11
女	Female	24.28	24.51
城镇单位从业人员(万人)	Employment Personnel in Urban Units (10000 persons)	10.6	13.09
#在岗职工	On-post Staff and Workers	8.32	9.93
新增就业人员(人)	Newly Increased Employment Personnel (person)	27998	23676
城镇单位从业人员平均工资(元)	Annual Average Remuneration of Employment Personnel in Urban Units (yuan)	65057	71893
乡村从业人员(万人)	Rural Employment Personnel (10 000 persons)	4.54	4.5
#农林牧渔业	Farming, Forestry, Animal Husbandry and Fishery	0.5	0.5
* 增加值(亿元)	Value Added (100 million yuan)	471.12	574.79
第一产业	Primary Industry		1.15
第二产业	Secondary Industry		186.71
#工 业	Industry		134.56
第三产业	Tertiary Industry		386.94
* 增加值增速(%)	Increase Rate of Value Added (%)	22.5	19.4
一般预算财政收入(万元)	General Budgetary Government Revenue (10 000 yuan)	428642	419482
一般预算财政支出(万元)	General Budgetary Government Expenditure (10 000 yuan)	484960	552434
#教育经费支出	Operating Expenses for Education	155391	154965
年末实有耕地面积(公顷)	Cultivated Land (year-end) (hectare)	3587	3586
农林牧渔业总产值(万元)	Gross Output Value of Farming, Forestry, Animal Husbandry and Fishery (10 000 yuan)	41424	42981
农林牧渔业总产值增速(%)	Increase Rate of Gross Output Value of Farming, Forestry, Animal Husbandry and Fishery (%)	9.0	1.0
粮食产量(万吨)	Total Yield of Grain (10 000 tons)	0.11	0.33
肉类总产量(吨)	Output of Meat(ton)	4261	4387
水产品产量(吨)	Total Yield of Aquatic Products (ton)	15615	15099
蔬菜总产量(万吨)	Total Yield of Vegetables (10 000 tons)	3.18	3

注："*"为区属口径。
Note: Data with "*" refer to coverage of units under leadership of this district.

1-18 续表 continued

指 标	Item	2011	2012
农村居民人均可支配收入(元)	Per Capita Annual Disposable Income of Rural Households (yuan)	12745	14465
农村居民人均生活消费支出(元)	Per Capita Annual Expenditure for Consumption of Rural Households (yuan)	6967	8960
#食品支出	Expenditure for Food	2932	3578
农村人均住房面积(平方米)	Per Capita Floor Space of Rural Households (sq. m)	28.55	28.81
* 规模以上工业企业	Industrial Enterprises above Designated Size		
单位数(个)	Number of Enterprises (unit)	97	111
从业人员(人)	Employment Personnel (persons)		
资产总值(亿元)	Total Assets (100 million yuan)	222.61	327.76
主营业务收入(亿元)	Revenue From Principal Business(100 million yuan)	205.45	255.13
利税总额(亿元)	Total Profits and Taxes (100 million yuan)	23.59	17.97
#利润总额	Total Pre-tax Profits	13.05	6.43
工业总产值(亿元)	Gross Output Value (100 million yuan)	222.66	254.18
* 固定资产投资(亿元)	Investment in Fixed Assets (100 million yuan)	1110.32	1314.2
* 社会消费品零售总额(亿元)	Retail Sales of Consumer Goods (100 million yuan)		233.8
外贸出口(亿美元)	Total Value of Exports in Foreign Trade (USD 100 million)	21.30	23.30
民营企业注册资本(亿元)	Registered Capital of Private Enterprises (100 million yuan)	2035.43	1696.31
实际直接利用外资(万美元)	Actual Direct Utilization of Foreign Capital (USD 10 000)	7084	8170
实际利用内资(万元)	Domestic Investment Actually Used (10 000 yuan)	1332000	1635900
星级饭店(个)	Star-level Hotels (unit)	10	9
小学校数(所)	Number of Primary Schools (unit)	36	36
小学在校学生数(人)	Students Enrollment of Primary Schools (person)	33774	35077
普通中学校数(所)	Number of Regular Secondary Schools (unit)	26	28
普通中学在校学生数(人)	Students Enrollment of Regular Secondary Schools (person)	21567	21568
幼儿园数(所)	Number of Kindergartens (unit)	35	28
养老院床位数(张)	Number of Beds in Old People's Home (unit)	778	949
卫生机构数(个)	Health Care Institutions (unit)	211	136
#医院、卫生院、社区服务中心	Hospitals, Health Care Centers and Community Health Care Centers	42	31
卫生机构床位数(张)	Beds (unit)	3019	2235
#医院、卫生院	Hospitals and Health Care Centers	2706	1954
每千人拥有卫生机构床位数(张)	Number of Beds in Health Care Institutions per 1000 persons (unit)	6.06	2.58
每千人拥有执业医师(人)	Number of Licensed Doctors per 1 000 persons (person)	5.14	2.17
每千人拥有注册护士(人)	Number of Registered Nurses per 1 000 persons (person)	4.72	1.96
环境空气质量指数(%)	Ambient Air Quality Index (%)		
林木覆盖率(%)	Coverage Rate of Trees(%)		

1-19　汉沽基本情况
Basic Statistics on Han'gu

指　标	Item	2011	2012
户籍户数(万户)	Registered Households (10 000 households)	6.83	6.74
#农业户	Agricultural Households	1.65	1.65
户籍人口(万人)	Registered Population (10 000 persons)	17.57	17.58
1.农业人口	Agricultural Population	4.60	4.61
非农业人口	Non-agricultural Population	12.97	12.97
2.男	Male	8.82	8.81
女	Female	8.74	8.76
城镇单位从业人员(万人)	Employment Personnel in Urban Units (100 persons)	3.30	4.00
#在岗职工	On-post Staff and Workers	3.10	3.50
新增就业人员(人)	Newly Increased Employment Personnel (person)	10461	11131
城镇单位从业人员平均工资(元)	Annual Average Remuneration of Employment Personnel in Urban Units (yuan)	49503	51968
乡村从业人员(万人)	Rural Employment Personnel (10 000 persons)	2.86	2.89
#农林牧渔业	Farming, Forestry, Animal Husbandry and Fishery	1.69	1.72
*增加值(亿元)	Value Added (100 million yuan)	90.20	109.14
第一产业	Primary Industry	5.16	5.54
第二产业	Secondary Industry	48.15	57.84
#工　业	Industry	35.85	45.56
第三产业	Tertiary Industry	36.90	45.76
*增加值增速(%)	Increase Rate of Value Added (%)	18.8	14.10
一般预算财政收入(万元)	General Budgetary Government Revenue (10 000 yuan)	89477	99349
一般预算财政支出(万元)	General Budgetary Government Expenditure (10 000 yuan)	153744	210787
#教育经费支出	Operating Expenses for Education	40583	57381
年末实有耕地面积(公顷)	Cultivated Land (year-end) (hectare)	3699	3699
农林牧渔业总产值(万元)	Gross Output Value of Farming, Forestry, Animal Husbandry and Fishery (10 000 yuan)	124692	133388
农林牧渔业总产值增速(%)	Increase Rate of Gross Output Value of Farming, Forestry, Animal Husbandry and Fishery (%)	8.0	7.0
粮食产量(万吨)	Total Yield of Grain (10 000 tons)	0.57	0.8
肉类总产量(吨)	Output of Meat(ton)	8235	8698
水产品产量(吨)	Total Yield of Aquatic Products (ton)	26650	26955
蔬菜总产量(万吨)	Total Yield of Vegetables (10 000 tons)	2.84	3.26

注："*"为区属口径。
Note: Data with "*" refer to coverage of units under leadership of this district.

1-19 续表 continued

指 标	Item	2011	2012
农村居民人均可支配收入(元)	Per Capita Annual Disposable Income of Rural Households (yuan)	11755	13281
农村居民人均生活消费支出(元)	Per Capita Annual Expenditure for Consumption of Rural Households (yuan)	6950	7754
#食品支出	Expenditure for Food	2204	2902
农村人均住房面积(平方米)	Per Capita Floor Space of Rural Households (sq. m)	32.28	34.72
*规模以上工业企业	Industrial Enterprises above Designated Size		
单位数(个)	Number of Enterprises (unit)	70	79
从业人员(人)	Employment Personnel (persons)	22507	21211
资产总值(亿元)	Total Assets (100 million yuan)	168.49	285.34
主营业务收入(亿元)	Revenue From Principal Business(100 million yuan)	126.97	185.98
利税总额(亿元)	Total Profits and Taxes (100 million yuan)	10.31	18.65
#利润总额	Total Pre-tax Profits	0.28	7.41
工业总产值(亿元)	Gross Output Value (100 million yuan)	131.63	195.45
*固定资产投资(亿元)	Investment in Fixed Assets (100 million yuan)	95.53	101.13
*社会消费品零售总额(亿元)	Retail Sales of Consumer Goods (100 million yuan)	45.54	47.70
外贸出口(亿美元)	Total Value of Exports in Foreign Trade (USD 100 million)	1.06	1.31
民营企业注册资本(亿元)	Registered Capital of Private Enterprises (100 million yuan)	223.90	261.60
实际直接利用外资(万美元)	Actual Direct Utilization of Foreign Capital (USD 10 000)	3211	5001
实际利用内资(万元)	Domestic Investment Actually Used (10 000 yuan)	80290	174000.00
星级饭店(个)	Star-level Hotels (unit)	2	2
小学校数(所)	Number of Primary Schools (unit)	19	20
小学在校学生数(人)	Students Enrollment of Primary Schools (person)	8726	8972
普通中学校数(所)	Number of Regular Secondary Schools (unit)	15	14
普通中学在校学生数(人)	Students Enrollment of Regular Secondary Schools (person)	7427	7021
幼儿园数(所)	Number of Kindergartens (unit)	8	8
养老院床位数(张)	Number of Beds in Old People's Home (unit)	390	390
卫生机构数(个)	Health Care Institutions (unit)	90	93
#医院、卫生院、社区服务中心	Hospitals, Health Care Centers and Community Health Care Centers	10	10
卫生机构床位数(张)	Beds (unit)	969	939
#医院、卫生院	Hospitals and Health Care Centers	859	859
每千人拥有卫生机构床位数(张)	Number of Beds in Health Care Institutions per 1000 persons (unit)	5.53	4.26
每千人拥有执业医师(人)	Number of Licensed Doctors per 1 000 persons (person)	2.85	2.33
每千人拥有注册护士(人)	Number of Registered Nurses per 1000 persons (unit)	2.71	2.15
环境空气质量指数(%)	Ambient Air Quality Index (%)	85.80	83.80
林木覆盖率(%)	Coverage Rate of Trees(%)	8.0	7.6

注：利税总额指标同期数专业核对后重新调整。
Note: Total profits and taxes in 2011 are adjusted.

1-20　大港基本情况
Basic Statistics on Dagang

指　标	Item	2011	2012
户籍户数(万户)	Registered Households (10 000 households)	14.83	15.10
#农业户	Agricultural Households	3.94	3.87
户籍人口(万人)	Registered Population (10 000 persons)	39.8	40.33
1.农业人口	Agricultural Population	10.6	10.59
非农业人口	Non-agricultural Population	29.2	29.74
2.男	Male	20.58	20.85
女	Female	19.22	19.48
城镇单位从业人员(万人)	Employment Personnel in Urban Units (100 persons)	8.69	12.96
#在岗职工	On-post Staff and Workers	7.6	11.55
新增就业人员(人)	Newly Increased Employment Personnel (person)	22200	23100
城镇单位从业人员平均工资(元)	Annual Average Remuneration of Employment Personnel in Urban Units (yuan)	63901	60850
乡村从业人员(万人)	Rural Employment Personnel (10 000 persons)	4.63	4.74
#农林牧渔业	Farming, Forestry, Animal Husbandry and Fishery	1.4	1.40
*增加值(亿元)	Value Added (100 million yuan)	241.67	288.95
第一产业	Primary Industry	2.2	2.30
第二产业	Secondary Industry	139.88	172.74
#工　业	Industry	111.88	142.99
第三产业	Tertiary Industry	99.59	113.92
*增加值增速(%)	Increase Rate of Value Added (%)	23.1	20.3
一般预算财政收入(万元)	General Budgetary Government Revenue (10 000 yuan)	166774.0	184995
一般预算财政支出(万元)	General Budgetary Government Expenditure (10 000 yuan)	221228.00	260780
#教育经费支出	Operating Expenses for Education	95368	115105.00
年末实有耕地面积(公顷)	Cultivated Land (year-end) (hectare)	13180	13180.00
农林牧渔业总产值(万元)	Gross Output Value of Farming, Forestry, Animal Husbandry and Fishery (10 000 yuan)	58967	62929
农林牧渔业总产值增速(%)	Increase Rate of Gross Output Value of Farming, Forestry, Animal Husbandry and Fishery (%)	12.6	6.7
粮食产量(万吨)	Total Yield of Grain (10 000 tons)	6.90	4.46
肉类总产量(吨)	Output of Meat(ton)	10754	11300.00
水产品产量(吨)	Total Yield of Aquatic Products (ton)	9468	11000.00
蔬菜总产量(万吨)	Total Yield of Vegetables (10 000 tons)	2.41	2.62

注："*"为区属口径。
Note: Data with "*" refer to coverage of units under leadership of this district.

1-20 续表 continued

指 标	Item	2011	20112
农村居民人均可支配收入(元)	Per Capita Annual Disposable Income of Rural Households (yuan)	11876	13377.00
农村居民人均生活消费支出(元)	Per Capita Annual Expenditure for Consumption of Rural Households (yuan)	5296	7410.54
#食品支出	Expenditure for Food	2197	2879.72
农村人均住房面积(平方米)	Per Capita Floor Space of Rural Households (sq. m)	29.51	29.06
*规模以上工业企业	Industrial Enterprises above Designated Size		
单位数(个)	Number of Enterprises (unit)	184	184
从业人员(人)	Employment Personnel (persons)	33636	32988
资产总值(亿元)	Total Assets (100 million yuan)	451.73	495.06
主营业务收入(亿元)	Revenue From Principal Business(100 million yuan)	588.29	571.67
利税总额(亿元)	Total Profits(100 million yuan)	64.34	15.22
#利润总额	Total Profits (100 million yuan)	45.93	13.60
工业总产值(亿元)	Gross Output Value (100 million yuan)	590.94	606.00
*固定资产投资(亿元)	Investment in Fixed Assets (100 million yuan)	145.01	174.31
*社会消费品零售总额(亿元)	Retail Sales of Consumer Goods (100 million yuan)	97.83	118.00
外贸出口(亿美元)	Total Value of Exports in Foreign Trade (USD 100 million)	7.69	8.62
民营企业注册资本(亿元)	Registered Capital of Private Enterprises (100 million yuan)	165.30	180.93
实际直接利用外资(万美元)	Actual Direct Utilization of Foreign Capital (USD 10 000)	9444	6110
实际利用内资(万元)	Domestic Investment Actually Used (10 000 yuan)	528800	702000
星级饭店(个)	Star Hotel(unit)	5	6
小学校数(所)	Number of Primary Schools (unit)	41	38
小学在校学生数(人)	Students Enrollment of Primary Schools (person)	24980	24980
普通中学校数(所)	Number of Regular Secondary Schools (unit)	35	36
普通中学在校学生数(人)	Students Enrollment of Regular Secondary Schools (person)	26951	27120
幼儿园数(所)	Number of Kindergartens (unit)	43	57
养老院床位数(张)	Number of Beds in Old People's Home (unit)	648	196
卫生机构数(个)	Health Care Institutions (unit)	250	252
#医院、卫生院、社区服务中心	Hospitals, Health Care Centers and Community Health Care Centers	22	23
卫生机构床位数(张)	Beds (unit)	2061	2106
#医院、卫生院	Hospitals and Health Care Centers	1791	1826
每千人拥有卫生机构床位数(张)	Number of Beds in Health Care Institutions per 1000 persons (unit)	5.24	3.59
每千人拥有执业医师(人)	Number of Licensed Doctors per 1 000 persons (person)	3.39	2.58
每千人拥有注册护士(人)	Number of Registered Nurses per 1000 persons (unit)	3.13	2.40
环境空气质量指数(%)	Ambient Air Quality Index (%)		
林木覆盖率(%)	Coverage Rate of Trees(%)	10.5	11.0

1-21 天津经济技术开发区(南港工业区)主要经济指标
Main Statistics on TEDA (Nangang Industrial Zone)

单位：亿元 (100 million yuan)

项 目	Item	2011	2012	2012比2011年增长(%) Increase Rate in 2012 over 2011(%)
地区生产总值	**Gross Domestic Product**	**1884.63**	**2201.38**	**20.4**
第二产业	Secondary Industry	1475.10	1722.56	21.8
#工 业	Industry	1450.95	1704.06	22.6
第三产业	Tertiary Industry	409.53	478.83	14.7
批发和零售业	Wholesale and Retail Trades	113.80	125.86	7.3
交通运输、仓储和邮政业	Transportation, Storage and Post Services	27.97	29.39	3.7
住宿和餐饮业	Accommodation and Catering Services	4.16	4.04	-9.5
金融业	Financial Intermediation	96.60	120.03	22.6
房地产业	Real Estate	-0.88	-1.12	
其他行业	Others	167.89	200.62	17.7
主营业务收入	**Revenue from Principal Business**	**8883.15**	**10162.32**	**14.4**
#工 业	Industry	6102.14	6969.12	14.2
外商及港澳台投资企业	Enterprises with Foreign Investment and Investment from Hong Kong, Macao and Taiwan	5095.69	5614.47	10.2
工业总产值	**Gross Output Value of Industry**	**6031.40**	**7117.05**	**18.0**
#规模以上工业	Industrial Enterprises above Designated Size	6018.34	7102.18	18.0
#外商及港澳台投资企业	Enterprises with Foreign Investment and Investment from Hong Kong, Macao and Taiwan	4983.68	5598.75	12.3
出口总额(亿美元)	**Total Value of Exports (USD 100 million)**	**198.46**	**220.48**	**11.1**
从业人员(万人)	**Employment Personnel (10000 person)**	**48.48**	**51.23**	**5.7**
外商及港澳台投资企业	Foreign and Hong Kong, Macao, Taiwan Funded Enterprises	29.80	30.35	1.8
内资企业	Domestic Funded Enterprises	18.68	20.89	11.8
按产业分组	Grouped by Industry			
第二产业	Secondary Industry	36.34	37.30	2.6
第三产业	Tertiary Industry	12.14	13.94	14.8

注：1. 地区生产总值及其构成项绝对数按现价计算，速度按可比价计算。2.此表主营业务收入为“三上”企业的主营业务收入。

Note: a) The absolute value of GDP and its composition are calculated at current prices, and increase rate are calculated at constant prices.

b) Revenue from principal business refer to the revenue of industrial enterprises above designed size, wholesale and retail enterprises above designed size and construction enterprises with qualification.

1-22 天津港保税区主要经济指标
Main Statistics on Tianjin Port Free Trade Zone

项　目	Item	单　位	Unit	1994	2011	2012	2012比2011年增长(%) Increase Rate in 2012 over 2011(%)
天津港保税区生产总值	Gross Domestic Product of TPFTZ	亿 元	100 million yuan	1.69	877.80	1068.44	21.0
第二产业	Secondary Industry	亿 元	100 million yuan		261.83	325.40	27.6
第三产业	Tertiary Industry	亿 元	100 million yuan	1.69	615.98	743.04	18.1
工业总产值	Gross Output Value of Industry	亿 元	100 million yuan	1.50	1071.16	1427.92	30.1
进出区货物总值	Total Value of Goods from and to the Zone	亿美元	USD 100 million	6.80	561.60		
企业进出口额	Imports and Exports of Enterprises	亿美元	USD 100 million	0.74	191.78	207.75	8.2
#进　口	Imports	亿美元	USD 100 million	0.40	156.54	169.21	7.9
通关进出口额	Imports and Exports Cleared	亿美元	USD 100 million	1.94			
#进　口	Imports	亿美元	USD 100 million	1.35			
各项税收总额	Total Taxes	亿 元	100 million yuan	2.62	555.22	609.99	9.9
#工商税及所得税	Industrial, Commercial and Income Tax	亿 元	100 million yuan	0.65	119.53	130.17	8.9
关税及代征税	Tariffs	亿 元	100 million yuan	1.97	435.69	479.82	10.1
企业销售(营业)收入	Sales (Business) Revenue of Enterprises	亿 元	100 million yuan	21.73	4434.87	5061.18	14.1
固定资产投资总额	Investment in Fixed Assets	亿 元	100 million yuan	7.18	340.47	311.02	-8.6
#基础设施投资	Infrastructure Investment	亿 元	100 million yuan	2.07	49.08	37.83	-22.9

1-23 天津滨海高新区主要经济指标
Main Statistics on Tianjin Binhai Hi-tech Industrial Development Park

单位：亿 元　　100 million yuan

指　标	Item	2011	2012	2012比2011年增长(%) Increase Rate in 2012 over 2011(%)
高新区	**THIP**			
技工贸总产值	Gross Output Value of Technology, Industry and Trade	1923.30	2619.71	36.2
技工贸总收入	Total Income from Technology, Industry and Trade	3619.30	4602.36	27.2
#技术收入	Income from Technology	349.70	559.15	59.9
#核心区	**Core Area**			
地区生产总值	Gross Domestic Product	364.74	615.64	24.8
第二产业	Secondary Industry	182.38	280.40	29.6
#工　业	Industry	170.39	262.84	32.8
第三产业	Tertiary Industry	182.36	335.23	21.1
工业总产值	Gross Output Value of Industry	360.20	687.20	90.8
固定资产投资额	Investment in Fixed Assets	240.20	312.62	30.1
财政一般预算收入	General Budgetary Government Revenue	28.80	34.30	16.7
国家孵化器在孵企业数(个)	Enterprises Incubating in National Business Incubator(unit)	2967	3120	5.2
市级以上科技项目立项数(个)	Approved S&T Projects of Municipal Level and Above(unit)	410	359	-12.4
内资企业专利数量申请数(个)	Patent Applications of Domestic-funded Enterprises(unit)	4402	4610	4.7
高新技术企业数量(个)	Number of High-tech Enterprises(unit)	408	441	8.1
国家级博士后科研工作站(个)	National Post-doctoral Scientific Research Workstation(unit)	20	25	25.0

注：2011年华苑科技园区改名为核心区。
Note: In 2011, Huanyuan Technology Park is renamed Core Area.

1-24 天津东疆保税港区主要经济指标
Main Statistics on Tianjin Dongjiang Port Free Trade Zone

指 标	Item	单 位	Unit	2011	2012	2012比2011年增长(%) Increase Rate in 2012 over 2011(%)
增 加 值	Value-added	万 元	10000 yuan	140000.00	260000.00	76.9
主营业务收入	Revenue from Principal Business	万 元	10000 yuan	605231.00	2963782.00	389.7
固定资产投资	Investment in Fixed Assets	万 元	10000 yuan	1123587.00	1841300.00	63.2
#基础设施投资	Infrastructure Investment	万 元	10000 yuan	230770.00	265551.00	15.2
招商引资情况	Attracted Investments					
外资企业数	Number of Foreign-funded Enterprises	个	unit	28.00	35.00	25.0
合同外资金额	Foreign Investment Contracted	万美元	USD 10000	13340.00	28046	110.2
实际利用外资	Foreign Capital Actually Used	万美元	USD 10000	10036.00	15070	50.2
内资企业数	Number of Domestic Enterprises	个	unit	276	393	42.2
内资企业注册资金	Registered Capital of Domestic Enterprises	万 元	10000 yuan	920200.00	453082.00	-50.8
内资到位额	Actual Utilization of Domestic and Tianjin Capital	万 元	10000 yuan	692935.00	426722.00	-38.4
内联引资到位额	Actual Utilization of Domestic Capital	万 元	10000 yuan	140000.00	185159.00	32.3
集装箱吞吐量	Handled Containers	万TEU	10000 TEU	245.05	261.38	6.7
#进 港	In-port	万TEU	10000 TEU	120.91	129.48	7.1
出 港	Out-port	万TEU	10000 TEU	124.14	131.90	6.3
港口货物吞吐量	Freight Handled in Ports	万 吨	10000 tons	3159.00	3648.00	15.5
税 收	Tax	万 元	10000 yuan	53650.30	92298.13	72.1
#国 税	National Tax	万 元	10000 yuan	7561.24	27983.98	270.1
地 税	Local Tax	万 元	10000 yuan	46089.06	64314.15	39.5
进出区保税货值	Value of Tariff-free Goods Passed Out & In	亿美元	USD 100 million	52.81	125.76	138.1
进出区货物量	Volume of Goods Passed Out & In	万 吨	10000 tons	43.52	118.36	172.0
票 数	Number of Shipment	票	Shipment	26273.00	50654.00	92.8

1-25 中新天津生态城主要经济指标
Main Statistics on Sino-Singapore Tianjin Eco-city

指　标	Item	单位	Unit	2011	2012	2012比2011年增长(%) Increase Rate in 2012 over 2011(%)
地区生产总值	Gross Domestic Product	亿元	100 million yuan	23.04	34.13	48.1
固定资产投资总额	Investment in Fixed Assets	亿元	100 million yuan	133.12	160.90	20.9
#基础设施	Infrastructure	亿元	100 million yuan	26.75	27.51	2.8
生态住宅	Ecological Residential Building	亿元	100 million yuan	66.65	74.16	11.3
公共设施	Public Facilities	亿元	100 million yuan	9.86	19.08	93.5
当年新增注册企业	Newly Registered Enterprises in Current Year	个	unit	286	253	-11.5
#内资企业	Domestic Funded Enterprises	个	unit	272	231	-15.1
外资企业	Foreign Funded Enterprises	个	unit	14	22	57.1
内联引资额	Actual Utilization of Domestic Capital	亿元	100 million yuan	14.70	20.01	36.1
合同外资额	Foreign Investment Contracted	亿美元	USD 100 million	0.85	1.01	18.8
实际使用外资额	Foreign Capital Actually Used	亿美元	USD 100 million	1.02	1.54	50.5
财政收入	Government Revenue	亿元	100 million yuan	21.83	27.90	27.8
#本级财政收入	Government Revenue of Current Level	亿元	100 million yuan	16.99	23.27	36.9
进出口总额	Total Value of Imports and Exports in Foreign Trade	万美元	USD 10000	461.00	461.10	
服务外包执行额	Implementation of Service Outsourcing	万美元	USD 10000	203.70	1568.60	670.1
太阳能光热利用系统集热器面积	Area of Solar Collectors of Solar Thermal Utilization System	万平方米	10000 sq.m	0.30	1.80	500.0
太阳能光电利用系统年发电量	Annual Electric Power Production of Solar Photovoltaic System	万千瓦时	10000 kw·h	-	13.50	-

第二篇

人口、就业和劳动工资

Chapter 2

Population, Employment and Labor Wages

2-1 户籍人口数及户数
Registered Population and Households

项 目	Item	单 位	Unit	1994	2011	2012
户籍人口	**Registered Population**	**万 人**	**10000 persons**	**99.82**	**113.80**	**115.88**
男性人口	Male	万 人	10000 persons	52.18	58.64	59.74
女性人口	Female	万 人	10000 persons	47.64	55.16	56.14
非农业人口	Non-agricultural	万 人	10000 persons	69.57	92.94	94.67
农业人口	Agricultural	万 人	10000 persons	30.25	20.86	21.21
人口密度	Population Density	人/平方公里	person/sq. km	440	501	774
性别比	Sex Ratio	女=100	female=100	109.53	106.3	106.41
户籍户数	**Registered Households**	**万 户**	**10000 households**	**31.89**	**41.66**	**41.95**
非农业户	Non-agricultural	万 户	10000 households	22.51	33.79	34.27
农业户	Agricultural	万 户	10000 households	9.38	7.87	7.68
户规模	Family Size	人/户	person/household	3.13	2.73	2.76

资料来源：天津市滨海新区公安局,表2-2至2-5同。
Source: Tianjin Binhai New Area Public Security Bureau.Same as table 2-2 to 2-5.

2-2 户籍人口主要构成(1993-2012年)
Composition of Registered Population, 1993-2012

单位：% (%)

年 份 Year	按户口性质分 By Registered Character		按性别分 By Sex		
	非农业 Non-agricultural	农 业 Agricultural	男 性 Male	女 性 Female	性别比(女=100) Sex Ratio(female=100)
1993	69.12	30.88	52.32	47.68	109.73
1994	69.70	30.30	52.27	47.73	109.53
1995	70.25	29.75	52.19	47.81	109.18
1996	71.90	28.10	52.12	47.88	108.86
1997	72.52	27.48	52.05	47.95	108.56
1998	72.97	27.03	52.07	47.93	108.63
1999	74.01	25.99	51.99	48.01	108.28
2000	74.61	25.39	51.87	48.13	107.77
2001	74.98	25.02	51.80	48.20	107.46
2002	75.45	24.55	51.68	48.32	106.96
2003	75.71	24.29	51.65	48.35	106.84
2004	75.86	24.14	51.57	48.43	106.49
2005	76.22	23.78	51.53	48.47	106.32
2006	76.77	23.23	51.47	48.53	106.07
2007	77.07	22.93	51.43	48.57	105.88
2008	77.17	22.83	51.37	48.63	105.63
2009	80.78	19.22	51.48	48.53	106.07
2010	81.11	18.89	51.48	48.52	106.12
2011	81.66	18.34	51.53	48.47	106.30
2012	81.70	18.30	51.55	48.45	106.41

2-3 各种特征年龄组的户籍人口(2012年)

Registered Population by Age Groups, 2012

单位：人 (person)

年 龄 组	Age Groups	合 计 Total	男 Male	女 Female
按学龄人口分组	**Grouped by School Age**			
0-2岁	Age 0-2	18698	9777	8921
3-5岁	Age 3-5	30752	16236	14516
6-14岁	Age 6-14	79013	41665	37348
15-17岁	Age 15-17	27591	14352	13239
18-21岁	Age 18-21	47855	23834	24021
按婚育人口分组	**Grouped by Marriage Age and Child-bearing Age**			
进入法定婚龄人口	Reaching Legal Marriage Age	13758	7288	6470
育龄妇女人口	Women at Child-bearing Age	285141		285141
按劳动人口分组	**Grouped by Labor Age**			
进入劳龄人口	Reaching Labor Age	9298	4862	4436
进入劳动年龄内人口	Within Labor Age	732518	403632	328886
按老年人口分组	**Grouped by Aged Population**			
60岁以上人口	Age 60 and over	232958	117491	115467
65岁以上人口	Age 65 and over	151940	76723	75217
80岁以上人口	Age 80 and over	25977	13252	12725

2-4 分功能区户籍人口数及户数(2012年)

Registered Households and Population by Functional Area, 2012

项 目 Item	单 位 Unit	合 计 Total	#塘 沽 Tanggu	汉 沽 Han'gu	大 港 Dagang	经济技术开发区 TEDA	天津港保税区 TPFTZ
总人口 Total Population	万 人 10000 persons	115.88	50.63	17.58	40.52	5.91	0.72
人口密度 Population Density	人/平方公里 person/sq. km	774	870	619	549	7510	4742
男性人口 Male	万 人 10000 persons	59.74	26.11	8.81	20.93	3.04	0.49
女性人口 Female	万 人 10000 persons	56.14	24.51	8.76	19.59	2.87	0.23
性别比 Sex Ratio	女=100 female=100	106.41	106.53	100.57	106.84	105.92	213.04
非农业人口 Non-agricultural	万 人 10000 persons	94.67	44.93	12.97	29.74	5.79	0.72
农业人口 Agricultural	万 人 10000 persons	21.21	5.69	4.61	10.78	0.12	
总户数 Total Households	万 户 10000 households	41.95	18.58	6.74	15.10	1.49	0.03
户规模 Family Size	人/户 person/household	2.76	2.72	2.61	2.68	3.97	24.00
非农业户 Non-agricultural	万 户 10000 households	34.27	16.52	5.07	11.19	1.45	0.03
农业户 Agricultural	万 户 10000 households	7.68	2.06	1.67	3.91	0.04	

2-5 户籍人口变动情况(2012年)
Change of Registered Population,2012

指标 Item	单位 Unit	合计 Total	塘沽 Tanggu	汉沽 Han'gu	大港 Dagang	经济技术开发区 TEDA	天津港保税区 TPFTZ
人口迁入数 Immigration	人 person	28127	5255	611	15410	4719	2132
人口迁入率 Immigration Rate	‰	24.27	10.38	3.48	38.21	81.52	295.62
人口迁出数 Emigration	人 person	9296	1499	159	4856	2589	193
人口迁出率 Emigration Rate	‰	8.02	2.96	0.90	12.04	44.73	26.76
人口机械增长数 Population Growth from Migration	人 person	18831	3756	452	10554	2130	1939
人口机械增长率 Rate of Population Growth from Migration	‰	16.25	7.42	2.58	26.17	36.79	268.86

2-6 分功能区常住人口
Permanent Population by Functional Area

单位：万人 (10 000 persons)

功能区 Functional Area	年末常住人口数 Year-end Permanent Population		2012比2011年增长(%) Increase Rate in 2012 over 2011(%)
	2011	2012	
合 计 Total	**253.66**	**263.52**	**3.9**
# 塘 沽 Tanggu	85.59	87.62	2.4
汉 沽 Han'gu	21.75	22.30	2.5
大 港 Dagang	52.68	54.07	2.6
经济技术开发区 TEDA	15.51	16.74	7.9
天津港保税区 TPFTZ	2.69	2.98	10.8
高新区 THIP	2.68	3.90	45.5

2-7 婚姻登记和计划生育情况(2012年)
Marriage Registration and Family Planning, 2012

指 标 Item	单 位 Unit	合 计 Total	塘 沽 Tanggu	汉 沽 Han'gu	大 港 Dagang
婚姻登记情况					
Marriage Registration					
结婚对数	对	15428	7456	2572	5400
Marriages	couple				
离婚对数	对	13309	4508	1708	3817
Divorces	couple				
#法院判决	对	723	376	155	192
Ruled by Court	couple				
女性结婚人数	人	4672	2572	709	1391
Female	person				
初婚人数	人	12586	7408	1553	3625
First Marriages	person				
计划生育情况		11384	5012	1164	5208
Family Planning					
一孩率	%	87.1	88.2	85.4	85.4
Family Planning Rate	%				
二孩率	%	12.9	11.8	14.6	14.6
Two-child Rate	%				
符合政策出生人数	人	10824	6706	1238	2880
Births in Planning	person				
政策生育率	%	99.5	99.9	98.0	99.3
Family Planning Rate	%				

资料来源：天津市滨海新区民政局和卫生局。
Source: Tianjin Binhai New Area Bureau of Civil Affairs and Bureau of Public Health.

2-8 单位从业人员(2012年)
Number of Employment Personnel in Urban Units, 2012

指标	Item	绝对数(人) Number (person)	构成(%) Composition in Percentage
总计	**Total**	**1319438**	**100**
按国民经济类型分	**Grouped by Ownership**		
国有经济	State-owned	216764	16.4
集体经济	Collective-owned	10538	0.8
其他经济	Others	1092136	82.8
# "三资"经济	Joint-venture, Cooperative and Foreign-owned	442957	33.6
股份制经济	Share Holding	99665	7.6
按国民经济行业分	**Grouped by Sector**		
第一产业	Primary Industry	1220	0.1
农林牧渔业	Farming, Forestry, Animal Husbandry and Fishery	1220	0.1
第二产业	Secondary Industry	876654	66.4
工业	Industry	745870	56.5
建筑业	Construction	130784	9.9
第三产业	Tertiary Industry	441564	33.5
批发和零售业	Wholesale and Retail Trades	77353	5.9
交通运输、仓储和邮政业	Transportation, Storage and Post Services	79016	6.0
住宿和餐饮业	Accommodation and Catering Services	17668	1.3
信息传输、软件和信息技术服务业	Information Transmission, Software and IT Services	31172	2.4
金融业	Financial Intermediation	7892	0.6
房地产业	Real Estate	29220	2.2
租赁和商务服务业	Leasing and Business Services	43512	3.3
科学研究和技术服务业	Scientific Research and Technical Services	48138	3.7
水利、环境和公共设施管理业	Management for Water Conservancy, Environment and Public Facilities	12280	0.9
居民服务、修理和其他服务业	Resident Services, Repair and Other Services	35824	2.7
教育	Education	20482	1.6
卫生和社会工作	Health Care and Social Work	11284	0.9
文化、体育和娱乐业	Culture, Sports and Entertainment	2299	0.2
公共管理、社会保障和社会组织	Public Management, Social Security and Social Organizations	25424	1.9

2-9 分功能区单位从业人员(2012年)
Employment Personnel in Urban Units by Functional Area, 2012

单位：人 (person)

项目	Item	塘沽 Tanggu	汉沽 Han'gu	大港 Dagang
总计	**Total**	**156110**	**40804**	**136548**
按国民经济类型分	**Grouped by Ownership**			
国有经济	State-owned	51695	11587	28229
集体经济	Collective-owned	2999	1785	3479
其他经济	Others	101416	27432	104840
# "三资"经济	Joint-venture, Cooperative and Foreign-owned	8204	1578	10961
股份制经济	Share Holding	11329	1973	19448
按国民经济行业分	**Grouped by Sector**			
第一产业	Primary Industry	274	14	540
农林牧渔业	Farming, Forestry, Animal Husbandry and Fishery	274	14	540
第二产业	Secondary Industry	76492	30278	101952
工业	Industry	37900	23580	81646
建筑业	Construction	38592	6698	20306
第三产业	Tertiary Industry	79344	10512	34056
批发和零售业	Wholesale and Retail Trades	6583	1049	3900
交通运输、仓储及邮政业	Transportation, Storage and Post Services	14117	379	3371
住宿和餐饮业	Accommodation and Catering Services	2526	294	2327
信息传输、软件和信息技术服务业	Information Transmission, Software and IT Services	442	119	54
金融业	Financial Intermediation	614	353	632
房地产业	Real Estate	6198	652	1635
租赁和商务服务业	Leasing and Business Services	15547	219	659
科学研究和技术服务业	Scientific Research and Technical Services	7076	195	2036
水利、环境和公共设施管理业	Management for Water Conservancy, Environment and Public Facilities	2766	636	501
居民服务、修理和其他服务业	Resident Services, Repair and Other Services	3489	94	4168
教育	Education	7596	2408	6108
卫生和社会工作	Health Care and Social Work	5068	1532	2364
文化、体育和娱乐业	Culture, Sports and Entertainment	790	117	425
公共管理、社会保障和社会组织	Public Management, Social Security and Social Organizations	6532	2465	5876

2-9 续表 continued

单位：人 (person)

项目	Item	经济技术开发区 TEDA	天津港保税区 TPFTZ	高新区 THIP
总计	**Total**	**502371**	**204065**	**137934**
按国民经济类型分	**Grouped by Ownership**			
国有经济	State-owned	32137	39599	24677
集体经济	Collective-owned	593	205	323
其他经济	Others	469641	164261	112934
# "三资"经济	Joint-venture, Cooperative and Foreign-owned	315811	60692	27665
股份制经济	Share Holding	12747	14224	35688
按国民经济行业分	**Grouped by Sector**			
第一产业	Primary Industry			
农林牧渔业	Farming, Forestry, Animal Husbandry and Fishery			
第二产业	Secondary Industry	385538	100551	89662
工业	Industry	366690	78924	76016
建筑业	Construction	18848	21627	13646
第三产业	Tertiary Industry	116833	103514	48272
批发和零售业	Wholesale and Retail Trades	17285	28217	5801
交通运输、仓储及邮政业	Transportation, Storage and Post Services	13460	33410	5966
住宿和餐饮业	Accommodation and Catering Services	7131	2089	1456
信息传输、软件和信息技术服务业	Information Transmission, Software and IT Services	4498	15743	10072
金融业	Financial Intermediation	2608	1850	173
房地产业	Real Estate	9329	4740	2326
租赁和商务服务业	Leasing and Business Services	13360	6576	3633
科学研究和技术服务业	Scientific Research and Technical Services	11120	9466	17813
水利、环境和公共设施管理业	Management for Water Conservancy, Environment and Public Facilities	3663	554	189
居民服务、修理和其他服务业	Resident Services, Repair and Other Services	22987	364	246
教育	Education	876	49	165
卫生和社会工作	Health Care and Social Work	1507	235	234
文化、体育和娱乐业	Culture, Sports and Entertainment	599		78
公共管理、社会保障和社会组织	Public Management, Social Security and Social Organizations	8410	221	120

2-10 单位从业人员平均人数(2012年)
Average Employment Personnel in Urban Units, 2012

项目	Item	绝对数(人) Number (person)	构成(%) Composition in Percentage
总计	**Total**	**1311879**	**100**
按国民经济类型分	**Grouped by Ownership**		
国有经济	State-owned	213691	16.3
集体经济	Collective-owned	10824	0.8
其他经济	Others	1087364	82.9
# "三资"经济	Joint-venture, Cooperative and Foreign-owned	448319	34.2
股份制经济	Share Holding	98412	7.5
按国民经济行业分	**Grouped by Sector**		
第一产业	Primary Industry	1226	0.1
农林牧渔业	Farming, Forestry, Animal Husbandry and Fishery	1226	0.1
第二产业	Secondary Industry	876783	66.8
工业	Industry	750109	57.2
建筑业	Construction	126674	9.7
第三产业	Tertiary Industry	433870	33.1
批发和零售业	Wholesale and Retail Trades	77430	5.9
交通运输、仓储及邮政业	Transportation, Storage and Post Services	76480	5.8
住宿和餐饮业	Accommodation and Catering Services	17779	1.4
信息传输、软件和信息技术服务业	Information Transmission, Software and IT Services	30277	2.3
金融业	Financial Intermediation	7897	0.6
房地产业	Real Estate	28698	2.2
租赁和商务服务业	Leasing and Business Services	43114	3.3
科学研究和技术服务业	Scientific Research and Technical Services	48297	3.7
水利、环境和公共设施管理业	Management for Water Conservancy, Environment and Public Facilities	12316	0.9
居民服务、修理和其他服务业	Resident Services, Repair and Other Services	32682	2.5
教育	Education	20270	1.5
卫生和社会工作	Health Care and Social Work	11084	0.8
文化、体育和娱乐业	Culture, Sports and Entertainment	2475	0.2
公共管理、社会保障和社会组织	Public Management, Social Security and Social Organizations	25071	1.9

2-11 分功能区单位从业人员平均人数(2012年)
Average Employment Personnel in Urban Units by Functional Area, 2012

单位：人 (person)

项　目	Item	塘　沽 Tanggu	汉　沽 Han'gu	大　港 Dagang
总　　计	**Total**	**150107**	**41286**	**136075**
按国民经济类型分	**Grouped by Ownership**			
国有经济	State-owned	51386	11650	28102
集体经济	Collective-owned	3216	1783	3531
其他经济	Others	95505	27853	104442
# “三资”经济	Joint-venture, Cooperative and Foreign-owned	8368	1568	10791
股份制经济	Share Holding	11077	2478	19182
按国民经济行业分	**Grouped by Sector**			
第一产业	Primary Industry	271	14	550
农林牧渔业	Farming, Forestry, Animal Husbandry and Fishery	271	14	550
第二产业	Secondary Industry	73224	30704	101877
工　业	Industry	38240	23629	80657
建筑业	Construction	34984	7075	21220
第三产业	Tertiary Industry	76612	10568	33648
批发和零售业	Wholesale and Retail Trades	6615	1086	3816
交通运输、仓储及邮政业	Transportation, Storage and Post Services	12942	384	3385
住宿和餐饮业	Accommodation and Catering Services	2613	279	2295
信息传输、软件和信息技术服务业	Information Transmission, Software and IT Services	444	121	53
金融业	Financial Intermediation	626	352	629
房地产业	Real Estate	6219	692	1541
租赁和商务服务业	Leasing and Business Services	15825	224	625
科学研究和技术服务业	Scientific Research and Technical Services	6989	194	1913
水利、环境和公共设施管理业	Management for Water Conservancy, Environment and Public Facilities	2803	649	510
居民服务、修理和其他服务业	Resident Services, Repair and Other Services	1861	96	4227
教　育	Education	7430	2415	6119
卫生和社会工作	Health Care and Social Work	4940	1531	2285
文化、体育和娱乐业	Culture, Sports and Entertainment	806	119	404
公共管理、社会保障和社会组织	Public Management, Social Security and Social Organizations	6499	2426	5846

2-11 续表 continued

单位：人 (person)

项　目	Item	经济技术开发区 TEDA	天津港保税区 TPFTZ	高新区 THIP
总　计	**Total**	**502028**	**202501**	**139135**
按国民经济类型分	**Grouped by Ownership**			
国有经济	State-owned	29954	39189	24568
集体经济	Collective-owned	566	205	368
其他经济	Others	471508	163107	114199
# "三资"经济	Joint-venture, Cooperative and Foreign-owned	319349	60869	28562
股份制经济	Share Holding	11151	14104	36088
按国民经济行业分	**Grouped by Sector**			
第一产业	Primary Industry			
农林牧渔业	Farming, Forestry, Animal Husbandry and Fishery			
第二产业	Secondary Industry	387826	101003	90291
工　业	Industry	370837	79367	76198
建筑业	Construction	16989	21636	14093
第三产业	Tertiary Industry	114202	101498	48844
批发和零售业	Wholesale and Retail Trades	17368	28024	5864
交通运输、仓储及邮政业	Transportation, Storage and Post Services	12878	33093	5796
住宿和餐饮业	Accommodation and Catering Services	7180	2064	1526
信息传输、软件和信息技术服务业	Information Transmission, Software and IT Services	4390	15415	9623
金融业	Financial Intermediation	2668	1815	174
房地产业	Real Estate	9345	4690	2208
租赁和商务服务业	Leasing and Business Services	13092	6134	3629
科学研究和技术服务业	Scientific Research and Technical Services	10795	8887	19005
水利、环境和公共设施管理业	Management for Water Conservancy, Environment and Public Facilities	3678	534	189
居民服务、修理和其他服务业	Resident Services, Repair and Other Services	21435	349	239
教　育	Education	881	48	163
卫生和社会工作	Health Care and Social Work	1506	234	237
文化、体育和娱乐业	Culture, Sports and Entertainment	775		78
公共管理、社会保障和社会组织	Public Management, Social Security and Social Organizations	8211	211	113

2-12 职业技能培训情况
Statistics on Vocational Skill Training

项　目	Item	2011	2012	2012比2011年增长(%) Increase Rate in 2012 over 2011(%)
参加职业技能鉴定人次(人次)	**Person-times Attended Vocational Technical Appraisal(person-times)**	**24753**	**13420**	**-45.8**
初级工	Junior Worker	19485	9600	-50.7
中级工	Middle Worker	4360	2420	-44.5
高级工	Senior Worker	890	750	-15.7
技　师	Technician	18	650	3511.1
取得职业资格证书人数(人)	**Persons Gained Vocational Certificate (person)**	**22370**	**12090**	**-46.0**
初级工	Junior Worker	17744	8700	-51.0
中级工	Middle Worker	3841	2200	-42.7
高级工	Senior Worker	770	560	-27.3
技　师	Technician	15	630	4100

资料来源：天津市滨海新区人力资源和社会保障局。
Source: Tianjin Binhai New Area Human Resources and Social Security Bureau.

2-13 人力资源市场和新增就业情况
Statistics on Human Resources Market and Newly Increased Employment

项　目	Item	2011	2012	2012比2011年增长(%) Increase Rate in 2012 over 2011(%)
人力资源市场情况(万人次)	**Statistics on Human Resources Market(10000 person-times)**			
进场择业洽谈人次	Number of Person-times Entering for Interview	24.78	42.4	71.1
达成初步意向人次	Number of Person-times Reached Initial Intent	18.6	31.9	71.5
新增就业岗位人数(万人)	**Persons Employed on New Job Posts (10000 persons)**	**10.70**	**11.76**	**9.9**
失业人员	Unemployed	1.87	1.14	39
其他人员	Others	8.83	10.62	20.3

资料来源：天津市滨海新区人力资源和社会保障局。
Source: Tianjin Binhai New Area Human Resources and Social Security Bureau.
注：新增就业岗位人数来自天津市就业管理信息系统。
Note: Persons employed on new job posts are obtained from Tianjin employment management information system.

2-14 单位从业人员工资总额(2012年)
Total Remuneration of Employment Personnel in Urban Units, 2012

项 目	Item	绝对数(千元) Absolute Value (1000 yuan)	构 成(%) Composition in Percentage
总 计	**Total**	**86097655**	**100**
按国民经济类型分	**Grouped by Ownership**		
国有经济	State-owned	16157637	18.8
集体经济	Collective-owned	446727	0.5
其他经济	Others	69493291	80.7
# "三资" 经济	Joint-venture, Cooperative and Foreign-owned	29969976	34.8
股份制经济	Share Holding	8120435	9.4
按国民经济行业分	**Grouped by Sector**		
第一产业	Primary Industry	64782	0.1
农林牧渔业	Farming, Forestry, Animal Husbandry and Fishery	64782	0.1
第二产业	Secondary Industry	54853396	63.7
工 业	Industry	47668844	55.4
建筑业	Construction	7184552	8.3
第三产业	Tertiary Industry	31179477	36.2
批发和零售业	Wholesale and Retail Trades	4434492	5.2
交通运输、仓储及邮政业	Transportation, Storage and Post Services	6511065	7.6
住宿和餐饮业	Accommodation and Catering Services	627807	0.7
信息传输、软件和信息技术服务业	Information Transmission, Software and IT Services	2529642	2.9
金融业	Financial Intermediation	1012817	1.2
房地产业	Real Estate	1762120	2.0
租赁和商务服务业	Leasing and Business Services	2477737	2.9
科学研究和技术服务业	Scientific Research and Technical Services	5182968	6.0
水利、环境和公共设施管理业	Management for Water Conservancy, Environment and Public Facilities	616039	0.7
居民服务、修理和其他服务业	Resident Services, Repair and Other Services	934977	1.1
教 育	Education	1878724	2.2
卫生和社会工作	Health Care and Social Work	880919	1.0
文化、体育和娱乐业	Culture, Sports and Entertainment	169660	0.2
公共管理、社会保障和社会组织	Public Management, Social Security and Social Organizations	2160510	2.5

2-15 分功能区单位从业人员工资总额(2012年)
Total Remuneration of Employment Personnel in Urban Units by Functional Area, 2012

单位：千元 (1000 yuan)

项目	Item	塘沽 Tanggu	汉沽 Han'gu	大港 Dagang
总计	**Total**	**9838324**	**2137107**	**8260580**
按国民经济类型分	**Grouped by Ownership**			
国有经济	State-owned	4354950	866270	2206365
集体经济	Collective-owned	135862	52383	149144
其他经济	Others	5347512	1218454	5905071
# "三资"经济	Joint-venture, Cooperative and Foreign-owned	530206	68091	591076
股份制经济	Share Holding	1011972	114591	1586096
按国民经济行业分	**Grouped by Sector**			
第一产业	Primary Industry	12330	921	38798
农林牧渔业	Farming, Forestry, Animal Husbandry and Fishery	12330	921	38798
第二产业	Secondary Industry	4382570	1322264	6195303
工业	Industry	2470995	1008822	5178608
建筑业	Construction	1911575	313442	1016695
第三产业	Tertiary Industry	5443424	813922	2026479
批发和零售业	Wholesale and Retail Trades	354498	32987	183005
交通运输、仓储及邮政业	Transportation, Storage and Post Services	1121429	22185	196786
住宿和餐饮业	Accommodation and Catering Services	84444	6557	76749
信息传输、软件和信息技术服务业	Information Transmission, Software and IT Services	54026	5482	1492
金融业	Financial Intermediation	65936	32716	66539
房地产业	Real Estate	352462	39395	73290
租赁和商务服务业	Leasing and Business Services	743206	10244	37370
科学研究和技术服务业	Scientific Research and Technical Services	794542	16462	113580
水利、环境和公共设施管理业	Management for Water Conservancy, Environment and Public Facilities	134913	61677	31687
居民服务、修理和其他服务业	Resident Services, Repair and Other Services	96574	3359	116115
教育	Education	664743	275568	501827
卫生和社会工作	Health Care and Social Work	435101	94503	173359
文化、体育和娱乐业	Culture, Sports and Entertainment	43841	13086	22784
公共管理、社会保障和社会组织	Public Management, Social Security and Social Organizations	497709	199701	431896

2-15 续表 continued

单位：千元 (1000 yuan)

项　　目	Item	经济技术开发区 TEDA	天津港保税区 TPFTZ	高新区 THIP
总　　计	**Total**	**32490154**	**15549991**	**8830023**
按国民经济类型分	**Grouped by Ownership**			
国有经济	State-owned	2280615	3054163	1508509
集体经济	Collective-owned	37146	6386	17130
其他经济	Others	30172393	12489442	7304384
# "三资" 经济	Joint-venture, Cooperative and Foreign-owned	20736741	4800083	2083966
股份制经济	Share Holding	787068	1445149	2705597
按国民经济行业分	**Grouped by Sector**			
第一产业	Primary Industry			
农林牧渔业	Farming, Forestry, Animal Husbandry and Fishery			
第二产业	Secondary Industry	25333737	6598331	5139596
工　业	Industry	24542573	4754176	4356655
建筑业	Construction	791164	1844155	782941
第三产业	Tertiary Industry	7156417	8951660	3690427
批发和零售业	Wholesale and Retail Trades	824126	1855388	343487
交通运输、仓储及邮政业	Transportation, Storage and Post Services	899889	3257812	334179
住宿和餐饮业	Accommodation and Catering Services	265243	80488	52730
信息传输、软件和信息技术服务业	Information Transmission, Software and IT Services	478968	1304361	668997
金融业	Financial Intermediation	352656	333217	23995
房地产业	Real Estate	599336	244115	117326
租赁和商务服务业	Leasing and Business Services	795129	551673	162400
科学研究和技术服务业	Scientific Research and Technical Services	1065510	1232142	1934633
水利、环境和公共设施管理业	Management for Water Conservancy, Environment and Public Facilities	140572	25372	7253
居民服务、修理和其他服务业	Resident Services, Repair and Other Services	588834	25161	13463
教　育	Education	118798	1591	13684
卫生和社会工作	Health Care and Social Work	134447	9255	8915
文化、体育和娱乐业	Culture, Sports and Entertainment	53714		2864
公共管理、社会保障和社会组织	Public Management, Social Security and Social Organizations	839195	31085	6501

2-16 分功能区单位从业人员平均工资(2012年)
Average Remuneration of Employment Personnel in Urban Units by Functional Area, 2012

单位：元 (yuan)

项目	Item	合计 Total	塘沽 Tanggu	汉沽 Han'gu	大港 Dagang
总计	**Total**	**65629**	**65542**	**51763**	**60706**
按国民经济类型分	**Grouped by Ownership**				
国有经济	State-owned	75612	84750	74358	78513
集体经济	Collective-owned	41272	42246	29379	42238
其他经济	Others	63910	55992	43746	56539
#"三资"经济	Joint-venture, Cooperative and Foreign-owned	66850	63361	43425	54775
股份制经济	Share Holding	82515	91358	46243	82687
按国民经济行业分	**Grouped by Sector**				
第一产业	Primary Industry	52840	45498	65786	70542
农林牧渔业	Farming, Forestry, Animal Husbandry and Fishery	52840	45498	65786	70542
第二产业	Secondary Industry	62562	59852	43065	60812
工业	Industry	63549	64618	42694	64205
建筑业	Construction	56717	54641	44303	47912
第三产业	Tertiary Industry	71864	71052	77018	60226
批发和零售业	Wholesale and Retail Trades	57271	53590	30375	47957
交通运输、仓储及邮政业	Transportation, Storage and Post Services	85134	86650	57773	58135
住宿和餐饮业	Accommodation and Catering Services	35312	32317	23502	33442
信息传输、软件和信息技术服务业	Information Transmission, Software and IT Services	83550	121680	45306	28151
金融业	Financial Intermediation	128253	105329	92943	105785
房地产业	Real Estate	61402	56675	56929	47560
租赁和商务服务业	Leasing and Business Services	57469	46964	45732	59792
科学研究和技术服务业	Scientific Research and Technical Services	107314	113685	84856	59373
水利、环境和公共设施管理业	Management for Water Conservancy, Environment and Public Facilities	50019	48132	95034	62131
居民服务、修理和其他服务业	Resident Services, Repair and Other Services	28608	51894	34990	27470
教育	Education	92685	89467	114107	82011
卫生和社会工作	Health Care and Social Work	79477	88077	61726	75868
文化、体育和娱乐业	Culture, Sports and Entertainment	68549	54393	109966	56396
公共管理、社会保障和社会组织	Public Management, Social Security and Social Organizations	86176	76582	82317	73879

2-16 续表 continued

单位: 元 (yuan)

项目	Item	经济技术开发区 TEDA	天津港保税区 TPFTZ	高新区 THIP
总计	**Total**	**64718**	**76790**	**63464**
按国民经济类型分	**Grouped by Ownership**			
国有经济	State-owned	76137	77934	61401
集体经济	Collective-owned	65629	31151	46549
其他经济	Others	63991	76572	63962
# "三资"经济	Joint-venture, Cooperative and Foreign-owned	64934	78859	72963
股份制经济	Share Holding	70583	102464	74972
按国民经济行业分	**Grouped by Sector**			
第一产业	Primary Industry			
农林牧渔业	Farming, Forestry, Animal Husbandry and Fishery			
第二产业	Secondary Industry	65322	65328	56923
工业	Industry	66182	59901	57175
建筑业	Construction	46569	85235	55555
第三产业	Tertiary Industry	62665	88195	75555
批发和零售业	Wholesale and Retail Trades	47451	66207	58576
交通运输、仓储及邮政业	Transportation, Storage and Post Services	69878	98444	57657
住宿和餐饮业	Accommodation and Catering Services	36942	38996	34554
信息传输、软件和信息技术服务业	Information Transmission, Software and IT Services	109104	84616	69521
金融业	Financial Intermediation	132180	183591	137902
房地产业	Real Estate	64134	52050	53137
租赁和商务服务业	Leasing and Business Services	60734	89937	44751
科学研究和技术服务业	Scientific Research and Technical Services	98704	138645	101796
水利、环境和公共设施管理业	Management for Water Conservancy, Environment and Public Facilities	38220	47513	38376
居民服务、修理和其他服务业	Resident Services, Repair and Other Services	27471	72095	56331
教育	Education	134844	33146	83951
卫生和社会工作	Health Care and Social Work	89274	39551	37616
文化、体育和娱乐业	Culture, Sports and Entertainment	69308		36718
公共管理、社会保障和社会组织	Public Management, Social Security and Social Organizations	102204	147322	57531

2-17 分功能区在岗职工工资总额(2012年)
Total Remuneration of On-post Staff and Workers by Functional Area, 2012

单位：千元 (1000 yuan)

项目	Item	塘沽 Tanggu	汉沽 Han'gu	大港 Dagang
总计	**Total**	**8740821**	**1974275**	**7535179**
按国民经济类型分	**Grouped by Ownership**			
国有经济	State-owned	4177694	822823	2113931
集体经济	Collective-owned	125242	46557	132948
其他经济	Others	4437885	1104895	5288300
# “三资”经济	Joint-venture, Cooperative and Foreign-owned	471784	59999	407368
股份制经济	Share Holding	990531	98991	1547086
按国民经济行业分	**Grouped by Sector**			
第一产业	Primary Industry	7232	921	37265
农林牧渔业	Farming, Forestry, Animal Husbandry and Fishery	7232	921	37265
第二产业	Secondary Industry	3829283	1184747	5676406
工业	Industry	2238264	942574	4804510
建筑业	Construction	1591019	242173	871896
第三产业	Tertiary Industry	4904306	788607	1821508
批发和零售业	Wholesale and Retail Trades	326841	31898	175065
交通运输、仓储及邮政业	Transportation, Storage and Post Services	1030043	20714	176719
住宿和餐饮业	Accommodation and Catering Services	72084	5499	64945
信息传输、软件和信息技术服务业	Information Transmission, Software and IT Services	53786	5482	1492
金融业	Financial Intermediation	63226	31067	60064
房地产业	Real Estate	221486	34747	64352
租赁和商务服务业	Leasing and Business Services	669831	10244	32033
科学研究和技术服务业	Scientific Research and Technical Services	680751	16344	82021
水利、环境和公共设施管理业	Management for Water Conservancy, Environment and Public Facilities	128247	60431	31687
居民服务、修理和其他服务业	Resident Services, Repair and Other Services	79672	1541	20466
教育	Education	658064	274506	500299
卫生和社会工作	Health Care and Social Work	409985	92173	163020
文化、体育和娱乐业	Culture, Sports and Entertainment	35863	13086	22784
公共管理、社会保障和社会组织	Public Management, Social Security and Social Organizations	474427	190875	426561

2-17 续表 continued

单位：千元 (1000 yuan)

项目	Item	经济技术开发区 TEDA	天津港保税区 TPFTZ	高新区 THIP
总计	**Total**	**25679156**	**13423640**	**7270787**
按国民经济类型分	**Grouped by Ownership**			
国有经济	State-owned	1951743	2930202	1313480
集体经济	Collective-owned	32799	6085	13054
其他经济	Others	23694614	10487353	5944253
#"三资"经济	Joint-venture, Cooperative and Foreign-owned	16404771	4001676	1831080
股份制经济	Share Holding	767431	1385273	2143404
按国民经济行业分	**Grouped by Sector**			
第一产业	Primary Industry			
农林牧渔业	Farming, Forestry, Animal Husbandry and Fishery			
第二产业	Secondary Industry	20076730	5892997	4235701
工业	Industry	19529467	4217626	3487438
建筑业	Construction	547263	1675371	748263
第三产业	Tertiary Industry	5602426	7530643	3035086
批发和零售业	Wholesale and Retail Trades	700709	1472292	291958
交通运输、仓储及邮政业	Transportation, Storage and Post Services	659583	2977261	268305
住宿和餐饮业	Accommodation and Catering Services	246909	65591	43519
信息传输、软件和信息技术服务业	Information Transmission, Software and IT Services	376876	965840	570508
金融业	Financial Intermediation	344267	327877	22938
房地产业	Real Estate	517802	220752	99813
租赁和商务服务业	Leasing and Business Services	342797	343945	130868
科学研究和技术服务业	Scientific Research and Technical Services	776125	1080253	1570843
水利、环境和公共设施管理业	Management for Water Conservancy, Environment and Public Facilities	53865	18967	4743
居民服务、修理和其他服务业	Resident Services, Repair and Other Services	517731	16529	3203
教育	Education	113973	1591	13684
卫生和社会工作	Health Care and Social Work	122561	9242	8495
文化、体育和娱乐业	Culture, Sports and Entertainment	36857		
公共管理、社会保障和社会组织	Public Management, Social Security and Social Organizations	792371	30503	6209

2-18 分功能区在岗职工平均工资(2012年)
Average Remuneration of On-post Staff and Workers by Functional Area, 2012

单位：元 (yuan)

项　　目	Item	塘　沽 Tanggu	汉　沽 Han'gu	大　港 Dagang
总　　计	**Total**	**72220**	**54430**	**64490**
按国民经济类型分	**Grouped by Ownership**			
国有经济	State-owned	88740	83820	80810
集体经济	Collective-owned	44710	29730	47300
其他经济	Others	62370	44400	60180
#“三资”经济	Joint-venture, Cooperative and Foreign-owned	64870	45730	63030
股份制经济	Share Holding	93760	52650	83370
按国民经济行业分	**Grouped by Sector**			
第一产业	Primary Industry	85080	65790	71940
农林牧渔业	Farming, Forestry, Animal Husbandry and Fishery	85080	65790	71940
第二产业	Secondary Industry	66170	44250	63490
工　业	Industry	69120	43190	66990
建筑业	Construction	62420	48920	49300
第三产业	Tertiary Industry	77750	83190	67650
批发和零售业	Wholesale and Retail Trades	57010	30610	49410
交通运输、仓储及邮政业	Transportation, Storage and Post Services	92100	64130	59460
住宿和餐饮业	Accommodation and Catering Services	31590	24220	35110
信息传输、软件和信息技术服务业	Information Transmission, Software and IT Services	123650	45310	28150
金融业	Financial Intermediation	110530	95010	108420
房地产业	Real Estate	95340	60960	52620
租赁和商务服务业	Leasing and Business Services	48750	45730	82140
科学研究和技术服务业	Scientific Research and Technical Services	134720	86480	67010
水利、环境和公共设施管理业	Management for Water Conservancy, Environment and Public Facilities	49060	99890	62130
居民服务、修理和其他服务业	Resident Services, Repair and Other Services	58070	81110	35350
教　育	Education	91550	119560	82650
卫生、社会保障和社会福利业	Health Care and Social Work	91270	64680	79910
文化、体育和娱乐业	Culture, Sports and Entertainment	75660	109970	56400
公共管理、社会保障和社会组织	Public Management, Social Security and Social Organizations	84520	95770	77150

2-18 续表 continued

单位：元 (yuan)

项目	Item	经济技术开发区 TEDA	天津港保税区 TPFTZ	高新区 THIP
总　计	**Total**	**69530**	**82470**	**69160**
按国民经济类型分	**Grouped by Ownership**			
国有经济	State-owned	94090	81510	64780
集体经济	Collective-owned	77910	31050	50600
其他经济	Others	68060	82830	70270
# "三资"经济	Joint-venture, Cooperative and Foreign-owned	66850	81350	80350
股份制经济	Share Holding	71430	108110	88370
按国民经济行业分	**Grouped by Sector**			
第一产业	Primary Industry			
农林牧渔业	Farming, Forestry, Animal Husbandry and Fishery			
第二产业	Secondary Industry	69620	68720	61640
工　业	Industry	70290	62320	62600
建筑业	Construction	52110	92690	57510
第三产业	Tertiary Industry	69200	97780	83370
批发和零售业	Wholesale and Retail Trades	49640	61630	63860
交通运输、仓储及邮政业	Transportation, Storage and Post Services	80510	107230	60910
住宿和餐饮业	Accommodation and Catering Services	37630	40040	37100
信息传输、软件和信息技术服务业	Information Transmission, Software and IT Services	127190	106080	75310
金融业	Financial Intermediation	132770	207780	160410
房地产业	Real Estate	71760	58170	57530
租赁和商务服务业	Leasing and Business Services	116640	132390	38650
科学研究和技术服务业	Scientific Research and Technical Services	107710	182290	122940
水利、环境和公共设施管理业	Management for Water Conservancy, Environment and Public Facilities	66340	100350	45170
居民服务、修理和其他服务业	Resident Services, Repair and Other Services	26620	317870	88970
教　育	Education	154640	33150	83950
卫生和社会工作	Health Care and Social Work	90450	39670	36150
文化、体育和娱乐业	Culture, Sports and Entertainment	79600		
公共管理、社会保障和社会组织	Public Management, Social Security and Social Organizations	124550	153280	61480

第三篇

农　业

Chapter 3

Agriculture

3-1 分功能区农村主要经济指标(2012年)
Major Economic Indicators of Rural Society by Functional Area, 2012

项 目	Item	合 计 Total	塘 沽 Tanggu	汉 沽 Han'gu	大 港 Dagang
农作物总播种面积(公顷)	**Total Sown Areas of Farm Crops(hectare)**	**17363**	**2733**	**2096**	**12534**
#粮食作物	Grain	12975	867	995	11113
棉 花	Cotton	2474	1112	467	895
油 料	Oil-bearing Crops	31			31
蔬 菜	Vegetables	1823	754	575	494
农作物总产量(万吨)	**Yield of Farm Crops(10000 tons)**				
#粮 食	Grain	3.14	0.33	0.53	2.28
棉 花	Cotton	0.22	0.08	0.07	0.07
蔬 菜	Vegetables	8.89	3.01	3.26	2.62
水果产量(万吨)	**Yield of Fruits(10000 tons)**	**6.40**	**0.27**	**5.34**	**0.79**
主要畜产品产量(吨)	**Output of Animal(ton)**				
肉类产量	Output of Meat	24372	4381	8699	11292
#猪肉产量	Pork	18023	3599	7125	7299
牛羊肉产量	Beef and Mutton	1153	288	141	724
禽肉产量	Poultry	5195	494	1433	3268
禽蛋产量	Output of Poultry Eggs	4245	488	942	2815
奶类产量	Output of Milk	13306	178	2628	10500
渔业生产	**Production of Fishery**				
水产养殖面积(公顷)	Cultured Areas of Aquatic Products(hectare)	8866	2014	1129	5723
#淡 水	Fresh Water	5107	1157	438	3512
水产品产量(吨)	Output of Aquatic Products (ton)	53090	15099	26955	11036
#淡 水	Fresh Water	23190	3505	11571	8114
农林牧渔业总产值(万元)	**Gross Output Value of Farming, Forestry, Animal Husbandry and Fishery(10000 yuan)**	**239299**	**42981**	**133388**	**62930**
农 业	Farming	63555	10111	39039	14405
林 业	Forestry	422		187	235
牧 业	Animal Husbandry	65361	9549	23580	32232
渔 业	Fishery	109960	23321	70582	16057
农林牧渔业增加值(万元)	**Value Added of Farming, Forestry, Animal Husbandry and Fishery(10000 yuan)**	**93790**	**15389**	**55391**	**23010**
农 业	Farming	27176	3739	20471	2966
林 业	Forestry	198		123	75
牧 业	Animal Husbandry	24436	3381	7644	13411
渔 业	Fishery	41981	8269	27153	6559

资料来源：国家统计局天津调查总队，表3-2至3—7表同。
Source: Survey Office of the National Bureau of Statistics in Tianjin. Same as table 3-2 to 3-7.

3-2 农业现代化情况(2012年)
Agricultural Modernization, 2012

项目	Item	单位	Unit	合计 Total	塘沽 Tanggu	汉沽 Han'gu	大港 Dagang
农业机械化情况	**Agricultural Mechanization**						
农业机械	**Agricultural Machinery**						
总动力	**Total Power**	万千瓦	10000 kw	**64.09**	**17.47**	**19.47**	**27.15**
大中型拖拉机	Large and Medium-sized Tractors	台	set	804	58	57	689
小型拖拉机	Mini-tractors	台	set	211		180	31
农用排灌机械	Agricultural Irrigation and Drainage	台	set	8213	2460	4919	834
	Machinery	万千瓦	10000 kw	9.85	1.60	5.41	2.84
农用水泵	Agricultural Pump	台	set	2369	158	1921	290
农机作业	**Agricultural Machinery Operation**						
当年机耕面积	Cultivated Area Using Machinery in Current Year	千公顷	1000 hectares	17.58	2.58	1.70	13.30
当年机播面积	Sown Area Using Machinery in Current Year	千公顷	1000 hectares	17.58	2.58	2.09	12.91
当年机收面积	Harvested Area Using Machinery in Current Year	千公顷	1000 hectares	7.82	0.14	0.83	6.85
电气化情况	**Electrization**						
农村用电量	Rural Electricity Consumption	万千瓦时	10000 kw·h	46053	7062	12732	26259
#农业生产用电量	Agricultural Production Consumption	万千瓦时	10000 kw·h	13414	1885	9946	1583
生活用电	Living Consumption	万千瓦时	10000 kw·h	9902	3240	2786	3876
水利化情况	**Irrigation**						
已配套机电井数量	Motor-pumped Well	眼	unit	1094	310	560	224
		千千瓦	1000 kw	33.23	9.56	15.45	8.22
有效灌溉面积	Effective Irrigated Area	千公顷	1000 hectares	19.42	3.49	3.70	12.23
旱涝保收面积	Area Ensured Stable Yields Despite Drought or Excessive Rain	千公顷	1000 hectares	10.46	3.49	3.49	3.48
机电排灌面积	Area with Motor Irrigation and Drainage	千公顷	1000 hectares	21.95	5.56	3.70	12.69
节水灌溉面积	Water-saving Irrigated Area	千公顷	1000 hectares	17.50	2.90	3.04	11.56

3-3 用水情况(2004-2012年)
Statistics on Water, 2004-2012

单位：万立方米 (10000 cu.m)

年 份 Year	项 目	Item	合 计 Total	塘 沽 Tanggu	汉 沽 Han'gu	大 港 Dagang
2004	小 计	Sub-total	16638	8333	4627	3678
	地表水	Surface Water	7441	6670	601	170
	地下水	Underground Water	9197	1663	4026	3508
2005	小 计	Sub-total	15863	7393	4532	3938
	地表水	Surface Water	6665	5775	720	170
	地下水	Underground Water	9198	1618	3812	3768
2006	小 计	Sub-total	15986	7934	4564	3488
	地表水	Surface Water	7629	6259	1200	170
	地下水	Underground Water	8357	1675	3364	3318
2007	小 计	Sub-total	16250	8285	3746	4219
	地表水	Surface Water	7992	6652	1135	205
	地下水	Underground Water	8258	1633	2611	4014
2008	小 计	Sub-total	6240	2140	2292	1808
	地表水	Surface Water	905	805	100	
	地下水	Underground Water	5335	1335	2192	1808
2009	小 计	Sub-total	15087	8228	3421	3438
	地表水	Surface Water	8369	6869	1500	
	地下水	Underground Water	6718	1359	1921	3438
2010	小 计	Sub-total	7817	2102	2083	3632
	地表水	Surface Water	943	843	100	
	地下水	Underground Water	6874	1259	1983	3632
2011	小 计	Sub-total	7680	1939	2102	3639
	地表水	Surface Water	943	843	100	
	地下水	Underground Water	6737	1096	2002	3639
2012	小 计	Sub-total	7483	1889	2045	3549
	地表水	Surface Water	963	843	120	
	地下水	Underground Water	6520	1046	1925	3549

3-4 大中型水库基本情况(2012年)
Large & Medium Reservoirs, 2012

水库名称 Name of Reservoir	坐落区域 District Sited	所在河系 Location River	总库容(万立方米) Total Capacity of Reservoir (10000 cu.m)	灌溉面积(万公顷) Irrigated Area (10000 hectares)	
				设 计 Designed Area	有 效 Effective Area
大型水库 **Large Reservoirs**					
北大港水库 Beidagang Reservoir	大 港 Dagang	大青河 Daqing River	50000	1.39	0.67
中型水库 **Medium Reservoirs**					
黄港一库 Huanggang I Reservoir	塘 沽 Tanggu	黑猪河 Heizhu River	1792		
黄港二库 Huanggang II Reservoir	塘 沽 Tanggu	黑猪河 Heizhu River	6904		
北塘水库 Beitang Reservoir	塘 沽 Tanggu	永定新河 Yongding New River	3977		
营城水库 Yingcheng Reservoir	汉 沽 Han'gu	蓟运河 Ji Canal	3043		

注：从2012年起中型水库不再用于灌溉农田，故无灌溉面积数据。
Note: The medium reservoirs are no longer used for irrigation of farmland from 2012, so data of irrigation area are not provided.

3-5 塘沽农村城市化发展状况(2012年)
Statistics on Urbanization of Rural Area in Tanggu, 2012

指　　标	Item	单　位 Unit		数　量 Number
一、镇区规模	**Scale of Town**			
1.镇区总户数	Total Households	户	household	3518
2.镇区总人口	Total Population	人	person	9676
#外来人口	From Region Outside Tianjin	人	person	1458
本市迁入人口	Moved from Other Region of Tianjin	人	person	
3.镇区从业人员	Employment Personnel	人	person	3905
#外来从业人员	From Region Outside Tianjin	人	person	1320
第一产业	Primary Industry	人	person	677
第二产业	Secondary Industry	人	person	1937
第三产业	Tertiary Industry	人	person	1291
4.镇区占地面积	Land Area	平方公里	sq.km	6.5
5.镇区规划面积	Planning Area	平方公里	sq.km	2
#建成区面积	Developed Area	平方公里	sq.km	0.2
6.行政村当年迁出人口	Population Moved from Administrative Village in Current Year	人	person	85
#迁移到区县政府所在城镇	Moved to Town with District (county) Government Located	人	person	17
迁移到小城镇	Moved to Small Town	人	person	68
7.镇区固定资产投资完成额	Investment in Fixed Assets	万　元	10000 yuan	
#基础设施	Infrastructure	万　元	10000 yuan	
公共设施	Public Facility	万　元	10000 yuan	
住　宅	Residential Building	万　元	10000 yuan	
#国内贷款	Domestic Loan	万　元	10000 yuan	
利用外资	Foreign Investment	万　元	10000 yuan	
利用内资	Domestic Investment	万　元	10000 yuan	
8.镇区当年新增就业岗位	Newly Increased Job Posts in Current Year	个	unit	460
二、镇区基础设施	**Infrastructure of Town**			
1.道路铺装面积	Area of Paved Roads	平方米	sq.m	
2.公共绿地面积	Public Green Areas	平方米	sq.m	10000
3.当年新开工住宅楼面积	Floor Space of Residential Buildings Built in Current Year	平方米	sq.m	
4.当年住宅楼竣工面积	Floor space of Residential Buildings Completed in Current Year	平方米	sq.m	
5.排水管道长度	Length of Drainpipes	万延米	10000 linear meters	
6.燃气管道长度	Length of Gas Pipes	公　里	km	1
7.供水站	Water Supply Stations	个	unit	1
8.垃圾处理站	Garbage Disposal Stations	个	unit	1
9.污水处理站	Sewage Disposal Stations	个	unit	
10.公共厕所	Public Lavatories	座	unit	5
#水冲式	Flushing with Water	座	unit	3
11.公　园	Parks	个	unit	1
12.汽车站	Bus Stations	个	unit	
13.公共交通通车线路	Routes of Public Transportation Vehicles	条	route	3
#本镇内通车线路	Ran in Town	条	route	3
14.集贸市场个数	Number of Markets	个	unit	1
综合市场	Comprehensive Markets	个	unit	1
专业市场	Special Markets	个	unit	
15.银行、信用社	Banks, Credit Banks	个	unit	1
16.邮电所	Post and Telecommunication Offices	个	unit	1
17.幼儿园、托儿所	Kindergartens	所	unit	1
18.学　校	Schools	所	unit	2
#高级中学	Senior Middle Schools	所	unit	
职业中学	Vocational Middle Schools	所	unit	
19.图书馆、文化馆	Libraries, Cultural Centers	个	unit	1
20.医院、卫生院	Hospitals	个	unit	1
21.拥有医院病床数	Beds of Hospitals	张	bed	20

3-5 续表 continued

指 标	Item	单 位	Unit	数 量 Number
三、镇区居民生活与社会福利	**People's Life and Social Welfare in Town**			
1.自来水普及率	Percentage of Population with Access to Tap water	%	%	100
2.生活用燃气普及率	Percentage of Population with Access to Gas	%	%	100
3 集中供热普及率	Percentage of Population with Access to Heating	%	%	15
4.人均住房面积	Per Capital Floor Space of Houses	平方米	sq.m	31
5.有线电视入户率	Percentage of Households with Access to Cable TV Programs	%	%	90
6.固定电话装机数量	Number of Fixed Telephones	部	unit	1150
7.移动电话拥有量	Number of Mobile Telephones	部	unit	3360
8.计算机拥有量	Number of Computers	台	unit	260
9.互联网上网用户	Number of Subscribers of Internet Services	户	subscriber	97
10.拥有网站(主页)个数	Number of Websites (Homepages)	个	unit	1
11.基本养老保险人数	Persons Involved in Endowment Insurance	人	person	1003
12.享受居民最低生活保障人数	People Enjoying Subsistence Allowances	人	person	283
13.社区服务中心个数	Number of Community Service Centers	个	unit	1
从业人数	Employment Personnel	人	person	9
14.职业介绍所个数	Number of Employment Agencies	个	unit	1
从业人数	Employment Personnel	人	person	1
四、镇区企业	**Enterprise of Town**			
1.企业个数	Number of Enterprises	个	unit	32
#资产总额在1000万元以上的	With Assets over 10 million yuan	个	unit	3
资产总额在500—1000万元以上的	With Assets of 5-10 million yuan	个	unit	
资产总额在500万元以下的	With Assets below 5 millon yuan	个	unit	29
按产业划分:	By sector			
第一产业	Primary Industry	个	unit	
第二产业	Secondary Industry	个	unit	28
#工 业	Industry	个	unit	28
第三产业	Tertiary Industry	个	unit	4
按经济类型划分:	By Ownership			
国有企业	State-owned	个	unit	
集体企业	Collective-owned	个	unit	
其他企业	Others	个	unit	32
2.企业从业人员	Employment Personnel of Enterprises	人	person	1410
第一产业	Primary Industry	人	person	
第二产业	Secondary Industry	人	person	1100
#工 业	Industry	人	person	
第三产业	Tertiary Industry	人	person	310
五、农村文教卫生	**Rural Culture, Education, Health Care**			
1.学校总数	Number of Schools	所	unit	20
2.在校学生总数	Enrollment Students	人	person	11476
#本镇学生	From Local Town	人	person	5182
3.教师总数	Number of Teachers	人	person	1045
4.校舍建筑面积	Floor Space of Schools	平方米	sq.m	123414
5.幼儿园、托儿所	Kindergartens	所	unit	31
6.图书馆、文化馆	Libraries, Cultural Centers	个	unit	1
7.体育场馆	Gymnasiums	个	unit	
8.医院、卫生院	Hospitals	个	unit	10
9.医生数	Number of Doctors	人	person	115
10.病床数	Number of Beds	张	bed	440
11.适龄儿童疫苗接种人数	Eligible Aged Children Taken Vaccine	人	person	16177
六、农村社会福利	**Social Welfare in Rural Area**			
1.敬老院、福利院	Welfare Homes			
个 数	Number of Welfare Homes	个	unit	4
现收养人数	Persons Adopted	人	person	118
2.五保户应保养户数	Households Needed to Enjoy the Five Guarantees	户	household	53
3.五保户实际保养户数	Households Enjoying the Five Guarantees	户	household	53
4.基本养老保险参保人数	Persons Involved in Endowment Insurance	人	person	15254
5.享受社会救济人数	People Enjoying Social Relief	人	person	5963
#享受居民最低生活保障人数	People Enjoying Subsistence Allowances	人	person	3260
6.社会救济资金发放额	Social Relief Funds Delivered	万 元	10000 yuan	1965

3-6 汉沽农村城市化发展状况(2012年)
Statistics on Urbanization of Rural Area in Han'gu, 2012

指 标	Item	单 位	Unit	数 量 Number
一、镇区规模	**Scale of Town**			
1.镇区总户数	Total Households	户	household	2895
2.镇区总人口	Total Population	人	person	8381
#外来人口	From Region Outside Tianjin	人	person	
本市迁入人口	Moved from Other Region of Tianjin	人	person	
3.镇区从业人员	Employment Personnel	人	person	4985
#外来从业人员	From Region Outside Tianjin	人	person	275
第一产业	Primary Industry	人	person	2401
第二产业	Secondary Industry	人	person	1380
第三产业	Tertiary Industry	人	person	1204
4.镇区占地面积	Land Area	平方公里	sq.km	17
5.镇区规划面积	Planning Area	平方公里	sq.km	6
#建成区面积	Developed Area	平方公里	sq.km	4
6.行政村当年迁出人口	Population Moved from Administrative Village in Current Year	人	person	25
#迁移到区县政府所在城镇	Moved to Town with District (county) Government Located	人	person	2
迁移到小城镇	Moved to Small Town	人	person	23
7.镇区固定资产投资完成额	Investment in Fixed Assets	万 元	10000 yuan	37300
#基础设施	Infrastructure	万 元	10000 yuan	
公共设施	Public Facility	万 元	10000 yuan	
住 宅	Residential Building	万 元	10000 yuan	
#国内贷款	Domestic Loan	万 元	10000 yuan	
利用外资	Foreign Investment	万 元	10000 yuan	
利用内资	Domestic Investment	万 元	10000 yuan	
8.镇区当年新增就业岗位	Newly Increased Job Posts in Current Year	个	unit	
二、镇区基础设施	**Infrastructure of Town**			
1.道路铺装面积	Area of Paved Roads	平方米	sq.m	213065
2.公共绿地面积	Public Green Areas	平方米	sq.m	
3.当年新开工住宅楼面积	Floor Space of Residential Buildings Built in Current Year	平方米	sq.m	
4.当年住宅楼竣工面积	Floor Space of Residential Buildings Completed in Current Year	平方米	sq.m	
5.排水管道长度	Length of Drainpipes	万延米	10000 linear meters	2
6.燃气管道长度	Length of Gas Pipes	公 里	km	
7.供水站	Water Supply Stations	个	unit	6
8.垃圾处理站	Garbage Disposal Stations	个	unit	1
9.污水处理站	Sewage Disposal Stations	个	unit	2
10.公共厕所	Public Lavatories	座	unit	21
#水冲式	Flushing with Water	座	unit	5
11.公 园	Parks	个	unit	1
12.汽车站	Bus Stations	个	unit	2
13.公共交通通车线路	Routes of Public Transportation Vehicles	条	route	2
#本镇内通车线路	Ran in Town	条	route	2
14.集贸市场个数	Number of Markets	个	unit	3
综合市场	Comprehensive Markets	个	unit	3
专业市场	Special Markets	个	unit	
15.银行、信用社	Banks, Credit Banks	个	unit	3
16.邮电所	Post and Telecommunication Offices	个	unit	1
17.幼儿园、托儿所	Kindergartens	所	unit	5
18.学 校	Schools	所	unit	4
#高级中学	Senior Middle Schools	所	unit	
职业中学	Vocational Middle Schools	所	unit	
19.图书馆、文化馆	Libraries, Cultural Centers	个	unit	1
20.医院、卫生院	Hospitals	个	unit	3
21.拥有医院病床数	Beds of Hospitals	张	bed	40

3-6 续表 continued

指 标	Item	单 位	Unit	数 量 Number
三、镇区居民生活与社会福利	**People's Life and Social Welfare in Town**			
1.自来水普及率	Percentage of Population with Access to Tap water	%	%	100
2.生活用燃气普及率	Percentage of Population with Access to Gas	%	%	100
3.集中供热普及率	Percentage of Population with Access to Heating	%	%	34
4.人均住房面积	Per Capital Floor Space of Houses	平方米	sq.m	29
5.有线电视入户率	Percentage of Households with Access to Cable TV Programs	%	%	100
6.固定电话装机数量	Number of Fixed Telephones	部	unit	2120
7.移动电话拥有量	Number of Mobile Telephones	部	unit	5348
8.计算机拥有量	Number of Computers	台	unit	1201
9.互联网上网用户	Number of Subscribers of Internet Services	户	subscriber	1125
10.拥有网站(主页)个数	Number of Websites (Homepages)	个	unit	
11.基本养老保险人数	Persons Involved in Endowment Insurance	人	person	951
12.享受居民最低生活保障人数	People Enjoying Subsistence Allowances	人	person	1027
13.社区服务中心个数	Number of Community Service Centers	个	unit	14
从业人数	Employment Personnel	人	person	15
14.职业介绍所个数	Number of Employment Agencies	个	unit	
从业人数	Employment Personnel	人	person	
四、镇区企业	**Enterprise of Town**			
1.企业个数	Number of Enterprises	个	unit	38
#资产总额在1000万元以上的	With Assets over 10 million yuan	个	unit	10
资产总额在500-1000万元以上的	With Assets of 5-10 million yuan	个	unit	6
资产总额在500万元以下的	With Assets below 5 millon yuan	个	unit	22
按产业划分:	By sector			
第一产业	Primary Industry	个	unit	3
第二产业	Secondary Industry	个	unit	35
#工 业	Industry	个	unit	35
第三产业	Tertiary Industry	个	unit	
按经济类型划分:	By Ownership			
国有企业	State-owned	个	unit	
集体企业	Collective-owned	个	unit	2
其他企业	Others	个	unit	36
2.企业从业人员	Employment Personnel of Enterprises	人	person	1305
第一产业	Primary Industry	人	person	78
第二产业	Secondary Industry	人	person	1227
#工 业	Industry	人	person	1227
(3)第三产业	Tertiary Industry	人	person	
五、农村文教卫生	**Rural Culture, Education, Health Care**			
1.学校总数	Number of Schools	所	unit	20
2.在校学生总数	Enrollment Students	人	person	4365
#本镇学生	From Local Town	人	person	4365
3.教师总数	Number of Teachers	人	person	701
4.校舍建筑面积	Floor Space of Schools	平方米	sq.m	32757
5.幼儿园、托儿所	Kindergartens	所	unit	9
6.图书馆、文化馆	Libraries, Cultural Centers	个	unit	29
7.体育场馆	Gymnasiums	个	unit	
8.医院、卫生院	Hospitals	个	unit	4
9.医生数	Number of Doctors	人	person	46
10.病床数	Number of Beds	张	bed	40
11.适龄儿童疫苗接种人数	Eligible Aged Children Taken Vaccine	人	person	8507
六、农村社会福利	**Social Welfare in Rural Area**			
1.敬老院、福利院	Welfare Homes			
个 数	Number of Welfare Homes	个	unit	2
现收养人数	Persons Adopted	人	person	87
2.五保户应保养户数	Households Needed to Enjoy the Five Guarantees	户	household	95
3.五保户实际保养户数	Households Enjoying the Five Guarantees	户	household	95
4.基本养老保险参保人数	Persons Involved in Endowment Insurance	人	person	3930
5.享受社会救济人数	People Enjoying Social Relief	人	person	3955
#享受居民最低生活保障人数	People Enjoying Subsistence Allowances	人	person	3927
6.社会救济资金发放额	Social Relief Funds Delivered	万 元	10000 yuan	815

3-7 大港农村城市化发展状况(2012年)
Statistics on Urbanization of Rural Area in Dagang, 2012

指　　标	Item	单　位	Unit	数　量 Number
一、镇区规模	**Scale of Town**			
1.镇区总户数	Total Households	户	household	8664
2.镇区总人口	Total Population	人	person	27772
#外来人口	From Region Outside Tianjin	人	person	804
本市迁入人口	Moved from Other Region of Tianjin	人	person	125
3.镇区从业人员	Employment Personnel	人	person	15139
#外来从业人员	From Region Outside Tianjin	人	person	487
第一产业	Primary Industry	人	person	1616
第二产业	Secondary Industry	人	person	7314
第三产业	Tertiary Industry	人	person	6209
4.镇区占地面积	Land Area	平方公里	sq.km	10
5.镇区规划面积	Planning Area	平方公里	sq.km	10
#建成区面积	Developed Area	平方公里	sq.km	7
6.行政村当年迁出人口	Population Moved from Administrative Village in Current Year	人	person	119
#迁移到区县政府所在城镇	Moved to Town with District (county) Government Located	人	person	94
迁移到小城镇	Moved to Small Town	人	person	23
7.镇区固定资产投资完成额	Investment in Fixed Assets	万 元	10000 yuan	7322
#基础设施	Infrastructure	万 元	10000 yuan	122
公共设施	Public Facility	万 元	10000 yuan	
住　宅	Residential Building	万 元	10000 yuan	7200
#国内贷款	Domestic Loan	万 元	10000 yuan	64
利用外资	Foreign Investment	万 元	10000 yuan	
利用内资	Domestic Investment	万 元	10000 yuan	7258
8.镇区当年新增就业岗位	Newly Increased Job Posts in Current Year	个	unit	
二、镇区基础设施	**Infrastructure of Town**			
1.道路铺装面积	Area of Paved Roads	平方米	sq.m	513010
2.公共绿地面积	Public Green Areas	平方米	sq.m	76070
3.当年新开工住宅楼面积	Floor Space of Residential Buildings Built in Current Year	平方米	sq.m	6400
4.当年住宅楼竣工面积	Floor Space of Residential Buildings Completed in Current Year	平方米	sq.m	
5.排水管道长度	Length of Drainpipes	万延米	10000 linear meters	1
6.燃气管道长度	Length of Gas Pipes	公 里	km	32
7.供水站	Water Supply Stations	个	unit	9
8.垃圾处理站	Garbage Disposal Stations	个	unit	3
9.污水处理站	Sewage Disposal Stations	个	unit	3
10.公共厕所	Public Lavatories	座	unit	2
#水冲式	Flushing with Water	座	unit	2
11.公　园	Parks	个	unit	
12.汽车站	Bus Stations	个	unit	4
13.公共交通通车线路	Routes of Public Transportation Vehicles	条	route	8
#本镇内通车线路	Ran in Town	条	route	8
14.集贸市场个数	Number of Markets	个	unit	3
综合市场	Comprehensive Markets	个	unit	3
专业市场	Special Markets	个	unit	
15.银行、信用社	Banks, Credit Banks	个	unit	6
16.邮电所	Post and Telecommunication Offices	个	unit	3
17.幼儿园、托儿所	Kindergartens	所	unit	4
18.学　校	Schools	所	unit	8
#高级中学	Senior Middle Schools	所	unit	2
职业中学	Vocational Middle Schools	所	unit	
19.图书馆、文化馆	Libraries, Cultural Centers	个	unit	3
20.医院、卫生院	Hospitals	个	unit	3
21.拥有医院病床数	Beds of Hospitals	张	bed	120

3-7 续表 continued

指 标	Item	单 位	Unit	数 量 Number
三、镇区居民生活与社会福利	**People's Life and Social Welfare in Town**			
1.自来水普及率	Percentage of Population with Access to Tap water	%	%	100
2.生活用燃气普及率	Percentage of Population with Access to Gas	%	%	100
3.集中供热普及率	Percentage of Population with Access to Heating	%	%	97
4.人均住房面积	Per Capital Floor Space of Houses	平方米	sq.m	44
5.有线电视入户率	Percentage of Households with Access to Cable TV Programs	%	%	100
6.固定电话装机数量	Number of Fixed Telephones	部	unit	8537
7.移动电话拥有量	Number of Mobile Telephones	部	unit	15797
8.计算机拥有量	Number of Computers	台	unit	1364
9.互联网上网用户	Number of Subscribers of Internet Services	户	subscriber	802
10.拥有网站(主页)个数	Number of Websites (Homepages)	个	unit	59
11.基本养老保险人数	Persons Involved in Endowment Insurance	人	person	3132
12.享受居民最低生活保障人数	People Enjoying Subsistence Allowances	人	person	299
13.社区服务中心个数	Number of Community Service Centers	个	unit	3
从业人数	Employment Personnel	人	person	25
14.职业介绍所个数	Number of Employment Agencies	个	unit	
从业人数	Employment Personnel	人	person	
四、镇区企业	**Enterprise of Town**			
1.企业个数	Number of Enterprises	个	unit	1090
#资产总额在1000万元以上的	With Assets over 10 million yuan	个	unit	20
资产总额在500—1000万元以上的	With Assets of 5-10 million yuan	个	unit	47
资产总额在500万元以下的	With Assets below 5 millon yuan	个	unit	1023
(1)按产业划分:	By sector			
第一产业	Primary Industry	个	unit	
第二产业	Secondary Industry	个	unit	226
#工 业	Industry	个	unit	226
第三产业	Tertiary Industry	个	unit	864
(2)按经济类型划分:	By Ownership			
国有企业	State-owned	个	unit	
集体企业	Collective-owned	个	unit	
其他企业	Others	个	unit	1090
2.企业从业人员	Employment Personnel of Enterprises	人	person	15139
第一产业	Primary Industry	人	person	1616
第二产业	Secondary Industry	人	person	7314
#工 业	Industry	人	person	7314
第三产业	Tertiary Industry	人	person	6209
五、农村文教卫生	**Rural Culture, Education, Health Care**			
1.学校总数	Number of Schools	所	unit	26
2.在校学生总数	Enrollment Students	人	person	17126
#本镇学生	From Local Town	人	person	15426
3.教师总数	Number of Teachers	人	person	1707
4.校舍建筑面积	Floor Space of Schools	平方米	sq.m	166009
5.幼儿园、托儿所	Kindergartens	所	unit	15
6.图书馆、文化馆	Libraries, Cultural Centers	个	unit	7
7.体育场馆	Gymnasiums	个	unit	
8.医院、卫生院	Hospitals	个	unit	9
9.医生数	Number of Doctors	人	person	162
10.病床数	Number of Beds	张	bed	153
11.适龄儿童疫苗接种人数	Eligible Aged Children Taken Vaccine	人	person	6882
六、农村社会福利	**Social Welfare in Rural Area**			
1.敬老院、福利院	Welfare Homes			
个 数	Number of Welfare Homes	个	unit	3
现收养人数	Persons Adopted	人	person	61
2.五保户应保养户数	Households Needed to Enjoy the Five Guarantees	户	household	181
3.五保户实际保养户数	Households Enjoying the Five Guarantees	户	household	181
4.基本养老保险参保人数	Persons Involved in Endowment Insurance	人	person	6109
5.享受社会救济人数	People Enjoying Social Relief	人	person	3482
#享受居民最低生活保障人数	People Enjoying Subsistence Allowances	人	person	2959
6.社会救济资金发放额	Social Relief Funds Delivered	万元	10000 yuan	939

第四篇

工　业

Chapter 4

Industry

4-1 规模以上工业企业单位数及工业总产值

Number and Gross Output Value of Industrial Enterprises above Designated Size

项 目	Item	企业单位数(个) Number of Enterprises (unit)		工业总产值(万元) Gross Output Value (10000 yuan)		
		2011	2012	2011	2012	2012比2011年增长(%) Increase Rate in 2012 over 2011(%)
总 计	**Total**	**1426**	**1540**	**128289535**	**145197700**	**13.2**
按注册登记类型分	**Grouped by Status of Registration**					
内资企业	Domestic-funded Enterprises	755	854	62885948	72316682	15.0
国有企业	State-owned Enterprises	61	89	15977549	16471176	3.1
集体企业	Collective-owned Enterprises	29	23	360918	364434	1.0
股份合作企业	Cooperative Enterprises	16	18	87357	111192	27.3
私营企业	Private Enterprises	281	331	5041258	7987090	58.4
股份有限公司	Share-holding Corporations Ltd.	56	53	20711692	22097854	6.7
有限责任公司	Limited Liability Corporations	278	311	20365130	24708796	21.3
#国有独资	Sole State-funded Corporations	21	17	5353297	6613048	23.5
联营企业	Joint Ownership Enterprises	2	2	12818	14570	13.7
其他内资企业	Other Domestic-funded Enterprises	32	27	329227	561570	70.6
港澳台商投资企业	Enterprises with Investment from Hong Kong, Macao and Taiwan	147	156	16067567	20345366	26.6
外商投资企业	Foreign Funded Enterprises	524	530	49336020	52535652	6.5
按经济类型分	**Grouped by Ownership**					
国有经济	State-owned	84	108	21343664	23098793	8.2
集体经济	Collective-owned	45	41	448274	475627	6.1
私有经济	Private and Individual	281	331	5041258	7987090	58.4
港澳台商投资经济	Hong Kong, Macao and Taiwan Funded	147	156	16067567	20345366	26.6
外商投资经济	Foreign Funded	524	530	49336020	52535652	6.5
其 他	Others	345	374	36052751	40755172	13.0
按隶属关系分	**Grouped by Administrative Relationship**					
中央工业	Central Industry	47	48	31586594	28839301	-8.7
地方工业	Local Industry	1379	1492	96702942	116358398	20.3
市管工业	City Industry	257	254	38105661	43917794	15.3
区管工业	District & County Industry	259	286	9081645	14452493	59.1
街乡镇及以下	Neighbour, Town and Country Industry	31	27	289470	327261	13.1
其 他	Others	832	925	49226166	57660850	17.1
按轻重分	**Grouped by Light & Heavy Industry**					
轻工业	Light Industry	386	402	19129383	23955375	25.2
重工业	Heavy Industry	1040	1138	109160152	121242325	11.1
按规模分	**Grouped by Size of Enterprises**					
大 型	Large-sized	117	132	93758299	106689785	13.8
中 型	Medium-sized	244	241	17776749	18288292	2.9
小 型	Small-sized	958	1036	15912087	18275236	14.9
微 型	Mini-sized	107	131	842400	1944388	130.8

注：工业总产值增长速度按现行价格计算。
Note: Increase rate of gross output value of industry are calculated at current prices.

4-2 分行业规模以上工业企业单位数及工业总产值(2012年)
Number and Gross Output Value of Industrial Enterprises above Designated Size by Sector, 2012

项　　目	Item	企业单位数(个) Number of Enterprises (unit)	工业总产值(万元) Gross Output Value (10000 yuan)
总　　计	**Total**	**1540**	**145197700**
煤炭开采和洗选业	Mining and Washing of Coal	4	11873253
石油和天然气开采业	Extraction of Petroleum and Natural Gas	2	13914599
黑色金属矿采选业	Mining and Processing of Ferrous Metal Ores	2	908721
非金属矿采选业	Mining and Processing of Nonmetal Ores	3	113541
开采辅助活动	Support Activities for Mining	7	928361
农副食品加工业	Processing of Food from Agricultural Products	37	5618360
食品制造业	Manufacture of Foods	37	4978043
酒、饮料和精制茶制造业	Manufacture of Wine, Beverages and Refined Tea	10	1091162
纺织业	Manufacture of Textile	17	320623
纺织服装、服饰业	Manufacture of Textile Garments and Wearing Apparel	17	287629
皮革、毛皮、羽毛及其制品和制鞋业	Manufacture of Leather, Fur, Feather and Related Products, Footwear	5	29416
木材加工和木、竹、藤、棕、草制品业	Processing of Timber, Manufacture of Wood, Bamboo, Rattan, Palm, and Straw Products	4	12199
家具制造业	Manufacture of Furniture	14	165384
造纸和纸制品业	Manufacture of Paper and Paper Products	24	241813
印刷和记录媒介复制业	Printing, Reproduction of Recording Media	11	189799
文教、工美、体育和娱乐用品制造业	Manufacture of Articles for Culture, Education, Art, Craft, Sport and Recreation	10	970620
石油加工、炼焦和核燃料加工业	Processing of Petroleum, Coking, Processing of Nuclear Fuel	28	11503101
化学原料和化学制品制造业	Manufacture of Raw Chemical Materials and Chemical Products	161	8795007
医药制造业	Manufacture of Medicines	48	2520951
化学纤维制造业	Manufacture of Chemical Fibers	3	26440
橡胶和塑料制品业	Manufacture of Rubber and Plastics	85	1556769
非金属矿物制品业	Manufacture of Non-metallic Mineral Products	101	779964
黑色金属冶炼和压延加工业	Smelting and Pressing of Ferrous Metals	56	15637621
有色金属冶炼和压延加工业	Smelting and Pressing of Non-Ferrous Metals	25	3419894
金属制品业	Manufacture of Metal Products	106	2650691
通用设备制造业	Manufacture of General Purpose Machinery	93	4208409
专用设备制造业	Manufacture of Special Purpose Machinery	125	7161267
汽车制造业	Manufacture of Cars	89	12184077
铁路、船舶、航空航天和其他运输设备制造业	Manufacture of Transport Equipment for Railway, Shipping, Aviation, Spaceflight and Others	52	4047749
电气机械和器材制造业	Manufacture of Electrical Machinery and Equipment	111	5586869
计算机、通信和其他电子设备制造业	Manufacture of Computers, Communication and Other Electronic Equipment	125	20111635
仪器仪表制造业	Manufacture of Measuring Instruments	39	372675
其他制造业	Other Manufactures	8	52678
废弃资源综合利用业	Comprehensive Utilization of Waste Resources	7	858029
金属制品、机械和设备修理业	Repair of Metal Products, Machinery and Equipment	12	126202
电力、热力生产和供应业	Production and Supply of Electric Power and Heat Power	35	1509054
燃气生产和供应业	Production and Supply of Gas	11	245039
水的生产和供应业	Production and Supply of Water	16	200057

4-3 规模以上工业企业产销率(2012年)
Sales Ratio of Industrial Enterprises above Designated Size, 2012

项　　目	Item	工业销售产值 (万元) Sales Value (10000 yuan)	产销率 (%) Sales Ratio (%)
总　　计	**Total**	**143458979**	**98.8**
按注册登记类型分	**Grouped by Status of Registration**		
内资企业	Domestic-funded Enterprises	70723284	97.8
国有企业	State-owned Enterprises	16353252	99.3
集体企业	Collective-owned Enterprises	362530	99.5
股份合作企业	Cooperative Enterprises	106921	96.2
私营企业	Private Enterprises	7744046	97.0
股份有限公司	Share-holding Corporations Ltd.	21860164	98.9
有限责任公司	Limited Liability Corporations	23727135	96.0
#国有独资	Sole State-funded Corporations	5900703	89.2
联营企业	Joint Ownership Enterprises	13966	95.9
其他内资企业	Other Domestic-funded Enterprises	555269	98.9
港澳台商投资企业	Enterprises with Investment from Hong Kong, Macao and Taiwan	20188202	99.2
外商投资企业	Foreign Funded Enterprises	52547493	100.0
按经济类型分	**Grouped by Ownership**		
国有经济	State-owned	22267921	96.4
集体经济	Collective-owned	469452	98.7
私有经济	Private and Individual	7744046	97.0
港澳台商投资经济	Hong Kong, Macao and Taiwan Funded	20188202	99.2
外商投资经济	Foreign Funded	52547493	100.0
其　　他	Others	40241865	98.7
按隶属关系分	**Grouped by Administrative Relationship**		
中央工业	Central Industry	28554850	99.0
地方工业	Local Industry	114904129	98.8
市管工业	City Industry	43819216	99.8
区管工业	District & County Industry	14269779	98.7
街乡镇及以下	Neighbour，Town and Country Industry	316771	96.8
其　他	Others	56498363	98.0
按轻重分	**Grouped by Light & Heavy Industry**		
轻工业	Light Industry	23881064	99.7
重工业	Heavy Industry	119577915	98.6
按规模分	**Grouped by Size of Enterprises**		
大　型	Large-sized	105710570	99.1
中　型	Medium-sized	18028134	98.6
小　型	Small-sized	17829322	97.6
微　型	Mini-sized	1890954	97.3

4-3 续表 continued

项 目	Item	工业销售产值（万元）Sales Value (10000 yuan)	产销率（%）Sales Ratio (%)
总 计	**Total**	**143458979**	**98.8**
煤炭开采和洗选业	Mining and Washing of Coal	11890407	100.1
石油和天然气开采业	Extraction of Petroleum and Natural Gas	13756709	98.9
黑色金属矿采选业	Mining and Processing of Ferrous Metal Ores	817484	90.0
非金属矿采选业	Mining and Processing of Nonmetal Ores	113797	100.2
开采辅助活动	Support Activities for Mining	883413	95.2
农副食品加工业	Processing of Food from Agricultural Products	5489032	97.7
食品制造业	Manufacture of Foods	5004871	100.5
酒、饮料和精制茶制造业	Manufacture of Wine, Beverages and Refined Tea	1107021	101.5
纺织业	Manufacture of Textile	312424	97.4
纺织服装、服饰业	Manufacture of Textile Garments and Wearing Apparel	278105	96.7
皮革、毛皮、羽毛及其制品和制鞋业	Manufacture of Leather, Fur, Feather and Related Products, Footwear	27578	93.8
木材加工和木、竹、藤、棕、草制品业	Processing of Timber, Manufacture of Wood, Bamboo, Rattan, Palm, and Straw Products	12275	100.6
家具制造业	Manufacture of Furniture	152833	92.4
造纸和纸制品业	Manufacture of Paper and Paper Products	250795	103.7
印刷和记录媒介复制业	Printing, Reproduction of Recording Media	204977	108.0
文教、工美、体育和娱乐用品制造业	Manufacture of Articles for Culture, Education, Art, Craft, Sport and Recreation	958726	98.8
石油加工、炼焦和核燃料加工业	Processing of Petroleum, Coking, Processing of Nuclear Fuel	11524162	100.2
化学原料和化学制品制造业	Manufacture of Raw Chemical Materials and Chemical Products	8694010	98.9
医药制造业	Manufacture of Medicines	2477032	98.3
化学纤维制造业	Manufacture of Chemical Fibers	23055	87.2
橡胶和塑料制品业	Manufacture of Rubber and Plastics	1506758	96.8
非金属矿物制品业	Manufacture of Non-metallic Mineral Products	758990	97.3
黑色金属冶炼和压延加工业	Smelting and Pressing of Ferrous Metals	15510452	99.2
有色金属冶炼和压延加工业	Smelting and Pressing of Non-Ferrous Metals	3399158	99.4
金属制品业	Manufacture of Metal Products	2705482	102.1
通用设备制造业	Manufacture of General Purpose Machinery	4069628	96.7
专用设备制造业	Manufacture of Special Purpose Machinery	6604560	92.2
汽车制造业	Manufacture of Cars	12166166	99.9
铁路、船舶、航空航天和其他运输设备制造业	Manufacture of Transport Equipment for Railway, Shipping, Aviation, Spaceflight and Others	3957217	97.8
电气机械和器材制造业	Manufacture of Electrical Machinery and Equipment	5771722	103.3
计算机、通信和其他电子设备制造业	Manufacture of Computers, Communication and Other Electronic Equipment	19776975	98.3
仪器仪表制造业	Manufacture of Measuring Instruments	357540	95.9
其他制造业	Other Manufactures	72271	137.2
废弃资源综合利用业	Comprehensive Utilization of Waste Resources	857226	99.9
金属制品、机械和设备修理业	Repair of Metal Products, Machinery and Equipment	79441	62.9
电力、热力生产和供应业	Production and Supply of Electric Power and Heat Power	1497125	99.2
燃气生产和供应业	Production and Supply of Gas	191068	78.0
水的生产和供应业	Production and Supply of Water	198493	99.2

4-4 主要工业产品产量
Output of Major Industrial Products

产品名称	Item	单 位	Unit	2011	2012
天然原油	Crude Oil	万吨	10000 tons	3187.8	3098.3
天然气	Natural Gas	亿立方米	100 million cu. m	18.4	18.7
原 盐	Salt	万吨	10000 tons	184.0	149.7
饲 料	Feed	万吨	10000 tons	277.4	346.5
精制食用植物油	Refined Edible Vegetable Oil	万吨	10000 tons	224.8	169.7
方便面	Instant Noodles	万吨	10000 tons	29.1	34.6
罐 头	Canned Food	万吨	10000 tons	15.0	12.0
饮料酒	Alcoholic Beverage	千升	1000 kiloliters	133817.0	104558.3
软饮料	Soft Drinking	万吨	10000 tons	388.6	339.9
纱	Yarn	万吨	10000 tons	2.2	2.3
布	Cloth	万米	10000 m	19805.1	12620.0
服 装	Garments	万件	10000 pieces	824.6	726.7
家 具	Furniture	万件	10000 pieces	173.6	294.0
原油加工量	Crude Oil Processed	万吨	10000 tons	1725.7	1515.5
汽 油	Gasoline	万吨	10000 tons	168.6	170.8
煤 油	Kerosene	万吨	10000 tons	115.0	94.5
柴 油	Diesel Oil	万吨	10000 tons	641.0	600.2
石油焦	Petroleum Coke	万吨	10000 tons	147.3	123.8
焦 炭	Coke	万吨	10000 tons	92.8	84.5
硫 酸	Sulfuric Acid	万吨	10000 tons	18.0	19.5
盐 酸	Hydrochloric Acid	万吨	10000 tons	23.6	21.4
烧 碱	Causic Soda	万吨	10000 tons	129.6	113.9
纯 碱	Soda Ash	万吨	10000 tons	26.2	48.7
乙 烯	Ethene	万吨	10000 tons	134.3	113.2
纯 苯	Pure Benzene	万吨	10000 tons	43.0	37.8
化学农药原药	Chemical Raw Pesticide	吨	ton	1066.0	308.0
涂 料	Paint	万吨	10000 tons	13.9	14.7

4-4 续表 continued

产品名称	Item	单 位	Unit	2011	2012
初级形态的塑料	Plastic of Primary Form	万吨	10000 tons	330.2	320.7
化学药品原药	Chemical Raw Medicine	吨	ton	1606.4	4870.3
中成药	Traditional Chinese Medicine	吨	ton	114.8	65.6
化学纤维	Chemical Fiber	万吨	10000 tons	12.4	10.6
橡胶轮胎外胎	Rubber Tires	万条	10000 units	1405.4	1498.3
水 泥	Cement	万吨	10000 tons	67.5	41.7
平板玻璃	Plate Glass	万重量箱	10000 weight cases	327.9	343.5
生 铁	Pig Iron	万吨	10000 tons	1005.6	1055.5
粗 钢	Crude Steel	万吨	10000 tons	1158.0	1184.2
钢 材	Rolled Steel	万吨	10000 tons	1282.1	1210.4
#无缝钢管	Seamless Steel Tube	万吨	10000 tons	290.0	298.0
发动机	Engines	万千瓦	10000 kw	3262.1	2911.7
阀 门	Valves	万吨	10000 tons	2.8	5.7
汽 车	Motor Vehicles	万辆	10000 units	51.6	45.4
#基本型乘用车(轿车)	Cars	万辆	10000 units	39.9	35.5
两轮脚踏自行车	Two-wheel Pedal Bicycles	万辆	10000 units	878.2	946.2
锂离子电池	Lithium-ion Battery	亿只	100 million units	4.2	5.0
房间空气调节器	Air Conditioners	万台	10000 units	322.2	245.8
微波炉	Microwave Ovens	万台	10000 units	915.6	914.2
家用吸尘器	Household Vacuum Cleaners	万台	10000 units	208.2	128.5
移动通信基站设备	Mobile Communication Base Equipment	万信道	10000 channels	20.7	7.1
移动通信手持机(手机)	Mobile Phones	万台	10000 units	9061.7	9193.9
电子计算机整机	Integrated Computers	万台	10000 units	6.0	6.6
#服务器	Servers	万台	10000 units	5.4	6.3
显示器	Displays	万台	10000 units	677.7	626.3
集成电路	Integrated Circuits	亿块	100 million units	8.9	8.5
电子元件	Electronic Components	亿只	100 million units	5057.8	5492.1
彩色电视机	Color Television Sets	万台	10000 units	186.6	192.8
照相机	Cameras	万台	10000 units	844.9	812.8
发电量	Electricity	亿千瓦小时	100 million kw·h	227.1	225.3

4-5 规模以上工业企业主要财务指标(2012年)
Main Financial Indicators of Industrial Enterprises above Designated Size, 2012

项 目	Item	企业单位数(个) Number of Enterprises (unit)	全部职工年平均人数(人) Annual Average Employment Personnel (person)	工业总产值(万元) Gross Output Value (10000 yuan)	实收资本(万元) Paid-up Capital (10000 yuan)
总 计	**Total**	**1540**	**732130**	**145197700**	**27682781**
按注册登记类型分	**Grouped by Status of Registration**				
内资企业	Domestic-funded Enterprises	854	379493	72316682	17491727
国有企业	State-owned Enterprises	89	60494	16471176	4773190
集体企业	Collective-owned Enterprises	23	3714	364434	20857
股份合作企业	Cooperative Enterprises	18	1957	111192	38326
私营企业	Private Enterprises	331	65104	7987090	915205
股份有限公司	Share-holding Corporations Ltd.	53	64437	22097854	4869431
有限责任公司	Limited Liability Corporations	311	179901	24708796	6767818
#国有独资	Sole State-funded Corporations	17	76356	6613048	3202397
联营企业	Joint Ownership Enterprises	2	350	14570	7140
其他内资企业	Other Domestic-funded Enterprises	27	3536	561570	99760
港澳台商投资企业	Enterprises with Investment from Hong Kong, Macao and Taiwan	156	88088	20345366	1994676
外商投资企业	Foreign Funded Enterprises	530	264549	52535652	8196378
按经济类型分	**Grouped by Ownership**				
国有经济	State-owned	108	137200	23098793	7982727
集体经济	Collective-owned	41	5671	475627	59183
私有经济	Private and Individual	331	65104	7987090	915205
港澳台商投资经济	Hong Kong, Macao and Taiwan Funded	156	88088	20345366	1994676
外商投资经济	Foreign Funded	530	264549	52535652	8196378
其 他	Others	374	171518	40755172	8534613
按隶属关系分	**Grouped by Administrative Relationship**				
中央工业	Central Industry	48	87544	28839301	7581914
地方工业	Local Industry	1492	644586	116358398	20100867
市管工业	City Industry	254	194692	43917794	6155390
区管工业	District & County Industry	286	99619	14452493	4055893
街乡镇及以下	Neighbour, Town and Country Industry	27	3669	327261	57958
其 他	Others	925	346606	57660850	9831627
按轻重分	**Grouped by Light & Heavy Industry**				
轻工业	Light Industry	402	173318	23955375	4327332
重工业	Heavy Industry	1138	558812	121242325	23355449
按规模分	**Grouped by Size of Enterprises**				
大 型	Large-sized	132	481432	106689785	16095008
中 型	Medium-sized	241	131500	18288292	5127768
小 型	Small-sized	1036	113517	18275236	5479479
微 型	Mini-sized	131	5681	1944388	980525

4-5 续表 1 continued

单位：万元 (10000 yuan)

项目	Item	资产总计 Total Assets	流动资产合计 Total Current Assets	#存货 Inventories	#产成品 Finished Products
总计	**Total**	**123505728**	**66790920**	**14743142**	**3777449**
按注册登记类型分	**Grouped by Status of Registration**				
内资企业	Domestic-funded Enterprises	73524410	33290266	8460715	2082751
国有企业	State-owned Enterprises	18067045	7880659	2978557	482077
集体企业	Collective-owned Enterprises	162143	140994	15054	7563
股份合作企业	Cooperative Enterprises	122793	68658	15151	4779
私营企业	Private Enterprises	5037008	3169945	555590	202093
股份有限公司	Share-holding Corporations Ltd.	19410244	4759767	1021831	342571
有限责任公司	Limited Liability Corporations	30427235	17086719	3815896	1022538
#国有独资	Sole State-funded Corporations	9549866	5175357	1228426	435604
联营企业	Joint Ownership Enterprises	21164	14506	6991	2749
其他内资企业	Other Domestic-funded Enterprises	276777	169019	51646	18380
港澳台商投资企业	Enterprises with Investment from Hong Kong, Macao and Taiwan	16659740	12669445	1815559	349354
外商投资企业	Foreign Funded Enterprises	33321578	20831209	4466867	1345344
按经济类型分	**Grouped by Ownership**				
国有经济	State-owned	27638075	13070522	4213973	920431
集体经济	Collective-owned	284937	209651	30205	12343
私有经济	Private and Individual	5037008	3169945	555590	202093
港澳台商投资经济	Hong Kong, Macao and Taiwan Funded	16659740	12669445	1815559	349354
外商投资经济	Foreign Funded	33321578	20831209	4466867	1345344
其他	Others	40564391	16840148	3660947	947885
按隶属关系分	**Grouped by Administrative Relationship**				
中央工业	Central Industry	22959901	6659955	2854871	579534
地方工业	Local Industry	100545827	60130965	11888270	3197915
市管工业	City Industry	33980521	17472654	3716398	1186829
区管工业	District & County Industry	16101998	9051830	2390282	562073
街乡镇及以下	Neighbour, Town and Country Industry	353391	157133	27866	12938
其他	Others	50109918	33449347	5753724	1436075
按轻重分	**Grouped by Light & Heavy Industry**				
轻工业	Light Industry	20510941	13094230	2607146	1023858
重工业	Heavy Industry	102994787	53696690	12135995	2753591
按规模分	**Grouped by Size of Enterprises**				
大型	Large-sized	80955412	40392768	9620046	1919568
中型	Medium-sized	22660921	14081539	2358856	896687
小型	Small-sized	17563828	10901855	2596894	881469
微型	Mini-sized	2325567	1414758	167345	79726

4-5 续表 2 continued

单位：万元 (10000 yuan)

项 目	Item	固定资产合计 Total Fixed Assets	固定资产原价 Original Value of Fixed Assets	主营业务收入 Revenue from Principal Business
总 计	**Total**	**45146544**	**69764394**	**145786314**
按注册登记类型分	**Grouped by Status of Registration**			
内资企业	Domestic-funded Enterprises	32024810	47078988	72594672
国有企业	State-owned Enterprises	7353439	8859099	17141372
集体企业	Collective-owned Enterprises	17744	38262	356392
股份合作企业	Cooperative Enterprises	22474	20304	102782
私营企业	Private Enterprises	1190695	1954036	7833863
股份有限公司	Share-holding Corporations Ltd.	13344007	24491855	21215935
有限责任公司	Limited Liability Corporations	10006554	11600467	25388925
#国有独资	Sole State-funded Corporations	3867694	4271576	6007998
联营企业	Joint Ownership Enterprises	4226	9965	13974
其他内资企业	Other Domestic-funded Enterprises	85671	105002	541430
港澳台商投资企业	Enterprises with Investment from Hong Kong, Macao and Taiwan	3258811	6353397	20767511
外商投资企业	Foreign Funded Enterprises	9862923	16332009	52424132
按经济类型分	**Grouped by Ownership**			
国有经济	State-owned	11225359	13140640	23163344
集体经济	Collective-owned	40217	58566	459174
私有经济	Private and Individual	1190695	1954036	7833863
港澳台商投资经济	Hong Kong, Macao and Taiwan Funded	3258811	6353397	20767511
外商投资经济	Foreign Funded	9862923	16332009	52424132
其 他	Others	19568538	31925748	41138292
按隶属关系分	**Grouped by Administrative Relationship**			
中央工业	Central Industry	15131798	28149942	28026124
地方工业	Local Industry	30014746	41614452	117760190
市管工业	City Industry	12224467	14824235	46505498
区管工业	District & County Industry	4979693	5715918	13768599
街乡镇及以下	Neighbour, Town and Country Industry	161049	134990	324910
其 他	Others	12649538	20939309	57161182
按轻重分	**Grouped by Light & Heavy Industry**			
轻工业	Light Industry	5250849	7977318	23580831
重工业	Heavy Industry	39895696	61787077	122205483
按规模分	**Grouped by Size of Enterprises**			
大 型	Large-sized	33879805	54821173	105467624
中 型	Medium-sized	6035034	7889885	19517378
小 型	Small-sized	4812110	6581064	18630564
微 型	Mini-sized	419596	472272	2170748

4-5 续表 3 continued

单位：万元 (10000 yuan)

项目	Item	主营业务成本 Cost of Principal Business	主营业务税金及附加 Tax and Extra Charges of Principal Business	利税总额 Total Profits and Taxes	#利润总额 Total Pre-tax Profits
总计	**Total**	**122561117**	**2472976**	**21907965**	**13528847**
按注册登记类型分	**Grouped by Status of Registration**				
内资企业	Domestic-funded Enterprises	59225447	1640925	13443052	8704133
国有企业	State-owned Enterprises	16152035	542181	913154	-94910
集体企业	Collective-owned Enterprises	314053	850	49829	43396
股份合作企业	Cooperative Enterprises	94284	214	4792	2795
私营企业	Private Enterprises	6714703	32144	967819	674912
股份有限公司	Share-holding Corporations Ltd.	11925554	985440	9351792	7269895
有限责任公司	Limited Liability Corporations	23526400	78978	2123362	794977
#国有独资	Sole State-funded Corporations	5700383	33352	333914	68648
联营企业	Joint Ownership Enterprises	11812	94	1728	915
其他内资企业	Other Domestic-funded Enterprises	486606	1026	30576	12152
港澳台商投资企业	Enterprises with Investment from Hong Kong, Macao and Taiwan	18471188	210188	2979210	1549696
外商投资企业	Foreign Funded Enterprises	44864482	621864	5485703	3275018
按经济类型分	**Grouped by Ownership**				
国有经济	State-owned	21864230	575627	1248796	-25346
集体经济	Collective-owned	408337	1063	54621	46192
私有经济	Private and Individual	6714703	32144	967819	674912
港澳台商投资经济	Hong Kong, Macao and Taiwan Funded	18471188	210188	2979210	1549696
外商投资经济	Foreign Funded	44864482	621864	5485703	3275018
其他	Others	30238177	1032091	11171816	8008375
按隶属关系分	**Grouped by Administrative Relationship**				
中央工业	Central Industry	18978904	1435730	9289919	6729132
地方工业	Local Industry	103582213	1037246	12618046	6799716
市管工业	City Industry	41275600	530530	4415886	2242647
区管工业	District & County Industry	12066285	132684	1331153	787890
街乡镇及以下	Neighbour, Town and Country Industry	274625	2790	35753	30827
其他	Others	49965703	371242	6835254	3738352
按轻重分	**Grouped by Light & Heavy Industry**				
轻工业	Light Industry	19949050	87551	1937906	1156951
重工业	Heavy Industry	102612067	2385425	19970059	12371896
按规模分	**Grouped by Size of Enterprises**				
大型	Large-sized	86238699	2290802	19243930	12178201
中型	Medium-sized	17465145	85753	1510603	793811
小型	Small-sized	16743871	92909	1071008	575488
微型	Mini-sized	2113402	3513	82423	-18653

4-6 天津经济技术开发区(南港工业区)规模以上工业企业主要财务指标(2012年) Main Financial Indicators of Industrial Enterprises above Designated Size in TEDA (Nangang Industrial Zone), 2012

项 目	Item	企业单位数(个) Number of Enterprises (unit)	全部职工年平均人数(人) Annual Average Employment Personnel (person)	工业总产值(万元) Gross Output Value (10000 yuan)	实收资本(万元) Paid-up Capital (10000 yuan)
总 计	**Total**	**532**	**379965**	**71228347**	**10102900**
按注册登记类型分	**Grouped by Status of Registration**				
内资企业	Domestic-funded Enterprises	128	105060	15017172	3491230
国有企业	State-owned Enterprises	22	3949	230424	274946
私营企业	Private Enterprises	43	27538	3357817	314956
股份有限公司	Share-holding Corporations Ltd.	7	8159	2374061	146568
有限责任公司	Limited Liability Corporations	54	65199	9040771	2743040
#国有独资	Sole State-funded Corporations	5	42308	4517104	2141556
联营企业	Joint Ownership Enterprises	1	49	4369	3720
其他内资企业	Other Domestic-funded Enterprises	1	166	9730	8000
港澳台商投资企业	Enterprises with Investment from Hong Kong, Macao and Taiwan	78	70384	17302143	1318317
外商投资企业	Foreign Funded Enterprises	326	204521	38909032	5293353
按经济类型分	**Grouped by Ownership**				
国有经济	State-owned	28	46306	4751897	2420222
集体经济	Collective-owned				
私有经济	Private and Individual	43	27538	3357817	314956
港澳台商投资经济	Hong Kong, Macao and Taiwan Funded	78	70384	17302143	1318317
外商投资经济	Foreign Funded	326	204521	38909032	5293353
其 他	Others	57	31216	6907458	756052
按隶属关系分	**Grouped by Administrative Relationship**				
中央工业	Central Industry	9	14689	1897167	692816
地方工业	Local Industry	523	365276	69331180	9410083
市管工业	City Industry	115	96773	23868509	2049877
区管工业	District & County Industry	82	36049	7098994	1542519
街乡镇及以下	Neighbour, Town and Country Industry				
其 他	Others	326	232454	38363678	5817687
按轻重分	**Grouped by Light & Heavy Industry**				
轻工业	Light Industry	179	101142	13908915	2434704
重工业	Heavy Industry	353	278823	57319431	7668196
按规模分	**Grouped by Size of Enterprises**				
大 型	Large-sized	69	280203	59472796	6149352
中 型	Medium-sized	97	56679	5565841	1465828
小 型	Small-sized	335	41578	5898495	2389834
微 型	Mini-sized	31	1505	291216	97886

4-6 续表 1 continued

单位：万元 (10000 yuan)

项目	Item	资产总计 Total Assets	流动资产合计 Total Current Assets	#存货 Inventories	#产成品 Finished Products
总计	**Total**	**45834478**	**31480625**	**6419118**	**1341254**
按注册登记类型分	**Grouped by Status of Registration**				
内资企业	Domestic-funded Enterprises	13782594	9146358	2140560	441671
国有企业	State-owned Enterprises	729047	435471	199780	13036
私营企业	Private Enterprises	1847005	912984	215475	58413
股份有限公司	Share-holding Corporations Ltd.	1660559	972486	108240	22179
有限责任公司	Limited Liability Corporations	9515635	6812569	1610892	345692
#国有独资	Sole State-funded Corporations	4678635	3161294	922507	270042
联营企业	Joint Ownership Enterprises	11478	9101	5281	1459
其他内资企业	Other Domestic-funded Enterprises	18871	3748	892	892
港澳台商投资企业	Enterprises with Investment from Hong Kong, Macao and Taiwan	13216926	10641994	1416331	164575
外商投资企业	Foreign Funded Enterprises	18834958	11692273	2862227	735008
按经济类型分	**Grouped by Ownership**				
国有经济	State-owned	5419159	3605865	1127569	284537
集体经济	Collective-owned				
私有经济	Private and Individual	1847005	912984	215475	58413
港澳台商投资经济	Hong Kong, Macao and Taiwan Funded	13216926	10641994	1416331	164575
外商投资经济	Foreign Funded	18834958	11692273	2862227	735008
其他	Others	6516430	4627508	797517	98721
按隶属关系分	**Grouped by Administrative Relationship**				
中央工业	Central Industry	2069522	1511004	858724	263973
地方工业	Local Industry	43764956	29969621	5560394	1077280
市管工业	City Industry	8699894	6037465	1426403	330434
区管工业	District & County Industry	5984704	3421600	623087	199845
街乡镇及以下	Neighbour, Town and Country Industry				
其他	Others	29080358	20510556	3510905	547001
按轻重分	**Grouped by Light & Heavy Industry**				
轻工业	Light Industry	8843004	4874052	1240006	315333
重工业	Heavy Industry	36991474	26606573	5179112	1025921
按规模分	**Grouped by Size of Enterprises**				
大型	Large-sized	34649181	24595933	4658681	815645
中型	Medium-sized	4839409	2998851	710954	230439
小型	Small-sized	5907661	3641685	1016003	274456
微型	Mini-sized	438226	244156	33480	20714

4-6 续表 2 continued

单位：万元 (10000 yuan)

项 目	Item	固定资产合 计 Total Fixed Assets	固定资产原 价 Original Value of Fixed Assets	主营业务收 入 Revenue from Principal Business
总 计	**Total**	**11931885**	**22328485**	**70263570**
按注册登记类型分	**Grouped by Status of Registration**			
内资企业	Domestic-funded Enterprises	3708729	6174022	13975480
国有企业	State-owned Enterprises	250762	340409	247991
私营企业	Private Enterprises	653366	1271222	3407067
股份有限公司	Share-holding Corporations Ltd.	448361	533295	1749006
有限责任公司	Limited Liability Corporations	2348883	4015893	8558847
#国有独资	Sole State-funded Corporations	1452061	2548231	3864630
联营企业	Joint Ownership Enterprises	418	1169	3882
其他内资企业	Other Domestic-funded Enterprises	6940	12035	8688
港澳台商投资企业	Enterprises with Investment from Hong Kong, Macao and Taiwan	2313707	5116483	17725588
外商投资企业	Foreign Funded Enterprises	5909449	11037979	38562503
按经济类型分	**Grouped by Ownership**			
国有经济	State-owned	1703241	2889809	4116503
集体经济	Collective-owned			
私有经济	Private and Individual	653366	1271222	3407067
港澳台商投资经济	Hong Kong, Macao and Taiwan Funded	2313707	5116483	17725588
外商投资经济	Foreign Funded	5909449	11037979	38562503
其 他	Others	1352123	2012992	6451911
按隶属关系分	**Grouped by Administrative Relationship**			
中央工业	Central Industry	480103	733001	1707792
地方工业	Local Industry	11451781	21595484	68555779
市管工业	City Industry	2195556	4203562	24239868
区管工业	District & County Industry	1874633	2846406	6352856
街乡镇及以下	Neighbour, Town and Country Industry			
其 他	Others	7381593	14545515	37963056
按轻重分	**Grouped by Light & Heavy Industry**			
轻工业	Light Industry	3106542	5190994	13718171
重工业	Heavy Industry	8825342	17137490	56545399
按规模分	**Grouped by Size of Enterprises**			
大 型	Large-sized	8612547	16698088	58127852
中 型	Medium-sized	1346504	2366346	5777934
小 型	Small-sized	1818107	3049617	6054466
微 型	Mini-sized	154727	214434	303319

4-6 续表 3 continued

单位：万元 (10000 yuan)

项　目	Item	主营业务成本 Cost of Principal Business	主营业务税金及附加 Tax and Extra Charges of Principal Business	利税总额 Total Profits and Taxes	#利润总额 Total Pre-tax Profits
总　计	**Total**	**60638754**	**849134**	**8951629**	**5046393**
按注册登记类型分	**Grouped by Status of Registration**				
内资企业	Domestic-funded Enterprises	12260201	135956	1920691	1048416
国有企业	State-owned Enterprises	212223	1408	23380	15993
私营企业	Private Enterprises	3020293	12661	479945	309489
股份有限公司	Share-holding Corporations Ltd.	1311992	79655	327959	203730
有限责任公司	Limited Liability Corporations	7706953	42144	1087528	518027
#国有独资	Sole State-funded Corporations	3568203	26349	348556	113809
联营企业	Joint Ownership Enterprises	2739	37	926	603
其他内资企业	Other Domestic-funded Enterprises	6002	51	953	575
港澳台商投资企业	Enterprises with Investment from Hong Kong, Macao and Taiwan	15816684	171745	2717024	1406083
外商投资企业	Foreign Funded Enterprises	32561870	541432	4313914	2591893
按经济类型分	**Grouped by Ownership**				
国有经济	State-owned	3783165	27794	372862	130404
集体经济	Collective-owned				
私有经济	Private and Individual	3020293	12661	479945	309489
港澳台商投资经济	Hong Kong, Macao and Taiwan Funded	15816684	171745	2717024	1406083
外商投资经济	Foreign Funded	32561870	541432	4313914	2591893
其　他	Others	5456743	95501	1067884	608523
按隶属关系分	**Grouped by Administrative Relationship**				
中央工业	Central Industry	1508237	4860	110326	38439
地方工业	Local Industry	59130517	844274	8841302	5007954
市管工业	City Industry	20606718	489810	3009260	1831777
区管工业	District & County Industry	5363294	91733	690069	468781
街乡镇及以下	Neighbour, Town and Country Industry				
其　他	Others	33160505	262731	5141973	2707396
按轻重分	**Grouped by Light & Heavy Industry**				
轻工业	Light Industry	11326567	38173	1246015	802564
重工业	Heavy Industry	49312187	810960	7705613	4243829
按规模分	**Grouped by Size of Enterprises**				
大　型	Large-sized	50055527	808453	8072444	4541390
中　型	Medium-sized	4982224	17831	546624	326725
小　型	Small-sized	5320582	21804	329462	179183
微　型	Mini-sized	280421	1046	3099	-904

4-7 天津港保税区规模以上工业企业主要财务指标(2012年)
Main Financial Indicators of Industrial Enterprises above Designated Size in Tianjin Port Free Trade Zone, 2012

项 目	Item	企业单位数(个) Number of Enterprises (unit)	全部职工年平均人数(人) Annual Average Employment Personnel (person)	工业总产值(万元) Gross Output Value (10000 yuan)	实收资本(万元) Paid-up Capital (10000 yuan)
总 计	**Total**	**190**	**76139**	**14155015**	**3904894**
按注册登记类型分	**Grouped by Status of Registration**				
内资企业	Domestic-funded Enterprises	87	49417	6795061	2465831
国有企业	State-owned Enterprises	16	20838	2276553	1534430
私营企业	Private Enterprises	16	2609	417397	77838
股份有限公司	Share-holding Corporations Ltd.	5	5704	261986	130567
有限责任公司	Limited Liability Corporations	45	18750	3517592	666489
#国有独资	Sole State-funded Corporations	4	7581	362576	192616
其他内资企业	Other Domestic-funded Enterprises	5	1516	321533	56509
港澳台商投资企业	Enterprises with Investment from Hong Kong, Macao and Taiwan	34	8172	1748477	399479
外商投资企业	Foreign Funded Enterprises	69	18550	5611477	1039583
按经济类型分	**Grouped by Ownership**				
国有经济	State-owned	20	28419	2639129	1727046
集体经济	Collective-owned				
私有经济	Private and Individual	16	2609	417397	77838
港澳台商投资经济	Hong Kong, Macao and Taiwan Funded	34	8172	1748477	399479
外商投资经济	Foreign Funded	69	18550	5611477	1039583
其 他	Others	51	18389	3738536	660947
按隶属关系分	**Grouped by Administrative Relationship**				
中央工业	Central Industry	3	1151	33294	5717
地方工业	Local Industry	187	74988	14121721	3899177
市管工业	City Industry	30	19483	4678110	1281569
区管工业	District & County Industry	35	25377	2771644	1181920
街乡镇及以下	Neighbour, Town and Country Industry				
其 他	Others	122	30128	6671967	1435687
按轻重分	**Grouped by Light & Heavy Industry**				
轻工业	Light Industry	53	22460	4900166	745896
重工业	Heavy Industry	137	53679	9254849	3158997
按规模分	**Grouped by Size of Enterprises**				
大 型	Large-sized	14	41293	2386772	1235645
中 型	Medium-sized	42	21381	6961786	1260297
小 型	Small-sized	110	12859	4651247	1034885
微 型	Mini-sized	24	606	155209	374067

4-7 续表 1 continued

单位：万元 (10000 yuan)

项目	Item	资产总计 Total Assets	流动资产合计 Total Current Assets	#存货 Inventories	#产成品 Finished Products
总计	**Total**	**18518287**	**11670118**	**2470520**	**687429**
按注册登记类型分	**Grouped by Status of Registration**				
内资企业	Domestic-funded Enterprises	9806524	5406547	1650823	375458
国有企业	State-owned Enterprises	5188931	2798694	1015248	76938
私营企业	Private Enterprises	283907	228435	32276	8022
股份有限公司	Share-holding Corporations Ltd.	604701	333433	92873	14587
有限责任公司	Limited Liability Corporations	3612775	1972475	490278	268988
#国有独资	Sole State-funded Corporations	848899	379346	166878	124980
其他内资企业	Other Domestic-funded Enterprises	116210	73509	20148	6925
港澳台商投资企业	Enterprises with Investment from Hong Kong, Macao and Taiwan	1900494	1257973	286213	127646
外商投资企业	Foreign Funded Enterprises	6811269	5005599	533484	184324
按经济类型分	**Grouped by Ownership**				
国有经济	State-owned	6037830	3178040	1182125	201917
集体经济	Collective-owned				
私有经济	Private and Individual	283907	228435	32276	8022
港澳台商投资经济	Hong Kong, Macao and Taiwan Funded	1900494	1257973	286213	127646
外商投资经济	Foreign Funded	6811269	5005599	533484	184324
其他	Others	3484786	2000072	436421	165520
按隶属关系分	**Grouped by Administrative Relationship**				
中央工业	Central Industry	87675	45914	23688	11478
地方工业	Local Industry	18430612	11624204	2446833	675951
市管工业	City Industry	4306562	2260715	597265	252752
区管工业	District & County Industry	4889848	3278942	1137084	165715
街乡镇及以下	Neighbour, Town and Country Industry				
其他	Others	9234203	6084548	712484	257484
按轻重分	**Grouped by Light & Heavy Industry**				
轻工业	Light Industry	6903859	5354044	655964	390632
重工业	Heavy Industry	11614428	6316074	1814556	296797
按规模分	**Grouped by Size of Enterprises**				
大型	Large-sized	6836060	3713008	1357171	213334
中型	Medium-sized	7451831	5228791	544918	269592
小型	Small-sized	3620777	2395137	548162	200709
微型	Mini-sized	609619	333183	20271	3794

4-7 续表 2 continued

单位：万元 (10000 yuan)

项　　目	Item	固定资产合计 Total Fixed Assets	固定资产原价 Original Value of Fixed Assets	主营业务收入 Revenue from Principal Business
总　计	**Total**	**4440555**	**5298116**	**14945587**
按注册登记类型分	**Grouped by Status of Registration**			
内资企业	Domestic-funded Enterprises	2808584	3192342	7320127
国有企业	State-owned Enterprises	1596516	1859362	2519923
私营企业	Private Enterprises	46687	63201	402639
股份有限公司	Share-holding Corporations Ltd.	154778	256933	246674
有限责任公司	Limited Liability Corporations	972966	973048	3828914
#国有独资	Sole State-funded Corporations	400528	414200	418009
其他内资企业	Other Domestic-funded Enterprises	37636	39799	321977
港澳台商投资企业	Enterprises with Investment from Hong Kong, Macao and Taiwan	530305	659130	1832081
外商投资企业	Foreign Funded Enterprises	1101666	1446644	5793379
按经济类型分	**Grouped by Ownership**			
国有经济	State-owned	1997044	2273563	2937933
集体经济	Collective-owned			
私有经济	Private and Individual	46687	63201	402639
港澳台商投资经济	Hong Kong, Macao and Taiwan Funded	530305	659130	1832081
外商投资经济	Foreign Funded	1101666	1446644	5793379
其　他	Others	764853	855579	3979556
按隶属关系分	**Grouped by Administrative Relationship**			
中央工业	Central Industry	24839	33010	28170
地方工业	Local Industry	4415716	5265106	14917418
市管工业	City Industry	1754895	1845722	4919304
区管工业	District & County Industry	865892	1288019	2785696
街乡镇及以下	Neighbour, Town and Country Industry			
其　他	Others	1794929	2131365	7212418
按轻重分	**Grouped by Light & Heavy Industry**			
轻工业	Light Industry	910862	1114307	4913080
重工业	Heavy Industry	3529693	4183809	10032507
按规模分	**Grouped by Size of Enterprises**			
大　型	Large-sized	1574243	1982853	2461255
中　型	Medium-sized	1887696	2190681	6946276
小　型	Small-sized	864111	1079327	5376861
微　型	Mini-sized	114504	45255	161195

4-7 续表 3 continued

单位：万元 (10000 yuan)

项目	Item	主营业务成本 Cost of Principal Business	主营业务税金及附加 Tax and Extra Charges of Principal Business	利税总额 Total Profits and Taxes	#利润总额 Total Pre-tax Profits
总计	**Total**	**13850052**	**60304**	**987699**	**436937**
按注册登记类型分	**Grouped by Status of Registration**				
内资企业	Domestic-funded Enterprises	6782644	17967	446526	131093
国有企业	State-owned Enterprises	2375933	5223	108728	-6252
私营企业	Private Enterprises	380205	972	13759	3565
股份有限公司	Share-holding Corporations Ltd.	175196	1729	47628	38685
有限责任公司	Limited Liability Corporations	3552454	9465	257905	91541
#国有独资	Sole State-funded Corporations	380560	622	16723	11242
其他内资企业	Other Domestic-funded Enterprises	298856	577	18505	3554
港澳台商投资企业	Enterprises with Investment from Hong Kong, Macao and Taiwan	1706746	27338	89262	24840
外商投资企业	Foreign Funded Enterprises	5360663	14999	451911	281003
按经济类型分	**Grouped by Ownership**				
国有经济	State-owned	2756493	5845	125451	4990
集体经济	Collective-owned				
私有经济	Private and Individual	380205	972	13759	3565
港澳台商投资经济	Hong Kong, Macao and Taiwan Funded	1706746	27338	89262	24840
外商投资经济	Foreign Funded	5360663	14999	451911	281003
其他	Others	3645946	11150	307317	122539
按隶属关系分	**Grouped by Administrative Relationship**				
中央工业	Central Industry	17622	22	10002	9799
地方工业	Local Industry	13832430	60282	977697	427138
市管工业	City Industry	4733345	6880	138491	-15631
区管工业	District & County Industry	2546462	24795	241135	91983
街乡镇及以下	Neighbour, Town and Country Industry				
其他	Others	6552623	28607	598070	350786
按轻重分	**Grouped by Light & Heavy Industry**				
轻工业	Light Industry	4671765	29263	161002	75287
重工业	Heavy Industry	9178287	31041	826697	361650
按规模分	**Grouped by Size of Enterprises**				
大型	Large-sized	2056488	14255	320629	151235
中型	Medium-sized	6509802	30853	427336	216822
小型	Small-sized	5131102	14890	239326	69375
微型	Mini-sized	152661	306	408	-495

4-8 滨海高新区规模以上工业企业主要财务指标(2012年)

Main Financial Indicators of Industrial Enterprises above Designated Size in Binhai High-tech Industrial Development Park, 2012

项 目	Item	企业单位数(个) Number of Enterprises (unit)	全部职工年平均人数(人) Annual Average Employment Personnel (person)	工业总产值(万元) Gross Output Value (10000 yuan)	实收资本(万元) Paid-up Capital (10000 yuan)
总 计	**Total**	**231**	**73345**	**9304543**	**2113052**
按注册登记类型分	**Grouped by Status of Registration**				
内资企业	Domestic-funded Enterprises	162	49503	5241201	1408913
国有企业	State-owned Enterprises	15	4737	524762	306911
私营企业	Private Enterprises	53	5961	1399504	114815
股份有限公司	Share-holding Corporations Ltd.	24	22203	1489691	523940
有限责任公司	Limited Liability Corporations	65	16116	1760221	458837
#国有独资	Sole State-funded Corporations	1	471	98839	53803
其他内资企业	Other Domestic-funded Enterprises	5	486	67025	4410
港澳台商投资企业	Enterprises with Investment from Hong Kong, Macao and Taiwan	16	3302	789444	73542
外商投资企业	Foreign Funded Enterprises	53	20540	3273898	630598
按经济类型分	**Grouped by Ownership**				
国有经济	State-owned	16	5208	623601	360713
集体经济	Collective-owned				
私有经济	Private and Individual	53	5961	1399504	114815
港澳台商投资经济	Hong Kong, Macao and Taiwan Funded	16	3302	789444	73542
外商投资经济	Foreign Funded	53	20540	3273898	630598
其 他	Others	93	38334	3218097	933385
按隶属关系分	**Grouped by Administrative Relationship**				
中央工业	Central Industry	13	11401	795506	308071
地方工业	Local Industry	218	61944	8509037	1804982
市管工业	City Industry	43	25489	2455778	730487
区管工业	District & County Industry	13	4173	415505	101426
街乡镇及以下	Neighbour, Town and Country Industry	2	120	5529	2172
其 他	Others	160	32162	5632224	970898
按轻重分	**Grouped by Light & Heavy Industry**				
轻工业	Light Industry	54	29341	3250463	656337
重工业	Heavy Industry	177	44004	6054080	1456715
按规模分	**Grouped by Size of Enterprises**				
大 型	Large-sized	16	36344	4072269	771264
中 型	Medium-sized	32	19123	1921781	518664
小 型	Small-sized	158	16778	2826294	710980
微 型	Mini-sized	25	1100	484200	112144

4-8 续表 1 continued

单位：万元 (10000 yuan)

项目	Item	资产总计 Total Assets	流动资产合计 Total Current Assets	#存货 Inventories	#产成品 Finished Products
总计	**Total**	**10484856**	**6835779**	**1387647**	**612031**
按注册登记类型分	**Grouped by Status of Registration**				
内资企业	Domestic-funded Enterprises	6507866	4132306	827920	338342
国有企业	State-owned Enterprises	994744	685228	147202	91450
私营企业	Private Enterprises	642704	494492	68014	33634
股份有限公司	Share-holding Corporations Ltd.	3094165	1842744	352619	150249
有限责任公司	Limited Liability Corporations	1737667	1083794	256716	62440
#国有独资	Sole State-funded Corporations	97771	32296	8494	4430
其他内资企业	Other Domestic-funded Enterprises	38587	26048	3369	569
港澳台商投资企业	Enterprises with Investment from Hong Kong, Macao and Taiwan	864744	415400	42290	29432
外商投资企业	Foreign Funded Enterprises	3112246	2288073	517436	244257
按经济类型分	**Grouped by Ownership**				
国有经济	State-owned	1092515	717524	155696	95880
集体经济	Collective-owned				
私有经济	Private and Individual	642704	494492	68014	33634
港澳台商投资经济	Hong Kong, Macao and Taiwan Funded	864744	415400	42290	29432
外商投资经济	Foreign Funded	3112246	2288073	517436	244257
其他	Others	4772647	2920291	604210	208827
按隶属关系分	**Grouped by Administrative Relationship**				
中央工业	Central Industry	1058301	593527	177593	98646
地方工业	Local Industry	9426555	6242252	1210053	513385
市管工业	City Industry	3765764	2454194	432180	164733
区管工业	District & County Industry	649732	404950	72927	12643
街乡镇及以下	Neighbour, Town and Country Industry	12496	10233	986	801
其他	Others	4998563	3372875	703961	335209
按轻重分	**Grouped by Light & Heavy Industry**				
轻工业	Light Industry	3009534	1789800	423686	219972
重工业	Heavy Industry	7475322	5045979	963961	392058
按规模分	**Grouped by Size of Enterprises**				
大型	Large-sized	4578047	2573709	443938	194605
中型	Medium-sized	3029796	2193092	516148	244066
小型	Small-sized	2642888	1921965	359278	138332
微型	Mini-sized	234124	147013	68282	35027

4-8 续表 2 continued

单位：万元 (10000 yuan)

项 目	Item	固定资产合计 Total Fixed Assets	固定资产原价 Original Value of Fixed Assets	主营业务收入 Revenue from Principal Business
总 计	**Total**	**2083779**	**2875050**	**8736686**
按注册登记类型分	**Grouped by Status of Registration**			
内资企业	Domestic-funded Enterprises	1253363	1516282	4767577
国有企业	State-owned Enterprises	162187	167672	636441
私营企业	Private Enterprises	74634	92034	1309381
股份有限公司	Share-holding Corporations Ltd.	638625	840378	1379397
有限责任公司	Limited Liability Corporations	369810	406259	1375827
#国有独资	Sole State-funded Corporations	41180	40714	117162
其他内资企业	Other Domestic-funded Enterprises	8108	9939	66531
港澳台商投资企业	Enterprises with Investment from Hong Kong, Macao and Taiwan	195366	239609	701559
外商投资企业	Foreign Funded Enterprises	635050	1119159	3267550
按经济类型分	**Grouped by Ownership**			
国有经济	State-owned	203367	208386	753603
集体经济	Collective-owned			
私有经济	Private and Individual	74634	92034	1309381
港澳台商投资经济	Hong Kong, Macao and Taiwan Funded	195366	239609	701559
外商投资经济	Foreign Funded	635050	1119159	3267550
其 他	Others	975363	1215862	2704592
按隶属关系分	**Grouped by Administrative Relationship**			
中央工业	Central Industry	281020	326418	560086
地方工业	Local Industry	1802760	2548631	8176600
市管工业	City Industry	694227	1126730	2810909
区管工业	District & County Industry	114875	172800	300689
街乡镇及以下	Neighbour, Town and Country Industry	1328	2127	7912
其 他	Others	992329	1246975	5057090
按轻重分	**Grouped by Light & Heavy Industry**			
轻工业	Light Industry	726630	1076305	3084691
重工业	Heavy Industry	1357149	1798745	5651995
按规模分	**Grouped by Size of Enterprises**			
大 型	Large-sized	1214291	1707570	3948576
中 型	Medium-sized	453630	623184	2153155
小 型	Small-sized	355898	490026	2186956
微 型	Mini-sized	59960	54270	447999

4-8 续表 3 continued

单位：万元 (10000 yuan)

项目	Item	#主营业务成本 Cost of Principal Business	主营业务税金及附加 Tax and Extra Charges of Principal Business	利税总额 Total Profits and Taxes	#利润总额 Total Pre-tax Profits
总计	**Total**	**7073796**	**77110**	**1090578**	**654350**
按注册登记类型分	**Grouped by Status of Registration**				
内资企业	Domestic-funded Enterprises	3898006	23044	555416	300352
国有企业	State-owned Enterprises	580807	7312	53418	11550
私营企业	Private Enterprises	1107388	2905	86431	27667
股份有限公司	Share-holding Corporations Ltd.	991928	9246	279549	184764
有限责任公司	Limited Liability Corporations	1161607	3461	133195	74650
#国有独资	Sole State-funded Corporations	113253	30	561	301
其他内资企业	Other Domestic-funded Enterprises	56276	121	2823	1721
港澳台商投资企业	Enterprises with Investment from Hong Kong, Macao and Taiwan	506419	9216	135618	93014
外商投资企业	Foreign Funded Enterprises	2669370	44850	399544	260984
按经济类型分	**Grouped by Ownership**				
国有经济	State-owned	694060	7342	53978	11850
集体经济	Collective-owned				
私有经济	Private and Individual	1107388	2905	86431	27667
港澳台商投资经济	Hong Kong, Macao and Taiwan Funded	506419	9216	135618	93014
外商投资经济	Foreign Funded	2669370	44850	399544	260984
其他	Others	2096558	12798	415007	260834
按隶属关系分	**Grouped by Administrative Relationship**				
中央工业	Central Industry	477708	8033	72424	41381
地方工业	Local Industry	6596088	69077	1018154	612969
市管工业	City Industry	2206940	14736	410971	267197
区管工业	District & County Industry	231470	1281	57117	23598
街乡镇及以下	Neighbour, Town and Country Industry	6981	40	216	-134
其他	Others	4150696	53019	549850	322308
按轻重分	**Grouped by Light & Heavy Industry**				
轻工业	Light Industry	2385193	13546	345959	180687
重工业	Heavy Industry	4688602	63563	744619	473663
按规模分	**Grouped by Size of Enterprises**				
大型	Large-sized	3100592	23839	657275	410519
中型	Medium-sized	1746252	14554	253330	156250
小型	Small-sized	1781643	38515	191519	100120
微型	Mini-sized	445309	201	-11546	-12539

4-9 塘沽规模以上工业企业主要财务指标(2012年)
Main Financial Indicators of Industrial Enterprises above Designated Size in Tanggu, 2012

项 目	Item	企业单位数(个) Number of Enterprises (unit)	全部职工年平均人数(人) Annual Average Employment Personnel (person)	工业总产值(万元) Gross Output Value (10000 yuan)	实收资本(万元) Paid-up Capital (10000 yuan)
总 计	**Total**	**111**	**16854**	**2541759**	**968487**
按注册登记类型分	**Grouped by Status of Registration**				
内资企业	Domestic-funded Enterprises	74	9849	676412	464531
国有企业	State-owned Enterprises	6	1252	98355	96406
集体企业	Collective-owned Enterprises	5	366	14461	9251
股份合作企业	Cooperative Enterprises	1	44	1916	23
私营企业	Private Enterprises	39	3581	180904	87153
股份有限公司	Share-holding Corporations Ltd.	1	636	24167	7560
有限责任公司	Limited Liability Corporations	21	3924	354614	263839
#国有独资	Sole State-funded Corporations	1	463	12164	10455
其他内资企业	Other Domestic-funded Enterprises	1	46	1995	300
港澳台商投资企业	Enterprises with Investment from Hong Kong, Macao and Taiwan	12	2139	417763	101754
外商投资企业	Foreign Funded Enterprises	25	4866	1447584	402202
按经济类型分	**Grouped by Ownership**				
国有经济	State-owned	7	1715	110519	106860
集体经济	Collective-owned	6	410	16378	9274
私有经济	Private and Individual	39	3581	180904	87153
港澳台商投资经济	Hong Kong, Macao and Taiwan Funded	12	2139	417763	101754
外商投资经济	Foreign Funded	25	4866	1447584	402202
其 他	Others	22	4143	368612	261244
按隶属关系分	**Grouped by Administrative Relationship**				
中央工业	Central Industry				
地方工业	Local Industry	111	16854	2541759	968487
市管工业	City Industry	2	85	3424	9968
区管工业	District & County Industry	33	7282	894267	526906
街乡镇及以下	Neighbour, Town and Country Industry	5	302	11982	3071
其 他	Others	71	9185	1632086	428542
按轻重分	**Grouped by Light & Heavy Industry**				
轻工业	Light Industry	12	2667	782354	247117
重工业	Heavy Industry	99	14187	1759404	721370
按规模分	**Grouped by Size of Enterprises**				
大 型	Large-sized				
中 型	Medium-sized	14	7197	876176	425804
小 型	Small-sized	89	9524	1644153	526807
微 型	Mini-sized	8	133	21430	15876

4-9 续表 1 continued

单位：万元 (10000 yuan)

项目	Item	资产总计 Total Assets	流动资产合计 Total Current Assets	#存货 Inventories	#产成品 Finished Products
总计	**Total**	**3277603**	**1795374**	**472816**	**111065**
按注册登记类型分	**Grouped by Status of Registration**				
内资企业	Domestic-funded Enterprises	1660422	780446	153381	35902
国有企业	State-owned Enterprises	479873	172804	26321	6393
集体企业	Collective-owned Enterprises	20576	18478	557	152
股份合作企业	Cooperative Enterprises	1549	1491	349	
私营企业	Private Enterprises	326709	194537	40790	23229
股份有限公司	Share-holding Corporations Ltd.	30349	17218	9849	
有限责任公司	Limited Liability Corporations	800597	375229	75461	6116
#国有独资	Sole State-funded Corporations	27699	11158	764	
其他内资企业	Other Domestic-funded Enterprises	769	689	53	14
港澳台商投资企业	Enterprises with Investment from Hong Kong, Macao and Taiwan	301174	194682	34359	6109
外商投资企业	Foreign Funded Enterprises	1316006	820247	285076	69054
按经济类型分	**Grouped by Ownership**				
国有经济	State-owned	507572	183962	27085	6393
集体经济	Collective-owned	22125	19968	906	152
私有经济	Private and Individual	326709	194537	40790	23229
港澳台商投资经济	Hong Kong, Macao and Taiwan Funded	301174	194682	34359	6109
外商投资经济	Foreign Funded	1316006	820247	285076	69054
其他	Others	804016	381978	84599	6129
按隶属关系分	**Grouped by Administrative Relationship**				
中央工业	Central Industry				
地方工业	Local Industry	3277603	1795374	472816	111065
市管工业	City Industry	43046	26296	1168	
区管工业	District & County Industry	1648328	714751	156332	32751
街乡镇及以下	Neighbour, Town and Country Industry	20093	16307	1244	50
其他	Others	1566136	1038020	314071	78263
按轻重分	**Grouped by Light & Heavy Industry**				
轻工业	Light Industry	884077	500413	177313	31755
重工业	Heavy Industry	2393526	1294961	295503	79310
按规模分	**Grouped by Size of Enterprises**				
大型	Large-sized				
中型	Medium-sized	1241789	648053	248584	32449
小型	Small-sized	1958028	1090060	211161	76225
微型	Mini-sized	77786	57261	13072	2391

4-9 续表 2 continued

单位：万元 (10000 yuan)

项　目	Item	固定资产合　计 Total Fixed Assets	固定资产原　价 Original Value of Fixed Assets	主营业务收　入 Revenue from Principal Business
总　计	**Total**	**1032884**	**1292038**	**2551253**
按注册登记类型分	**Grouped by Status of Registration**			
内资企业	Domestic-funded Enterprises	538652	518063	733003
国有企业	State-owned Enterprises	122232	124857	100182
集体企业	Collective-owned Enterprises	2099	4998	14334
股份合作企业	Cooperative Enterprises	58	191	1916
私营企业	Private Enterprises	72664	106393	185290
股份有限公司	Share-holding Corporations Ltd.	2942	4696	29265
有限责任公司	Limited Liability Corporations	338578	276249	400020
#国有独资	Sole State-funded Corporations	16531	28881	11147
其他内资企业	Other Domestic-funded Enterprises	80	679	1995
港澳台商投资企业	Enterprises with Investment from Hong Kong, Macao and Taiwan	89615	158714	422613
外商投资企业	Foreign Funded Enterprises	404618	615260	1395637
按经济类型分	**Grouped by Ownership**			
国有经济	State-owned	138763	153738	111329
集体经济	Collective-owned	2157	5189	16251
私有经济	Private and Individual	72664	106393	185290
港澳台商投资经济	Hong Kong, Macao and Taiwan Funded	89615	158714	422613
外商投资经济	Foreign Funded	404618	615260	1395637
其　他	Others	325069	252742	420133
按隶属关系分	**Grouped by Administrative Relationship**			
中央工业	Central Industry			
地方工业	Local Industry	1032884	1292038	2551253
市管工业	City Industry	9283	12904	3377
区管工业	District & County Industry	649317	747330	939683
街乡镇及以下	Neighbour, Town and Country Industry	3074	5709	11855
其　他	Others	371210	526096	1596339
按轻重分	**Grouped by Light & Heavy Industry**			
轻工业	Light Industry	301035	317024	725150
重工业	Heavy Industry	731849	975014	1826103
按规模分	**Grouped by Size of Enterprises**			
大　型	Large-sized			
中　型	Medium-sized	433730	436146	854150
小　型	Small-sized	586181	833234	1676360
微　型	Mini-sized	12973	22658	20744

4-9 续表 3 continued

单位：万元 (10000 yuan)

项目	Item	#主营业务成本 Cost of Principal Business	主营业务税金及附加 Tax and Extra Charges of Principal Business	利税总额 Total Profits and Taxes	#利润总额 Total Pre-tax Profits
总计	**Total**	**2299025**	**39483**	**179674**	**64334**
按注册登记类型分	**Grouped by Status of Registration**				
内资企业	Domestic-funded Enterprises	683492	4110	-8617	-13284
国有企业	State-owned Enterprises	96179	341	-6088	-4309
集体企业	Collective-owned Enterprises	13293	80	893	385
股份合作企业	Cooperative Enterprises	1833	6	52	0
私营企业	Private Enterprises	158756	1333	2771	-3478
股份有限公司	Share-holding Corporations Ltd.	25616	266	1870	1167
有限责任公司	Limited Liability Corporations	385990	2076	-8212	-7058
#国有独资	Sole State-funded Corporations	21550		-4038	-3551
其他内资企业	Other Domestic-funded Enterprises	1825	10	97	8
港澳台商投资企业	Enterprises with Investment from Hong Kong, Macao and Taiwan	392941	1412	21852	12946
外商投资企业	Foreign Funded Enterprises	1222592	33961	166438	64672
按经济类型分	**Grouped by Ownership**				
国有经济	State-owned	117729	341	-10126	-7859
集体经济	Collective-owned	15127	86	945	385
私有经济	Private and Individual	158756	1333	2771	-3478
港澳台商投资经济	Hong Kong, Macao and Taiwan Funded	392941	1412	21852	12946
外商投资经济	Foreign Funded	1222592	33961	166438	64672
其他	Others	391881	2351	-2207	-2332
按隶属关系分	**Grouped by Administrative Relationship**				
中央工业	Central Industry				
地方工业	Local Industry	2299025	39483	179674	64334
市管工业	City Industry	1164	72	-840	-958
区管工业	District & County Industry	866702	4606	32592	26026
街乡镇及以下	Neighbour, Town and Country Industry	10707	55	623	315
其他	Others	1420452	34751	147298	38951
按轻重分	**Grouped by Light & Heavy Industry**				
轻工业	Light Industry	693914	862	49224	2800
重工业	Heavy Industry	1605111	38621	130450	61534
按规模分	**Grouped by Size of Enterprises**				
大型	Large-sized				
中型	Medium-sized	821047	2289	40626	-7919
小型	Small-sized	1458842	37104	141503	75165
微型	Mini-sized	19136	91	-2455	-2913

4-10 汉沽规模以上工业企业主要财务指标(2012年)
Main Financial Indicators of Industrial Enterprises above Designated Size in Han'gu, 2012

项 目	Item	企业单位数(个) Number of Enterprises (unit)	全部职工年平均人数(人) Annual Average Employment Personnel (person)	工业总产值(万元) Gross Output Value (10000 yuan)	实收资本(万元) Paid-up Capital (10000 yuan)
总 计	**Total**	**86**	**23285**	**2001497**	**444364**
按注册登记类型分	**Grouped by Status of Registration**				
内资企业	Domestic-funded Enterprises	76	21808	1744965	413474
国有企业	State-owned Enterprises	6	1215	506785	274577
集体企业	Collective-owned Enterprises	6	1141	62828	1207
私营企业	Private Enterprises	32	3286	324249	28385
股份有限公司	Share-holding Corporations Ltd.	6	1015	139724	2500
有限责任公司	Limited Liability Corporations	23	14631	642333	90987
#国有独资	Sole State-funded Corporations	1	3921	65759	16426
联营企业	Joint Ownership Enterprises	1	301	10201	3420
其他内资企业	Other Domestic-funded Enterprises	2	219	58846	12398
港澳台商投资企业	Enterprises with Investment from Hong Kong, Macao and Taiwan	4	846	48028	17695
外商投资企业	Foreign Funded Enterprises	6	631	208504	13195
按经济类型分	**Grouped by Ownership**				
国有经济	State-owned	8	5437	582744	294423
集体经济	Collective-owned	6	1141	62828	1207
私有经济	Private and Individual	32	3286	324249	28385
港澳台商投资经济	Hong Kong, Macao and Taiwan Funded	4	846	48028	17695
外商投资经济	Foreign Funded	6	631	208504	13195
其 他	Others	30	11944	775144	89459
按隶属关系分	**Grouped by Administrative Relationship**				
中央工业	Central Industry	2	1204	568162	220000
地方工业	Local Industry	84	22081	1433335	224364
市管工业	City Industry	11	12694	564961	36624
区管工业	District & County Industry	29	4055	430127	128447
街乡镇及以下	Neighbour, Town and Country Industry	7	1189	101585	9580
其 他	Others	37	4143	336662	49713
按轻重分	**Grouped by Light & Heavy Industry**				
轻工业	Light Industry	19	2887	160300	36794
重工业	Heavy Industry	67	20398	1841197	407570
按规模分	**Grouped by Size of Enterprises**				
大 型	Large-sized	2	11339	523417	26426
中 型	Medium-sized	12	5296	718719	260315
小 型	Small-sized	70	6618	753724	155802
微 型	Mini-sized	2	32	5637	1821

4-10 续表 1 continued

单位：万元 (10000 yuan)

项目	Item	资产总计 Total Assets	流动资产合计 Total Current Assets	#存货 Inventories	#产成品 Finished Products
总计	**Total**	**2979698**	**1285505**	**253347**	**97304**
按注册登记类型分	**Grouped by Status of Registration**				
内资企业	Domestic-funded Enterprises	2806046	1171560	210488	72703
国有企业	State-owned Enterprises	1155555	181604	21899	645
集体企业	Collective-owned Enterprises	17974	13773	2145	937
私营企业	Private Enterprises	147771	100263	35980	6482
股份有限公司	Share-holding Corporations Ltd.	103412	58084	29043	10343
有限责任公司	Limited Liability Corporations	1324304	781778	101745	47268
#国有独资	Sole State-funded Corporations	711460	619819	18003	12427
联营企业	Joint Ownership Enterprises	9686	5405	1710	1290
其他内资企业	Other Domestic-funded Enterprises	47343	30654	17967	5738
港澳台商投资企业	Enterprises with Investment from Hong Kong, Macao and Taiwan	75300	31893	7197	3054
外商投资企业	Foreign Funded Enterprises	98352	82052	35662	21548
按经济类型分	**Grouped by Ownership**				
国有经济	State-owned	1876702	806827	41611	14362
集体经济	Collective-owned	17974	13773	2145	937
私有经济	Private and Individual	147771	100263	35980	6482
港澳台商投资经济	Hong Kong, Macao and Taiwan Funded	75300	31893	7197	3054
外商投资经济	Foreign Funded	98352	82052	35662	21548
其他	Others	763599	250697	130752	50921
按隶属关系分	**Grouped by Administrative Relationship**				
中央工业	Central Industry	1123293	192565	42758	9067
地方工业	Local Industry	1856405	1092940	210589	88238
市管工业	City Industry	1170617	715282	80224	33024
区管工业	District & County Industry	393737	209668	74945	36928
街乡镇及以下	Neighbour, Town and Country Industry	79860	36077	12109	8234
其他	Others	212191	131914	43310	10053
按轻重分	**Grouped by Light & Heavy Industry**				
轻工业	Light Industry	118840	45879	19865	4791
重工业	Heavy Industry	2860858	1239626	233482	92513
按规模分	**Grouped by Size of Enterprises**				
大型	Large-sized	1104986	689454	74806	29790
中型	Medium-sized	1258064	266625	61551	22172
小型	Small-sized	586794	326888	116543	45003
微型	Mini-sized	29855	2538	446	340

4-10 续表 2 continued

单位：万元 (10000 yuan)

项 目	Item	固定资产合计 Total Fixed Assets	固定资产原价 Original Value of Fixed Assets	主营业务收入 Revenue from Principal Business
总 计	**Total**	**1442856**	**1821128**	**1908646**
按注册登记类型分	**Grouped by Status of Registration**			
内资企业	Domestic-funded Enterprises	1411512	1769476	1656366
国有企业	State-owned Enterprises	887043	1022076	448631
集体企业	Collective-owned Enterprises	1925	3351	59441
私营企业	Private Enterprises	23344	28094	294881
股份有限公司	Share-holding Corporations Ltd.	46041	44014	164865
有限责任公司	Limited Liability Corporations	434760	642571	640936
#国有独资	Sole State-funded Corporations	42242	71746	61576
联营企业	Joint Ownership Enterprises	3809	8795	10092
其他内资企业	Other Domestic-funded Enterprises	14592	20574	37520
港澳台商投资企业	Enterprises with Investment from Hong Kong, Macao and Taiwan	18667	30260	50370
外商投资企业	Foreign Funded Enterprises	12678	21392	201911
按经济类型分	**Grouped by Ownership**			
国有经济	State-owned	933093	1102618	520299
集体经济	Collective-owned	1925	3351	59441
私有经济	Private and Individual	23344	28094	294881
港澳台商投资经济	Hong Kong, Macao and Taiwan Funded	18667	30260	50370
外商投资经济	Foreign Funded	12678	21392	201911
其 他	Others	453151	635414	781745
按隶属关系分	**Grouped by Administrative Relationship**			
中央工业	Central Industry	848363	987001	534178
地方工业	Local Industry	594494	834128	1374468
市管工业	City Industry	378811	582207	553379
区管工业	District & County Industry	160867	190006	417421
街乡镇及以下	Neighbour, Town and Country Industry	23480	26814	97639
其 他	Others	31336	35100	306029
按轻重分	**Grouped by Light & Heavy Industry**			
轻工业	Light Industry	47127	44863	160297
重工业	Heavy Industry	1395730	1776265	1748349
按规模分	**Grouped by Size of Enterprises**			
大 型	Large-sized	345527	538091	505903
中 型	Medium-sized	894334	1046986	690125
小 型	Small-sized	180519	210611	706379
微 型	Mini-sized	22477	25440	6239

4-10 续表 3 continued

单位: 万元 (10000 yuan)

项目	Item	主营业务成本 Cost of Principal Business	主营业务税金及附加 Tax and Extra Charges of Principal Business	利税总额 Total Profits and Taxes	#利润总额 Total Pre-tax Profits
总计	**Total**	**1680937**	**7240**	**176806**	**71712**
按注册登记类型分	**Grouped by Status of Registration**				
内资企业	Domestic-funded Enterprises	1468944	5593	151452	53115
国有企业	State-owned Enterprises	359645	1018	90741	36225
集体企业	Collective-owned Enterprises	55586	193	4267	2412
私营企业	Private Enterprises	275760	617	12723	9285
股份有限公司	Share-holding Corporations Ltd.	144810	1560	31852	4391
有限责任公司	Limited Liability Corporations	586668	2108	14586	4349
#国有独资	Sole State-funded Corporations	55821	761	4196	3002
联营企业	Joint Ownership Enterprises	9073	56	802	312
其他内资企业	Other Domestic-funded Enterprises	37402	41	-3519	-3859
港澳台商投资企业	Enterprises with Investment from Hong Kong, Macao and Taiwan	42623	93	79	912
外商投资企业	Foreign Funded Enterprises	169370	1554	25275	17684
按经济类型分	**Grouped by Ownership**				
国有经济	State-owned	424539	1835	95739	39539
集体经济	Collective-owned	55586	193	4267	2412
私有经济	Private and Individual	275760	617	12723	9285
港澳台商投资经济	Hong Kong, Macao and Taiwan Funded	42623	93	79	912
外商投资经济	Foreign Funded	169370	1554	25275	17684
其他	Others	713059	2948	38722	1879
按隶属关系分	**Grouped by Administrative Relationship**				
中央工业	Central Industry	434525	2146	115432	38741
地方工业	Local Industry	1246412	5094	61374	32971
市管工业	City Industry	509932	2037	14647	4182
区管工业	District & County Industry	364232	2198	33783	18555
街乡镇及以下	Neighbour, Town and Country Industry	90235	214	3037	2265
其他	Others	282013	645	9908	7968
按轻重分	**Grouped by Light & Heavy Industry**				
轻工业	Light Industry	143817	427	8340	7255
重工业	Heavy Industry	1537120	6813	168466	64456
按规模分	**Grouped by Size of Enterprises**				
大型	Large-sized	468115	1765	14064	3525
中型	Medium-sized	574751	2667	122608	42380
小型	Small-sized	634162	2803	42122	25538
微型	Mini-sized	3909	4	-1988	269

4-11 大港规模以上工业企业主要财务指标(2012年)
Main Financial Indicators of Industrial Enterprises above Designated Size in Dagang, 2012

项 目	Item	企业单位数(个) Number of Enterprises (unit)	全部职工年平均人数(人) Annual Average Employment Personnel (person)	工业总产值(万元) Gross Output Value (10000 yuan)	实收资本(万元) Paid-up Capital (10000 yuan)
总 计	**Total**	**201**	**37606**	**6145144**	**1447069**
按注册登记类型分	**Grouped by Status of Registration**				
内资企业	Domestic-funded Enterprises	170	27457	3228686	566611
国有企业	State-owned Enterprises	5	2148	309961	77059
集体企业	Collective-owned Enterprises	5	1360	247601	7405
股份合作企业	Cooperative Enterprises	14	1803	102263	20302
私营企业	Private Enterprises	65	8287	827489	124804
股份有限公司	Share-holding Corporations Ltd.	5	1413	154016	23146
有限责任公司	Limited Liability Corporations	65	11473	1529146	297802
#国有独资	Sole State-funded Corporations	1	123	41969	5000
其他内资企业	Other Domestic-funded Enterprises	11	973	58211	16094
港澳台商投资企业	Enterprises with Investment from Hong Kong, Macao and Taiwan	5	1916	85416	49233
外商投资企业	Foreign Funded Enterprises	26	8233	2831042	831225
按经济类型分	**Grouped by Ownership**				
国有经济	State-owned	6	2271	351930	82059
集体经济	Collective-owned	19	3163	349864	27707
私有经济	Private and Individual	65	8287	827489	124804
港澳台商投资经济	Hong Kong, Macao and Taiwan Funded	5	1916	85416	49233
外商投资经济	Foreign Funded	26	8233	2831042	831225
其 他	Others	80	13736	1699403	332042
按隶属关系分	**Grouped by Administrative Relationship**				
中央工业	Central Industry	4	1877	262939	58037
地方工业	Local Industry	197	35729	5882205	1389033
市管工业	City Industry	11	2614	371941	120555
区管工业	District & County Industry	79	16095	1781886	297554
街乡镇及以下	Neighbour, Town and Country Industry	4	303	41194	25698
其 他	Others	103	16717	3687183	945226
按轻重分	**Grouped by Light & Heavy Industry**				
轻工业	Light Industry	48	10132	677310	181847
重工业	Heavy Industry	153	27474	5467834	1265223
按规模分	**Grouped by Size of Enterprises**				
大 型	Large-sized	8	10852	3134525	717589
中 型	Medium-sized	25	12717	1317811	294913
小 型	Small-sized	151	13830	1600983	419200
微 型	Mini-sized	17	207	91825	15367

4-11 续表 1 continued

单位：万元 (10000 yuan)

项目	Item	资产总计 Total Assets	流动资产合计 Total Current Assets	#存货 Inventories	#产成品 Finished Products
总计	**Total**	**5837363**	**2451276**	**622009**	**279578**
按注册登记类型分	**Grouped by Status of Registration**				
内资企业	Domestic-funded Enterprises	2736986	1542084	373600	180679
国有企业	State-owned Enterprises	325947	141686	63714	37283
集体企业	Collective-owned Enterprises	88886	79446	10338	5287
股份合作企业	Cooperative Enterprises	94741	51592	11718	4701
私营企业	Private Enterprises	571430	368578	79125	39456
股份有限公司	Share-holding Corporations Ltd.	129904	70804	31807	22185
有限责任公司	Limited Liability Corporations	1483322	804605	168289	67524
#国有独资	Sole State-funded Corporations	53054	24047	5932	1754
其他内资企业	Other Domestic-funded Enterprises	42756	25373	8609	4243
港澳台商投资企业	Enterprises with Investment from Hong Kong, Macao and Taiwan	175045	87864	21224	14311
外商投资企业	Foreign Funded Enterprises	2925332	821328	227185	84587
按经济类型分	**Grouped by Ownership**				
国有经济	State-owned	379001	165732	69646	39037
集体经济	Collective-owned	183628	131038	22056	9988
私有经济	Private and Individual	571430	368578	79125	39456
港澳台商投资经济	Hong Kong, Macao and Taiwan Funded	175045	87864	21224	14311
外商投资经济	Foreign Funded	2925332	821328	227185	84587
其他	Others	1602927	876735	202773	92198
按隶属关系分	**Grouped by Administrative Relationship**				
中央工业	Central Industry	287259	79364	4897	
地方工业	Local Industry	5550104	2371913	617111	279578
市管工业	City Industry	575746	320966	74117	34311
区管工业	District & County Industry	1227583	701071	215237	100812
街乡镇及以下	Neighbour, Town and Country Industry	139974	22028	4719	1663
其他	Others	3606801	1327848	323038	142791
按轻重分	**Grouped by Light & Heavy Industry**				
轻工业	Light Industry	591366	339639	95555	48915
重工业	Heavy Industry	5245997	2111638	526454	230663
按规模分	**Grouped by Size of Enterprises**				
大型	Large-sized	2833551	883315	254882	106748
中型	Medium-sized	1315936	719263	157894	71950
小型	Small-sized	1623413	815878	203176	98676
微型	Mini-sized	64463	32821	6057	2204

4-11 续表 2 continued

单位：万元 (10000 yuan)

项 目	Item	固定资产合计 Total Fixed Assets	固定资产原价 Original Value of Fixed Assets	主营业务收入 Revenue from Principal Business
总 计	**Total**	**2680458**	**3404091**	**6238395**
按注册登记类型分	**Grouped by Status of Registration**			
内资企业	Domestic-funded Enterprises	886657	1230549	3242042
国有企业	State-owned Enterprises	156909	316106	318242
集体企业	Collective-owned Enterprises	9239	17899	244843
股份合作企业	Cooperative Enterprises	11773	19727	93709
私营企业	Private Enterprises	109384	158455	777899
股份有限公司	Share-holding Corporations Ltd.	29423	47082	148974
有限责任公司	Limited Liability Corporations	553485	651866	1597793
#国有独资	Sole State-funded Corporations	29007	10181	40211
其他内资企业	Other Domestic-funded Enterprises	16445	19414	60581
港澳台商投资企业	Enterprises with Investment from Hong Kong, Macao and Taiwan	43055	63417	83144
外商投资企业	Foreign Funded Enterprises	1750746	2110125	2913210
按经济类型分	**Grouped by Ownership**			
国有经济	State-owned	185916	326287	358453
集体经济	Collective-owned	21012	37626	338552
私有经济	Private and Individual	109384	158455	777899
港澳台商投资经济	Hong Kong, Macao and Taiwan Funded	43055	63417	83144
外商投资经济	Foreign Funded	1750746	2110125	2913210
其 他	Others	570346	708181	1767138
按隶属关系分	**Grouped by Administrative Relationship**			
中央工业	Central Industry	195313	550008	262939
地方工业	Local Industry	2485145	2854084	5975456
市管工业	City Industry	150047	102932	341186
区管工业	District & County Industry	400762	474130	1888884
街乡镇及以下	Neighbour, Town and Country Industry	114382	71534	40328
其 他	Others	1819954	2205488	3705059
按轻重分	**Grouped by Light & Heavy Industry**			
轻工业	Light Industry	190736	243850	699427
重工业	Heavy Industry	2489722	3160241	5538969
按规模分	**Grouped by Size of Enterprises**			
大 型	Large-sized	1619173	1918325	3236422
中 型	Medium-sized	407926	780521	1273945
小 型	Small-sized	649304	699991	1638804
微 型	Mini-sized	4055	5254	89224

4-11 续表 3 continued

单位: 万元 (10000 yuan)

项　　目	Item	主营业务成本 Cost of Principal Business	主营业务税金及附加 Tax and Extra Charges of Principal Business	利税总额 Total Profits and Taxes	#利润总额 Total Pre-tax Profits
总　　计	**Total**	**5729590**	**16196**	**299948**	**176685**
按注册登记类型分	**Grouped by Status of Registration**				
内资企业	Domestic-funded Enterprises	2905213	8466	249665	192782
国有企业	State-owned Enterprises	288977	742	17395	11796
集体企业	Collective-owned Enterprises	201666	357	44169	41085
股份合作企业	Cooperative Enterprises	86157	208	4254	2429
私营企业	Private Enterprises	691890	1894	44329	30209
股份有限公司	Share-holding Corporations Ltd.	126621	453	13514	9554
有限责任公司	Limited Liability Corporations	1456909	4654	123063	95739
#国有独资	Sole State-funded Corporations	37880		638	638
其他内资企业	Other Domestic-funded Enterprises	52991	159	2943	1970
港澳台商投资企业	Enterprises with Investment from Hong Kong, Macao and Taiwan	69122	246	9640	6887
外商投资企业	Foreign Funded Enterprises	2755256	7484	40642	-22983
按经济类型分	**Grouped by Ownership**				
国有经济	State-owned	326858	742	18032	12434
集体经济	Collective-owned	287823	564	48422	43514
私有经济	Private and Individual	691890	1894	44329	30209
港澳台商投资经济	Hong Kong, Macao and Taiwan Funded	69122	246	9640	6887
外商投资经济	Foreign Funded	2755256	7484	40642	-22983
其　他	Others	1598642	5266	138882	106626
按隶属关系分	**Grouped by Administrative Relationship**				
中央工业	Central Industry	251509	1375	18201	5399
地方工业	Local Industry	5478081	14821	281747	171287
市管工业	City Industry	310902	301	8348	7147
区管工业	District & County Industry	1662665	7774	198078	166222
街乡镇及以下	Neighbour, Town and Country Industry	29390	47	7183	7286
其　他	Others	3475124	6700	68139	-9368
按轻重分	**Grouped by Light & Heavy Industry**				
轻工业	Light Industry	632203	1649	18729	9278
重工业	Heavy Industry	5097387	14548	281219	167408
按规模分	**Grouped by Size of Enterprises**				
大　型	Large-sized	3023946	8885	104263	30524
中　型	Medium-sized	1159880	3326	53004	26935
小　型	Small-sized	1460689	3906	141013	118010
微　型	Mini-sized	85076	80	1668	1216

4-12 规模以上分行业工业企业主要财务指标(2012年)
Main Financial Indicators of Industrial Enterprises above Designated Size by Sector, 2012

项 目	Item	企业单位数(个) Number of Enterprises (unit)	全部职工年平均人数(人) Annual Average Employment Personnel (person)	工业总产值(万元) Gross Output Value (10000 yuan)	实收资本(万元) Paid-up Capital (10000 yuan)
总 计	**Total**	**1540**	**732130**	**145197700**	**27682781**
煤炭开采和洗选业	Mining and Washing of Coal	4	18405	11873253	349394
石油和天然气开采业	Extraction of Petroleum and Natural Gas	2	18466	13914599	3970250
黑色金属矿采选业	Mining and Processing of Ferrous Metal Ores	2	4698	908721	19105
非金属矿采选业	Mining and Processing of Nonmetal Ores	3	7623	113541	43499
开采辅助活动	Support Activities for Mining	7	19718	928361	998946
农副食品加工业	Processing of Food from Agricultural Products	37	7097	5618360	501077
食品制造业	Manufacture of Foods	37	36925	4978043	452092
酒、饮料和精制茶制造业	Manufacture of Wine, Beverages and Refined Tea	10	10092	1091162	281220
纺织业	Manufacture of Textile	17	8251	320623	266641
纺织服装、服饰业	Manufacture of Textile Garments and Wearing Apparel	17	3917	287629	40217
皮革、毛皮、羽毛及其制品和制鞋业	Manufacture of Leather, Fur, Feather and Related Products, Footwear	5	1588	29416	8046
木材加工和木、竹、藤、棕、草制品业	Processing of Timber, Manufacture of Wood, Bamboo, Rattan, Palm, and Straw Products	4	444	12199	11254
家具制造业	Manufacture of Furniture	14	8414	165384	99172
造纸和纸制品业	Manufacture of Paper and Paper Products	24	3129	241813	64358
印刷和记录媒介复制业	Printing, Reproduction of Recording Media	11	3954	189799	101580
文教、工美、体育和娱乐用品制造业	Manufacture of Articles for Culture, Education, Art, Craft, Sport and Recreation	10	4235	970620	28169
石油加工、炼焦和核燃料加工业	Processing of Petroleum, Coking, Processing of Nuclear Fuel	28	15874	11503101	1409756
化学原料和化学制品制造业	Manufacture of Raw Chemical Materials and Chemical Products	161	34614	8795007	1817787
医药制造业	Manufacture of Medicines	48	23729	2520951	964999
化学纤维制造业	Manufacture of Chemical Fibers	3	434	26440	18117
橡胶和塑料制品业	Manufacture of Rubber and Plastics	85	22183	1556769	598247
非金属矿物制品业	Manufacture of Non-metallic Mineral Products	101	12163	779964	382352
黑色金属冶炼和压延加工业	Smelting and Pressing of Ferrous Metals	56	49591	15637621	2699374
有色金属冶炼和压延加工业	Smelting and Pressing of Non-Ferrous Metals	25	4903	3419894	307517
金属制品业	Manufacture of Metal Products	106	26982	2650691	612299
通用设备制造业	Manufacture of General Purpose Machinery	93	33453	4208409	980658
专用设备制造业	Manufacture of Special Purpose Machinery	125	73123	7161267	3147365
汽车制造业	Manufacture of Cars	89	58218	12184077	1320349
铁路、船舶、航空航天和其他运输设备制造业	Manufacture of Transport Equipment for Railway, Shipping, Aviation, Spaceflight and Others	52	39970	4047749	1328521
电气机械和器材制造业	Manufacture of Electrical Machinery and Equipment	111	45857	5586869	1632470
计算机、通信和其他电子设备制造业	Manufacture of Computers, Communication and Other Electronic Equipment	125	113999	20111635	1902708
仪器仪表制造业	Manufacture of Measuring Instruments	39	6898	372675	115559
其他制造业	Other Manufactures	8	918	52678	30314
废弃资源综合利用业	Comprehensive Utilization of Waste Resources	7	382	858029	47609
金属制品、机械和设备修理业	Repair of Metal Products, Machinery and Equipment	12	1341	126202	62314
电力、热力生产和供应业	Production and Supply of Electric Power and Heat Power	35	7533	1509054	809195
燃气生产和供应业	Production and Supply of Gas	11	1281	245039	65969
水的生产和供应业	Production and Supply of Water	16	1728	200057	194284

4-12 续表 1 continued

单位：万元 (10000 yuan)

项目	Item	资产总计 Total Assets	流动资产合计 Total Current Assets	#存货 Inventories	#产成品 Finished Products
总计	**Total**	**123505728**	**66790920**	**14743142**	**3777449**
煤炭开采和洗选业	Mining and Washing of Coal	11897052	10118053	1245083	20057
石油和天然气开采业	Extraction of Petroleum and Natural Gas	11993687	904318	165381	83965
黑色金属矿采选业	Mining and Processing of Ferrous Metal Ores	1173886	425450	45856	19388
非金属矿采选业	Mining and Processing of Nonmetal Ores	1210649	872685	34750	25242
开采辅助活动	Support Activities for Mining	1584365	909135	42287	2047
农副食品加工业	Processing of Food from Agricultural Products	5421128	4829227	540777	241818
食品制造业	Manufacture of Foods	2834313	1494191	216414	93343
酒、饮料和精制茶制造业	Manufacture of Wine, Beverages and Refined Tea	876669	212608	73686	33607
纺织业	Manufacture of Textile	923497	409237	153014	106981
纺织服装、服饰业	Manufacture of Textile Garments and Wearing Apparel	223568	182149	17088	7674
皮革、毛皮、羽毛及其制品和制鞋业	Manufacture of Leather, Fur, Feather and Related Products, Footwear	32294	16439	6387	3890
木材加工和木、竹、藤、棕、草制品业	Processing of Timber, Manufacture of Wood, Bamboo, Rattan, Palm, and Straw Products	18278	14207	8196	222
家具制造业	Manufacture of Furniture	301847	183334	69934	21861
造纸和纸制品业	Manufacture of Paper and Paper Products	243431	138760	20543	4306
印刷和记录媒介复制业	Printing, Reproduction of Recording Media	278384	110806	12975	1360
文教、工美、体育和娱乐用品制造业	Manufacture of Articles for Culture, Education, Art, Craft, Sport and Recreation	155461	125123	41161	14936
石油加工、炼焦和核燃料加工业	Processing of Petroleum, Coking, Processing of Nuclear Fuel	4825803	2662768	1449053	174755
化学原料和化学制品制造业	Manufacture of Raw Chemical Materials and Chemical Products	9728695	3475936	888088	346452
医药制造业	Manufacture of Medicines	3183317	1771515	452901	87532
化学纤维制造业	Manufacture of Chemical Fibers	27433	11990	7395	6196
橡胶和塑料制品业	Manufacture of Rubber and Plastics	1681525	748362	194733	96637
非金属矿物制品业	Manufacture of Non-metallic Mineral Products	1359242	790445	176383	86775
黑色金属冶炼和压延加工业	Smelting and Pressing of Ferrous Metals	14734780	5671631	1310778	418987
有色金属冶炼和压延加工业	Smelting and Pressing of Non-Ferrous Metals	1426172	1058623	221689	78913
金属制品业	Manufacture of Metal Products	3394819	2190653	443288	208847
通用设备制造业	Manufacture of General Purpose Machinery	3842358	2419744	614844	97216
专用设备制造业	Manufacture of Special Purpose Machinery	8184371	5443461	1508055	465083
汽车制造业	Manufacture of Cars	5568591	3579216	458190	87149
铁路、船舶、航空航天和其他运输设备制造业	Manufacture of Transport Equipment for Railway, Shipping, Aviation, Spaceflight and Others	6484977	3710291	1476277	115659
电气机械和器材制造业	Manufacture of Electrical Machinery and Equipment	6178725	4022476	991250	406637
计算机、通信和其他电子设备制造业	Manufacture of Computers, Communication and Other Electronic Equipment	8139010	6045798	1475775	347791
仪器仪表制造业	Manufacture of Measuring Instruments	538435	396503	123986	54508
其他制造业	Other Manufactures	79851	28720	8895	477
废弃资源综合利用业	Comprehensive Utilization of Waste Resources	355275	260703	9631	3550
金属制品、机械和设备修理业	Repair of Metal Products, Machinery and Equipment	182431	110985	23570	8382
电力、热力生产和供应业	Production and Supply of Electric Power and Heat Power	3379028	1135966	195454	4362
燃气生产和供应业	Production and Supply of Gas	329058	132408	16144	281
水的生产和供应业	Production and Supply of Water	713325	177006	3232	567

4-12 续表 2 continued

单位：万元 (10000 yuan)

项 目	Item	固定资产合计 Total Fixed Assets	固定资产原价 Original Value of Fixed Assets	主营业务收入 Revenue from Principal Business
总 计	**Total**	**45146544**	**69764394**	**145786314**
煤炭开采和洗选业	Mining and Washing of Coal	1582580	3912125	12231603
石油和天然气开采业	Extraction of Petroleum and Natural Gas	10917834	20937947	13652704
黑色金属矿采选业	Mining and Processing of Ferrous Metal Ores	328889	429008	941024
非金属矿采选业	Mining and Processing of Nonmetal Ores	97020	157753	106599
开采辅助活动	Support Activities for Mining	572704	914525	1030372
农副食品加工业	Processing of Food from Agricultural Products	445871	585491	5555163
食品制造业	Manufacture of Foods	1089622	1704824	4403823
酒、饮料和精制茶制造业	Manufacture of Wine, Beverages and Refined Tea	466539	766324	1184114
纺织业	Manufacture of Textile	455690	527514	379036
纺织服装、服饰业	Manufacture of Textile Garments and Wearing Apparel	26077	48986	270366
皮革、毛皮、羽毛及其制品和制鞋业	Manufacture of Leather, Fur, Feather and Related Products, Footwear	10453	18155	27620
木材加工和木、竹、藤、棕、草制品业	Processing of Timber, Manufacture of Wood, Bamboo, Rattan, Palm, and Straw Products	3990	6955	16283
家具制造业	Manufacture of Furniture	89002	147383	157492
造纸和纸制品业	Manufacture of Paper and Paper Products	93421	137560	261859
印刷和记录媒介复制业	Printing, Reproduction of Recording Media	94376	178049	194600
文教、工美、体育和娱乐用品制造业	Manufacture of Articles for Culture, Education, Art, Craft, Sport and Recreation	22970	63573	896472
石油加工、炼焦和核燃料加工业	Processing of Petroleum, Coking, Processing of Nuclear Fuel	1560683	3729203	11681224
化学原料和化学制品制造业	Manufacture of Raw Chemical Materials and Chemical Products	5354004	5543736	8798527
医药制造业	Manufacture of Medicines	796917	1162951	2518534
化学纤维制造业	Manufacture of Chemical Fibers	7355	11649	14704
橡胶和塑料制品业	Manufacture of Rubber and Plastics	701825	1129928	1552367
非金属矿物制品业	Manufacture of Non-metallic Mineral Products	398175	519800	893707
黑色金属冶炼和压延加工业	Smelting and Pressing of Ferrous Metals	6604620	7004168	16900509
有色金属冶炼和压延加工业	Smelting and Pressing of Non-Ferrous Metals	228167	315573	3648029
金属制品业	Manufacture of Metal Products	739453	628339	3142228
通用设备制造业	Manufacture of General Purpose Machinery	994882	1491888	4282979
专用设备制造业	Manufacture of Special Purpose Machinery	2265291	3619824	6508121
汽车制造业	Manufacture of Cars	1546665	2810365	11478829
铁路、船舶、航空航天和其他运输设备制造业	Manufacture of Transport Equipment for Railway, Shipping, Aviation, Spaceflight and Others	1666536	1889366	3712167
电气机械和器材制造业	Manufacture of Electrical Machinery and Equipment	1660596	2361002	5626331
计算机、通信和其他电子设备制造业	Manufacture of Computers, Communication and Other Electronic Equipment	1703588	3458619	20090080
仪器仪表制造业	Manufacture of Measuring Instruments	103664	145412	455281
其他制造业	Other Manufactures	34816	56981	71747
废弃资源综合利用业	Comprehensive Utilization of Waste Resources	19898	33363	1079642
金属制品、机械和设备修理业	Repair of Metal Products, Machinery and Equipment	27563	36310	135568
电力、热力生产和供应业	Production and Supply of Electric Power and Heat Power	1816472	2550144	1423776
燃气生产和供应业	Production and Supply of Gas	147494	157486	254792
水的生产和供应业	Production and Supply of Water	470844	572116	208045

4-12 续表 3 continued

单位：万元 (10000 yuan)

项目	Item	#主营业务成本 Cost of Principal Business	主营业务税金及附加 Tax and Extra Charges of Principal Business	利税总额 Total Profits and Taxes	#利润总额 Total Pre-tax Profits
总计	**Total**	**122561117**	**2472976**	**21907965**	**13528847**
煤炭开采和洗选业	Mining and Washing of Coal	10823432	172331	2671548	1322954
石油和天然气开采业	Extraction of Petroleum and Natural Gas	5955607	451022	8049874	6788404
黑色金属矿采选业	Mining and Processing of Ferrous Metal Ores	730483	10163	228324	151960
非金属矿采选业	Mining and Processing of Nonmetal Ores	88975	2687	41394	33649
开采辅助活动	Support Activities for Mining	1090258	12268	-9236	-36627
农副食品加工业	Processing of Food from Agricultural Products	5386357	21426	161391	62887
食品制造业	Manufacture of Foods	3451137	9523	564178	346044
酒、饮料和精制茶制造业	Manufacture of Wine, Beverages and Refined Tea	919123	8317	124707	62238
纺织业	Manufacture of Textile	341961	946	7273	-601
纺织服装、服饰业	Manufacture of Textile Garments and Wearing Apparel	231636	853	-16096	-18737
皮革、毛皮、羽毛及其制品和制鞋业	Manufacture of Leather, Fur, Feather and Related Products, Footwear	26086	3	-483	-1530
木材加工和木、竹、藤、棕、草制品业	Processing of Timber, Manufacture of Wood, Bamboo, Rattan, Palm, and Straw Products	14930	27	-84	-346
家具制造业	Manufacture of Furniture	146147	226	-6273	-8879
造纸和纸制品业	Manufacture of Paper and Paper Products	225176	596	22671	15534
印刷和记录媒介复制业	Printing, Reproduction of Recording Media	154360	1069	32279	23846
文教、工美、体育和娱乐用品制造业	Manufacture of Articles for Culture, Education, Art, Craft, Sport and Recreation	740215	2269	58504	7463
石油加工、炼焦和核燃料加工业	Processing of Petroleum, Coking, Processing of Nuclear Fuel	10419341	1002980	1191589	12973
化学原料和化学制品制造业	Manufacture of Raw Chemical Materials and Chemical Products	8016950	16642	277437	100127
医药制造业	Manufacture of Medicines	1574372	22166	513727	320526
化学纤维制造业	Manufacture of Chemical Fibers	13413	18	-116	-195
橡胶和塑料制品业	Manufacture of Rubber and Plastics	1375438	4350	69602	36231
非金属矿物制品业	Manufacture of Non-metallic Mineral Products	752292	5084	60927	32394
黑色金属冶炼和压延加工业	Smelting and Pressing of Ferrous Metals	15858222	25173	1421220	600437
有色金属冶炼和压延加工业	Smelting and Pressing of Non-Ferrous Metals	3514381	2934	205014	47650
金属制品业	Manufacture of Metal Products	2844613	18107	258487	155598
通用设备制造业	Manufacture of General Purpose Machinery	3490170	16064	612519	462141
专用设备制造业	Manufacture of Special Purpose Machinery	5809832	35173	505592	221950
汽车制造业	Manufacture of Cars	9326810	536910	1985260	1139690
铁路、船舶、航空航天和其他运输设备制造业	Manufacture of Transport Equipment for Railway, Shipping, Aviation, Spaceflight and Others	3197447	17466	570899	313063
电气机械和器材制造业	Manufacture of Electrical Machinery and Equipment	4875975	22669	500746	330452
计算机、通信和其他电子设备制造业	Manufacture of Computers, Communication and Other Electronic Equipment	17880605	40390	1479820	906536
仪器仪表制造业	Manufacture of Measuring Instruments	331602	3194	52224	35382
其他制造业	Other Manufactures	54325	292	-166	-2081
废弃资源综合利用业	Comprehensive Utilization of Waste Resources	1054423	454	105478	6439
金属制品、机械和设备修理业	Repair of Metal Products, Machinery and Equipment	107045	2018	14630	6240
电力、热力生产和供应业	Production and Supply of Electric Power and Heat Power	1316773	4634	115914	46222
燃气生产和供应业	Production and Supply of Gas	236058	844	23315	7628
水的生产和供应业	Production and Supply of Water	185152	1689	13875	1187

4-13　分行业规模以上工业企业主要经济效益指标(2012年)
Main Indicators on Economic Benefit of Industrial Enterprises above Designated Size by Sector, 2012

行　业	Sector	总资产贡献率(%) Ratio of Total Assets to Industrial Output Value (%)	资产负债率(%) Ratio of Debts to Assets (%)	流动资产周转率(次) Turnover of Current Assets (time)
总　计	**Total**	**18.7**	**63.3**	**2.2**
煤炭开采和洗选业	Mining and Washing of Coal	23.1	94.5	1.2
石油和天然气开采业	Extraction of Petroleum and Natural Gas	67.7	43.0	15.1
黑色金属矿采选业	Mining and Processing of Ferrous Metal Ores	21.6	64.2	2.2
非金属矿采选业	Mining and Processing of Nonmetal Ores	3.5	51.3	0.1
开采辅助活动	Support Activities for Mining	-0.4	56.5	1.1
农副食品加工业	Processing of Food from Agricultural Products	3.6	89.1	1.2
食品制造业	Manufacture of Foods	20.1	51.0	2.9
酒、饮料和精制茶制造业	Manufacture of Wine, Beverages and Refined Tea	15.1	47.8	5.6
纺织业	Manufacture of Textile	2.2	65.7	0.9
纺织服装、服饰业	Manufacture of Textile Garments and Wearing Apparel	-5.9	27.0	1.5
皮革、毛皮、羽毛及其制品和制鞋业	Manufacture of Leather, Fur, Feather and Related Products, Footwear	-1.3	92.7	1.7
木材加工和木、竹、藤、棕、草制品业	Processing of Timber, Manufacture of Wood, Bamboo, Rattan, Palm, and Straw Products	-0.5	64.0	1.1
家具制造业	Manufacture of Furniture	-0.7	73.0	0.9
造纸和纸制品业	Manufacture of Paper and Paper Products	10.1	63.2	1.9
印刷和记录媒介复制业	Printing, Reproduction of Recording Media	12.1	61.1	1.8
文教、工美、体育和娱乐用品制造业	Manufacture of Articles for Culture, Education, Art, Craft, Sport and Recreation	38.8	43.8	7.2
石油加工、炼焦和核燃料加工业	Processing of Petroleum, Coking, Processing of Nuclear Fuel	26.0	58.3	4.4
化学原料和化学制品制造业	Manufacture of Raw Chemical Materials and Chemical Products	4.7	64.2	2.5
医药制造业	Manufacture of Medicines	16.7	32.1	1.4
化学纤维制造业	Manufacture of Chemical Fibers	1.5	51.5	1.2
橡胶和塑料制品业	Manufacture of Rubber and Plastics	5.6	56.7	2.1
非金属矿物制品业	Manufacture of Non-metallic Mineral Products	5.5	62.2	1.1
黑色金属冶炼和压延加工业	Smelting and Pressing of Ferrous Metals	11.6	73.6	3.0
有色金属冶炼和压延加工业	Smelting and Pressing of Non-Ferrous Metals	15.8	70.6	3.4
金属制品业	Manufacture of Metal Products	8.5	68.7	1.4
通用设备制造业	Manufacture of General Purpose Machinery	16.7	51.9	1.8
专用设备制造业	Manufacture of Special Purpose Machinery	6.7	51.7	1.2
汽车制造业	Manufacture of Cars	35.8	47.6	3.2
铁路、船舶、航空航天和其他运输设备制造业	Manufacture of Transport Equipment for Railway, Shipping, Aviation, Spaceflight and Others	9.0	65.6	1.0
电气机械和器材制造业	Manufacture of Electrical Machinery and Equipment	8.8	58.2	1.4
计算机、通信和其他电子设备制造业	Manufacture of Computers, Communication and Other Electronic Equipment	18.7	56.7	3.3
仪器仪表制造业	Manufacture of Measuring Instruments	10.6	49.4	1.1
其他制造业	Other Manufactures	1.3	60.8	2.5
废弃资源综合利用业	Comprehensive Utilization of Waste Resources	34.2	81.7	4.1
金属制品、机械和设备修理业	Repair of Metal Products, Machinery and Equipment	8.4	64.2	1.2
电力、热力生产和供应业	Production and Supply of Electric Power and Heat Power	6.1	76.5	1.3
燃气生产和供应业	Production and Supply of Gas	8.1	68.0	1.9
水的生产和供应业	Production and Supply of Water	2.8	67.5	1.2

4-13 续表 1 continued

行 业	Sector	成本费用利润率(%) Ratio of Pre-tax Profits to Industrial Cost(%)	产 品 销售率(%) Sales Ratio of Products (%)
总 计	**Total**	**10.3**	**98.8**
煤炭开采和洗选业	Mining and Washing of Coal	12.0	100.1
石油和天然气开采业	Extraction of Petroleum and Natural Gas	106.6	98.9
黑色金属矿采选业	Mining and Processing of Ferrous Metal Ores	19.4	90.0
非金属矿采选业	Mining and Processing of Nonmetal Ores	27.9	100.2
开采辅助活动	Support Activities for Mining	-3.2	95.2
农副食品加工业	Processing of Food from Agricultural Products	1.1	97.7
食品制造业	Manufacture of Foods	8.4	100.5
酒、饮料和精制茶制造业	Manufacture of Wine, Beverages and Refined Tea	5.5	101.5
纺织业	Manufacture of Textile	-0.2	97.4
纺织服装、服饰业	Manufacture of Textile Garments and Wearing Apparel	-6.8	96.7
皮革、毛皮、羽毛及其制品和制鞋业	Manufacture of Leather, Fur, Feather and Related Products, Footwear	-5.2	93.8
木材加工和木、竹、藤、棕、草制品业	Processing of Timber, Manufacture of Wood, Bamboo, Rattan, Palm, and Straw Products	-2.1	100.6
家具制造业	Manufacture of Furniture	-5.3	92.4
造纸和纸制品业	Manufacture of Paper and Paper Products	6.3	103.7
印刷和记录媒介复制业	Printing, Reproduction of Recording Media	13.4	108.0
文教、工美、体育和娱乐用品制造业	Manufacture of Articles for Culture, Education, Art, Craft, Sport and Recreation	1.0	98.8
石油加工、炼焦和核燃料加工业	Processing of Petroleum, Coking, Processing of Nuclear Fuel	0.1	100.2
化学原料和化学制品制造业	Manufacture of Raw Chemical Materials and Chemical Products	1.1	98.9
医药制造业	Manufacture of Medicines	14.3	98.3
化学纤维制造业	Manufacture of Chemical Fibers	-1.3	87.2
橡胶和塑料制品业	Manufacture of Rubber and Plastics	2.4	96.8
非金属矿物制品业	Manufacture of Non-metallic Mineral Products	3.7	97.3
黑色金属冶炼和压延加工业	Smelting and Pressing of Ferrous Metals	3.7	99.2
有色金属冶炼和压延加工业	Smelting and Pressing of Non-Ferrous Metals	1.3	99.4
金属制品业	Manufacture of Metal Products	5.2	102.1
通用设备制造业	Manufacture of General Purpose Machinery	11.9	96.7
专用设备制造业	Manufacture of Special Purpose Machinery	3.5	92.2
汽车制造业	Manufacture of Cars	11.7	99.9
铁路、船舶、航空航天和其他运输设备制造业	Manufacture of Transport Equipment for Railway, Shipping, Aviation, Spaceflight and Others	9.1	97.8
电气机械和器材制造业	Manufacture of Electrical Machinery and Equipment	6.2	103.3
计算机、通信和其他电子设备制造业	Manufacture of Computers, Communication and Other Electronic Equipment	4.7	98.3
仪器仪表制造业	Manufacture of Measuring Instruments	8.3	95.9
其他制造业	Other Manufactures	-2.9	137.2
废弃资源综合利用业	Comprehensive Utilization of Waste Resources	0.6	99.9
金属制品、机械和设备修理业	Repair of Metal Products, Machinery and Equipment	4.8	62.9
电力、热力生产和供应业	Production and Supply of Electric Power and Heat Power	3.1	99.2
燃气生产和供应业	Production and Supply of Gas	3.0	78.0
水的生产和供应业	Production and Supply of Water	0.5	99.2

第五篇

固定资产投资、房地产和建筑业

Chapter 5

Investment in Fixed Assets, Real Estate and Construction

5-1 全社会固定资产投资(1993-2012年)
Total Investment in Fixed Assets, 1993-2012

单位：亿元 (100 million yuan)

年份 Year	总计 Total	按城乡分 By Residence 城镇投资 Urban Investment	#房地产开发 Real Estate Development	农村投资 Rural Investment	按三次产业分 By Industry 第一产业 Primary Industry	第二产业 Secondary Industry	第三产业 Tertiary Industry
1993	66.67	66.67			0.04	44.20	22.43
1994	100.71	100.71			0.23	73.03	27.45
1995	131.11	131.11			0.02	108.18	22.91
1996	127.80	127.80			0.01	87.30	40.49
1997	133.86	133.86				90.87	42.99
1998	178.76	178.76	10.41			133.20	45.56
1999	173.50	173.50	12.62		0.07	126.52	46.91
2000	184.34	184.34	16.09			130.35	53.99
2001	243.45	243.45	22.14		0.38	159.62	83.45
2002	280.89	280.89	32.82		1.53	132.57	146.79
2003	464.08	464.08	80.49		1.51	211.56	251.01
2004	565.47	565.47	73.75		2.33	315.47	247.67
2005	693.31	666.53	81.95	26.78	2.04	422.99	268.28
2006	864.29	840.09	106.08	24.20	2.08	504.34	357.87
2007	1152.64	1119.61	128.16	33.03	2.20	673.37	477.07
2008	1650.52	1607.64	124.80	42.88	3.26	985.74	661.52
2009	2502.66	2420.93	225.41	81.73	4.52	1105.96	1392.18
2010	3352.71	3326.09	316.31	26.62	8.21	1188.21	2156.29
2011	3702.12	3683.61	574.16	18.51	20.06	1324.71	2357.35
2012	4453.30	4412.92	388.77	40.38	25.77	1476.13	2951.40

注：1．2005年以前固定资产投资不含农村集体和个体投资。2．从2011年起固定资产投资统计起点由原来的50万元调整为500万元,下同。
3．本表数据按注册口径统计。

Note: a) Investment in fixed assets before 2005 excluded rural collective and individual investment. b) The coverage of investment in fixed assets change from 0.5 million yuan to 5 million yuan from 2011. Same as following next. c) Data in this table are calculated according to registered units.

5-2 城镇固定资产投资及新增固定资产
Investment in Fixed Assets and Newly Increased Fixed Assets in Urban Area

单位：万元 (10000 yuan)

项　目	Item	2011	2012	2012比2011年增长(%) Increase Rate in 2012 over 2011(%)
总　计	**Total**	**32639407**	**38521362**	**18.0**
按三次产业分	**Grouped by Industry**			
第一产业	Primary Industry	176540	257716	46.0
第二产业	Secondary Industry	12438189	14103686	13.4
第三产业	Tertiary Industry	20024678	24159960	20.7
按隶属关系分	**Grouped by Administrative Relationship**			
中　央	Central Government	2835102	3140249	10.8
地　方	Local Government	29804305	35381113	18.7
按建设性质分	**Grouped by Type of Construction**			
新　建	New Construction	21631370	25798819	19.3
扩　建	Expansion	2546289	2866458	12.6
改　建	Reconstruction	1542959	1692463	9.7
其　他	Others	6918789	8163622	18.0
按构成分	**Grouped by Composition of Use**			
#建筑工程	Construction	18569833	22455616	20.9
安装工程	Installation	977359	1088448	11.4
设备工器具购置	Purchases of Equipment and Instruments	6841517	8072452	18.0
按注册登记类型分	**Grouped by Status of Registration**			
内资企业	Domestic-funded Enterprises	30226391	35987202	19.1
国有企业	State-owned Enterprises	11064294	11883560`	7.4
集体企业	Collective-owned Enterprises	413495	513371	24.2
股份合作企业	Cooperative Enterprises	48853	133496	173.3
私　营	Private Enterprises	1262285	1533644	21.5
股份有限公司	Share Holding Corporations Ltd.	3427682	3710302	8.2
有限责任公司	Limited Liability Corporations	13758570	17858261	29.8
#国有独资	Sole State-funded Corporations	2063546	1764845	-14.5
联营经济	Joint-owned Enterprises	79347	157603	98.6
#国有联营企业	State Joint Ownership Enterprises		91699	
集体联营企业	Collective Joint Ownership Enterprises	4000	27478	587.0
其他内资企业	Other Domestic-funded Enterprises	171865	196965	14.6
港澳台商投资企业	Enterprises with Investment from Hong Kong, Macao and Taiwan	1138694	1040679	-8.6
外商投资企业	Foreign Funded Enterprises	1274322	1493481	17.2
本年新增固定资产	**Newly Increased Fixed Assets**	9941362	7762278	-21.9
第一产业	Primary Industry	154467	133291	-13.7
第二产业	Secondary Industry	2764776	2610147	-5.6
#工　业	Industry	2132564	2236694	4.9
第三产业	Tertiary Industry	7022119	5018840	-28.5
固定资产交付使用率(%)	**Rate of Fixed Assets Put into Use (%)**	**30.5**	**20.2**	

注：本表数据按在地口径统计，下同。
Note: Data in this table are calculated according to local units. Same as following next.

5-3 按行业分城镇固定资产投资(2012年)
Investment in Fixed Assets in Urban Area by Sector, 2012

项目	Item	绝对数(万元) Absolute Value (10000 yuan)	构成(%) Composition in Percentage
总计	**Total**	**38521362**	**100**
农、林、牧、渔业	Farming, Forestry, Animal Husbandry and Fishery	257716	0.7
工业	Industry	12276984	31.9
采掘业	Minerals Mining	2452767	6.4
制造业	Manufacturing	8560672	22.2
电力、热力、燃气及水生产和供应业	Production and Supply of Electric Power, Heat Power, Gas and Water	1263545	3.3
建筑业	Construction	1826702	4.7
批发和零售业	Wholesale and Retail Trades	191032	0.5
交通运输、仓储和邮政业	Transportation, Storage, Post Services	3029307	7.9
住宿和餐饮业	Accommodation and Catering Services	393984	1.0
信息传输、软件和信息技术服务业	Information Transmission, Software and IT Services	198854	0.5
金融业	Financial Intermediation	90708	0.2
房地产业	Real Estate	7051344	18.3
租赁和商务服务业	Leasing and Business Services	3062376	8.0
科学研究和技术服务业	Scientific Research and Technical Services	243833	0.6
水利、环境和公共设施管理业	Management for Water Conservancy, Environment and Public Facilities	8513741	22.1
居民服务、修理和其他服务业	Resident Services, Repair and Other Services	586383	1.5
教育	Education	149678	0.4
卫生和社会工作	Health Care and Social Work	125981	0.3
文化、体育和娱乐业	Culture, Sports and Recreational Services	302493	0.8
公共管理、社会保障和社会组织	Public Management,Social Security and Social Organizations	220245	0.6

5-4 按行业分城镇新增固定资产(2012年)

Newly Increased Fixed Assets in Urban Area by Sector，2012

项目	Item	绝对数(万元) Absolute Value (10000 yuan)	构成(%) Composition in Percentage
总计	**Total**	**4791270**	**100**
农、林、牧、渔业	Farming, Forestry, Animal Husbandry and Fishery	133291	2.8
工业	Industry	2408450	50.3
采矿业	Minerals Mining	746582	15.6
制造业	Manufacturing	1396894	29.2
电力、热力、燃气及水生产和供应业	Production and Supply of Electric Power, Heat Power, Gas and Water	264974	5.5
建筑业	Construction	480074	10.0
批发和零售业	Wholesale and Retail Trades	64185	1.3
交通运输、仓储和邮政业	Transportation, Storage, Post Services	307205	6.4
住宿和餐饮业	Accommodation and Catering Services	119533	2.5
信息传输、软件和信息技术服务业	Information Transmission, Software and IT Services	74012	1.5
金融业	Financial Intermediation	21275	0.4
房地产业	Real Estate		
租赁和商务服务业	Leasing and Business Services	73629	1.5
科学研究和技术服务业	Scientific Research and Technical Services	32905	0.7
水利、环境和公共设施管理业	Management for Water Conservancy, Environment and Public Facilities	575499	12.0
居民服务、修理和其他服务业	Resident Services, Repair and Other Services	44560	0.9
教育	Education	68795	1.4
卫生和社会工作	Health Care and Social Work	29470	0.6
文化、体育和娱乐业	Culture, Sports and Recreational Services	18663	0.4
公共管理、社会保障和社会组织	Public Management,Social Security and Social Organizations	339724	7.1

注：本表不含房地产开发企业。

Note: Data of this table exclude real estate enterprises.

5-5 按行业分城镇固定资产投资资金来源(2012年)

Sources of Funds for Investment in Fixed Assets in Urban Area by Sector, 2012

单位：万元 (10000 yuan)

行业	Sector	资金来源合计 Total Funds	上年末结余资金 Balance of Funds Brought Forward from the Previous Year	本年资金来源小计 Subtotal of the Sources of Funds in Current Year	国家预算内资金 State Budgetary Appro-priation	国内贷款 Domestic Loans
总　计	**Total**	**38411425**	**3910823**	**34500602**	**406912**	**7402734**
农、林、牧、渔业	Farming, Forestry, Animal Husbandry and Fishery	257716	1795	255921	15998	34797
采矿业	Minerals Mining	2150410		2150410		
制造业	Manufacturing	8228579	192883	8047696	108702	2835264
电力、热力、燃气及水生产和供应业	Production and Supply of Electric Power, Heat Power, Gas and Water	1297730	22373	1275358	16317	354386
建筑业	Construction	1642100	388598	1603502	3000	34693
批发和零售业	Wholesale and Retail Trades	288852	23	288829		14040
交通运输、仓储和邮政业	Transportation, Storage and Post Services	2314004	709283	1604721	108798	765148
住宿和餐饮业	Accommodation and Catering Services	310775	3398	307376		1200
信息传输、软件和信息技术服务业	Information Transmission, Software and IT Services	218718	16855	201863	1835	1200
金融业	Financial Intermediation	88227	816	87411		4384
房地产业	Real Estate	9132763	933877	7836886		1876173
租赁和商务服务业	Leasing and Business Services	2185557	6959	2178598		561642
科学研究和技术服务业	Scientific Research and Technical Services	141721	13107	128614	2600	1950
水利、环境和公共设施管理业	Management for Water Conservancy, Environment and Public Facilities	8921011	1608012	7312999	45024	888509
居民服务、修理和其他服务业	Resident Service, Repair and Other Services	69960		69960		
教　育	Education	114034	2302	111732	64827	
卫生和社会工作	Health Care and Social Work	258704		258704		
文化、体育和娱乐业	Culture, Sports and Recreational Services	326444	3628	322817	10114	29348
公共管理、社会保障和社会组织	Public Management, Social Security and Social Organizations	464119	6914	457205	29698	

5-5 续表 continued

单位：万元 (10000 yuan)

行业	Sector	利用外资 Foreign Investment	#外商直接投资 Foreign Direct Investment	自筹资金 Fund-raising	#企事业单位自有资金 Owned by Enterprises and Institutions	其他资金 Others
总计	**Total**	**626185**	**117172**	**22313015**	**8999941**	**3751756**
农、林、牧、渔业	Farming, Forestry, Animal Husbandry and Fishery			202610	27097	2517
采矿业	Minerals Mining	66188	66188	2084222	1811400	
制造业	Manufacturing	306688	26984	4519480	1895127	277562
电力、热力、燃气及水生产和供应业	Production and Supply of Electric Power, Heat Power, Gas and Water	30319		859913	357318	14422
建筑业	Construction	8421		1513042	315658	44346
批发和零售业	Wholesale and Retail Trades			274789	134626	
交通运输、仓储和邮政业	Transportation, Storage and Post Services	5920		483237	289942	241619
住宿和餐饮业	Accommodation and Catering Services			302814	53672	3362
信息传输、软件和信息技术服务业	Information Transmission, Software and IT Services			198828	9903	
金融业	Financial Intermediation	31200	24000	48880		2947
房地产业	Real Estate	177449		4833911	1412231	949352
租赁和商务服务业	Leasing and Business Services			1109324	767268	507632
科学研究和技术服务业	Scientific Research and Technical Services			124064	35704	
水利、环境和公共设施管理业	Management for Water Conservancy, Environment and Public Facilities			4671478.8	1813942	1707987
居民服务、修理和其他服务业	Resident Service, Repair and Other Services			69960		
教育	Education			46895		10
卫生和社会工作	Health Care and Social Work			258704.4	30736	
文化、体育和娱乐业	Culture, Sports and Recreational Services			283355	25624	
公共管理、社会保障和社会组织	Public Management, Social Security and Social Organizations			427508	19693	

5-6 城镇固定资产投资资金来源
Sources of Funds for Investment in Fixed Assets in Urban Area

单位：亿元 (100 million yuan)

项目	Item	2010	2011	2012比2011年增长(%) Increase Rate in 2012 over 2011(%)
资金来源合计	**Total Funds**	**3367.30**	**3841.14**	**14.1**
上年末结余资金	Balance of Funds Brought Forward from the Previous Year	403.98	391.08	-3.2
本年资金来源合计	Subtotal of the Sources of Funds in Current Year	2963.32	3450.06	16.4
国家预算内资金	State Budgetary Appropriation	25.53	40.69	59.4
国内贷款	Domestic Loans	684.77	740.27	8.1
债　券	Bonds			
利用外资	Foreign Investment	56.90	62.62	10.0
#外商直接投资	Foreign Direct Investment	22.32	11.71	-47.5
自筹资金	Fundraising	1887.48	2231.30	18.2
#企、事业单位自有资金	Owned by Enterprises and Institutions	745.12	899.99	20.8
其他资金	Others	308.64	375.18	21.6

5-7 房屋施工和竣工建筑面积
Floor Space of Buildings under Construction and Completed

单位：万平方米 (10000 sq.m)

项目	Item	2011	2012	2012比2011年增长(%) Increase Rate in 2012 over 2011(%)
房屋建筑施工面积	**Floor Space of Buildings under Construction**	**5391.35**	**4891.61**	**-9.3**
#住　宅	Residential Buildings	1486.56	1609.72	8.3
投　资	Investment	2663.58	2187.24	-17.9
#住　宅	Residential Buildings	119.37	134.42	12.6
房地产开发	Real Estate Development	2727.77	2704.37	-0.9
#住　宅	Residential Buildings	1367.19	1475.30	7.9
房屋建筑竣工面积	**Floor Space of Buildings Completed**	**972.56**	**966.83**	**-0.6**
#住　宅	Residential Buildings	412.76	311.27	-24.6
投　资	Investment	323.64	412.95	27.6
#住　宅	Residential Buildings	30.85	30.02	-2.7
房地产开发	Real Estate Development	648.92	553.88	-14.6
#住　宅	Residential Buildings	381.91	281.25	-26.4

5-8 城镇固定资产投资施工和建成投产项目个数(2012年)

Number of Investment Projects in Fixed Assets under Construction and Put into Use in Urban Area, 2012

单位:个 (item)

项目	Item	施工项目 Projects under Construction	全部建成投产项目 Total Projects Put into Use	项目投产率(%) Rate of Put into Use (%)
总计	**Total**	**1726**	**628**	**36.4**
按行业分	**Grouped by Sectors**			
农、林、牧、渔业	Farming, Forestry, Animal Husbandry and Fishery	51	44	86.3
工业	Industry	579	290	50.1
采矿业	Minerals Mining	7	5	71.4
制造业	Manufacturing	473	256	54.1
电力、热力、燃气及水生产和供应业	Production and Supply of Electric Power, Heat Power, Gas and Water	99	29	29.3
建筑业	Construction	104	27	26.0
批发和零售业	Wholesale and Retail Trades	36	14	38.9
交通运输、仓储和邮政业	Transportation, Storage, Post Services	112	17	15.2
住宿和餐饮业	Accommodation and Catering Services	32	20	62.5
信息传输、软件和信息技术服务业	Information Transmission, Software and IT Services	15	5	33.3
金融业	Financial Intermediation	6	2	33.3
房地产业	Real Estate	104	2	1.9
租赁和商务服务业	Leasing and Business Services	71	27	38.0
科学研究和技术服务业	Scientific Research and Technical Services	30	8	26.6
水利、环境和公共设施管理业	Management for Water Conservancy, Environment and Public Facilities	454	87	19.2
居民服务、修理和其他服务业	Resident Services, Repair and Other Services	10	9	0.9
教育	Education	31	16	51.6
卫生和社会工作	Health Care and Social Work	24	13	54.2
文化、体育和娱乐业	Culture, Sports and Recreational Services	23	9	39.1
公共管理、社会保障和社会组织	Public Management, Social Security and Social Organizations	44	38	86.4

注：本表不含房地产开发企业。
Note: Data of this table exclude real estate enterprises.

5-9 城镇能源工业固定资产投资
Investment in Fixed Assets of Energy Industry in Urban Area

单位：万元 (10000 yuan)

部门	Department	2011	2012	2012比2011年增长(%) Increase Rate in 2012 over 2011(%)
总计	**Total**	**3222825**	**3231002**	**0.3**
石油和天然气开采业	Extraction of Petroleum and Natural Gas	2128984	2144016	0.7
电力、热力的生产和供应业	Production and Supply of Electric Power and Heat Power	601222	711826	18.4
水的生产和供应业	Production and Supply of Water	358576	98428	-72.6
燃气生产和供应业	Production and Supply of Gas	38300	60941	59.1
石油加工、炼焦业及核燃料加工	Processing of Petroleum, Coking, Processing of Nuclear Fuel	95743	215791	125.4
能源投资占新区固定资产投资比重(%)	**As Percentage of Total Investment in Fixed Assets (%)**	**9.9**	**8.4**	

5-10 滨海新区基础设施投资
Infrastructure Investment in Fixed Assets of Binhai New Area

单位:亿元 (100 million yuan)

项目	Item	2011	2012	2012比2011年增长(%) Increase Rate in 2012 over 2011(%)
总计	**Total**	**1089.90**	**909.79**	**-16.5**
海空港	Seaport and Airport	117.86	124.70	5.8
铁路和轨道交通	Railway and Track Transportation	52.48	60.20	14.7
道路交通	Road Transportation	164.91	100.60	-39.0
能源建设	Energy Construction	22.97	35.21	53.3
环境建设	Environment Construction	28.41	9.66	-66.0
建港造陆	Ports and Land Built	390.81		
功能区开发	Fuctional Area Development	294.11	575.42	95.6
水利工程	Water Conservancy	18.35	4.00	-78.2

5-11 建设项目主要新增生产能力(2012年)
Main Newly Increased Production Capacity of Construction Projects, 2012

生产能力名称	Item	单 位	Unit	建设规模 Construction Size	累计新增生产能力 Accumulated Newly Increased Production Capacity
石油加工：焦化设备能力	Processing of Petroleum: Capacity of Coking Equipment	万吨/年	10000 tons/year	8	4
石油加工：润滑油	Processing of Petroleum: Lubricant Oil				
(综合能力)	(comprehensive capacity)	万吨/年	10000 tons/year	143	4
铁矿石成品矿	End Product of Iron Ore	万吨/年	10000 tons/year	0.2	
铁合金	Iron Alloy	折标吨/年	ton as standard/year	0.1	0.1
钢 材	Rolled Steel	万吨/年	ton/year	176	10
火力发电	Thermal Power	万千瓦	10000 kw	225	
风力发电	Wind Power	万千瓦	10000 kw	15.25	13.25
其他发电	Other Power	万千瓦	10000 kw	7.3	2.5
输电线路长度	Length of Electric Transmission Line				
(110千伏及以上)	(110 kv and above)	公里	km	60	
水 泥	Cement	万吨/年	10000 tons/year	118	80
氮 肥	Nitrogen Fertilizer	吨/年	ton/year	90000	90000
钾 肥	Potash Fertilizer	吨/年	ton/year	80000	
化学农药原药	Raw Chemical Pesticide	吨/年	ton/year	100	
塑料树脂及共聚物	Plastic Resin and Plastic Resin Polymer	吨/年	ton/year	509860	37150
合成橡胶	Synthetic Rubber	吨/年	ton/year	2000	
轿车制造	Cars	辆/年	unit/year	250000	
电视机	Television Sets	万台/年	10000 units/year	10	
新建公路	Length of New Roads	公 里	km	266.77	199.61
其中：高速公路	Highway	公 里	km	266.77	199.61
新(扩)建港口码头	Newly Built and Expanded Ports				
年吞吐量	Annual Handling Capacity	万吨	10000 tons/year	2000	1100
集装箱吞吐量	Handled Containers	万国际标准箱	(10000 TEU)	170	110
泊 位	Berths	个	unit	8	4
# 新(扩)建港口码头	Newly Built and Expanded Seaports				
年吞吐量	Annual Handling Capacity	万吨	10000 tons/year	420	
泊 位	Berths	个	unit	2	
城市自来水供水能力	Urban Tap Water Supply	万吨/日	10000 tons/day	39	
城市污水处理能力	Treatment Capacity of Urban Sewage	万吨/日	10000 tons/day	38.3	3.3

5-12 亿元以上固定资产投资项目一览表(2012年)

单位名称 Name of Unit	项目名称 Name of Project	开工时间 Starting Time	竣工时间 Completed Time	计划总投资(万元) Total Planned Investment (10000 yuan)
合　计				**3341442**
天津荣程联合钢铁集团有限公司	高速线材项目	2007.01		98890
天津钢铁集团有限公司	高档金属制品项目	2010.02		81000
天津荣程联合钢铁集团有限公司	合金棒材	2011.01		64543
中冶天工(天津)装备制造有限公司	中冶天工二期项目	2012.03	2012.12	10000
天津市津能投资公司	天津市北疆发电厂一期工程	2007.05		1210000
华能(天津)煤气化发电有限公司	华能天津IGCC电站示范工程	2009.06	2012.12	331806
天津滨海新区建设投资集团有限公司	滨海新区垃圾焚烧发电厂	2009.07		80732
天津滨海新区建设投资集团有限公司	大港垃圾焚烧发电厂一期	2010.11		65615
滨海建投集团	中心渔港电力二期工程	2012.02		44000
米高化工(天津)有限公司	年产8万吨高效钾肥	2011.04	2012.12	20341
爱米特(天津)生物医药有限公司	爱米特生产柠檬酸钠医用原料药和制剂药项目	2010.01		65000
中沙(天津)石化有限公司	聚碳酸项目	2012.01	2012.12	42700
天津天和环能科技有限公司	80万口/年沼气池及模块化污水处理成套装置	2010.11		30700
天津琪诺科技发展有限公司	琪诺高科技彩膜	2012.02		25000
长城汽车股份有限公司天津分公司	整车二期	2011.07		190000
天津临港港务集团有限公司	临港工业港区10-11#通用码头工程	2011.12		82957
天津临港港务集团有限公司	临港工业港区10-11#通用码头工程	2011.12		82957
天津临港港务集团有限公司	临港工业港区10-11#通用码头工程	2011.12		82957
天津临港港务集团有限公司	临港工业港区10-11#通用码头工程	2011.12		82957
天津空港物流加工区管理委员会	供水工程	2003.03		25000
天津华纺水务公司	工业区起步区供水工程一期	2012.01		20000
天津港保税区天保市政公司	污水处理与中水厂项目	2005.06		45000
天津滨海新区建设投资集团有限公司	北塘污水处理厂(一期)	2010.01		41916
天津钢铁集团有限公司	废水再利用项目	2012.02		21000
滨海建投集团	中心渔港中水工程	2011.04		14965
天津滨海新区建设投资集团有限公司	中心渔港污水处理厂一期	2010.11		11931
天津金伟晖生物石油化工有限公司	120万吨/年高档溶剂油	2008.03		253911
道达尔(天津)工业有限公司	道达尔润滑油生产仓储项目	2011.09		30000
爱思开润滑油(天津)有限公司	工厂建设项目	2011.01		17000
雪佛龙(天津)润滑油有限公司	雪佛龙润滑油天津厂内扩建工程项目	2011.07		14000
中聚光电实业(天津)有限公司	中聚光电高清数字电视	2010.01	2012.12	34155
国电华北公司风力发电	1期			49500
天津龙源风力发电有限公司	天津大港风电项目三期			36000
天津龙源风力发电有限公司	天津大港 风电项目二期			34909

Basic Statistics on Projects with Investment over 100 Million Yuan, 2012

累计完成投资(万元) Investment Accumulated (10000 yuan)	#本年完成投资 Investment in Current Year (10000 yuan)	累计新增固定资产(万元) Accumulated Newly Increased Investment (10000 yuan)	新增生产能力(或工程效益) Newly Increased Production Capacity (or Benefit of Project)	建设规模和新增生产能力 Contruction Size and Newly Increased Production Capacity: 计量单位 Unit	建设规模 Construction Size	累计新增能力 Accumulated Newly Increased	#本年新增 Newly Increased in Current Year
2846039	**723173**	**254063**					
85729	1677		钢 材	万吨/年	50		
81000	33000		钢 材	万吨/年	10	10	10
42234	40819		钢 材	万吨/年	100		
4400	4400	4400	钢 材	万吨/年	10		
1118665	51716		火力发电	万千瓦	200		
362847	71958	29568	火力发电	万千瓦	25		
83833	4606		其他发电	万千瓦	3		
49389	12436		其他发电	万千瓦	1.8		
22000	22000		输电线路长度(110千伏及以上)	公里	60		
20341	6841	6841	钾 肥	吨/年	80000		
46770	16770		化学农药原药	吨/年	100		
42700	42700	42700	塑料树脂及共聚物	吨/年	260000		
18900	8500		塑料树脂及共聚物	吨/年	8		
9600	9600		塑料树脂及共聚物	吨/年	15000		
176476	96051		轿车制造	辆/年	250000		
33505	17805		新(扩)建港口码头年吞吐量	万 吨	420		
33505	17805		新(扩)建港口码头泊位	个	2		
33505	17805		#新(扩)建沿海港口码头年吞吐量	万 吨	420		
33505	17805		新(扩)建沿海港口码头年吞吐量泊位	个	2		
25885	4374		城市自来水供水能力	万吨/日	30		
10000	10000		城市自来水供水能力	万吨/日	9		
43912	3600		城市污水处理能力	万吨/日	20		
47084	1615		城市污水处理能力	万吨/日	15		
21000	21000		城市污水处理能力	万吨/日	3.3	3.3	3.3
4823	3878		城市污水处理能力	万吨/日	6	6	
9182	322		城市污水处理能力	万吨/日	15		
185468	24500	24500	石油加工：润滑油(综合能力)	万吨/年	120		
22872	19105		石油加工：润滑油(综合能力)	万吨/年	13		
17080	4500		石油加工：润滑油(综合能力)	万吨/年	4	4	4
13775	11775		石油加工：润滑油(综合能力)	万吨/年	6		
34145	12301	34145	电视机	万部/年	10		
41000	41000	41000	其他发电	万千瓦	5	5	5
36000	36000	36000	其他发电	万千瓦	3.3	3.3	3.3
34909	34909	34909	其他发电	万千瓦	4.95	4.95	4.95

5-13 房地产开发投资情况
Investment of Real Estate Development

单位：万元 (10000 yuan)

项　　目	Item	2011	2012	2012比2011年增长(%) Increase Rate in 2012 over 2011(%)
本年完成投资额	**Investment Completed in Current Year**	**5741626**	**3887705**	**-32.3**
按隶属关系分	**Grouped by Administrative Relationship**			
中　央	Central Government	342404	360589	5.3
地　方	Local Government	5399222	3527116	-34.7
按登记注册类型分	**Grouped by Status of Registration**			
内资企业	Domestic-funded Enterprises	5579817	3452120	-38.1
国有企业	State-owned Enterprises	1933171	1302096	-32.6
集体企业	Collective-owned Enterprises		87480	
股份合作企业	Cooperative Enterprises			
私　营	Private Enterprises	1271095	858647	-32.4
股份有限公司	Share Holding Corporations Ltd.	169961	116556	-31.4
有限责任公司	Limited Liability Corporations	1632469	1772797	8.6
#国有独资	Sole State-funded Corporations	89212	49148	-44.9
其他内资企业	Other Domestic-funded Enterprises	483909	35594	-92.6
港澳台商投资企业	Enterprises with Investment from Hong Kong, Macao and Taiwan	417872	229027	-45.2
外商投资企业	Foreign Funded Enterprises	161809	214900	32.8
按构成分	**Grouped by Composition of Use**			
建筑工程	Construction	3977532	2681356	-32.6
安装工程	Installation	298379	305195	2.3
设备工器具	Equipment and Instruments	22937	27682	20.7
其他费用	Others	1442778	873472	-39.5
按工程用途分	**Grouped by Use of Projects**			
住　宅	Residential Buildings	2674036	1903144	-28.8
#别墅、高档公寓	Villas, High Grade Apartments	78283	67325	-14.0
办公楼	Office Buildings	786984	559273	-28.9
商业营业用房	Houses for Business Use	673924	408476	-39.4
其　他	Others	1540037	949487	-38.3
本年新增固定资产	**Newly Increased Fixed Assets in Current Year**	**4535628**	**2971008**	**-34.5**

5-14 房地产开发建设及销售情况
Construction and Sales of Real Estate Development

项　目	Item	2011	2012	2012比2011年增长(%) Increase Rate in 2012 over 2011(%)
施工房屋面积(万平方米)	**Floor Space of Buildings Under Construction (10000 sq.m)**	**2727.77**	**2704.37**	**-0.9**
住　宅	Residential Buildings	1367.19	1475.30	7.9
办公楼	Office Buildings	534.39	558.84	4.6
商业营业用房	Houses for Business Use	421.55	351.13	-16.7
其　他	Others	404.64	319.10	-21.1
竣工房屋面积(万平方米)	**Floor Space of Buildings Completed (10000 sq.m)**	**648.92**	**553.88**	**-14.6**
住　宅	Residential Buildings	381.91	281.25	-26.4
办公楼	Office Buildings	111.31	143.18	28.6
商业营业用房	Houses for Business Use	79.75	98.81	23.9
其　他	Others	75.95	30.63	-59.7
房屋竣工价值(万元)	**Value of Buildings Completed (10000 yuan)**	**1995123**	**1552274**	**-22.2**
商品房销售面积(万平方米)	**Floor Space of Commercial Houses Sold (10000 sq. m)**	**333.07**	**286.46**	**-14.0**
住　宅	Residential Buildings	270.48	223.18	-17.5
办公楼	Office Buildings	35.81	12.29	-65.7
商业营业用房	Houses for Business Use	12.24	10.17	-16.9
其　他	Others	14.54	6.82	-53.1
商品房销售额(万元)	**Total Sales of Commercial Houses (10000 yuan)**	**2810764**	**2250148**	**-19.9**
住　宅	Residential Buildings	2185942	1824176	-16.5
办公楼	Office Buildings	258572	121503	-53.0
商业营业用房	Houses for Business Use	147692	119246	-19.3
其　他	Others	218558	58823	-73.1

5-15 房地产开发资金来源情况
Sources of Funds for Real Estate Development

单位：万元 (10000 yuan)

项　目	Item	2011	2012	2012比2011年增长(%) Increase Rate in 2012 over 2011(%)
资金来源合计	**Total Funds**	**7918859**	**7006820**	**-11.5**
上年末结余资金	Balance of Funds Brought Forward from the Previous Year	1759050	1742678	-0.9
本年资金来源合计	Subtotal of the Sources of Funds in Current Year	6159269	5264142	-14.5
国内贷款	Domestic Loans	1959856	1788562	-8.7
利用外资	Foreign Investment	15940		
#外商直接投资	Foreign Direct Investment			
自筹资金	Fundraising	2457828	1775068	-27.8
#企、事业单位自有资金	Owned by Enterprises and Institutions	1696410	1034596	-39.0
其他资金	Others	1725645	1700512	-1.5

5-16 建筑企业基本情况(1999-2012年)
Basic Statistics on Construction Enterprises, 1999-2012

年份 Year	企业个数(个) Number of Enterprises (unit)	从业人员平均人数(万人) Annual Average Employment Personnel (10000 persons)	建筑业总产值(万元) Gross Output Value of Construction (10000 yuan)	竣工产值(万元) Gross Output Value Completed (10000 yuan)	房屋建筑施工面积(万平方米) Floor Space of Building Under Construction (10000 sq.m)	房屋建筑竣工面积(万平方米) Floor Space of Building Completed (10000 sq.m)	#住宅 Residential Buildings
1999	94	6.90	568068	474838	397.00	177.00	124.00
2000	94	6.24	581807	338801	407.00	188.00	121.00
2001	91	5.67	774083	462571	498.96	194.04	105.22
2002	179	6.38	1007874	654672	660.71	262.57	133.09
2003	170	6.99	1351049	913853	865.85	372.67	193.39
2004	206	6.69	1703101	1041141	908.78	389.82	161.45
2005	281	10.29	2541170	1350036	1283.17	336.50	177.90
2006	282	13.16	3599147	2296723	1865.64	489.74	167.48
2007	280	16.18	5073046	2678217	2666.31	645.65	314.71
2008	257	16.62	6061943	2946660	2477.17	469.74	145.54
2009	425	21.45	8631679	4472947	2997.50	794.82	304.26
2010	483	24.92	11442870	5176198	3631.57	882.71	388.24
2011	488	29.42	16018852	6693218	5616.29	964.56	400.07
2012	537	18.47	16252823	6018615	7642.20	1015.88	364.84

5-17 建筑企业基本情况(2012年)(按登记注册类型和经济类型分)

Basic Statistics on Construction Enterprises, 2012 (Grouped by Status of Registration and Ownership)

项　目	Item	企业个数(个) Number of Enterprises (unit)	从业人员平均人数(万人) Average Employment Personnel (10000 persons)	应付职工薪酬(万元) Remuneration Payable of Employment Personnel (10000 yuan)	建筑业总产值(万元) Gross Output Value of Construction (10000 yuan)
总　计	**Total**	**537**	**18.47**	**997251**	**16252823**
按登记注册类型分	**Grouped by Status of Registration**				
内资企业	Domestic-funded Enterprises	524	18.42	995193	16227471
国有企业	State-owned Enterprises	38	4.57	209159	4841371
集体企业	Collective-owned Enterprises	14	0.10	9036	84089
股份合作企业	Cooperative Enterprises	5	0.02	770	25484
私营企业	Private Enterprises	295	2.36	96040	1099937
股份有限公司	Share-holding Corporations Ltd.	9	0.81	115760	767536
有限责任公司	Limited Liability Corporations	146	10.25	562057	9277212
#国有独资	Sole State-funded Corporations	7	3.44	70454	1548957
联营企业	Joint Ownership Enterprises	1	0.01	36	785
其他内资企业	Other Domestic-funded Enterprises	16	0.30	2335	131057
港澳台商投资企业	Enterprises with Investment from Hong Kong, Macao and Taiwan	9	0.02	1054	20585
外商投资企业	Foreign Funded Enterprises	4	0.03	1004	4767
按经济类型分	**Grouped by Ownership**				
国有经济	State-owned	45	8.01	279613	6390328
集体经济	Collective-owned	14	0.1	9036	84089
私有经济	Private and Individual	295	2.36	96040	1099937
港澳台商投资经济	Hong Kong, Macao and Taiwan Funded	9	0.02	1054	20585
外商投资经济	Foreign Funded	4	0.03	1004	4767
其　他	Others	170	7.95	610504	8653117

5-17 续表 continued

项目	Item	竣工产值（万元）Gross Output Value Completed (10000 yuan)	房屋建筑施工面积（万平方米）Floor Space of Building Under Construction (10000 sq.m)	房屋建筑竣工面积（万平方米）Floor Space of Building Completed (10000 sq.m)	#住宅 Residential Buildings
总计	**Total**	**6018615**	**7642.20**	**1015.88**	**364.84**
按登记注册类型分	**Grouped by Status of Registration**				
内资企业	Domestic-funded Enterprises	6012687	7642.20	1015.88	364.84
国有企业	State-owned Enterprises	574623	4857.94	171.53	96.97
集体企业	Collective-owned Enterprises	73462			
股份合作企业	Cooperative Enterprises	830	0.35	0.35	
私营企业	Private Enterprises	533899	148.52	55.10	6.58
股份有限公司	Share-holding Corporations Ltd.	291635	119.50	27.67	22.06
有限责任公司	Limited Liability Corporations	4423815	2446.03	724.06	230.94
#国有独资	Sole State-funded Corporations	626031	360.50	92.54	41.31
联营企业	Joint Ownership Enterprises	785			
其他内资企业	Other Domestic-funded Enterprises	113638	69.86	37.17	8.29
港澳台商投资企业	Enterprises with Investment from Hong Kong, Macao and Taiwan	4286			
外商投资企业	Foreign Funded Enterprises	1642			
按经济类型分	**Grouped by Ownership**				
国有经济	State-owned	1200654	5218.44	264.07	138.28
集体经济	Collective-owned	73462			
私有经济	Private and Individual	533899	148.52	55.10	6.58
港澳台商投资经济	Hong Kong, Macao and Taiwan Funded	4286			
外商投资经济	Foreign Funded	1642			
其他	Others	4204672	2275.24	696.71	219.98

5-18 建筑企业基本情况(2012年)(按行业和资质等级分)

Basic Statistics on Construction Enterprises, 2012 (Grouped by Sector and Qualification Grade)

指标	Item	企业个数(个) Number of Enterprises (unit)	从业人员平均人数(万人) Average Employment Personnel (10000 persons)	从业人员劳动报酬(万元) Remuneration of Employment Personnel (10000 yuan)	建筑业总产值(万元) Gross Output Value of Construction (10000 yuan)
总计	**Total**	**537**	**18.47**	**997251**	**16252823**
按行业类别分	**Grouped by Sector**				
房屋工程建筑业	Building Engineering	78	9.35	189435	5355309
土木工程建筑业	Civil Engineering	111	6.06	636081	9226191
建筑安装业	Building Installation	175	1.68	92204	939159
建筑装饰业	Building Decoration	86	0.85	52444	348695
其他建筑业	Others	87	0.53	27087	383469
按资质等级分	**Grouped by Qualification Grade**				
施工总承包	**General Contractor**	**142**	**15.73**	**783709**	**14500913**
特级	Super Grade	6	1.96	241848	5363560
一级	First Grade	40	11.03	449247	7676701
二级	Second Grade	33	1.79	60201	908103
三级	Third Grade	63	0.95	32413	552549
专业承包	**Specialized Contractor**	**395**	**2.74**	**213542**	**1751910**
一级	First Grade	32	0.89	122053	919204
二级	Second Grade	98	0.54	21188	298339
三级	Third Grade	255	1.15	68071	497089
不分等级	Ungraded	10	0.16	2230	37278

5-18 续表 continued

指 标	Item	竣工产值（万元） Gross Output Value Completed (10000 yuan)	房屋建筑施工面积（万平方米） Floor Space of Building Under Construction (10000 sq.m)	房屋建筑竣工面积（万平方米） Floor Space of Building Completed (10000 sq.m)	#住 宅 Residential Buildings
总 计	**Total**	**6018615**	**7642.20**	**1015.88**	**364.84**
按行业类别分	**Grouped by Sector**				
房屋工程建筑业	Building Engineering	1774759	6281.28	549.57	189.25
土木工程建筑业	Civil Engineering	3462898	1310.54	430.73	155.88
建筑安装业	Building Installation	342492	25.04	25.74	16.82
建筑装饰业	Building Decoration	235661			
其他建筑业	Others	202805	25.34	9.84	2.89
按资质等级分	**Grouped by Qualification Grade**				
施工总承包	**General Contractor**	**5224475**	**7612.97**	**977.94**	**346.45**
特 级	Super Grade	2276926	2138.47	327.58	8.68
一 级	First Grade	2235278	5123.27	450.07	172.80
二 级	Second Grade	360756	247.78	129.78	78.14
三 级	Third Grade	351515	103.45	70.51	86.83
专业承包	**Specialized Contractor**	**794140**	**29.23**	**37.94**	**18.39**
一 级	First Grade	385376			
二 级	Second Grade	172415	2.51	19.97	15.36
三 级	Third Grade	219525	11.30	17.10	1.99
不分等级	Ungraded	16824	15.42	0.87	1.04

5-19 建筑企业主要财务指标(2012年)
Main Financial Indicators of Construction Enterprises, 2012

单位：万元 (10000 yuan)

项 目	Item	合 计 Total	#国有经济 State-owned	中 央 Central
资本金	**Capital**			
资本金合计	Total Capital	4092479	703121	2189665
年末资产负债	**Assets and Liabilities at Year-end**			
流动资产合计	Total Current Assets	16081362	5707103	10863695
固定资产合计	Total Fixed Assets	3070884	486835	2522864
固定资产原价	Original Value of Fixed Assets	4001978	781183	3256728
累计折旧	Accumulated Depreciation	1508053	330123	1196508
资产总计	Total Assets	22399658	6838979	15429048
负债合计	Total Liabilities	16756762	5810228	11985128
损益及分配	**Profit, Loss and Distribution**			
主营业务收入	Revenue from Principal Business	18387072	6433315	13748723
主营业务成本	Costs of Principal Business	16555255	5904737	12389023
主营业务税金及附加	Taxes & Extra Charges of Principal Business	519312	190159	419175
其他业务利润	Other Profits from Business	16048	1162	3249
管理费用	Management Expenses	692468	196273	492930
#税 金	Taxes	13443	2716	7767
营业利润	Business Profits	487883	113485	376914
利润总额	Total Pre-tax Profits	501356	114177	397465
应交所得税	Income Taxes Payable	118234	34205	83657
利税总额	Total Profits and Taxes	1034111	307052	824407
人工成本	**Labour Cost**			
应付职工薪酬	Remuneration Payable of Employment Personnel	997251	279613	721655

5-20 建筑业企业房屋建筑完成情况
Building Construction of Construction Enterprises

单位：万平方米 (10000 sq.m)

指　　标	Item	2011	2012
房屋建筑施工面积	**Floor Space of Buildings under Construction**	**5616.29**	**7642.20**
#本年新开工面积	New Floor Space of Buildings in Current Year	2620.33	3279.84
实行投标承包面积	Contracted Bidding Floor Space	5470.99	7429.86
房屋建筑竣工面积	**Floor Space of Buildings Completed**	**964.56**	**1015.88**
厂房、仓库	Works and Warehouses	353.00	373.82
住　宅	Residential Buildings	400.07	364.84
办公用房	Office Buildings	23.84	62.61
批发和零售用房	Wholesale and Retail Trade Buildings	34.93	63.6
住宿和餐饮用房	Hotels and Restaurants	0.27	9.94
居民服务业用房	Residential Service Buildings	5.10	21.88
教育用房	Educational Buildings	28.62	21.17
文化、体育和娱乐用房	Cultural, Sports and Entertainment Buildings	2.33	13.68
卫生医疗用房	Health Care and Medical Buildings	8.93	11.43
科研用房	Scientific and Research Buildings	1.34	20.35
其他用房	Other Buildings	106.13	52.56

5-21 劳务分包建筑企业生产经营情况
Main Indicators of Labour Subcontractors in Construction Industry

指　　标	Item	单位	Unit	2011	2012
建筑业总产值	Gross Output Value of Construction	万元	10000 yuan	74852	113031
#装饰装修产值	Gross Output Value of Decoration	万元	10000 yuan	8227	1391
企业个数	Number of Enterprises	个	Unit	73	96
年末从业人员	Number of Employment Personnel	人	person	10913	12446
#工程技术人员	Engineering	人	person	697	502
企业总收入	Total Revenue	万元	10000 yuan	80988	198613
#工程结算收入	Revenue of Project Settle Accounts	万元	10000 yuan	80434	139977
税　金	Taxes	万元	10000 yuan	2716	7017
利润总额	Total Pre-tax Profits	万元	10000 yuan	928	2026
从业人员工资总额	Total Remuneration of Employment Personnel	万元	10000 yuan	19756	51090

5-22 建筑企业机械设备情况及经济效益指标

Machinery & Equipment and Economic Benefit Indicators of Construction Enterprises

指 标 Item	2011	2012
建筑业机械设备情况		
Machinery and Equipment of Construction Enterprises		
自有机械设备总台数(台)	43235	42993
Number of Machinery and Equipment Owned (set)		
自有机械设备总功率(万千瓦)	198.15	310.63
Power of Machinery and Equipment Owned (10 000 kw)		
自有机械设备净值(万元)	1358244	1120920
Net Value of Machinery and Equipment Owned (10 000 yuan)		
技术装备率(元/人)	46167	60688
Value of Machines per Labour (yuan/person)		
动力装备率(千瓦/人)	6.73	16.82
Power of Machines per Labour (kw/person)		
建筑业经济效益指标		
Economic Benefit Indicators of Construction Enterprises		
全员劳动生产率(元/人)	544488	879958
Overall Labour Productivity (yuan/person)		
房屋竣工率(%)	17.2	13.3
Percentage of Buildings Completed (%)		
平均每一从业人员竣工面积(平方米/人)	32.78	55.00
Floor Space of Buildings Completed per Employment Personnel (sq. m/person)		
产值利税率(%)	7.3	6.4
Ratio of Profits and Taxes to Gross Output Value (%)		
百元产值占用流动资产(元)	78.5	98.9
Ratio of Current Assets to per 100 yuan Output Value (yuan)		

第六篇
财政金融
Chapter 6
Government Finance and Financial Intermediation

6-1 各级财政收入
Government Revenue of Different Level

单位：亿元 (100 million yuan)

项　　目	Item	2010	2011	2012	2012比2011年年增长(%) Increase Rate in 2012 over 2011(%)
财政收入合计	**Total Government Revenue**	**1006.0**	**1379.3**	**1655.8**	**20.1**
中央级收入	Central Level	382.9	462.0	533.2	15.4
市级收入	Municipal Level	142.8	182.1	234.2	28.6
区级收入	District Level	480.3	735.1	888.4	20.8
一般预算收入	General Budgetary Government Revenue	294.4	416.7	516.0	23.8
政府性基金收入	Governmental Fund Revenue	185.9	318.4	372.4	17.0

资料来源：天津市滨海新区财政局,表6-2至6-4同。
Source: Tianjin Binhai New Area Finance Bureau.Same as table 6-2 to 6-4.
注：各级财政收入包括塘沽、汉沽、大港、经济技术开发区、天津港保税区、滨海高新区、东疆保税港区、中新天津生态城区县三级财政收入和东丽区新区部分、津南区新区部分的街镇财政收入，以及新区范围内市级财政固定收入企业缴各项税收。(不含海关关税等中央级固定收入)
Note: Government Revenue of Different Level, including three grades revenue of Tanggu ,Han'gu, Dagang, TEDA, Tianjin Port Free Trade Zone, Binhai High-tech Industrial Development Park, Tianjin Dongjiang Port Free Trade Zone, Sino-Singapore Tianjin Eco-city, and part of government revenue of township level of Dongli District and Jinnan District, and taxes from the municipal enterprises in Binhai New Area with fixed government revenue. (exclude the fixed revenue of central government such as customs tariffs etc.)

6-2 分功能区各级财政收入
Government Revenue of Different Level by Functional Area

单位：亿元 (100 million yuan)

项　　目	Item	合　计 Total		中央级收入 Central Level		市级收入 Municipal Level		区级收入 District Level	
		2011	2012	2011	2012	2011	2012	2011	2012
新区合计	**Total**	**1379.3**	**1655.8**	**462.0**	**533.2**	**182.1**	**234.2**	**735.1**	**888.4**
塘　沽	Tanggu	276.5	257.0	24.9	25.7	19.5	23.3	232.1	208.0
汉　沽	Han'gu	35.9	43.1	4.4	5.0	2.8	3.9	28.6	34.2
大　港	Dagang	44.5	47.6	15.0	13.4	7.1	6.6	22.4	27.6
经济技术开发区	TEDA	403.3	486.2	201.8	224.9	22.9	25.7	178.6	235.6
天津港保税区	TPFTZ	157.0	148.6	52.3	57.7	17.3	13.9	87.4	77.1
高 新 区	THIP	64.1	61.8	26.3	23.1	0.8	0.9	36.9	37.9
其他功能区	Other Areas	398.0	611.4	137.3	183.6	111.7	159.8	149.0	268.0

注：其他功能区包括：1.新区内市级财政固定收入企业，按现行财税体制缴入市财政和中央财政的各项收入。 2.东丽区新区部分、津南区新区部分财政收入。
Note: Data of other areas refer to：a) revenue paid by municipal enterprises in Binhai New Area with fixed government revenue to municipal and central government according to current government finance system; b) part of government revenue of new area of Dongli District and Jinnan District.

6-3 财政收支
Government Revenue and Expenditure

单位：亿元 (100 million yuan)

项　　目	Item	2011	2012	2012比2011年增长(%) Increase Rate in 2012 over 2011(%)
财政收入合计	**Total Government Revenue**	**1379.3**	**1655.8**	**20.1**
#区级财政收入	District Level	735.1	888.4	20.8
一般预算收入	General Budgetary Government Revenue	416.7	516.0	23.8
增值税	Value-added Tax	44.4	48.8	9.8
营业税	Business Tax	77.6	93.3	20.3
企业所得税	Corporate Income Tax	60.4	64.1	6.1
个人所得税	Individual Income Tax	16.8	16.6	-1.1
其他收入	Others	217.5	293.2	34.8
政府性基金收入	Governmental Fund Revenue	318.4	372.4	17.0
财政支出合计	**Total Government Expenditure**	**753.4**	**899.0**	**19.3**
一般预算支出	General Budgetary Government Expenditure	437.5	530.8	21.3
一般公共服务	General Public Services	25.7	29.8	16.2
公共安全	Public Safety	14.4	17.6	22.0
教　育	Education	46.2	58.8	27.4
科学技术	Science and Technology	20.3	25.6	25.7
文化体育与传媒	Culture, Sports and Media	4.6	5.7	25.4
社会保障与就业	Social Security and Employment	7.0	8.6	21.8
医疗卫生	Health Care	12.0	15.9	32.2
环境保护	Environmental Protection	2.4	3.9	64.1
城乡社区事务	Urban & Rural Community Affairs	223.8	250.6	12.0
农林水事务	Agriculture, Forestry and Water Conservancy	4.5	5.9	30.2
其他各项支出	Others	76.6	108.5	41.6
政府性基金支出	Governmental Fund Expenditure	316.0	368.2	16.5

6-4 分功能区财政收支(2012年)
Government Revenue and Expenditure by Functional Area, 2012

单位：亿元 (100 million yuan)

项目	Item	合计 Total	#塘沽 Tanggu	汉沽 Han'gu	大港 Dagang
财政收入合计	**Total Government Revenue**	**1655.8**	**257.0**	**43.1**	**47.6**
#区级财政收入	District Level	888.4	208.0	34.2	27.6
一般预算收入	General Budgetary Government Revenue	516.0	80.7	10.8	20.8
增值税	Value-added Tax	48.8	2.5	0.8	2.1
营业税	Business Tax	93.3	16.2	2.3	4.2
企业所得税	Corporate Income Tax	64.1	6.2	0.7	1.7
个人所得税	Individual Income Tax	16.6	0.9	0.1	0.4
其他收入	Others	293.2	54.9	7.0	12.3
政府性基金收入	Governmental Fund Revenue	372.4	127.4	23.3	6.8
财政支出合计	**Total Government Expenditure**	**899.0**	**92.0**	**50.9**	**32.1**
一般预算支出	General Budgetary Government Expenditure	530.8	55.2	26.9	26.1
一般公共服务	General Public Services	29.8	5.3	2.0	3.2
公共安全	Public Safety	17.6	5.3	1.6	2.3
教　育	Education	58.8	15.5	5.7	11.5
科学技术	Science and Technology	25.6	0.7	0.4	0.2
文化体育与传媒	Culture, Sports and Media	5.7	0.6	0.3	0.6
社会保障与就业	Social Security and Employment	8.6	2.8	1.5	1.7
医疗卫生	Health Care	15.9	5.0	1.7	2.2
环境保护	Environmental Protection	3.9	0.1	0.2	0.3
城乡社区事务	Urban & Rural Community Affairs	250.6	6.6	9.4	1.8
农林水事务	Agriculture, Forestry and Water Conservancy	5.9	0.9	1.0	1.6
其他各项支出	Others	108.5	12.4	3.2	0.9
政府性基金支出	Governmental Fund Expenditure	368.2	36.7	24.0	6.0

6-4 续表 continued

单位：亿元 (100 million yuan)

项　　目	Item	经济技术开发区 TEDA	天津港保税区 TPFTZ	高新区 THIP
财政收入合计	**Total Government Revenue**	**486.2**	**148.6**	**61.8**
#区级财政收入	District Level	235.6	77.1	37.9
一般预算收入	General Budgetary Government Revenue	194.6	68.9	33.8
增值税	Value-added Tax	28.9	8.7	4.0
营业税	Business Tax	40.3	17.6	7.3
企业所得税	Corporate Income Tax	32.7	14.1	5.1
个人所得税	Individual Income Tax	9.0	3.5	2.2
其他收入	Others	83.7	25.1	15.1
政府性基金收入	Governmental Fund Revenue	41.0	8.1	4.1
财政支出合计	**Total Government Expenditure**	**194.5**	**60.7**	**30.5**
一般预算支出	General Budgetary Government Expenditure	158.4	53.9	26.4
一般公共服务	General Public Services	4.6	2.3	1.8
公共安全	Public Safety	2.0	0.8	0.4
教　育	Education	11.2	1.7	1.1
科学技术	Science and Technology	3.5	2.5	5.3
文化体育与传媒	Culture, Sports and Media	1.0		0.1
社会保障与就业	Social Security and Employment	0.7	0.1	0.0
医疗卫生	Health Care	1.4		0.0
环境保护	Environmental Protection	0.3	0.6	0.0
城乡社区事务	Urban & Rural Community Affairs	112.5	22.4	9.1
农林水事务	Agriculture, Forestry and Water Conservancy			
其他各项支出	Others	21.0	23.4	8.6
政府性基金支出	Governmental Fund Expenditure	36.1	6.9	4.0

6-5 金融机构本外币信贷收支表
RMB & Foreign Currency Deposits and Loans Sheet of Financial Institutions

单位：万元 (10000 yuan)

项　目	Item	2011	2012	2012比2011年增长(%) Increase Rate in 2012 over 2011(%)
各项存款	**Total Deposits**	**36665823**	**42218337**	**15.1**
单位存款	Corporate Deposits	25908667	30109705	16.2
活期存款	Demand Deposits	11989859	12774130	6.5
定期存款	Time Deposits	4352677	4128383	-5.2
个人存款	Personal Deposits	10942275	12623442	15.4
储蓄存款	Saving Deposits	10822537	12336934	14.0
其他存款	Other Deposits	227501	285069	25.3
各项贷款	**Total Loans**	**37956439**	**39116297**	**3.1**
境内贷款	Domestic Loans	37950293	39110170	3.1
短期贷款	Short-term Loans	11275673	13218154	17.2
个人贷款及透支	Personal Loans and Overdraft	195530	389250	99.1
#个人消费贷款	Personal Consumption Loans	37660	96698	156.8
单位普通贷款及透支	Corporate Loans and Overdraft	9305777	10586814	13.8
#经营贷款	Business Loans	9222249	10531147	14.2
固定资产贷款	Investment in Fixed Assets Loans	51182	33480	-34.6
普通并购贷款	Merge Loans			
银团贷款	Syndicated Loans	3527		
贸易融资	Trade Financing	1770840	2242090	26.6
中长期贷款	Medium-term and Long-term Loans	25804113	24913491	-3.5
个人贷款	Personal Loans	2423103	2635240	8.8
#个人消费贷款	Personal Consumption Loans	2133101	2299896	7.8
单位普通贷款	Corporate Loans	20859325	19284649	-7.6
#经营贷款	Business Loans	3846638	2312795	-39.9
固定资产贷款	Investment in Fixed Assets Loans	17012686	16971854	-0.2
普通并购贷款	Merge Loans	96000	92000	-4.2
银团贷款	Syndicated Loans	2300833	2565685	11.5
贸易融资	Trade Financing	4014	219150	5359.5
票据融资	Bill Financing	863263	963569	11.6
境外贷款	Overseas Loans	6146	6127	-0.3

资料来源：中国人民银行塘沽中心支行,表6-6至6-8同。
Source: People's Bank, Tanggu Center Branch of Tianjin.Same as table 6-6 to 6-8.
注：此表数据根据中国人民银行总行《2011金融统计制度》进行修订，表6-6至6-7同。
Note: Data in this table are amended according to <system of financial statistics 2011>, head office of the People's Bank of China. Same as table 6-6 to 6-7.

6-6 金融机构人民币信贷收支情况
RMB Credit Income & Expenditures of Financial Institutions

单位：万元 (10000 yuan)

项目	Item	2011	2012	2012比2011年增长(%) Increase Rate in 2012 over 2011(%)
各项存款	**Total Deposits**	**35492400**	**40161221**	**13.2**
单位存款	Deposits of Units	24823541	28155268	13.4
活期存款	Demand Deposits	11260468	11959782	6.2
定期存款	Time Deposits	4210947	3282556	-22.0
个人存款	Personal Deposits	10858865	12527177	15.4
储蓄存款	Saving Deposits	10741265	12243820	14.0
其他存款	Other Deposits	226345	283889	25.4
各项贷款	**Total Loans**	**35800728**	**36916030**	**3.1**
境内贷款	Domestic Loans	35794582	36909903	3.1
短期贷款	Short-term Loans	10179609	12063343	18.5
个人贷款及透支	Personal Loans and Overdraft	195517	389250	99.1
#个人消费贷款	Personal Consumption Loans	37648	96698	156.8
单位普通贷款及透支	Corporate Loans and Overdraft	8755819	10473784	19.6
#经营贷款	Business Loans	8672763	10418117	20.1
固定资产贷款	Investment in Fixed Assets Loans	50712	33480	-34.0
普通并购贷款	Merge Loans			
银团贷款	Syndicated Loans	1700		
贸易融资	Trade Financing	1226572	1200309	-2.1
中长期贷款	Medium-term and Long-term Loans	24744467	23868036	-3.5
个人贷款	Personal Loans	2423103	2635240	8.8
#个人消费贷款	Personal Consumption Loans	2133101	2299896	7.8
单位普通贷款	Corporate Loans	19925004	18363902	-7.8
#经营贷款	Business Loans	3682574	2091118	-43.2
固定资产贷款	Investment in Fixed Assets Loans	16242430	16272784	0.2
普通并购贷款	Merge Loans	96000	92000	-4.2
银团贷款	Syndicated Loans	2300360	2565685	11.5
贸易融资	Trade Financing		211208	
票据融资	Bill Financing	863263	963569	11.6
境外贷款	Overseas Loans	6146	6127	-3.1

6-7 金融机构外汇信贷收支情况
Foreign Exchange Credit Income & Expenditures of Financial Institutions

单位：万美元 (USD 10000)

项　　目	Item	2011	2012	2012比2011年增长(%) Increase Rate in 2012 over 2011(%)
各项存款	**Total Deposits**	**186231**	**327280**	**75.4**
单位存款	Deposits of Units	172218	310944	80.6
活期存款	Demand Deposits	115760	129560	11.9
定期存款	Time Deposits	22494	134568	498.3
个人存款	Personal Deposits	13238	15315	15.7
储蓄存款	Saving Deposits	12898	14814	14.9
其他存款	Other Deposits	183	188	2.4
各项贷款	**Total Loans**	**342127**	**350054**	**2.3**
境内贷款	Domestic Loans	342127	350054	2.3
短期贷款	Short-term Loans	173954	183726	5.6
个人贷款及透支	Personal Loans and Overdraft	2		
#个人消费贷款	Personal Consumption Loans	2		
单位普通贷款及透支	Corporate Loans and Overdraft	87282	17983	-79.4
#经营贷款	Business Loans	87208	17983	79.4
固定资产贷款	Investment in Fixed Assets Loans	75		
银团贷款	Syndicated Loans	290		
贸易融资	Trade Financing	86379	165744	91.9
中长期贷款	Medium-term and Long-term Loans	168174	166328	-1.1
个人贷款	Personal Loans			
#个人消费贷款	Personal Consumption Loans			
单位普通贷款	Corporate Loans	148284	146487	-1.2
#经营贷款	Business Loans	26038	35268	35.5
固定资产贷款	Investment in Fixed Assets Loans	122245	111219	-9.0
银团贷款	Syndicated Loans	75		
贸易融资	Trade Financing	637	1264	98.3
境外贷款	Overseas Loans			

6-8 金融机构法定存贷款利率表
Official Interest Rates on Deposits and Loans of Financial Institutions

单位：年利率% (% p. a.)

项目	Item	2011 2月9日 Feb. 9	2011 4月6日 April . 6	2011 7月7日 July .7	2012 6月8日 June . 8	2012 7月6日 July . 6
人民币存款	**RMB Deposits**					
活　期	Demand Deposits	0.40	0.50	0.50	0.40	0.35
定　期	Time Deposits					
整存整取	Lump-sum Time Deposits & Withdrawal					
三个月	3 Months	2.60	2.85	3.10	2.85	2.60
半　年	6 Months	2.80	3.05	3.30	3.05	2.80
一　年	1 Year	3.00	3.25	3.50	3.25	3.00
二　年	2 Years	3.90	4.15	4.40	4.10	3.75
三　年	3 Years	4.50	4.75	5.00	4.65	4.25
五　年	5 Years	5.00	5.25	5.50	5.10	4.75
存本取息、零存整取、整存零取	Flexible Time Deposits or Withdrawal					
一　年	1 Year	2.60	2.85	3.10	2.85	2.60
三　年	3 Years	2.80	3.05	3.30	3.05	2.80
五　年	5 Years	3.00	3.25	3.50	3.25	3.00
定活两便	Time or Demand Optional Deposits	按一年以内定期整存整取同档次利率打六折执行 60% as the Same Grade Interest Rates of Lump-Sum Deposits & Withdrawal in One Year				
协定存款	Agreement Deposits	1.21	1.31	1.31	1.21	1.15
通知存款	Call Deposits					
一　天	1 Day	0.85	0.95	0.95	0.85	0.80
七　天	7 Days	1.39	1.49	1.49	1.39	1.35
人民币贷款	**RMB Loans**					
短期贷款	**Short-term Loans**					
一般流动资金	General Circulating Funds					
半年以内	Less than 6 Months	5.60	5.85	6.10	5.85	5.60
一年(六个月至一年)	1 Year (6 months to 1 year)	6.06	6.31	6.56	6.31	6.00
长期贷款	**Long-term Loans**					
基本建设贷款	Loans to Capital Construction					
一年以上至三年	1-3 Years	6.10	6.40	6.65	6.40	6.15
三年以上至五年	3-5 Years	6.45	6.65	6.90	6.65	6.40
五年以上至十年	5-10 Years	6.60	6.80	7.05	6.80	6.55
住房贷款	**Housing Loans**					
个人住房公积金贷款	Accumulation Fund Loans					
五年以内	Less than 5 Years	4.00	4.20	4.45	4.20	4.00
五年以上	More than 5 Years	4.50	4.70	4.90	4.70	4.50

第七篇

批发零售业和住宿餐饮业

Chapter 7

Wholesale and Retail Trades, Accommodation and Catering Services

7-1 社会消费品零售总额及增长速度(1993-2012年)
Total Retail Sales of Consumer Goods and Increase Rate, 1993-2012

单位：亿元、% (100 million yuan;%)

年 份 Year	社会消费品零售总额 Total Retail Sales of Consumer Goods	增长速度 Increase Rate
1993	22.24	
1994	29.93	34.6
1995	39.09	30.6
1996	52.30	33.8
1997	66.05	26.3
1998	74.04	12.1
1999	80.49	8.7
2000	92.88	15.4
2001	105.42	13.5
2002	119.34	13.2
2003	138.79	16.3
2004	160.02	15.3
2005	183.55	14.7
2006	213.83	16.5
2007	255.80	19.6
2008	330.75	29.3
2009	451.24	31.8
2010	743.58	26.4
2011	887.53	96.7
2012	1108.12	24.9

注：依据2004年经济普查的结果和国家统计局的要求对2005年以前数据进行相应调整。
Note: Data before 2005 have ajusted according to the economic census in 2004 and request of National Bureau of Statistics .

7-2 限额以上批发零售业商品购进总额
Total Purchases of Wholesale and Retail Trade above Designated Size

单位：万元 (10000 yuan)

项目	Item	商品购进总额 Total Purchases		#进口 Imports	
		2011	2012	2011	2012
总计	**Total**	**102871166**	**129024918**	**6995486**	**8661644**
按注册登记类型分	**Grouped by Status of Registration**				
内资企业	Domestic-funded Enterprises	92036396	111388119	2543237	2793312
国有企业	State-owned Enterprises	57114996	61156798	359707	417036
集体企业	Collective-owned Enterprises	252294	195717	91	82
股份合作企业	Cooperative Enterprises	77206	102811		
私营企业	Private Enterprises	16344966	19901035	1094432	1138396
股份有限公司	Share-holding Corporations Ltd.	779651	9684970	19747	438278
有限责任公司	Limited Liability Corporations	16975807	18859893	1027412	1167212
#国有独资	Sole State-funded Corporations	846308	3023303	2947	28857
联营企业	Joint Ownership Enterprises	84248	161525		
#国有联营	State Joint Ownership Enterprises	31594	26536		
其他	Others	407227	1537300	41849	82401
港澳台商投资企业	Enterprises with Investment from Hong Kong, Macao and Taiwan	4414346	3976324	455284	506208
外商投资企业	Foreign Funded Enterprises	6420424	10071847	3996965	4863326
按经济类型分	**Grouped by Ownership**				
国有经济	State-owned	65576428	79340462	929383	1015027
集体经济	Collective-owned	1352105	2862452	75202	735476
私有经济	Private and Individual	19329877	24353540	1458905	1303920
港澳台商投资经济	Hong Kong, Macao and Taiwan Funded	3240041	2622755	454777	503253
外商投资经济	Foreign Funded	5671847	10502020	3776367	4867207
其他	Others	7700869	6598339	300852	219674

7-2 续表 continued

单位：万元 (10000 yuan)

项目	Item	商品购进总额 Total Purchases		#进口 Imports	
		2011	2012	2011	2012
按国民经济行业分	**Grouped by Sector**				
批发业	**Wholesale Trade**	**97829636**	**122471101**	**8661644**	**8154605**
农畜产品批发	Farm & Livestock Products	282885	495927	48777	48777
食品、饮料及烟草制品批发	Foods, Beverages and Tobacco	767251	868419		71920
纺织、服装及日用品批发	Textile, Garments and Daily Articles	942581	938485		44843
文化、体育用品及器材批发	Cultural and Sports Goods & Equipments	86044	241094		17992
医药及医疗器械批发	Medicine and Medical Appliances	193235	223477		18025
矿产品、建材及化工产品批发	Mineral Products, Building Material and Chemical Products	77939789	93515760	519	1922465
机械设备、五金交电及电子产品批发	Machinery Equipment, Hardware, Transport, Electric and Electronic Products	9954687	20859287	2346	5837365
贸易经纪与代理	Trade Broker and Agent	456357	2023349	30900	35590
其他批发	Others	7206806	3305303	340833	157629
零售业	**Retail Trade**	**5041530**	**6553816**	**268255**	**507039**
综合零售	Comprehensive Retail	1196713	1300268	493606	828
食品、饮料及烟草制品专门零售业	Special Retail of Foods, Beverages and Tobacco	4332	13594		1832
纺织、服装及日用品专门零售业	Special Retail of Textile, Garments and Daily Articles	59382	69065		1670
文化、体育用品及器材专门零售业	Special Retail of Cultural and Sports Goods & Equipments	20434	37886		
医药及医疗器械专门零售业	Special Retail of Medicine and Medical Appliances	6120	6991		3572
汽车、摩托车、燃料及零配件专门零售业	Special Retail of Motor Vehicles, Motorcycles, Parts and Fuel	3548729	4528566		481250
家用电器及电子产品专门零售业	Special Retail of Household Appliances and Electronic Products	107916	82126		
五金、家具及室内装修材料专门零售业	Special Retail of Hardware, Furniture and Decoration Materials for Indoors	54960	27908		
无店铺及其他零售	Non-shop and Other Retail Trades	42946	487413	468669	17888

7-3 限额以上批发零售业商品销售和库存总额
Total Sales and Inventory of Wholesale and Retail Trade above Designated Size

单位：万元 (10000 yuan)

项目	Item	商品销售总额 Total Sales 2011	商品销售总额 Total Sales 2012	#批发 Wholesale 2011	#批发 Wholesale 2012	年末库存总额 Inventory (year-end) 2011	年末库存总额 Inventory (year-end) 2012
总计	**Total**	**107434495**	**133404741**	**101482133**	**125824089**	**4747542.8**	**5992384.3**
按注册登记类型分	**Grouped by Registered Status**						
内资企业	Domestic-funded Enterprises	95676795	114033386	91155779	110669512	3163673	4204618
国有企业	State-owned Enterprises	58796939	62940825	57408572	62713691	1085721	933940
集体企业	Collective-owned Enterprises	263101	197561	205623	193101	10062	2747
股份合作企业	Cooperative Enterprises	77335	102755	35787	25109	7069	8143
私营企业	Private Enterprises	17050496	20997386	15960867	20361581	1070366	858362
股份有限公司	Share-holding Corporations Ltd.	896750	8957972	799492	7686890	39697	1712043
有限责任公司	Limited Liability Corporations	18079322	19436112	16326007	18583365	923424	874223
#国有独资	Sole State-funded Corporations	850398	3225564	831178	1482228	26564	236347
联营企业	Joint Ownership Enterprises	84783	156425	38477	143153	2359	12288
#国有联营	State Joint Ownership Enterprises	32117	31209	25520	31209	384	162
其他	Others	428070	1672428	380954	966056	24975	131719
港澳台商投资企业	Enterprises with Investment from Hong Kong, Macao and Taiwan	4622165.9	4227321.5	3799461	3760425	582068	452124
外商投资企业	Foreign Funded Enterprises	7135534	11146630	6526893	10550911	1001802	706780
按经济类型分	**Grouped by Ownership**						
国有经济	State-owned	67590185	80335974	65398192	79150879	1524419	2606457
集体经济	Collective-owned	1629704	3009902	1629704	1918567	97415	608428
私有经济	Private and Individual	20316780	25692492	18740972	24257014	1295189	1201744
港澳台商投资经济	Hong Kong, Macao and Taiwan Funded	3442578	2881974	2847892	2364056	510431	373863
外商投资经济	Foreign Funded	6323192	11613000	5969035	10631222	908405	723543
其他	Others	8132057	6975745	7093033	6602829	411685	285142
按国民经济行业分	**Grouped by Sector**						
批发业	**Wholesale Trade**	**102029723**	**126388106**	**2015956**	**123830080**	**4335271**	**5126386**
农畜产品批发	Farm & Livestock Products	285148	521552	277627	514289	19777	19224
食品、饮料及烟草制品批发	Foods, Beverages and Tobacco	853271	904705.8	840397	885064.4	86228	139509

7-3 续表 continued

单位：万元 (10000 yuan)

项 目	Item	商品销售总额 Total Sales		#批 发 Wholesale		年末库存总额 Inventory (year-end)	
		2011	2012	2011	2012	2011	2012
纺织、服装及日用品批发	Textile, Garments and Daily Articles	1044897	1080246	1004998	963208	53900	95301
文化、体育用品及器材批发	Cultural and Sports Goods & Equipments	183227	280221	183222	269370	45123	90073
医药及医疗器械批发	Medicine and Medical Appliances	293084	300459	291073	295007	18604	20190
矿产品、建材及化工产品批发	Mineral Products, Building Material and Chemical Products	80606408	96721041	80182518	96325002	2269123	1977276
机械设备、五金交电及电子产品批发	Machinery Equipment, Hardware, Transport, Electric and Electronic Products	10729158	20776181	9669674	18996049	1557336	2305315
贸易与经纪代理	Trade Broker and Agent	558990	2223470	467035	2209423	34739	231166
其他批发	Others	7475541	3580231	7451581	3372669	250442	248333
零售业	**Retail Trade**	**5404772**	**7016635**	**1114010**	**1994009**	**412272**	**865999**
综合零售	Comprehensive Retail	1340708	1485011	54524	85553	126839	124388
食品、饮料及烟草制品专门零售	Special Retail of Foods, Beverages and Tobacco	4297	14075	1463	6829	1381	4222
纺织、服装及日用品专门零售	Special Retail of Textile, Garments and Daily Articles	53951	94123	33659	47645	13344	9200
文化、体育用品及器材专门零售	Special Retail of Cultural and Sports Goods & Equipments	18288	33762	819	10687	5697	7773
医药及医疗器械专门零售	Special Retail of Medicine and Medical Appliances	13961	9805	2708	8481	1479	603
汽车、摩托车、燃料及零配件专门零售	Special Retail of Motor Vehicles, Motorcycles, Parts and Fuel	3753407	4751179	963583	1434103	241600	702067
家用电器及电子产品专门零售	Special Retail of Household Appliances and Electronic Products	108387	84884	35312	55456	11040	5567
五金、家具及室内装修材料专门零售	Special Retail of Hardware, Furniture and Decoration Materials for Indoors	53399	38343	2736	7502	5430	1039
无店铺及其他零售	Non-shop and Other Retail Trades	58377	505454	19206	337752	5463	11140

7-4 限额以上批发零售业财务状况
Main Financial Indicators of Wholesale and Retail Trade above Designated Size

单位：万元 (10000 yuan)

项 目	Item	主营业务收入 Revenue from Principal Business		主营业务成本 Cost of Principal Business	
		2011	2012	2011	2012
总 计	**Total**	**94396999**	**116296218**	**89891471**	**111775603**
#国有及国有控股企业	State-owned and State-holding Enterprises	59134319	69871008.8	57767268	68562054.7
按登记注册类型分	**Grouped by Registered Status**				
内资企业	Domestic-funded Enterprises	83404871	99249432.2	80797180	96895944.8
国有企业	State-owned Enterprises	51139613	53968017.6	50065269	53009030.2
集体企业	Collective-owned Enterprises	229787	180017	224530	172999
股份合作企业	Cooperative Enterprises	73272	94177	70141	90061
联营企业	Joint Ownership Enterprises	156462	147364	149811	144349
有限责任公司	Limited Liability Corporations	13669410	17930714	13085675	17333724
股份有限公司	Share-holding Corporations Ltd.	859212	7587596	801402	7384725
私营企业	Private Enterprises	16857926	18176042	16005322	17657852
其他企业	Others	419190	1448465	395029	1347197
港澳台商投资企业	Enterprises with Investment from Hong Kong, Macao and Taiwan	4127550	3715700	3807242	3500944
外商投资企业	Foreign Funded Enterprises	6864578	9857967	5287050	8158387
按行业分	**Grouped by Sector**				
批发企业合计	**Wholesale Trade**	**89534508**	**110274188**	**85481309**	**106177576**
农畜产品批发业	Farm & Livestock Products	253661	446469	242334	423399
食品、饮料及烟草制品批发业	Foods, Beverages and Tobacco	769061	777140	726556	700623
纺织、服装及日用品批发业	Textile, Garments and Daily Articles	951471	970870	829807	903861
文化、体育用品及器材批发业	Cultural and Sports Goods & Equipments	178388	251372	146374	201039
医药及医疗器材批发业	Medicine and Medical Appliances	268550	257100	203263	202554
矿产品、建材及化工产品批发业	Mineral Products, Building Material and Chemical Products	71776395	84284131	70217789	82638424
机械设备、五金交电及电子产品批发业	Machinery Equipment, Hardware, Transport, Electric and Electronic Products	10996217	18226775	9168082	16398159
贸易经纪与代理	Trade Broker and Agent	493841	1916100	421087	1693900
其他批发业	Others	3846925	3144233	3526017	3015618
零售企业合计	**Retail Trade**	**4862491**	**6022030**	**4410162**	**5598027**
综合零售业	Comprehensive Retail	1220106	1340100	1040783	1156303
食品、饮料及烟草制品专门零售业	Special Retail of Foods, Beverages and Tobacco	5185	11294	4017	9269
纺织、服装及日用品专门零售业	Special Retail of Textile, Garments and Daily Articles	55818	107222	38426	103740
文化、体育用品及器材专门零售业	Special Retail of Cultural and Sports Goods & Equipments	17424	34180	14946	29201
医药及医疗器材专门零售业	Special Retail of Medicine and Medical Appliances	12665	9525	10268	8342
汽车、摩托车、燃料及零配件专门零售业	Special Retail of Motor Vehicles, Motorcycles, Parts and Fuel	3348389	3978641	3123575	3784439
家用电器及电子产品专门零售业	Special Retail of Household Appliances and Electronic Products	100687	76900	93575	72454
五金、家具及室内装修材料专门零售业	Special Retail of Hardware, Furniture and Decoration Materials for Indoors	46170	33377	36381	28725
无店铺及其他零售业	Non-shop and Other Retail Trades	56049	430792	48192	405554

7-4 续表 1 continued

单位：万元 (10000 yuan)

项 目	Item	资产总计 Total Assets 2011	2012	#流动资产 Current Assets 2011	2012
总 计	**Total**	**28678167**	**37682623**	**22496675**	**29913411**
#国有及国有控股企业	State-owned and State-holding Enterprises	10926841	14321180	7390021.2	10605252
按登记注册类型分	**Grouped by Registered Status**				
内资企业	Domestic-funded Enterprises	23211079	30437617	17991971	23676864
国有企业	State-owned Enterprises	5511011	6081752.2	4391014.1	5140901.5
集体企业	Collective-owned Enterprises	47234	33251	34801	21886
股份合作企业	Cooperative Enterprises	22195	37127	18098	33383
联营企业	Joint Ownership Enterprises	63319	145445	52942	140889
有限责任公司	Limited Liability Corporations	8434965	12264371	5606830	8063084
股份有限公司	Share-holding Corporations Ltd.	921806	3105263	542887	2584570
私营企业	Private Enterprises	7986041	8458862	7142183	7605703
其他企业	Others	224509	538726	203216	616514
港澳台商投资企业	Enterprises with Investment from Hong Kong, Macao and Taiwan	2033312	1680896	1751154	1875683
外商投资企业	Foreign Funded Enterprises	3433775	3023040	2753550	3347630
按行业分	**Grouped by Sector**				
批发企业合计	**Wholesale Trade**	**26461754**	**34969503**	**20887642**	**27992539**
农畜产品批发业	Farm & Livestock Products	140857	161355	129474	137102
食品、饮料及烟草制品批发业	Foods, Beverages and Tobacco	309960	471290	284443	397359
纺织、服装及日用品批发业	Textile, Garments and Daily Articles	573842	596171	472979	483493
文化、体育用品及器材批发业	Cultural and Sports Goods & Equipments	168753	197977	110577	171585
医药及医疗器材批发业	Medicine and Medical Appliances	177107	180123	156495	156008
矿产品、建材及化工产品批发业	Mineral Products, Building Material and Chemical Products	15449042	21534444	11537415	16529282
机械设备、五金交电及电子产品批发业	Machinery Equipment, Hardware, Transport, Electric and Electronic Products	6959359	8416421	6190879	7343275
贸易经纪与代理	Trade Broker and Agent	276175	696529	241774	674045
其他批发业	Others	2406658	2715194	1763609	2100390
零售企业合计	**Retail Trade**	**2216413**	**2713120**	**1609033**	**1920872**
综合零售业	Comprehensive Retail	762286	675520	564533	476734
食品、饮料及烟草制品专门零售业	Special Retail of Foods, Beverages and Tobacco	3264	10744	3042	9738
纺织、服装及日用品专门零售业	Special Retail of Textile, Garments and Daily Articles	99567	157607	97039	44996
文化、体育用品及器材专门零售业	Special Retail of Cultural and Sports Goods & Equipments	15511	28229	13997	26161
医药及医疗器材专门零售业	Special Retail of Medicine and Medical Appliances	179158	84020	151587	57446
汽车、摩托车、燃料及零配件专门零售业	Special Retail of Motor Vehicles, Motorcycles, Parts and Fuel	1046399	1548689	681281	1138964
家用电器及电子产品专门零售业	Special Retail of Household Appliances and Electronic Products	41921	25728	37060	23996
五金、家具及室内装修材料专门零售业	Special Retail of Hardware, Furniture and Decoration Materials for Indoors	47365	52567	42686	25754
无店铺及其他零售业	Non-shop and Other Retail Trades	20943	130016	17809	117083

7-4 续表 2 continued

单位：万元 (10000 yuan)

项 目	Item	负债合计 Total Liabilities 2011	2012	所有者权益合计 Total Owners' Equities 2011	2012
总 计	**Total**	**28645629**	**28645629**	**9036993**	**9036993**
#国有及国有控股企业	State-owned and State-holding Enterprises		10485445		3835736
按登记注册类型分	**Grouped by Registered Status**				
内资企业	Domestic-funded Enterprises	19775	23021061	11819	7416556
国有企业	State-owned Enterprises		5027614		1054138
集体企业	Collective-owned Enterprises	4205	25857	1869	7394
股份合作企业	Cooperative Enterprises	375814	30251	79553	6876
联营企业	Joint Ownership Enterprises		134048		11397
有限责任公司	Limited Liability Corporations	4677	8387671	2702	3876700
股份有限公司	Share-holding Corporations Ltd.	5559	2396164	-1755	709098
私营企业	Private Enterprises		6935294		1523568
其他企业	Others		458284		158230
港澳台商投资企业	Enterprises with Investment from Hong Kong, Macao and Taiwan		1412987		462695
外商投资企业	Foreign Funded Enterprises		2578717		768913
按行业分	**Grouped by Sector**				
批发企业合计	**Wholesale Trade**	**26636297**	**26636297**	**8333205**	**8333205**
农畜产品批发业	Farm & Livestock Products	151324	151324	10031	10031
食品、饮料及烟草制品批发业	Foods, Beverages and Tobacco		369285		102004
纺织、服装及日用品批发业	Textile, Garments and Daily Articles	30437	478566	31989	117605
文化、体育用品及器材批发业	Cultural and Sports Goods & Equipments	8350	128800	1370	69177
医药及医疗器材批发业	Medicine and Medical Appliances	26095	115185	52196	64938
矿产品、建材及化工产品批发业	Mineral Products, Building Material and Chemical Products	7673	15657484	4603.7	5876960.1
机械设备、五金交电及电子产品批发业	Machinery Equipment, Hardware, Transport, Electric and Electronic Products	346317	6870004	402710	1546417
贸易经纪与代理	Trade Broker and Agent	259238	668467	116740	28061
其他批发业	Others	179652	2197183	97562	518011
零售企业合计	**Retail Trade**	**768473**	**2009332**	**152654**	**703788**
综合零售业	Comprehensive Retail	1150473	514503	350952	161017
食品、饮料及烟草制品专门零售业	Special Retail of Foods, Beverages and Tobacco	6589008	3716	1524100	7028
纺织、服装及日用品专门零售业	Special Retail of Textile, Garments and Daily Articles	372244	137934	80581	19673
文化、体育用品及器材专门零售业	Special Retail of Cultural and Sports Goods & Equipments		28579		-350
医药及医疗器材专门零售业	Special Retail of Medicine and Medical Appliances		48669		35350.6
汽车、摩托车、燃料及零配件专门零售业	Special Retail of Motor Vehicles, Motorcycles, Parts and Fuel	95168	1114168	13922	434521
家用电器及电子产品专门零售业	Special Retail of Household Appliances and Electronic Products	50	15305	345	10423
五金、家具及室内装修材料专门零售业	Special Retail of Hardware, Furniture and Decoration Materials for Indoors	77	41515	558	11052
无店铺及其他零售业	Non-shop and Other Retail Trades	940556	104943	189180	25073

7-5 限额以上餐饮业基本状况
Basic Statistics on Catering Services above Designated Size

项目	Item	门店总数（个）Number of Stores (unit)		从业人员（人）Employment Personnel (person)	
		2011	2012	2011	2012
总计	**Total**	**75**	**83**	**5947**	**8080**
#国有及国有控股企业	State-owned and State-holding Enterprises	6	5	574	369
按登记注册类型分	**Grouped by Status of Registration**				
内资企业	Domestic-funded Enterprises	66	75	5140	5993
国有企业	State-owned Enterprises	2	3	270	358
集体企业	Collective-owned Enterprises	1	1	1	1
有限责任公司	Limited Liability Corporations	16	16	1824	1455
其他有限责任公司	Other Limited Liability Corporations	16	16	1824	1455
私营企业	Private Enterprises	38	51	2095	3519
私营独资	Private-funded Enterprises		5	331	425
私营有限责任公司	Private Limited Liability Corporations	30	43	1764	2626
私营股份有限公司	Private Share-holding Corporations Ltd.		3		468
其他内资企业	Others Enterprises	8	4	926	660
港澳台商投资企业	Enterprises with Investment from Hong Kong, Macao and Taiwan	3	4	246	267
与港澳台商合资经营	Joint-venture Enterprises with Investment from Hong Kong, Macao and Taiwan	1	1	132	152
港澳台商独资	Enterprises with Sole Investment from Hong Kong, Macao and Taiwan	2	3	114	115
外商投资企业	Foreign Funded Enterprises	6	4	561	1820
外资企业	Enterprises with Sole Foreign Investment	4	4	518	1820
按行业分	**Grouped by Sector**				
正餐服务业	Dinner	63	70	4434	5329
快餐服务业	Snack	3	5	510	1984
饮料及冷饮服务业	Beverage and Cold Drink Services				
其他餐饮服务业	Others	9	8	1003	767

7-5 续表 1 continued

项 目	Item	营业面积(平方米) Operational Area (sq.m)		餐位数(位) Number of Seats (unit)	
		2011	2012	2011	2012
总 计	**Total**	**214504**	**152762**	**56841**	**30938**
#国有及国有控股企业	State-owned and State-holding Enterprises	23653	11200	3806	1410
按登记注册类型分	**Grouped by Status of Registration**				
内资企业	Domestic-funded Enterprises	175839	143645	35014	27568
国有企业	State-owned Enterprises	5000	9100	1000	1200
集体企业	Collective-owned Enterprises	1000	2235	1000	810
有限责任公司	Limited Liability Corporations	94446	56850	19780	5870
其他有限责任公司	Other Limited Liability Corporations	94446	56850	19780	5870
私营企业	Private Enterprises	64904	73392	11022	18988
私营独资	Private-funded Enterprises	7229	13570	2425	1896
私营有限责任公司	Private Limited Liability Corporations	57675	53022	8597	14428
私营股份有限公司	Private Share-holding Corporations Ltd.		6800		2664
其他内资企业	Others Enterprises	10189	4103	2192	1310
港澳台商投资企业	Enterprises with Investment from Hong Kong, Macao and Taiwan	3365	2717	835	630
与港澳台商合资经营	Joint-venture Enterprises with Investment from Hong Kong, Macao and Taiwan				
港澳台商独资	Enterprises with Sole Investment from Hong Kong, Macao and Taiwan	3365	2617	835	630
外商投资企业	Foreign Funded Enterprises	35300	6400	20992	2740
外资企业	Enterprises with Sole Foreign Investment	34500	6400	20665	2740
按行业分	**Grouped by Sector**				
正餐服务业	Dinner	143004	134782	25354	22237
快餐服务业	Snack	20300	6830	20230	3060
饮料及冷饮服务业	Beverage and Cold Drink Services				
其他餐饮服务业	Others	51201	11150	11257	5641

7-5 续表 2 continued

单位：万元 (10000 yuan)

项 目	Item	资产总计 Total Assets 2011	2012	负债合计 Total Liabilities 2011	2012
总 计	**Total**	**140347**	**139309**	**106561**	**94709**
#国有及国有控股企业	State-owned and State-holding Enterprises	19076	7792	16360	4320
按登记注册类型分	**Grouped by Status of Registration**				
内资企业	Domestic-funded Enterprises	120731	450983	89034	339600
国有企业	State-owned Enterprises	4170	64157	1068	53829
集体企业	Collective-owned Enterprises	79	3780	43	5625
有限责任公司	Limited Liability Corporations	46340	29021	39816	24818
其他有限责任公司	Other Limited Liability Corporations	46340	29021	39816	24818
私营企业	Private Enterprises	64890	74213	44902	43490
私营独资	Private-funded Enterprises	2080	739	2093	336
私营有限责任公司	Private Limited Liability Corporations	62810	68166	42810	42737
私营股份有限公司	Private Share-holding Corporations Ltd.		5308		417
其他内资企业	Others Enterprises	5182	4366	3164	2651
港澳台商投资企业	Enterprises with Investment from Hong Kong, Macao and Taiwan	2668	3230	1718	1994
与港澳台商合资经营	Joint-venture Enterprises with Investment from Hong Kong, Macao and Taiwan	981	1439	849	1201
港澳台商独资	Enterprises with Sole Investment from Hong Kong, Macao and Taiwan	1687	1791	869	792
外商投资企业	Foreign Funded Enterprises	16948	23441	15808	19648
外资企业	Enterprises with Sole Foreign Investment	16648	23441	15508	19648
按行业分	**Grouped by Sector**				
正餐服务业	Dinner	72239	105001	48280	67379
快餐服务业	Snack	54254	24029	47569	19756
饮料及冷饮服务业	Beverage and Cold Drink Services				
其他餐饮服务业	Others	13855	10279	10712	7574

7-5 续表 3 continued

单位：万元 (10000 yuan)

项 目	Item	营业收入 Business Revenue		主营业务成本 Cost of Principal Business	
		2011	2012	2011	2012
总 计	**Total**	**126907**	**149164**	**77797**	**84514**
#国有及国有控股企业	State-owned and State-holding Enterprises	17481	16866	14060	13430
按登记注册类型分	**Grouped by Status of Registration**				
内资企业	Domestic-funded Enterprises	102469	116639	69015	73768
国有企业	State-owned Enterprises	3572	5037	2165	2710
集体企业	Collective-owned Enterprises	234	255	155	170
有限责任公司	Limited Liability Corporations	44473	38485	29567	25800
其他有限责任公司	Other Limited Liability Corporations	44473	38485	29567	25800
私营企业	Private Enterprises	42281	65008	27287	38813
私营独资	Private-funded Enterprises	5254	3983	2969	2605
私营有限责任公司	Private Limited Liability Corporations	37027	51821	24318	30947
私营股份有限公司	Private Share-holding Corporations Ltd.		9205		5261
其他内资企业	Others Enterprises	11482	7853	9504	6275
港澳台商投资企业	Enterprises with Investment from Hong Kong, Macao and Taiwan	4239	6592	1762	4544
与港澳台商合资经营	Joint-venture Enterprises with Investment from Hong Kong, Macao and Taiwan	2162	4121	987	3128
港澳台商独资	Enterprises with Sole Investment from Hong Kong, Macao and Taiwan	2077	2471	775	1416
外商投资企业	Foreign Funded Enterprises	20199	25933	7020	6202
外资企业	Enterprises with Sole Foreign Investment	18914	25933	6555	6202
按行业分	**Grouped by Sector**				
正餐服务业	Dinner	88335	100374	55835	61531
快餐服务业	Snack	20367	30582	9604	12174
饮料及冷饮服务业	Beverage and Cold Drink Services				
其他餐饮服务业	Others	18205	18208	12358	10809

7-6 限额以上住宿业基本状况
Basic Statistics on Accommodation Services above Designated Size

项 目	Item	门店总数（个）Number of Stores (unit)		从业人员（人）Employment Personnel (person)	
		2011	2012	2011	2012
总 计	**Total**	**72**	**65**	**8396**	**8647**
#国有及国有控股企业	State-owned and State-holding Enterprises	21	23	3796	4444
按登记注册类型分	**Grouped by Status of Registration**				
内资企业	Domestic-funded Enterprises	66	62	7825	8467
国有企业	State-owned Enterprises	16	18	2146	2986
集体企业	Collective-owned Enterprises	3	3	86	280
股份合作企业	Cooperative Enterprises	1	1	12	12
有限责任公司	Limited Liability Corporations	21	20	3359	3411
国有独资公司	Sole State-funded Corporations		1		372
其他有限责任公司	Other Limited Liability Corporations	21	19	3359	3039
股份有限公司	Share-holding Corporations Ltd.				
私营企业	Private Enterprises	23	17	1798	1391
私营独资	Private-funded Enterprises	3	1	118	10
私营有限责任公司	Private Limited Liability Corporations	19	15	1654	1354
私营股份有限公司	Private Share-holding Corporations Ltd.	1	1	26	27
其他内资企业	Others Enterprises	2	3	424	387
港澳台商投资企业	Enterprises with Investment from Hong Kong, Macao and Taiwan	2	2	52	50
港澳台商独资	Enterprises with Sole Investment from Hong Kong, Macao and Taiwan	2	2	52	50
外商投资企业	Foreign Funded Enterprises	4	1	519	130
中外合资经营	Chinese-foreign Joint Venture	2		351	
外资企业	Enterprises with Sole Foreign Investment	2	1	168	130
外商投资股份有限公司	Share Holding Corporation with Foreign Investment				
按行业分	**Grouped by Sector**				
旅游饭店	Tourism Restaurant	40	38	6109	6475
一般旅馆	Hotel	30	25	2196	2015
其他住宿服务	Other Accommodation Services	2	2	91	157

7-6 续表 1 continued

项 目	Item	营业面积 (平方米) Operational Area (sq.m)		餐位数 (位) Number of Seats (unit)	
		2010	2011	2010	2011
总 计	**Total**	**158639**	**160609**	**15413**	**17443**
#国有及国有控股企业	State-owned and State-holding Enterprises	52843	88092	6666	8249
按登记注册类型分	**Grouped by Status of Registration**				
内资企业	Domestic-funded Enterprises	140729	158509	14360	17143
国有企业	State-owned Enterprises	44459	68605	4241	5811
集体企业	Collective-owned Enterprises	1001	2235	640	810
股份合作企业	Cooperative Enterprises		200		13
有限责任公司	Limited Liability Corporations	35314	31682	5621	5491
国有独资公司	Sole State-funded Corporations		1000		279
其他有限责任公司	Other Limited Liability Corporations	35314	30682	5621	5212
私营企业	Private Enterprises	59955	51931	3858	3755
私营独资	Private-funded Enterprises	16700	65	445	55
私营有限责任公司	Private Limited Liability Corporations	43255	51812	3413	3700
其他内资企业	Others Enterprises		3856		1263
港澳台商投资企业	Enterprises with Investment from Hong Kong, Macao and Taiwan		1100		150
港澳台商独资	Enterprises with Sole Investment from Hong Kong, Macao and Taiwan		1100		150
外商投资企业	Foreign Funded Enterprises	17910	1000	1053	150
外资企业	Enterprises with Sole Foreign Investment	15030	1000	774	150
按行业分	**Grouped by Sector**				
旅游饭店	Tourism Restaurant	115639	124179	10285	14616
一般旅馆	Hotel	43000	36326	5128	2587
其他住宿服务	Other Accommodation Services		104		240

7-6 续表 2 continued

项 目	Item	资产总计（万元）Total Assets (10000 yuan)		负债合计（万元）Total Liabilities (10000 yuan)	
		2011	2012	2011	2012
总 计	**Total**	**413978**	**457643**	**327568**	**343398**
#国有及国有控股企业	State-owned and State-holding Enterprises	216326	237959	161279	194404
按登记注册类型分	**Grouped by Status of Registration**				
内资企业	Domestic-funded Enterprises	376611	450983	286038	339600
国有企业	State-owned Enterprises	40503	64157	33244	53829
集体企业	Collective-owned Enterprises	796	3780	1846	5625
股份合作企业	Cooperative Enterprises	6776	6681	895	994
有限责任公司	Limited Liability Corporations	195659	254295	136170	187788
其他有限责任公司	Other Limited Liability Corporations	195659	226091	136170	151309
私营企业	Private Enterprises	129673	119520	111100	89180
私营独资	Private-funded Enterprises	989	535	315	152
私营有限责任公司	Private Limited Liability Corporations	128411	118448	110601	88581
私营股份有限公司	Private Share-holding Corporations Ltd.	273	537	184	447
其他内资企业	Others Enterprises	3205	2550	2782	2184
港澳台商投资企业	Enterprises with Investment from Hong Kong, Macao and Taiwan	6305	6036	2247	2233
港澳台商独资	Enterprises with Sole Investment from Hong Kong, Macao and Taiwan	6305	6036	2247	2233
外商投资企业	Foreign Funded Enterprises	31062	624	39283	1565
外资企业	Enterprises with Sole Foreign Investment	934	624	2026	1565
按行业分	**Grouped by Sector**				
旅游饭店	Tourism Restaurant	323220	402359	277295	309611
一般旅馆	Hotel	89988	52160	49445	31215
其他住宿服务	Other Accommodation Services	771	3125	828	2572

7-6 续表 3 continued

项 目	Item	营业收入（万元）Business Revenue (10000 yuan)		主营业务成本（万元）Cost of Principal Business (10000 yuan)	
		2011	2012	2011	2012
总 计	**Total**	**139013**	**145363**	**55182**	**52368**
#国有及国有控股企业	State-owned and State-holding Enterprises	61153	66226	30106	29101
按登记注册类型分	**Grouped by Status of Registration**				
内资企业	Domestic-funded Enterprises	127970	140587	49829	51697
国有企业	State-owned Enterprises	25763	33943	8414	10787
集体企业	Collective-owned Enterprises	1697	5196	818	1410
股份合作企业	Cooperative Enterprises	43	31	1	
有限责任公司	Limited Liability Corporations	59398	61402	26893	28096
其他有限责任公司	Other Limited Liability Corporations	59398	55941	26893	26096
私营企业	Private Enterprises	34829	32851	11464	8882
私营独资	Private-funded Enterprises	1927	162	1041	145
私营有限责任公司	Private Limited Liability Corporations	32639	32429	10291	8602
私营股份有限公司	Private Share-holding Corporations Ltd.	263	259	132	135
其他内资企业	Others Enterprises	6240	7165	2239	2522
港澳台商投资企业	Enterprises with Investment from Hong Kong, Macao and Taiwan	2429	2475	589	209
港澳台商独资	Enterprises with Sole Investment from Hong Kong, Macao and Taiwan	2429	2475	589	209
外商投资企业	Foreign Funded Enterprises	8613	2301	4764	463
外资企业	Enterprises with Sole Foreign Investment	2567	2301	463	463
按行业分	**Grouped by Sector**				
旅游饭店	Tourism Restaurant	108606	115498	46275	45551
一般旅馆	Hotel	29014	27747	8789	6114
其他住宿服务	Other Accommodation Services	1393	2118	118	704

7-7 滨海新区四星级以上饭店一览表(2012年)
List of Four, Five-star Level Hotels of Binhai New Area, 2012

宾馆名称 Name of Hotel	客房数 Number of Guest Rooms (unit)	床位数 Number of Beds (unit)	地 址 Address
五星级(8个) **Five-star Level (eight units)**			
天津万丽泰达酒店及会议中心 RENAISSANCE TIANJIN TEDA HOTEL & CONVENTION CENTRE	530	714	天津经济技术开发区第二大街29号 No.29 Second Avenue of TEDA
泰达国际酒店暨会馆 TEDA INTERNATIONAL HOTEL	343	464	天津经济技术开发区第二大街8号 No.8 Second Avenue of TEDA
滨海假日酒店 HOLIDAY INN BINHAI TIANJIN	240	325	天津经济技术开发区第一大街86号市民广场 Citizen Square, No.86 First Avenue of TEDA
天津天保国际酒店 TIANJIN TIANBAO INTERNATIONAL HOTEL	396	507	天津港保税区京门大道368号 No.368 Jingmen Avenue, TPFTZ
天津瑞湾酒店 TIANJIN RUIWAN HOTEL	302	390	塘沽区新港一号路 No.1 Xin Gang Road, Tanggu Dist
天津赛象酒店 TIANJIN SAIXIANG HOTEL	370	501	华苑产业区梅苑路8号 No.8 Meiyuan Road, Huanyuan Industrial Park
天津滨海圣光皇冠假日酒店 CROWNE PLAZA BINHAI TIANJIN	388	523	天津市空港经济区中心大道55号 No.55 Center Street, Airport Economic Area, Tianjin
天津滨海喜来登酒店 SHERATON HOTEL BINHAI TIANJIN	324	500	天津经济技术开发区二大街50号 No.50 Second Avenue of TEDA
四星级(10个) **Four-star Level (ten units)**			
天津胜利宾馆 TIANJIN VICTORY HOTEL	303	473	天津市滨海新区津塘公路1369号 No.1369 Jintang Highway , Binhai New Area, Tianjin
泰达中心酒店 TEDA CENTRAL HOTEL	223	322	天津经济技术开发区第三大街16号 No.16 Third Avenue of TEDA
天津美华酒店 TIANJIN MAYFAIR HOTEL	242	404	天津经济技术开发区黄海路10号 No.10 Huanghai Road of TEDA
天津鑫茂天财酒店 TIAN DA TIAN CAI HOTEL-TIANJIN	196	384	华苑产业区榕苑路1号 No.1 Rongyuan Road, Huanyuan Industrial Park
天津市巨川国际商务酒店 BEST WESTERN TIANJIN JUCHUAN HOTEL-TIANJIN	339	477	天津市滨海新区津塘公路1155号 No.1155 Jintang Highway,Binhai New Area, Tianjin
天津惠中酒店 TIANJIN ELEGANCE HOTEL	150	200	天津经济技术开发区芳林泰达园A座 Building A, Fanglin TEDA Park, TEDA
天津君汇度假大酒店 TIANJIN TUNHUI HOLIDAY HOTEL	141	210	天津市滨海新区大港学府路88号 No.88 Xuefu Road, Dagang ,Binhai New Area, Tianjin
天津滨海建国大酒店 TIANJIN BINHAI JIANGUO HOTEL	264	346	天津经济技术开发区第二大街1号 No.1 Second Avenue, TEDA, Tianjin
天津中天锦绣商务酒店 TIANJIN ZHONGTIAN SPLENDID BUSINESS HOTEL	189	327	天津滨海新区大港东环路1号 No.1 Donghuan Road, Dagang ,Binhai New Area , Tianjin
鲤鱼门大酒店 LIYUMEN GRAND HOTEL	223	331	天津中心渔港经济区扬帆路168号 No.168 Yangfan Road, Tianjin Center Fishing Port Economic Zone

7-8 主要亿元商品交易市场情况(2012年)
Main Market with Transaction Volume of 100 Million Yuan, 2012

市场名称 Name of Market	交易场所面积(平方米) Area of Transaction Place (sq. m)	交易额(万元) Transaction Value (10000 yuan)	市场类别 Market Type	地址 Address
天津空港国际汽车园(天津北方汽车交易市场) Tianjin Airport International Automobile Park (Tianjin North Automobile Market)	1000	2180700	汽车市场	天津空港加工区环河西路8号
天津考尔煤炭交易市场有限公司 Tianjin Coal Market Co.,Ltd	400	30957	煤炭市场	保税区通达广场1号5楼527
天津稀有金属交易市场有限公司 Tianjin Rare Metal Market Co.,Ltd	500	1698772	金属材料市场	天津港保税区通达广场1号
天津港散货交易市场有限责任公司 Tianjin Port Bulk Cargo Market Co.,Ltd	900	1173003	煤炭市场	天津市塘沽区天津港散货物流中心商贸北路481号
金元宝滨海农产品交易市场 Jinyuanbao Binhai Agricultural Products Market	75000	436639	农产品综合市场	天津市塘沽区东江路5252号
天津市煤炭交易市场有限公司 Tianjin Coal Market Co.,Ltd	500	339352	煤炭市场	天津市塘沽区通达广场1号209
天津华北建材陶瓷批发市场 Tianjin North China Construction Material& Ceramic Wholesale Market	150000	145306	建材市场	天津市塘沽区胡家园
合力得科技开发有限公司金环渤海金属材料交易服务中心 Helide Technology Developmen Co.Gold Bohai Area Metal Material	70000	150000	金属材料市场	天津市塘沽区锦江路369号

7-8 续表 continued

市场名称 Name of Market	交易场所面积(平方米) Area of Transaction Place (sq. m)	交易额(万元) Transaction Value (10000 yuan)	市场类别 Market Type	地址 Address
天津有色金属交易市场有限公司 Tianjin Non-ferrous Metal Market Co.,Ltd	500	225100	金属材料市场	天津市塘沽区海滨八路88号1005-2室
天津滨海新区危险化学品交易市场有限公司 Tianjin Trading Market of Dangerous Goods Co.,Ltd	500	250000	化工材料及制品市场	天津港保税区
天津棉花交易市场有限公司 Tianjin Cotton Market Co.,Ltd	1000	375782	棉麻土畜、烟叶市场	天津市塘沽区通达广场A306
天津巨川投资集团有限公司 Tianjin Juchuan Investment Group	42153	17908	工业消费品综合市场	天津市塘沽区解放路453号
天津中国北方食糖批发交易市场有限公司 China Tianjin North Sugar Market Co.,Ltd	500	24957	食品饮料市场	天津市塘沽区通达广场A306
新港濒开里市场 Xingang Street Binkaili Market	7339	78729	其他综合市场	天津市塘沽区新港3号路1998号
天津市塘沽区盛洋商城有限公司 Tianjin Tanggu Distrct Shengyang Commerce City	5018	9800	服装市场	天津市塘沽区抚顺道418号
天津市汉滨投资有限公司寨上农贸市场 Tianjin Hanbin Investment Co.,Ltd, Zhaishang Agriculture Product Market	7300	12010	服装市场	天津市汉沽区寨上街新开南路
天津市汉滨投资有限公司滨河农贸市场 Tianjin Hanbin Investment Co.,Ltd Binhe Agriculture Product Market	6000	18257	其他综合市场	天津市汉沽区滨河农贸市场

第八篇

对外经济贸易

Chapter 8

Foreign Trade and Economic Cooperation

8-1 外贸出口总额(1994-2012年)
Total Value of Exports in Foreign Trade, 1994-2012

单位：亿美元 (USD 100 million)

年 份 Year	合 计 Total	#塘 沽 Tanggu	汉 沽 Han'gu	大 港 Dagang	经济技术开发区 TEDA	天津港保税区 TPFTZ	高新区 THIP	东疆保税港区 Dong Jiang FTPZ
1994	5.90				5.44	0.34		
1995	10.10				9.01	1.08		
1996	17.46	0.19	0.07	0.41	14.50	1.53		
1997	24.33	0.29	0.12	0.78	20.04	2.18		
1998	28.09	0.35	0.08	0.89	22.61	2.58		
1999	30.01	0.39	0.10	1.21	25.54	1.88		
2000	44.63	0.45	0.10	1.60	32.67	1.55		
2001	54.31	0.69	0.16	1.84	40.35	2.89		
2002	72.01	1.03	0.37	2.25	57.06	3.80		
2003	89.38	1.86	0.38	2.97	68.86	5.00		
2004	136.99	2.11	0.47	3.43	111.75	7.09		
2005	184.69	3.06	0.59	3.89	139.71	11.24		
2006	226.20	3.72	0.65	4.70	171.45	18.88		
2007	245.27	27.10	0.92	5.37	177.58	25.63		
2008	261.47	33.12	0.93	6.57	171.31	38.76		
2009	197.14	17.42	0.79	4.88	133.41	23.56	7.08	
2010	232.60	22.43	0.84	6.59	165.43	28.83	7.59	0.90
2011	276.76	21.13	1.06	7.69	198.36	35.24	9.81	3.29
2012	308.64	22.58	1.31	8.62	220.34	38.54	9.74	7.32

资料来源：天津市滨海新区商务委员会。
Source: Tianjin Binhai New Area Commission of Commerce.

8-2 直接利用外资情况
Utilization of Foreign Direct Investment

单位：个、亿美元 (unit, USD 100 million)

项　　目	Item	2011	2012	2012比2011年增长(%) Increased Rate in 2012 over 2011(%)
滨海新区合计	**Total**			
签订合同项目	Number of Contracts Signed	353	372	5.4
合同外资额	Foreign Investment Contracted	129.53	142.54	10.1
实际直接利用外资	Actual Direct Utilization of Foreign Capital	85.02	98.41	15.8
#塘　沽	**Tanggu**			
签订合同项目	Number of Contracts Signed	8	13	62.5
合同外资额	Foreign Investment Contracted	1.12	1.28	14.3
实际直接利用外资	Actual Direct Utilization of Foreign Capital	0.71	0.82	15.5
汉　沽	**Han'gu**			
签订合同项目	Number of Contracts Signed	2		
合同外资额	Foreign Investment Contracted	0.25	0.06	-76.0
实际直接利用外资	Actual Direct Utilization of Foreign Capital	0.32	0.50	56.3
大　港	**Dagang**			
签订合同项目	Number of Contracts Signed	5		
合同外资额	Foreign Investment Contracted	1.44	0.05	-96.5
实际直接利用外资	Actual Direct Utilization of Foreign Capital	0.94	0.61	-35.1
经济技术开发区	**TEDA**			
签订合同项目	Number of Contracts Signed	129	157	21.7
合同外资额	Foreign Investment Contracted	63.10	69.52	10.2
实际直接利用外资	Actual Direct Utilization of Foreign Capital	43.50	50.03	15.0
天津港保税区	**TPFTZ**			
签订合同项目	Number of Contracts Signed	101	66	-34.7
合同外资额	Foreign Investment Contracted	47.80	52.72	10.3
实际直接利用外资	Actual Direct Utilization of Foreign Capital	26.18	30.17	15.2
高 新 区	**THIP**			
签订合同项目	Number of Contracts Signed	49	61	24.5
合同外资额	Foreign Investment Contracted	7.94	9.95	25.4
实际直接利用外资	Actual Direct Utilization of Foreign Capital	5.53	7.65	38.2

资料来源：天津市滨海新区商务委员会。
Source: Tianjin Binhai New Area Commission of Commerce.

8-2 续表 continued

单位：万美元 (USD 10000)

项 目	Item	签订合同项目(个) Number of Contracts Signed (unit)	合同外资额 Foreign Investment Contracted	实际直接利用外资 Actual Direct Utilization of Foreign Capital Used
		2012	2012	2012
总 计	**Total**	**372**	**1425447**	**984140**
按投资方式分	**Grouped by Investing Way**			
#合资企业	Joint Ventures	102	206911	179300
独资企业	Foreign-funded Sole Enterprises	270	1201947	804522
按国民经济行业分	**Grouped by Sector**			
#农、林、牧、渔业	Farming, Forestry, Animal Husbandry and Fishery		80	80
采矿业	Minerals Mining			146395
制造业	Manufacturing	28	249927	341859
电力、热力、燃气及水的生产和供应业	Production and Supply of Electric Power Heat Power, Gas and Water	1	2560	1864
建筑业	Construction	2	21514	8836
批发和零售业	Wholesale and Retail Trades	74	123946	32664
交通运输、仓储和邮政业	Transportation, Storage and Post Services	46	236636	52708
住宿和餐饮业	Accommodation and Catering Services	3	70	59
信息传输、软件和信息技术服务业	Information Transmission, Software and IT Services	6	10161	6506
金融业	Finance Intermediation	45	121048	62642
房地产业	Real Estate	4	59303	77775
租赁和商务服务业	Leasing and Business Services	84	387173	176148
科学研究和技术服务业	Scientific Research and Technical Services	74	186355	65416
水利、环境和公共设施管理业	Management for Water Conservancy, Environment and Public Facilities		136	5065
居民服务、修理和其他服务业	Resident Services, Repair and Other Services	3	12899	3321
文化、体育和娱乐业	Culture, Sports and Recreational Services	1	1256	2476
按国别(地区)分	**Grouped by Country(region)**			
#中国香港	Hong Kong,China	193	866835	578834
美 国	United States	45	163916	62920
中国台湾	Taiwan,China	17	69674	45805
日 本	Japan	27	77362	90516
韩 国	Republic of Korea	12	50701	54886
新 加 坡	Singapore	17	64852	55169
德 国	Germany	7	13158	14906
英 国	United Kingdom	7	28761	14810
法 国	France	2	1662	3340
意 大 利	Italy	1	107	117
英属维尔京群岛	British Virgin Islands			129

注：本表按商务部口径统计。
Note: Data in this table adopt coverage of Ministry of Commerce.

8-3 天津经济技术开发区(南港工业区)建区以来国民经济主要指标
Main Statistics on TEDA (Nangang Industrial Zone) since Establishment

年份 Year	地区生产总值 (万元) Gross Domestic Product (10000 yuan)	工业总产值 (万元) Gross Output Value of Industry (10000 yuan)	#外商及港澳台投资企业 Foreign and Hong Kong, Macao, Taiwan Funded Enterprises	工业主营业务收入 (万元) Revenue from Principal Business of Industry (10000 yuan)	#外商及港澳台投资企业 Foreign and Hong Kong, Macao, Taiwan Funded Enterprises
1985					
1986	935	3872	3872	1994	1994
1987	8765	18873	17373	10814	9805
1988	19282	36500	33500	33945	31561
1989	18437	46518	41630	46937	41424
1990	25011	78060	68859	73767	60546
1991	67129	187019	163370	157434	139924
1992	128274	320762	294137	288577	264635
1993	254591	702517	675260	653382	624162
1994	487678	1490806	1469665	1377942	1349440
1995	801102	2664551	2621361	2526011	2483428
1996	1310135	3701106	3646558	3617960	3563872
1997	1536270	4702422	4590240	4630014	4519091
1998	1801056	5402180	5203573	5337354	5141130
1999	2084516	6085483	5863637	6018543	5802137
2000	2564432	7318248	7089316	7274338	7049651
2001	3120259	8651050	8394351	8633748	8378463
2002	3800899	10312373	10016037	10291748	9996025
2003	4452278	12513994	12158648	12494722	12143923
2004	5372001	18221439	17749893	18476539	17998392
2005	6420489	23051921	22471809	23521464	22908165
2006	8204373	30301617	29522301	30744021	29821700
2007	9383705	33506742	32313392	34447412	33220623
2008	11383409	37300047	33444361	38390462	34095046
2009	12784851	42021035	34559537	42643400	34727951
2010	15008226	50812795	41442051	52194691	41260612
2011	18846252	60183446	49836824	61021437	50956885
2012	22013830	71021797	55987465	69691179	56144695

注：本表工业总产值、工业主营业务收入2011年以前为全部工业，2011年以后为规模以上工业。
Note: Data of gross output value of industry and revenue from principal business of industry adopt the coverage of gross industry before 2011, and industry above designated size from 2011.

8-3 续表 continued

年　份 Year	批准企业数 (个) Number of Foreign Direct Investment Contracts (unit)	合同外资金额 (万美元) Foreign Investment Contracted (USD 10000)	出口总额 (万美元) Exports (USD 10000)	从业人员 (万人) Employment Personnel (10000 person)	#外商及港澳台投资企业 Foreign and Hong Kong, Macao, Taiwan Funded Enterprises
1985	14	1436		0.08	0.01
1986	27	1693	202	0.15	0.07
1987	34	844	1616	0.64	0.30
1988	48	4835	3780	0.86	0.45
1989	40	6764	4604	0.80	0.58
1990	54	10034	6370	1.45	0.81
1991	121	12653	11348	2.14	1.20
1992	462	50682	16022	3.79	2.11
1993	909	75853	29235	5.52	3.46
1994	487	119908	54426	8.42	6.12
1995	361	158959	90103	11.29	7.97
1996	187	158846	145020	14.02	9.99
1997	172	130815	200415	15.79	11.35
1998	194	122845	208135	17.16	12.11
1999	106	127987	255380	18.05	12.72
2000	99	264034	326691	19.11	13.45
2001	94	220007	403531	19.50	13.77
2002	109	241065	570563	20.59	14.68
2003	161	127432	688617	23.20	15.97
2004	165	192171	1117503	25.81	17.97
2005	223	259504	1397066	28.83	20.13
2006	232	325081	1714478	31.57	22.17
2007	187	390038	1849959	32.93	22.99
2008	133	507007	1714238	35.61	22.30
2009	116	543249	1334095	38.05	22.01
2010	136	573513	1654300	41.92	24.88
2011	129	631018	1984589	48.48	29.80
2012	157	695184	2204796	51.23	30.35

8-4 天津经济技术开发区(南港工业区)进出口总额
Total Value of Imports and Exports of TEDA (Nangang Industrial Zone)

单位：万美元 (USD 10000)

项　目	Item	2011	2012	2012比2011年增长(%) Increase Rate in 2012 over 2011(%)
进出口总额	**Total Value of Imports and Exports**	**4166737**	**4644312**	**11.4**
#外商及港澳台投资企业	Foreign and Hong Kong, Macao, Taiwan Funded Enterprises	3899299	4317993	10.7
内资企业	Domestic Funded Enterprises	268427	326319	21.6
#一般贸易	General Trade	1264653	1347739	6.6
加工贸易	Processing Using Trade	2834225	3193645	12.7
#机电产品	Mechanical and Electrical Products	3438813	3840387	11.7
#高新技术产品	High-tech Products	2593208	2996403	15.6
出口总额	**Total Value of Exports**	**1984589**	**2204796**	**11.1**
#外商及港澳台投资企业	Foreign and Hong Kong, Macao, Taiwan Funded Enterprises	1886438	2094945	11.1
内资企业	Domestic Funded Enterprises	98151	109851	11.9
#一般贸易	General Trade	260697	266175	2.1
加工贸易	Processing Using Trade	1714698	1919747	12
#机电产品	Mechanical and Electrical Products	1796360	2012748	12.1
#高新技术产品	High-tech products	1431990	1613738	12.7
进口总额	**Total Value of Imports**	**2183137**	**2439516**	**11.7**
#外商及港澳台投资企业	Foreign and Hong Kong, Macao, Taiwan Funded Enterprises	2012861	2223049	10.4
内资企业	Domestic Funded Enterprises	170276	216467	27.1
#一般贸易	General Trade	1003956	1081565	7.7
加工贸易	Processing Using Trade	1119527	1273897	13.8
#机电产品	Mechanical and Electrical Products	1642453	1827639	11.3
#高新技术产品	High-tech Products	1161218	1382665	19.1

8-5 天津经济技术开发区(南港工业区)已批准直接利用外资项目情况(1985-2012年)
Foreign Direct Investment Projects Approved in TEDA (Nangang Industrial Zone), 1985-2012

单位：万美元 (USD 10000)

年 份 Year	项目个数 (个) Number of Contracts (unit)	合同投资总额 Total Investment Contracted	#合同外资额 Foreign Investment Contracted	实际利用外资额 Actual Utilization of Foreign Capital
1985-2012年累计 Total of 1985-2012	**5156**	**8020985**	**5953460**	**3544191**
1985	14	3192	1436	568
1986	27	4342	1693	1231
1987	34	2280	844	1099
1988	48	8482	4835	1298
1989	40	10569	6764	4071
1990	54	12237	10034	3950
1991	121	18565	12653	11006
1992	462	70261	50685	24243
1993	909	123536	75853	34460
1994	487	152278	119908	65546
1995	361	181129	158959	72216
1996	187	191604	158846	75706
1997	172	149576	130815	75558
1998	194	148207	122845	101318
1999	106	142884	127987	100071
2000	99	277902	264034	101003
2001	94	248779	220007	180072
2002	109	260675	241065	200002
2003	161	229059	127432	63246
2004	165	340114	192171	94919
2005	223	426291	259504	128492
2006	232	512046	325081	160029
2007	186	616447	390038	193055
2008	133	709593	507007	251236
2009	116	637246	543249	302010
2010	136	841044	573513	362459
2011	129	768919	631018	435012
2012	157	933728	695184	500315

8-6 天津经济技术开发区(南港工业区)外商及港澳台商投资企业投资情况(截止2012年底)

Investment of Foreign and Hong Kong, Macao and Taiwan Funded Enterprises in TEDA (Nangang Industrial Zone) (By the End of 2012)

国别(地区)	Country(Region)	企业个数 (个) Number of Enterprises (unit)	项目投资总额 (万美元) Total Investment of Contract (USD 10000)	#合同外资金额 Foreign Capital
合　计	**Total**	**1567**	**3339567**	**1471843**
按投资方式分	**Grouped by Investing Way**			
合资企业	Joint Ventures	884	1795512	942383
合作企业	Cooperative Enterprises	653	1498992	512028
独资企业	Foreign-funded Sole Enterprises	30	45063	17431
按国别、地区分	**Grouped by Country, Region**			
#中国香港	Hong Kong, China	436	1064340	527530
英属维尔京群岛	British Virgin Islands	108	338181	180998
日　本	Japan	204	446855	163604
美　国	United States	216	247522	88018
韩　国	Republic of Korea	105	265725	88349
开曼群岛	Qaman Islands	33	152299	67814
丹　麦	Denmark	13	137977	68335
新加坡	Singapore	76	155630	57020
西萨摩亚	Western Samoa	13	72687	33822
德　国	Germany	38	65764	33048
加拿大	Canada	38	23130	7473
荷　兰	Netherlands	17	46133	21903
巴巴多斯	Barbados	8	40417	16437
英　国	United Kingdom	40	32249	14138
瑞　士	Swiss	10	22646	14658
中国台湾	Taiwan, China	78	33889	15879
中　国*	China*	10	60059	22580
毛里求斯	Mauritius	10	17741	9715
文　莱	Brunei	2	29905	10005
法　国	France	20	24701	7658
百慕大群岛	Bermuda	4	25193	6641
中国澳门	Macao, China	5	4451	1359
比利时	Belgium	8	3523	2125
马来西亚	Malaysia	10	5360	1633
澳大利亚	Australia	9	3908	1373

注：*为投资性公司投资。
Note: Data with "*" refer to investment of investment company.

8-6 续表 continued

国别(地区)	Country(Region)	企业个数(个) Number of Enterprises (unit)	合同投资总额(万美元) Total Investment of Contract (USD 10000)	#合同外资额 Foreign Capital
美属萨摩亚	American Samoa	3	2640	1220
埃　及	Egypt	1	3000	1200
芬　兰	Finland	4	2438	1183
瑞　典	Sweden	5	2449	1028
美属维尔京群岛	United States Virgin Islands	1	52	14
菲律宾	Philippines	1	1200	700
印　度	India	1	840	600
泰　国	Thailand	3	623	521
巴哈马	Bahama	1	885	500
列支敦士登	Liechtenstein	1	660	330
新西兰	New Zealand	3	426	278
葡萄牙	Portugal	1	464	232
印度尼西亚	Indonesia	4	368	224
西班牙	Spain	2	266	192
哥斯达黎加	Costa Rica	1	406	180
意大利	Italy	2	381	160
波　兰	Poland	1	150	105
挪　威	Norway	1	50	35
捷　克	Czech	1	169	54
爱尔兰	Ireland	2	1195	605
赞比亚	Zambia	1	50	50
匈牙利	Hungary	2	49	45
巴拿马	Panama	1	116	37
柬埔寨	Cambodia	1	30	30
塞舌尔	Seychelles	1	42	30
俄罗斯	Russia	1	40	38
乌拉圭	Uruguay	1	68	24
英属印度洋群岛	British Indian Ocean Territory	1	20	20
英属萨摩亚群岛	British Samoa	1	25	18
希　腊	Greek	1	15	15
塞浦路斯	Cyprus	1	10	10
约　旦	Jordan	1	42	10
卢森堡	Luxembourg	1	8	8
北美洲其它国家	Other North American Countries	1	10	7
巴基斯坦	Pakistan	1	13	4
以色列	Israel	1	84	18

8-7 天津经济技术开发区(南港工业区)外商及港澳台商投资企业按行业分类(截止2012年底)

Foreign and Hong Kong, Macao, Taiwan Funded Enterprises in TEDA (Nangang Industrial Zone) by Sector (By the End of 2012)

行　业	Sector	企业个数(个) Number of Enterprises (unit)	项目投资总额(万美元) Total Investment of Contract (USD 10000)	#合同外资金额 Foreign Capital
合　计	**Total**	**1567**	**3339567**	**1471843**
农、林、牧、渔服务业	Agriculture, Forestry, Animal Husbandry and Fishery Services	1	172	155
煤炭开采和洗选业	Mining and Washing of Coal	1	54386	18800
有色金属矿采选业	Mining and Processing of Non-Ferrous Metal Ores	1	168	118
开采辅助活动	Support Activities for Mining	4	2620	1105
农副食品加工业	Processing of Food from Agricultural Products	27	62925	31338
食品制造业	Manufacture of Foods	27	91198	39879
酒、饮料和精制茶制造业	Manufacture of Wine, Beverages and Refined Tea	16	56582	15559
纺织业	Manufacture of Textile	17	21273	8739
纺织服装、服饰业	Manufacture of Textile Garments and Wearing Apparel	32	7238	2862
皮革、毛皮、羽毛及其制品和制鞋业	Manufacture of Leather, Fur, Feather and Related Products, Footwear	11	2430	1566
木材加工和木、竹、藤、棕、草制品业	Processing of Timber, Manufacture of Wood, Bamboo, Rattan, Palm, and Straw Products	6	846	612
家具制造业	Manufacture of Furniture	13	17865	6821
造纸和纸制品业	Manufacture of Paper and Paper Products	10	8789	1861
印刷和记录媒介复制业	Printing, Reproduction of Recording Media	14	8401	4676
文教、工美、体育和娱乐用品制造业	Manufacture of Articles for Culture, Education, Art, Craft, Sport and Recreation	17	11134	3163
石油加工、炼焦和核燃料加工业	Processing of Petroleum, Coking, Processing of Nuclear Fuel	10	15769	7326
化学原料和化学制品制造业	Manufacture of Raw Chemical Materials and Chemical Products	82	144301	51925
医药制造业	Manufacture of Medicines	34	162419	79249
化学纤维制造业	Manufacture of Chemical Fibers	4	4070	1652
橡胶和塑料制品业	Manufacture of Rubber and Plastics	59	142496	55355
非金属矿物制品业	Manufacture of Non-metallic Mineral Products	51	49163	27063
黑色金属冶炼和压延加工业	Mining and Processing of Ferrous Metal Ores	12	27868	11141
有色金属冶炼和压延加工业	Mining and Processing of Non-Ferrous Metal Ores	7	27323	6201
金属制品业	Manufacture of Metal Products	35	47259	14263
通用设备制造业	Manufacture of General Purpose Machinery	60	170908	67817
专用设备制造业	Manufacture of Special Purpose Machinery	93	124754	52463
汽车制造业	Manufacture of Cars	50	223617	67116
铁路、船舶、航空航天和其他运输设备制造业	Manufacture of Transport Equipment for Railway, Shipping, Aviation, Spaceflight and Others	11	3065	875
电气机械和器材制造业	Manufacture of Electrical Machinery and Equipment	62	109122	42261
计算机、通信和其他电子设备制造业	Manufacture of Computers, Communication and Other Electronic Equipment	117	529226	205871
仪器仪表制造业	Manufacture of Measuring Instruments	29	24637	12658

8-7 续表 continued

行业	Sector	企业个数(个) Number of Enterprises (unit)	项目投资总额(万美元) Total Investment of Contract (USD 10000)	#合同外资金额 Foreign Capital
其他制造业	Other Manufactures	5	3970	1351
废弃资源综合利用业	Comprehensive Utilization of Waste Resources	3	1223	306
金属制品、机械和设备修理业	Repair of Metal Products, Machinery and Equipment	4	209	186
电力、热力生产和供应业	Production and Supply of Electric Power and Heat Power	2	11654	6461
燃气生产和供应业	Production and Supply of Gas	3	19780	3774
水的生产和供应业	Production and Supply of Water	5	29962	14321
房屋建筑业	Building Engineering	2	2472	512
土木工程建筑业	Civil Engineering	9	43159	30680
建筑安装业	Building Installation	5	224	160
建筑装饰和其他建筑业	Building Decoration and Others	19	2492	868
批发业	Wholesale	84	132690	54007
零售业	Retail	7	9798	5021
道路运输业	Highway Transport	3	14856	2659
水上运输业	Waterway Transport	2	9225	1458
装卸搬运和运输代理业	Loading, Transportation and Shipping Agents	13	4515	1643
仓储业	Storage Services	22	60138	16053
住宿业	Accommodation Services	2	963	517
餐饮业	Catering Services	11	806	676
电信、广播电视和卫星传输服务	Telecommunications, Broadcasting, Television and Satellite Transmission Services	7	1492	787
互联网和相关服务	Internet and Related Services	2	1181	560
软件和信息技术服务业	Software and IT Services	33	47552	21070
房地产业	Real Estate	75	163695	78720
货币金融服务	Monetary and Financial Services	2	10855	1809
资本市场服务	Capital Market Services	49	108150	94208
保险业	Insurance	1	177	42
其他金融业	Other Finance Intermediation	4	39135	31818
租　赁	Leasing Services	22	83908	62277
商务服务业	Business Services	101	217206	142507
研究和试验发展	R&D	12	19737	7074
专业技术服务业	Professional Technology Services	38	6499	3256
科技推广和应用服务业	Science and Technology Promotion	87	114624	39078
公共设施管理业	Management for Public Facilities	8	15514	4406
居民服务业	Resident Services	1	1	1
机动车、电子产品和日用产品修理业	Repair of Motor Vehicles, Electronics and Household Goods	3	1480	627
其他服务业	Other Services	3	4566	1525
教　育	Education	1	500	250
卫　生	Health	1	1206	246
广播、电视、电影和影视录音制作业	Broadcasting, TV, Movies and Video Recording	1	1830	359
体　育	Sports	2	98	80

第九篇

人民生活、社会事业和其他

Chapter 9

People's Life, Social Undertakings and Others

9-1 城市居民家庭人均可支配收入及消费性支出
Per Capita Disposable Income & Expenditures for Consumption of Urban Households

单位：元 (yuan)

项 目	Item	2011	2012
人均可支配收入	**Per Capita Disposable Income**	**30241**	**33866**
人均消费性支出	**Per Capita Annual Expenditures for Consumption**	**20327**	**22964**
食 品	Food	7129	8250
衣 着	Clothing	2675	3055
家庭设备、用品及服务	Household Facilities, Articles and Services	1305	1394
医疗保健	Medicine and Medical Services	1083	1211
交通与通讯	Transportation and Communication Services	3168	3460
教育、文化、娱乐用品及服务	Recreation, Education and Cultural Services	2238	2566
居 住	Residence	1739	1827
杂项商品与服务	Miscellaneous Commodities and Services	990	1200

资料来源：国家统计局天津调查总队，表9-2至9-8同。
Source: Survey Office of the National Bureau of Statistics in Tianjin. Same as table 9-2 to 9-8.

9-2 农村居民人均可支配收入及支出
Per Capita Disposable Income & Living Expenditures of Rural Households

单位：元 (yuan)

项 目	Item	2011	2012
人均可支配收入	**Per Capita Annual Disposable Income**	**12151**	**13725**
人均生活消费支出	**Per Capita Annual Living Expenditures**	**6227**	**7964**
食 品	Food	2453	3117
衣 着	Clothing	628	802
居 住	Residence	971	1060
家庭设备、用品及服务	Household Facilities, Articles and Services	327	340
医疗保健	Medicine and Medical Services	465	595
交通和通讯	Transportation and Communications	846	1248
文教娱乐用品及服务	Culture, Education and Recreation Articles and Services	396	556
其 他	Others	141	246

9-3 塘沽城市居民家庭人均可支配收入及消费性支出
Per Capita Disposable Income & Expenditures for Consumption of Tanggu Urban Households

单位：元 (yuan)

项　目	Item	2011	2012
人均可支配收入	**Per Capita Disposable Income**	**33638**	**37751**
人均消费性支出	**Per Capita Annual Expenditures for Consumption**	**22612**	**25362**
#服务性消费支出	Expenditures for Services	5111	
食　品	Food	8082	9203
衣　着	Clothing	3107	3554
家庭设备、用品及服务	Household Facilities, Articles and Services	1593	1683
医疗保健	Medicine and Medical Services	1205	1371
交通与通讯	Transportation and Communication Services	3024	3331
教育、文化、娱乐用品及服务	Recreation, Education and Cultural Services	2314	2527
居　住	Residence	2035	2121
杂项商品与服务	Miscellaneous Commodities and Services	1250	1572

9-4 塘沽农村居民人均可支配收入及支出
Per Capita Disposable Income & Living Expenditures of Tanggu Rural Households

单位：元 (yuan)

项　　目	Item	2011	2012
人均可支配收入	**Per Capita Annual Disposable Income**	**12745**	**14465**
工资性收入	Rewards of Labours	6969	8523
家庭经营收入	Income from Family Business	4537	4881
第一产业收入	Primary Industry	450	579
第二产业收入	Secondary Industry	792	646
第三产业收入	Tertiary Industry	3295	3656
转移性收入及财产性收入	Transferred and Property Income	1239	1061
人均生活消费支出	**Per Capita Annual Living Expenditures**	**6967**	**8960**
食　品	Food	2932	3579
衣　着	Clothing	740	809
居　住	Residence	923	948
家庭设备、用品及服务	Household Facilities, Articles and Services	332	341
医疗保健	Medicine and Medical Services	483	625
交通和通讯	Transportation and Communications	942	1882
文教娱乐用品及服务	Culture, Education and Recreation Articles and Services	435	559
其　他	Others	180	217

9-5 汉沽城市居民家庭人均可支配收入及消费性支出
Per Capita Disposable Income & Expenditures for Consumption of Han'gu Urban Households

单位：元 (yuan)

项目	Item	2011	2012
人均可支配收入	**Per Capita Disposable Income**	**21406**	**24087**
人均消费性支出	**Per Capita Annual Expenditures for Consumption**	**13082**	**15294**
#服务性消费支出	Expenditures for Services	2237	
食品	Food	6955	7577
衣着	Clothing	1848	2117
家庭设备、用品及服务	Household Facilities, Articles and Services	648	734
医疗保健	Medicine and Medical Services	373	518
交通与通讯	Transportation and Communication Services	984	1458
教育、文化、娱乐用品及服务	Recreation, Education and Cultural Services	869	1204
居住	Residence	964	1095
杂项商品与服务	Miscellaneous Commodities and Services	441	590

9-6 汉沽农村居民人均可支配收入及支出
Per Capita Disposable Income & Living Expenditures of Han'gu Rural Households

单位：元 (yuan)

项　目	Item	2011	2012
人均可支配收入	**Per Capita Annual Disposable Income**	**11755**	**13281**
工资性收入	Rewards of Labours	4087	5535
家庭经营收入	Income from Family Business	7087	6003
第一产业收入	Primary Industry	4870	3341
第二产业收入	Secondary Industry	975	1352
第三产业收入	Tertiary Industry	1242	1310
转移性收入及财产性收入	Transferred and Property Income	581	1743
人均生活消费支出	**Per Capita Annual Living Expenditures**	**6950**	**7754**
食　品	Food	2205	2902
衣　着	Clothing	475	582
居　住	Residence	2087	975
家庭设备、用品及服务	Household Facilities, Articles and Services	321	398
医疗保健	Medicine and Medical Services	578	771
交通和通讯	Transportation and Communications	867	1284
文教娱乐用品及服务	Culture, Education and Recreation Articles and Services	322	458
其　他	Others	95	384

9-7 大港城市居民家庭人均可支配收入及消费性支出
Per Capita Disposable Income & Expenditures for Consumption of Dagang Urban Households

单位：元 (yuan)

项　　目	Item	2011	2012
人均可支配收入	**Per Capita Disposable Income**	**27851**	**30691**
人均消费性支出	**Per Capita Annual Expenditures for Consumption**	**19230**	**20981**
#服务性消费支出	Expenditures for Services	4320	
食　　品	Food	5536	6459
衣　　着	Clothing	2565	2811
家庭设备、用品及服务	Household Facilities, Articles and Services	1098	1194
医疗保健	Medicine and Medical Services	1269	1310
交通与通讯	Transportation and Communication Services	4261	4460
教育、文化、娱乐用品及服务	Recreation, Education and Cultural Services	2306	2613
居　　住	Residence	1295	1251
杂项商品与服务	Miscellaneous Commodities and Services	899	884

9-8 大港农村居民人均可支配收入及支出
Per Capita Disposable Income & Living Expenditures of Dagang Rural Households

单位：元 (yuan)

项　　目	Item	2011	2012
人均可支配收入	**Per Capita Annual Disposable Income**	**11876**	**13377**
工资性收入	Rewards of Labours	9060	10200
家庭经营收入	Income from Family Business	2698	2826
第一产业收入	Primary Industry	283	331
第二产业收入	Secondary Industry	436	470
第三产业收入	Tertiary Industry	1979	2025
转移性收入及财产性收入	Transferred and Property Income	118	351
人均生活消费支出	**Per Capita Annual Living Expenditures**	**5296**	**7417**
食　品	Food	2197	2887
衣　着	Clothing	613	841
居　住	Residence	469	1143
家庭设备、用品及服务	Household Facilities, Articles and Services	326	327
医疗保健	Medicine and Medical Services	395	543
交通和通讯	Transportation and Communications	762	867
文教娱乐用品及服务	Culture, Education and Recreation Articles and Services	401	573
其　他	Others	133	236

9-9 社会福利事业机构和人员数(2012年)
Number of Social Welfare Institutions and Persons Engaged, 2012

部门	Department	合计 Total	塘沽 Tanggu	汉沽 Han'gu	大港 Dagang
机构数(个)	**Number of Institutions (unit)**	**144**	**33**	**43**	**68**
福利企业单位	Social Welfare Enterprises	70	18	25	27
烈士纪念建筑物管理单位	Martyr Memorial Building Management Units	3	1	1	1
救助管理单位	Collecting and Repatriation Units	3	1	1	1
殡仪服务单位	Funeral and Interment Units	4	1	1	2
福利彩票发行单位	Welfare Lottery Issuing Units	2	1		1
城镇社区服务中心(站)	Urban Community Service Institutions (Stations)	62	11	15	36
人员数(人)	**Number of Persons Engaged(Person)**	**6421**	**1660**	**1811**	**2950**
福利企业单位	Social Welfare Enterprises	4258	642	1200	2416
烈士纪念建筑物管理单位	Martyr Memorial Building Management Units	18	5	8	5
救助管理单位	Collecting and Repatriation Units	27	12	9	6
殡仪服务单位	Funeral and Interment Units	50	17	15	18
福利彩票发行单位	Welfare Lottery Issuing Units	5	4		1
城镇社区服务中心（站）	Urban Community Service Institutions (Stations)	2063	980	579	504

资料来源：天津市滨海新区民政局,表9-8至9-12同。
Source: Tianjin Binhai New Area Bureau of Civil Affairs.Same as table 9-8 to 9-12.

9-10 分功能区收养性社会福利事业单位基本情况(2012年)
Basic Statistics on Social Adoptive Welfare Institutions by Functional Area, 2012

指标	Item	单位数(个) Institutions (unit)	职工人数(人) Staff and Workers (person)	床位数(张) Number of Beds (unit)	年末在院收养人员(人) Adopted Personnel at Year-end (person)
总计	**Total**	**21**	**402**	**2214**	**1355**
塘沽	**Tanggu**	**10**	**205**	**1019**	**678**
国办养老机构	State Pension Agency	1	27	88	86
社会办养老机构	Social Pension Agency	7	153	752	494
敬老院	Homes for the Elderly	2	25	179	98
汉沽	**Han'gu**	**3**	**94**	**386**	**272**
国办养老机构	State Pension Agency	1	78	260	215
敬老院	Homes for the Elderly	2	16	126	57
大港	**Dagang**	**7**	**65**	**692**	**305**
社会办养老机构	Social Pension Agency	3	57	488	240
敬老院	Homes for the Elderly	4	8	204	65
经济技术开发区	**TEDA**	**1**	**38**	**117**	**100**
社会办养老机构	Social Pension Agency	1	38	117	100

9-11 各类救济情况(2012年)
Basic Statistics on Social Relief, 2012

指标	Item	合计 Total	#塘沽 Tanggu	汉沽 Han'gu	大港 Dagang
社会救济总人数(人)	**Total Persons Enjoying Relief Funds (person)**	**23079**	**10244**	**8061**	**4774**
城镇居民最低生活保障人数	Urban Persons Enjoying Subsistence Allowance	14962	8306	4745	1911
#"三无人员"	Three Non-person	156	71	77	8
老年人	Senile	2466	809	1084	573
在职人员	On-post	1423	276		1147
灵活就业	Flexible Employment	2938	2818		120
登记失业	Registered Unemployed	21			21
未登记失业	Unregistered Unemployed	10			10
在校生	Students in School	2360	740	1082	538
农村居民最低生活保障人数	Rural Persons Enjoying Subsistence Allowance	8117	1938	3316	2863
农村五保人数	Number of Persons Enjoying Livelihood Guarantees in Five Aspects in Rural Areas	334	54	91	189
集中供养人数	Number of Concentrated Support	113	24	24	65
分散供养人数	Number of Decentralized Support	221	30	67	124
临时救济人次数(人次)	**Total Persons Receiving Temporary Almsgiving (person-times)**	**5030**	**2424**	**251**	**2355**
城市临时救济人次数	Urban Persons Receiving Temporary Almsgiving	2557	2023	166	368
农村临时救济人次数	Rural Persons Receiving Temporary Almsgiving	2473	401	85	1987
社会救济费(万元)	**Relief Funds (10 000 yuan)**	**14460.74**	**8901.00**	**2346.44**	**3213.30**
城镇低保费	Urban Low Premiums	7412.42	4786.00	1757.47	868.95
其他城镇救济费	Urban Other Relief Funds	3768.86	3006.10	32.07	730.69
农村低保费	Rural Low Premiums	1902.03	644.00	527.34	730.69
农村社会救济费	Rural Relief Funds	1377.43	464.90	29.56	882.97
自然灾害救济费(万元)	**Relief for Natural Disasters (10 000 yuan)**	**556.35**	**73.00**	**3.35**	**480.00**

9-12 优抚事业单位基本情况(2012年)
Basic Situation of Preferential Treatment Institutions, 2012

项目	Item	合计 Total	#塘沽 Tanggu	汉沽 Han'gu	大港 Dagang	经济技术开发区 TEDA
优抚人数(人)	**Number of Martyrs and Disabled Veterans (person)**	**2266**	**866**	**322**	**1055**	**23**
#烈属	Members of Revolutionary Martyr's Family	69	11	42	16	
牺牲病故军人家属	Families of Soldiers Sacrificed or Died of Illness	28	11	12	5	
革命伤残人员	Revolutionary Disabled	548	281	66	201	
在乡复员军人	Demobilized Soldiers in Hometown	147	43	33	70	1
带病回乡退伍军人	Veterans in Hometown with Illness	436	113	112	209	2
参战退役人员	Ex-seviceman Attended in War	278	56	85	134	3
参试补助人员	Ex-seviceman Attended in Nuclear Test	29	27		2	
镇义务兵	Urban Voluntary Soldiers	874	324	149	384	17
优抚对象补助金额(万元)	**Allowance to Martyrs and Disabled Veterans (10000 yuan)**	**2818.48**	**1006.38**	**302.30**	**1474.70**	**34.80**
抚恤安置费(万元)	**Settlement Allowance (10 000 yuan)**	**4782.30**	**1500.00**	**1268.80**	**1961.20**	**52.30**
抚恤事业费	Comport Operating Expenses	3161.70	1006.00	696.20	1424.70	34.80
安置事业费	Settlement Operating Expenses	1620.60	494.00	572.60	536.50	17.50

9-13 老年事业基本情况(2012年)
Basic Statistics on Senile Citizen Undertakings, 2012

指标	Item	单位	Unit	合计 Total	塘沽 Tanggu	汉沽 Han'gu	大港 Dagang
老年法律援助中心	Senile Legal Aid Centers	个	unit	13	12		1
涉老案件数	Senile Cases	件	case	88	36		52
维权协调组织数	Safeguard and Mediation Organizations	个	unit	72	72		
老年活动站、中心、室	Senile Activity Stations, Centers, Rooms	个	unit	207	93	72	42
老年人参与活动人数	Senile Activity Participants	万人	10000 persons	0.76	0.94	0.46	0.87
老年医疗护理机构	Senile Medical Care Institutions	个	unit	12	8	1	3
老年医疗护理机构病床数	Beds in Senile Medical Care Institutions	张	bed	1500	752	260	488
老年人协会个数	Senile Unions	个	unit	264	73	45	146
老年事业投入经费	Expenditures for Senile Undertakings	万元	10000 yuan	1204	380	65	759
老年学校个数	Senile Schools	个	unit	128	85	26	17
老年学校在校人数	Students Enrollment in Senile Schools	万人	10000 persons	1.18	0.5	0.43	0.25
享受高龄补贴的老年人数	Citizens with Senial Subsidy	人	person	6189	735	247	5207

注：老年医疗护理机构是指福利院、养老院、敬老院等。

Note: Senile medical care institutions refers to welfare homes, nursing homes, homes for the elderly and so on.

9-14 城镇社区服务情况(2012年)
Basic Statistics on Urban Community Service, 2012

指标	Item	单位	Unit	合计 Total	塘沽 Tanggu	汉沽 Han'gu	大港 Dagang
城镇社区服务设施数	Number of Urban Welfare Facilities	个	unit	231	116	30	85
社区从业人员	Number of Employment Personnel	人	person	1835	980	351	504
#安置下岗人员	Placement of Laid-off Staff and Workers	人	person	998	720	98	180
社区服务志愿者人数	Number of Service Volunteers in Community	万人	10000 persons	10.08	5.89	2.18	2.01
便民利民服务网点	Urban Service Points for Civilian	个	unit	818	452	27	339
城镇社区服务中心	Urban Community Service Centers	个	unit	20	9	3	8
单位数	Number of Units	个	unit	20	9	3	8
年末职工人数	Number of Year-end Staff and Workers	人	person	2340	1503	169	668
活动项目数	Number of Project Activities	个	unit	347	156	11	180
#老年人照料项目	Projects of Taking Care of Senile Citizens	个	unit	107	36	30	41

资料来源：天津市滨海新区民政局。
Source: Tianjin Binhai New Area Bureau of Civil Affairs.

9-15 劳动争议处理情况
The Disposal of Labour Disputes

单位：件 (case)

项目	Item	2011	2012
上期未结案数	**Number of Cases Left Over from Last Period**	**1100**	**811**
案件受理情况	**Cases Accepted**		
当期案件受理数	Number of Cases	3072	3270
劳动者当事人数(人)	Number of Persons Involved (person)	2981	3241
案件处理情况	**Cases Settled**		
结案数	Number of Cases Settled	3342	3769
按处理方式分	By Manners of Settlement		
仲裁调解	Mediation	967	1357
仲裁裁决	Arbitration Lawsuit	1397	1584
其他方式	Others	958	828
按处理结果分	By Results of Settlement		
用人单位胜诉	Won by Units	689	779
劳动者胜诉	Won by Labours	510	573
双方部分胜诉	Partly by Both Parties	1666	1879
其他	Others	477	538
本期未结案数	**Number of Cases Unsettled**	**811**	**560**

资料来源：天津滨海新区人力资源和社会保障局。
Source: Tainjin Binhai New Area Human Resources & Social Security Bureau.

9-16 社会保障事业基本情况
Basic Statistics on Social Security

指　　标　　Item	计量单位 Unit	2011	2012
基本医疗保险参保情况　Basic Medical Insurance			
参加城镇职工基本医疗保险人数	万　人		
Urban Staff and Workers Participated in Basic Medical Insurance	10 000 persons	95.70	104.09
参加城乡居民医疗保险人数	万　人		
Urban and Rural Residents Participated in Medical Insurance	10 000 persons	45.00	45.60
失业保险参保情况			
Unemployment Insurance			
参加失业保险职工人数	万　人		
Staff and Workers Participated in Unemployment Insurance	10 000 persons	71.50	76.21
领取失业保险金人数	万　人		
Personnel Drawing Unemployment Insurance Programme	10 000 persons	0.74	0.96
基本养老保险参保情况			
Basic Pension Insurance			
参加城镇职工基本养老保险人数	万　人		
Urban Staff and Workers Participated in Basic Pension Insurance	10 000 persons	99.50	105.33
参加城乡居民养老保险人数	万　人		
Urban and Rural Residents Participated in Pension Insurance	10 000 persons	8.40	7.40
基本养老保险实际缴费人数	万　人		
Personnel Paying for Basic Pension Insurance	10 000 persons	99.50	105.33
社会保障标准　Social Security Standard			
职工最低工资标准	元/月		
Minimum Standard of Wages of Staff and Workers	yuan per month	1310	1500
城镇居民生活保障最低标准	元/月		
Minimum Standard of Urban Living Security	yuan per month	480	520

资料来源：天津市滨海新区人力资源和社会保障局、天津市滨海新区民政局。
Source: Tainjin Binhai New Area Human Resources & Social Security Bureau, Tianjin Binhai New Area Bureau of Civil Affairs

第十篇

城建环保和交通邮电

Chapter 10

Urban Construction, Environment Protection, Transportation, Post and Telecommunications

10-1 城市市政设施
Municipal Facilities in City

项　目	Item	单　位	Unit	1994	2011	2012	2012比2011年增长(%) Increase Rate in 2012 over 2011(%)
铺装道路长度	Length of Paved Roads	公 里	km	338.06	1495.95	1635.22	9.3
铺装道路面积	Area of Paved Roads	万平方米	10000 sq.m	390.05	3232.20	3945.32	22.1
桥梁座数	Number of Bridges	座	unit	39	162.00	171.00	5.6
#立交桥	Flyover	座	unit	8	41.00	41.00	
排水泵站	Pump Station	座	unit	42	268.00	268.00	
排水管道长度	Length of Drainpipes	公 里	km	641.07	4475.31	4475.31	

资料来源：天津市滨海新区建设和交通局，表10-2至10-5同。
Source: Tianjin Binhai New Area Construction and Communications Bureau.Same as table 10-2 to 10-5.
注：1994年不含塘沽管委会、大港管委会市政局系统外城市市政设施数量。
Note: Data in 1994 excludes municipal facilities out of urban council system of Tanggu and Dagang Management Committee.

10-2 分功能区城市市政设施(2012年)
Municipal Facilities in City by Functional Area, 2012

项　目	Item	铺装道路长度(公里) Length of Paved Roads (km)	铺装道路面积(万平方米) Area of Paved Roads (10000 sq. m)	桥梁座数(座) Number of Bridges (unit)	#立交桥(座) Flyover (unit)
新区合计	**Total of Binhai New Area**	**1635.22**	**3945.32**	**171**	**41**
#塘　沽	Tanggu	155.35	435.43	19	8
汉　沽	Han'gu	92.39	156.83	9	
大　港	Dagang	144.30	295.27	10	
经济技术开发区	TEDA	462.09	1036.14	67	12
天津港保税区	TPFTZ	182.37	331.81	12	3
高 新 区	THIP	92.89	242.74	28	

10-3 自备水开采能力和供水量
Exploitation Capacity and Supply of Self-contained Water

指　标	Item	单　位	Uint	2001	2011	2012	2012比2011年增长(%) Increase Rate in 2012 over 2011(%)
开采能力	Exploitation Capacity	万吨/日	10000 tons/day	32.8	32.8	32.8	
全年售水总量	Total Annual Volume of Water Sold	万　吨	10000 tons	4476	3605	3495	-3.1
#生产用水	For Productive Use	万　吨	10000 tons	3355	1995	1990	-0.3
生活用水	For Residential Use	万　吨	10000 tons	1121	1610	1505	-6.5

注：自备水指企业或单位的地下井水。
Note: Self-contained water refer to underground well water of enterprises and institutions.

10-4 自来水厂生产能力和供水量
Production and Supply of Tap Water

项　目	Item	单　位	Uint	1994	2011	2012	2012比2011年增长(%) Increase Rate in 2012 over 2011(%)
综合生产能力	Production Capacity	万吨/日	10000 tons/day	19.9	76.3	82.5	8.1
供水管道长度	Length of Water Supply Pipelines	公　里	km	513	2163	2250	4.0
全年售水总量	Total Annual Volume of Water Sold	万　吨	10000 tons	7287	16700	21676	29.8
#生产用水	For Productive Use	万　吨	10000 tons	5527	6531	8102	24.1
生活用水	For Residential Use	万　吨	10000 tons	1760	4100	4791	16.9

注：本表综合范围为塘沽、汉沽、大港、经济技术开发区、天津港保税区。
Note: Coverage of this table refers to Tanggu, Han'gu, Dagang, TEDA and TPFTZ.

10-5 城市燃气设备能力和销售量
Capacity of Gas Equipment and Gas Sold in City

项　目	Item	单　位	Uint	1994	2011	2012	2012比2011年增长(%) Increase Rate in 2012 over 2011(%)
液化石油气	**Liquefied Petroleum Gas**						
销售量	Volume of Gas Sold	万立方米	10000 cu. m		2979	3185	6.9
#工业用	For Industrial Use	万立方米	10000 cu. m		859	1101	28.2
民　用	For Residential Use	万立方米	10 000 cu. m		2120	2084	-1.7
天然气	**Natural Gas**						
储气能力	Storage Capacity	万立方米	10000 cu. m	5.4	44	45	2.5
管道长度	Length of Pipelines	公　里	km	445	1492	2275	52.5
销售量	Volume of Gas Sold	万立方米	10000 cu. m	1273	35320	74662	111.4
#工业用	For Industrial Use	万立方米	10000 cu. m	187	31651	68739	117.2
民　用	For Residential Use	万立方米	10000 cu. m	1086	3670	5923	61.4

10-6 城市环境卫生事业基本情况
Basic Statistics on Urban Environmental Sanitation

指　　标	Item	单　位	Unit	2011	2012
清运垃圾粪便工作量	**Volume of Garbage, Excrement and Urine Disposal**				
道路清扫保洁面积	Area of Road Cleaned	万平方米	10 000 sq. m	2588.67	2655.05
清运生活垃圾	Volume of Living Garbage Disposal	万　吨	10 000 tons	46.06	45.3
清运粪便	Volume of Excrement and Urine Disposal	万　吨	10 000 tons	7.14	8.48
垃圾无害化处理量	Volume of Garbage Innocuous Disposal	万　吨	10 000 tons	46.06	45.30
生活垃圾无害化处理率	**Innocuous Disposal Rate of Living Garbage**	**%**	**%**	**100**	**100**
环境卫生设施	**Environmental Sanitation Facilities**				
公共厕所	Lavatories	座	unit	225	220
垃圾无害化处理厂	Garbage Innocuous Disposal Plant	座	unit	3	3
无害化处理厂能力	Capacity of Innocuous Disposal Plant	吨/日	ton/day	2600	2600
环卫职工人数	**Number of Environment Sanitation Staff & Workers**	**人**	**person**	**4991**	**4893**
#合同工	Contract Workers	人	person	3306	3269

资料来源：天津市滨海新区环境保护和市容管理局,表10-7至10-10同。
Source: Tianjin Binhai New Area Environmental Protection and City Appearance Bureau.Same as table 10-7 to 10-10.

10-7 工业废水、废气、废渣、粉尘排放及处理情况(2008-2012年)
Discharge and Treatment of Industrial Waste Water, Waste Gas, Waste Residue and Dust, 2008-2012

项　目 Item	2008	2009	2010	2011	2012
工业废水排放量(万吨) Volume of Waste Water Discharged (10000 tons)	9992.26	9853.63	11219.40	9880.82	8987.26
工业废气排放总量(亿标立方米) Total Volume of Industrial Waste Gas Emission (100 million st.cu.m)	2000.59	2351.45	2403.71	2519.09	2577.97
工业废渣产生量(万吨) Amount of Industrial Waste Residue Produced (10000 tons)	514.09	559.05	711.92	516.14	420.61
#已处置的 Treatment Volume	25.18	22.75	22.73	9.78	3.38
已综合利用量 Comprehensive Utilization Volume	507.88	544.64	698.92	506.36	417.24
工业烟(粉)尘产生量(吨) Amount of Industrial Fume (Dust) Produced (ton)	895407.18	325711.90	423541.59	2190228.42	2131820.94
年排放量 Annual Emission Volume	2619.27	2611.08	2916.82	19359.82	15336.81

10-8 分功能区工业废水、废气、废渣、粉尘排放及处理情况(2012年)

Discharge and Treatment of Industrial Waste Water, Waste Gas, Waste Residue and Dust by Functional Area, 2012

项目 Item	合计 Total	塘沽 Tanggu	汉沽 Han'gu	大港 Dagang	经济技术开发区 TEDA
工业废水排放量(万吨) Volume of Waste Water Discharged (10000 tons)	8987.26	2508.09	1358.00	1519.00	1754.96
工业废气排放总量(亿标立方米) Total Volume of Industrial Waste Gas Emission (100 million st.cu.m)	2577.97	288.92	438.20	518.87	851.81
工业废渣产生量(万吨) Amount of Industrial Waste Residue Produced (10000 tons)	420.61	39.26	119.00	166.21	39.93
#已处置的 Treatment Volume	3.38	0.04		1.05	2.03
已综合利用量 Comprehensive Utilization Volume	417.24	39.22	119.00	165.16	37.90
工业烟(粉)尘产生量(吨) Amount of Industrial Fume (Dust) Produced (ton)	2131820.94	112631.74	839877.00	1024781.84	24776.78
年排放量 Annual Emission Volume	15336.81	4006.82	5323.19	2878.00	518.01

10-8 续表 continued

项目 Item	天津港保税区 TPFTZ	高新区 THIP	临港经济区 Harbor Ecomonic Area	中心商务区 Central Business District	东疆港 Dongjiang Port
工业废水排放量(万吨) Volume of Waste Water Discharged (10000 tons)	1001.77	259.03	540.18	46.18	0.05
工业废气排放总量(亿标立方米) Total Volume of Industrial Waste Gas Emission (100 million st.cu.m)	271.42	27.53	113.07	67.86	0.29
工业废渣产生量(万吨) Amount of Industrial Waste Residue Produced (10000 tons)	28.74	0.93	11.62	14.90	0.02
#已处置的 Treatment Volume		0.08	0.16		0.02
已综合利用量 Comprehensive Utilization Volume	28.74	0.86	11.46	14.90	
工业烟(粉)尘产生量(吨) Amount of Industrial Fume (Dust) Produced (ton)	8355.34	86.12	106600.20	14711.92	
年排放量 Annual Emission Volume	344.37	10.12	487.24	919.63	

10-9 分功能区国家重点考核污染物排放量(2012年)
Statistics on National Priority Pollutant by Functional Area, 2012

单位：吨 (ton)

项　目	Item	合 计 Total	塘 沽 Tanggu	汉 沽 Han'gu	大 港 Dagang	经济技术开发区 TEDA
二氧化硫排放量	Volume of Sulphur Dioxide Emission	102170.25	21737.00	17997.87	39167.93	4880.58
氮氧化物排放量	Volume of Nitrogen Oxides Emission	99732.78	9805.60	29986.00	39684.12	3899.56
化学需氧量排放量	Volume of COD Discharge	11272.82	3517.79	2865.49	1153.47	2060.35
氨氮排放量	Volume of Ammonia and Nitrogen Discharged	1684.36	1219.39	132.94	49.44	142.00

10-9 续表 continued

项　目	Item	天津港保税区 TPFTZ	高 新 区 THIP	临港经济区 Linggang Ecomonic Zone	中心商务区 Central Business District	东疆港 Dongjiang Port
二氧化硫排放量	Volume of Sulphur Dioxide Emission	1588.63	21.00	9649.24	7128.00	
氮氧化物排放量	Volume of Nitrogen Oxides Emission	2410.91	63.32	10181.16	3702.11	
化学需氧量排放量	Volume of COD Discharge	617.29	590.99	357.90	17.29	92.25
氨氮排放量	Volume of Ammonia and Nitrogen Discharged	70.86	57.34	10.27	0.57	1.55

注：本表统计范围为工业污染物的排放。
Note: Data in this table refer to the pollutant discharge for industrial use.

10-10 国家重点考核污染物排放量(2010-2012)
Statistics on National Priority Pollutant, 2010-2012

单位：吨 (ton)

项目	Item	2010	2011	2012	2012比2011年增长(%) Increase Rate in 2012 over 2011(%)
二氧化硫排放量	Volume of Sulphur Dioxide Emission	117150.85	114237.45	102251.68	-10.5
氮氧化物排放量	Volume of Nitrogen Oxides Emission	109063.14	116941.3	99814.21	-14.7
化学需氧量排放量	Volume of COD Discharge	49420.34	48776.98	47645.7	-2.3
氨氮排放量	Volume of Ammonia and Nitrogen Discharged	8109.80	8148.80	8285.21	1.7

注：本表统计范围包括工业及生活污染物的排放。
Note: Data in this table refer to the pollutant discharge for industrial and residential use.

10-11 通讯网络和设备能力情况(2012年)
Capacity of Telecommunication Network and Facility, 2012

项目	Item	单位	Unit	合计 Total	#塘沽 Tanggu	汉沽 Han'gu	大港 Dagang
通信网络情况	**Telecommunication Network**						
邮电局所数	Number of Post and Telecommunication Offices	处	unit	100	47	18	32
邮路单程总长度	Length of Postal Routes (Single Trip)	公里	km	662	435	14	213
#自办汽车邮路	Independent Postal Routes by Highway	公里	km	662	435	14	213
通信设备能力情况	**Capacity of Telecommunication Facility**						
邮政汽车总数	Number of Automobiles for Post Services	辆	unit	340	217	45	76
宽带接入用户	Number of Subscribers of Broad Band	万户	10000 households	30.31	20.92	4.14	5.24
主营业务收入	Revenue from Principal Business	亿元	100 million	9.13	6.70	1.02	1.42

10-12 邮电通信业务基本情况
Basic Statistics on Post and Telecommunication Services

项目 Item	单位 Unit	2011	2012	2012比2011年增长(%) Increase Rate in 2012 over 2011(%)
邮电业务总量 Business Value of Post and Telecommunication Services	万元 10000 yuan	95925.95	105675.10	10.1
函件 Letters	万件 10000 pcs	1217.93	1274.79	4.7
包裹 Parcels	万件 10000 pcs	21.33	22.26	4.4
汇票 Drafts	万笔 10000 pcs	119.17	58.45	-51.0
机要文件 Confidential Documents	万件 10000 pcs	1.72	1.65	-4.1
特快专递 Express Mail Services	万件 10000 pcs	152.47	134.50	-11.8
订销报纸累计份数 Number of Newspapers Subscribed Accumulated	万份 10000 pcs	3786.25	3815.75	0.8
订销杂志累计份数 Number of Magazines Subscribed Accumulated	万份 10000 pcs	239.70	238.94	-0.3
邮政储蓄收储余额 Deposit Balance of Postal Savings	亿元 100 million	103.88	127.37	22.6
集邮业务 Philately Business	万枚 10000 pcs	426.11	398.22	-6.5
邮电局所数 Number of Post and Telecommunication Offices	处 unit	123	100	18.7
邮路单程总长度 Length of Postal Routes (Single Trip)	公里 km	677	662	-2.2
邮政汽车总数 Number of Automobiles for Post Services	辆 unit	331	340	2.7
固定电话用户 Fixed Telephone Subscribers	万户 10000 households	41.51	42.65	2.7
# 无线市话用户 Wareless Local Call Subcribers	万户 10000 households	1.11	0.70	-37.0
公用电话用户 Public Telephone Subscribers	万户 10000 households	2.23	2.21	-0.9
移动电话用户 Mobile Telephone Subscribers	万户 10000 households	38.45	43.79	13.9
# GSM移动电话用户 GSM Mobile Telephone Subscribers	万户 10000 households	25.13	21.24	-15.5
宽带接入用户 Number of Subscribers of Broad Band	万户 10000 households	28.68	31.65	10.4

资料来源：天津市邮政局和天津市联通公司。
Source: Tianjin Post Office and Tianjin Unicom .

10-13 分功能区邮电通信业务基本情况(2012年)

Basic Statistics on Post and Telecommunication Services by Functional Area, 2012

项目 Item	单位 Unit	合计 Total	#塘沽 Tanggu	汉沽 Han'gu	大港 Dagang
邮电业务总量 Business Value of Post and Telecommunication Services	万元 10000 yuan	105675.10	65465.48	13741.17	23795.61
函件 Letters	万件 10000 pcs	1274.79	604.10	118.70	550.80
包裹 Parcels	万件 10000 pcs	22.26	12.91	1.61	7.02
汇票 Drafts	万笔 10000 pcs	58.45	40.31	2.19	12.74
机要文件 Confidential Documents	万件 10000 pcs	1.65	1.46	0.07	0.12
特快专递 Express Mail Services	万件 10000 pcs	134.50	101.88	12.23	18.51
订销报纸累计份数 Number of Newspapers Subscribed Accumulated	万份 10000 pcs	3815.75	1898.21	467.09	1356.28
订销杂志累计份数 Number of Magazines Subscribed Accumulated	万份 10000 pcs	238.94	124.13	30.05	82.06
邮政储蓄收储余额 Deposit Balance of Postal Savings	亿元 100 million	127.37	59.31	17.55	46.79
集邮业务 Philately Business	万枚 10000 pcs	398.22	217.82	36.61	130.26
邮电局所数 Number of Post and Telecommunication Offices	处 unit	100	47	18	32
邮路单程总长度 Length of Postal Routes (Single Trip)	公里 km	662	435	14	213
邮政汽车总数 Number of Automobiles for Post Services	辆 unit	340	217	45	76
固定电话用户 Fixed Telephone Subscribers	万户 10000 households	42.65	27.98	5.46	7.68
#无线市话用户 Wareless Local Call Subcribers	万户 10000 households	0.70	0.46	0.10	0.13
公用电话用户 Public Telephone Subscribers	万户 10000 households	2.21	1.17	0.11	0.90
移动电话用户 Mobile Telephone Subscribers	万户 10000 households	43.79	28.54	6.21	9.03
#GSM移动电话用户 GSM Mobile Telephone Subscribers	万户 10000 households	21.24	15.30	2.58	3.35
宽带接入用户 Number of Subscribers of Broad Band	万户 10000 households	31.65	20.92	4.14	5.24

资料来源：天津市邮政局和天津市联通公司。
Source: Tianjin Post Office and Tianjin Unicom .

10-14 公共交通基本情况
Basic Statistics on Public Traffic Facilities

项 目	Item	单 位	Unit	2011	2012	2012比2011年增长(%) Increase Rate in 2012 over 2011(%)
公共汽车	**Public Transportation Vehicles**					
营运车辆	Operation Vehicles	辆	unit	1080	1180	9.3
线路条数	Number of Routes	条	route	57	74	29.8
线路长度	Length of Routes	公 里	km	1598	1984	24.2
乘客人数	Passengers	万人次	10000 person-times	10000	10455	4.6
出租汽车	**Taxes**					
营运车辆	Operation Vehicles	辆	unit	5354	5354	
长途汽车	**Coaches**					
营运车辆	Operation Vehicles	辆	unit	351	327	-6.8
线路条数	Number of Routes	条	route	150	143	-4.7
线路长度	Length of Routes	公 里	km	45140	44100	-2.3
全年客运总量	Annual Passengers Traffic	万人次	10000 person-times	21560	21000	-2.6
津滨轻轨	**Binhai Mass Trains**					
运营车辆	Operation Vehicles	节	car	152	152	
运营线路长度	Length of Operation lines	公 里	km	51.7	51.7	
客运总量	Volume of Passengers	万人次	10 000 person-times	2585	3081	19.2

资料来源：天津市滨海新区建设和交通局。
Source: Tianjin Binhai New Area Construction and Communications Bureau.

10-15 天津港(集团)有限公司港口设施情况
Port Facilities of Tianjin Port(Group) Corporation

项 目	Item	单 位	Unit	1994	2011	2012
码头泊位	Berths of Dock	个	unit	70	95	94
#万吨级	Class of 10000-ton Level	个	unit	48	83	82
生产性泊位	Berths for Productive	个	unit	60	88	87
#万吨级	Class of 10000-ton Level	个	unit	45	82	81
非生产性泊位	Berths for Non-productive	个	unit	10	7	7
#万吨级	Class of 10000-ton Level	个	unit	3	1	1
码头长度	Length of Quay Line	米	m	12032	23378	23368
生产性码头长度	Length of Quay Line for Productive	米	m	10861	22559	22549
非生产性码头长度	Length of Quay Line for Non-productive	米	m	1171	819	819
铁路专用线长度	Length of Special Railways	米	m	68615	106485	106485
生产用库场面积	Areas of Store and Piles for Production	万平方米	sq. m	230.26	851.34	929.87
#仓库总面积	Areas of Store Houses	万平方米	sq. m	19.84	22.44	24.07
堆场总面积	Areas of Goods Pile	万平方米	sq. m	210.42	828.9	905.8
非生产用库场面积	Areas of Store and Piles for Non-production	万平方米	sq. m	49.88	31.74	31.53
集装箱堆场堆存能力	Capacity of Piling Containers	国际标准箱	TEU	31466	595218	488588
装卸机械实有数	Number of Loading & Unloading Machines	台	unit	1460	2526	2571
#生产用装卸机械实有数	Loading & Unloading Machines for Production	台	unit	1066	2053	2108
非生产用装卸机械实有数	Loading & Unloading Machines for Non-production	台	unit	394	473	463

资料来源：天津港(集团)有限公司，表10-16至10-18同。
Source: Tianjin Port (Group) Corporation. Same as table 10-16 to 10-18.

10-16 历年港口客货吞吐量(1994-2012年)
Volume of Passenger & Freight Handled in Ports, 1994-2012

年份 Year	港口旅客吞吐量(万人次) Volume of Passenger Handled in Ports (10000 person-times)	港口货物吞吐量(万吨) Volume of Freight Handled in Ports (10000 tons)	外贸 Foreign Trade		内贸 Domestic Trade	
			进港 In-port	出港 Out-port	进港 In-port	出港 Out-port
1994	51.9	4652.1	871.1	1726.1	273.4	1781.5
1995	50.4	5786.7	987.3	2546.9	248.7	2004.8
1996	58.7	6188.3	1033.8	2119.9	315.4	2719.2
1997	52.7	6789.3	1073.1	2667.2	517.4	2531.6
1998	45.3	6818.4	1065.3	2410.7	629.3	2713.1
1999	48.7	7297.7	1309.9	2549.5	707.6	2730.7
2000	40.2	9566.3	1724.0	3410.8	921.6	3509.9
2001	37.1	11369.1	2236.9	3935.1	1045.7	4151.4
2002	33.0	12906.4	2861.9	4144.9	1241.7	4657.8
2003	22.7	16181.7	3618.3	5139.8	1651.7	5771.8
2004	32.5	20619.0	5181.7	5610.1	2220.3	7606.9
2005	31.6	24068.8	6719.3	5590.6	2650.1	9108.9
2006	33.8	25759.8	7272.2	6694.3	3202.9	8590.4
2007	30.0	30946.5	8533.8	8268.8	3339.6	10804.4
2008	8.7	35593.2	10607.8	7636.9	4523.2	12825.3
2009	15.9	38111.3	14466.5	5166.1	7053.3	11425.4
2010	23.4	41325.4	14415.6	6293.2	6862.0	13754.6
2011	24.9	45338.0	15533.7	6627.9	7139.4	16036.9
2012	29.3	47696.9	17192.5	7133.8	8123.7	15247.0

10-17 历年港口集装箱吞吐量(1994-2012年)
Containers Handled in Ports, 1994-2012

单位：万国际标准箱 (10000 TEU)

年份 Year	合计 Total	外贸 Foreign Trade		内贸 Domestic Trade	
		进港 In-port	出港 Out-port	进港 In-port	出港 Out-port
1994	63.1	29.1	33.3	0.4	0.3
1995	70.2	31.4	36.9	0.9	1.0
1996	82.3	37.4	40.6	2.5	1.8
1997	93.6	40.2	47.9	3.1	2.4
1998	101.8	43.4	50.8	3.8	3.8
1999	130.2	52.9	61.2	8.8	7.3
2000	170.8	75.8	69.6	12.0	13.4
2001	201.1	81.7	86.7	16.9	15.8
2002	240.8	92.4	104.2	22.6	21.6
2003	301.5	116.0	125.9	31.1	28.5
2004	381.6	144.7	157.6	38.1	41.2
2005	480.1	180.3	186.0	54.7	59.1
2006	594.9	207.6	223.7	79.3	84.3
2007	710.2	256.6	272.1	87.1	94.4
2008	850.3	291.1	302.7	128.2	128.3
2009	870.4	265.2	271.1	158.2	175.9
2010	1008.6	280.3	294.9	215.6	217.8
2011	1158.8	319.9	329.0	253.3	256.4
2012	1230.3	338.2	345.6	269.9	276.6

10-18 分品种货物吞吐量
Volume of Freight Handled by Category

单位：万吨 (10000 tons)

项 目	Item	合 计 Total		出 港 Out-port		进 港 In-port	
		2011	2012	2011	2012	2011	2012
港口货物吞吐量	**Volume of Freight Handled in Ports**	**45338.0**	**47696.9**	**22664.9**	**22380.8**	**22673.1**	**25316.1**
外 贸	Foreign Trade	22161.7	24326.2	6627.9	7133.8	15533.7	17192.5
内 贸	Domestic Trade	23176.3	23370.7	16036.9	15247.0	7139.4	8123.7
分品种货物吞吐量	**Volume of Freight Handled by Category**						
煤炭及制品	Coal and Related Products	10393.5	9391.5	10214.1	9176.4	179.4	215.1
石油、天然气及制品	Petroleum, Natural Gas and Related Products	5934.3	5495.0	3141.0	2886.3	2793.3	2608.7
金属矿石	Metal Ores	8730.2	9832.7	26.8	26.7	8703.4	9806.0
钢 铁	Steel and Iron	2534.8	2752.1	2224.0	2489.8	310.8	262.4
矿建材料	Mineral Building Materials	3874.6	4381.2	180.1	163.2	3694.5	4218.0
水 泥	Cement	33.7	10.4	10.5	4.4	23.2	6.0
木 材	Timber	244.2	245.9	6.6	13.3	237.6	232.6
非金属矿石	Nonmetal Ores	235.9	234.7	157.7	162.1	78.2	72.6
化学肥料及农药	Chemical Fertilizers and Pesticides	19.5	11.0	10.2	6.2	9.3	4.8
盐	Salt	4.4	28.2	3.4	3.5	1.1	24.7
粮 食	Grain	474.6	699.7	37.1	76.3	437.5	623.4
机械、设备、电器	Machine, Electric Machinery, Equipment	3725.3	4322.0	2176.6	2490.7	1548.7	1831.3
化工原料及制品	Chemical Materials and Related Products	1566.5	2031.1	930.4	1064.8	636.0	966.3
有色金属	Nonferrous Metals	466.5	399.3	132.1	141.8	334.4	257.5
轻工、医药产品	Light Industry, Medical and Pharmaceutical Products	3706.4	4053.1	2090.5	2216.6	1615.9	1786.5
农林牧渔业产品	Agricultural Products	726.0	2213.3	347.6	376.8	378.3	563.8
其 他	Others	2667.6	1082.1	976.3	1082.1	1691.3	1836.5

10-19 天津滨海国际机场业务情况(2008-2012年)
Statistics on Tianjin Binhai International Airport, 2008-2012

项 目 Item	2008	2009	2010	2011	2012	2012比2011年增长(%) Increase Rate in 2012 over 2011(%)
旅客吞吐量(万人)						
Passenger Traffic (10000 persons)	**463.73**	**578.03**	**727.71**	**755.42**	**814.00**	**7.8**
国内旅客						
Domestic	414.12	524.19	654.87	680.42	731.65	7.5
国际旅客						
Abroad	39.14	42.94	55.29	53.89	55.64	3.3
港澳台地区旅客						
Hongkong, Macao and Taiwan	10.47	10.89	17.55	21.10	26.71	26.5
货邮吞吐量(吨)						
Freight Traffic (ton)	**166558**	**168103**	**202484**	**182857**	**194241**	**6.2**
国内货邮						
Domestic	57199	55771	67797	72615	78858	8.6
国际货邮						
International	107950	109781	126361	101010	107446	6.4
港澳台地区货邮						
Hongkong, Macao and Taiwan	1409	2552	8326	9232	7937	-14.0
起降架次(次)						
Times of Ascend and Descend(time)	70279	75116	85034	84831	83700	-1.3
主要指标全国排名(位)						
Position in Whole Nation of Main Indicators (place)						
旅客吞吐量						
Passenger Traffic	24	24	22	24	24	
货邮吞吐量						
Freight Traffic	11	12	11	12	12	
起降架次						
Times of Ascend and Descend	18	19	20	21	23	

资料来源：天津滨海国际机场。
Source: Tianjin Binhai International Airport.

第十一篇
科技、教育及文化体育卫生
Chapter 11
Science and Technology, Education, Culture, Sports and Public Health

11-1 按行业分规模以上工业企业科研与试验发展(R&D)活动情况(2012年)
R&D Activities in Industrial Enterprises above Designated Size by Sector, 2012

项 目	Item	有R&D活动企业数(个) Enterprises with R&D Activities (unit)	R&D人员(人) R&D Personnel (Person)
总 计	**Total**	**401**	**42907**
石油和天然气开采业	Extraction of Petroleum and Natural Gas	2	1031
非金属矿采选业	Mining and Processing of Nonmetal Ores	3	862
开采辅助活动	Support Activities for Mining	2	156
农副食品加工业	Processing of Food from Agricultural Products	5	425
食品制造业	Manufacture of Foods	9	177
酒、饮料和精制茶制造业	Manufacture of Wine, Beverages and Refined Tea	2	25
纺织业	Manufacture of Textile	6	943
纺织服装、服饰业	Manufacture of Textile Garments and Wearing Apparel	1	37
皮革、毛皮、羽毛及其制品和制鞋业	Manufacture of Leather, Fur, Feather and Related Products, Footwear	2	24
家具制造业	Manufacture of Furniture	3	442
造纸及纸制品业	Manufacture of Paper and Paper Products	1	68
印刷和记录媒介的复制业	Printing, Reproduction of Recording Media	2	57
文教、工美、体育和娱乐用品制造业	Manufacture of Articles for Culture, Education, Art, Craft, Sport and Recreation	2	107
石油加工、炼焦及核燃料加工业	Processing of Petroleum, Coking, Processing of Nuclear Fuel	7	567
化学原料及化学制品制造业	Manufacture of Raw Chemical Materials and Chemical Products	59	3387
医药制造业	Manufacture of Medicines	27	3374
橡胶和塑料制品业	Manufacture of Rubber and Plastics	15	839
非金属矿物制品业	Manufacture of Non-metallic Mineral Products	9	366
黑色金属冶炼及压延加工业	Smelting and Pressing of Ferrous Metals	8	7197
有色金属冶炼及压延加工业	Smelting and Pressing of Non-Ferrous Metals	9	322
金属制品业	Manufacture of Metal Products	25	1074
通用设备制造业	Manufacture of General Purpose Machinery	29	2121
专用设备制造业	Manufacture of Special Purpose Machinery	46	7068
汽车制造业	Manufacture of Cars	21	2239
铁路、船舶、航空航天和其他运输设备制造业	Manufacture of Transport Equipment for Railway, Shipping, Aviation, Spaceflight and Others	8	1180
电气机械及器材制造业	Manufacture of Electrical Machinery and Equipment	28	2072
计算机、通信和其他电子设备制造业	Manufacture of Computers, Communication and Other Electronic Equipment	39	5254
仪器仪表制造业	Manufacture of Measuring Instruments	17	922
其他制造业	Other Manufactures	1	29
金属制品、机械和设备修理业	Repair of Metal Products, Machinery and Equipment	2	206
电力、热力生产和供应业	Production and Supply of Electric Power and Heat Power	5	214
燃气生产和供应业	Production and Supply of Gas	1	18
水的生产和供应业	Production and Supply of Water	5	104

11-1 续表 continued

项　目	Item	R&D经费内部支出(万元) R&D Internal Expenditures (100 million yuan)	R&D项目数(项) R&D Projects (item)
总　计	**Total**	**1317449**	**7089**
石油和天然气开采业	Extraction of Petroleum and Natural Gas	99363	55
非金属矿采选业	Mining and Processing of Nonmetal Ores	8300	88
开采辅助活动	Support Activities for Mining	1107	17
农副食品加工业	Processing of Food from Agricultural Products	18690	145
食品制造业	Manufacture of Foods	3300	93
酒、饮料和精制茶制造业	Manufacture of Wine, Beverages and Refined Tea	1002	3
纺织业	Manufacture of Textile	14054	379
纺织服装、服饰业	Manufacture of Textile Garments and Wearing Apparel	158	6
皮革、毛皮、羽毛及其制品和制鞋业	Manufacture of Leather, Fur, Feather and Related Products, Footwear	979	2
家具制造业	Manufacture of Furniture	1754	245
造纸及纸制品业	Manufacture of Paper and Paper Products	699	5
印刷和记录媒介的复制业	Printing, Reproduction of Recording Media	381	7
文教、工美、体育和娱乐用品制造业	Manufacture of Articles for Culture, Education, Art, Craft, Sport and Recreation	848	6
石油加工、炼焦及核燃料加工业	Processing of Petroleum, Coking, Processing of Nuclear Fuel	44817	110
化学原料及化学制品制造业	Manufacture of Raw Chemical Materials and Chemical Products	146197	427
医药制造业	Manufacture of Medicines	66476	403
橡胶和塑料制品业	Manufacture of Rubber and Plastics	17716	248
非金属矿物制品业	Manufacture of Non-metallic Mineral Products	3441	22
黑色金属冶炼及压延加工业	Smelting and Pressing of Ferrous Metals	327117	443
有色金属冶炼及压延加工业	Smelting and Pressing of Non-Ferrous Metals	11278	65
金属制品业	Manufacture of Metal Products	28715	112
通用设备制造业	Manufacture of General Purpose Machinery	40617	193
专用设备制造业	Manufacture of Special Purpose Machinery	181051	901
汽车制造业	Manufacture of Cars	37418	233
铁路、船舶、航空航天和其他运输设备制造业	Manufacture of Transport Equipment for Railway, Shipping, Aviation, Spaceflight and Others	13755	93
电气机械及器材制造业	Manufacture of Electrical Machinery and Equipment	58709	722
计算机、通信和其他电子设备制造业	Manufacture of Computers, Communication and Other Electronic Equipment	164649	1756
仪器仪表制造业	Manufacture of Measuring Instruments	20442	261
其他制造业	Other Manufactures	191	6
金属制品、机械和设备修理业	Repair of Metal Products, Machinery and Equipment	1718	3
电力、热力生产和供应业	Production and Supply of Electric Power and Heat Power	1514	29
燃气生产和供应业	Production and Supply of Gas	342	1
水的生产和供应业	Production and Supply of Water	651	10

11-2 专利申请受理、授权和有效情况
Statistics on Patent Applications, Granted and in Force

单位：项 (item)

项目	Item	专利申请量 Application		专利授权量 Granted		有效专利量 In Force	
		2011	2012	2011	2012	2011	2012
合计	**Total**	**11855**	**14808**	**5649**	**6682**	**11553**	**17986**
按专利类型分	**Grouped by Category**						
发明	Inventions	4235	5156	739	1015	1601	3061
实用新型	Utility Models	6257	8734	4112	4904	8215	12417
外观设计	Designs	1363	918	798	763	1737	2508
按对象分	**Grouped by Applicant**						
大专院校	Universities and Colleges	603	194	150	134	119	181
科研单位	Scientific Research Institutes	456	273	238	143	434	356
企业	Enterprises	9650	12426	4996	6045	10313	16606
机关团体	Government Agencies and Organizations	238	147	29	42	66	71
个人	Individual	908	1768	236	318	621	772

资料来源：天津市滨海新区科学技术委员会。
Source: Tianjin Binhai New Area Science and Technology Commission .
注：本表的统计范围为在地口径。
Note: Data in this table are calculated at local coverage.

11-3 技术质量监督检验情况
Check and Administration on Quality & Technique

类别	Sort	2011	2012
计量仪器强制检定(台、件)	**Measuring Implements Tested (set, piece)**	**37251**	**37251**
商品质量专项监督检验	**Special Check and Administration of Commodities**		
检查商业企业数(个)	Number of Commercial Enterprises Checked (unit)	227	207
检查商品批次(批次)	Checked-times of Commodities (batch)	767	645
合格批次(批次)	Number of Checked-times Qualified (batch)	687	595
批次合格率(%)	Rate of Batch-times Qualified (%)	90	91
产品质量定期监督检验	**Fixed-period Check and Administration of Products**		
检查企业(个)	Number of Enterprises Checked (unit)	475	548
检查批次(批次)	Checked-times of Products (batch)	654	844
合格批次(批次)	Number of Checked-times Qualified (batch)	630	826
批次合格率(%)	Rate of Batch-times Qualified (%)	96	98

资料来源：天津滨海新区质量技术监督局，表11-4同。
Source: Tianjin Binhai New Area Bureau of Quality and Technical Supervision. Same as table 11-4.

11-4 特种设备监督监察情况
Supervision of Special Equipment

项目	Item	单位	Unit	2011	2012
在用的特种设备	**Special Equipment in Use**				
锅炉	Boiler	台	set	1818	2038
压力容器	Pressure Vessel	台、套	set, series	26136	29347
压力管道	Pressure Conduit	单元	unit	1770	14256
电梯	Elevator	台	set	8711	15791
起重机械	Hoisting Machinery	台	set	12316	15544
厂内机动车辆	Automobiles Used in Factories	辆	set	5811	8397
客运索道	Cableway Transport	条	strip		
大型游乐设施	Large Entertainment Facilities	台、套	set, series	94	113
监督监察情况	**Supervision Condition**				
监督监察特种设备	Supervision of Special Equipment	台、套	set, series	3517	5216
发现隐患	Hidden Danger Found	项	unit	692	680
下达安全监察指令书	Safety Supervision Order Issued	份	unit	175	250
取得设计、制造、安装、改造、维修许可证	**Design, Manufacture, Installation, Rebuild and Maintenance Licence Acquired**	**个**	**unit**		**1**

11-5 各类学校数、学生数及教职工数(2012年)
Schools, Students and Teachers by Type of School, 2012

学校类别	Item	学校数(所) Number of Schools (unit)	毕业生数(人) Graduates (person)	招生数(人) New Students Enrollment (person)	在校学生数(人) Students Enrollment (person)	教职工人数(人) Teachers, Staff and Workers (person)	#专任教师数 Full-time Teachers
总计	**Total**	**200**	**40810**	**43283**	**167761**	**16837**	**13500**
高等教育	Institutions of Higher Education	2	4133	4618	12544	730	362
中等专业学校	Specialized Secondary Schools	4	2944	2453	7799	624	406
成人中等专业学校	Adult Specialized Secondary Schools	1	112	113	197	30	19
普通中学	Regular Secondary Schools	91	19735	20176	65879	8284	6440
高中	Senior Secondary Schools	29	7863	7128	21742	3099	2264
初中	Junior Secondary Schools	62	11872	13048	44137	5185	4176
小学	Primary Schools	103	13998	16036	81539	7199	6292

资料来源：天津市滨海新区教育局,表11-6至11—8表同。
Source: Tianjin Binhai New Area Education Bureau. Same as table 11-6 to 11-8.
注：高等教育数据中不含大学在新区的分校。
Note: Data of higher education exclude figures of branch schools in Binhai New Area.

11-6 职业、普通中学和小学专任教师学历情况(2012年)
Education Background of Full-time Teachers in Regular & Vocational Secondary Schools and Primary Schools, 2012

单位：人 (person)

项目	Item	合计 Total	#塘沽 Tanggu	汉沽 Han'gu	大港 Dagang	经济技术开发区 TEDA	天津港保税区 TPFTZ
职业中学教师	**Vocational Secondary School Teachers**	**624**	**326**	**111**	**187**		
# 硕士生毕业	Postgraduate Graduation	50	37	3	10		
大学本科毕业	Undergraduate Graduation	340	174	96	70		
大学专科毕业	College Graduation	32	19	10	3		
高中教师	**Senior Secondary School Teachers**	**2269**	**743**	**323**	**858**	**153**	
# 研究生学历	Postgraduate Graduation	250	54	9	129	46	
大学本科毕业	Undergraduate Graduation	2168	684	296	716	101	
大学专科毕业	College Graduation	39	5	13	13	6	
初中教师	**Junior Secondary School Teachers**	**4176**	**1327**	**518**	**1707**	**211**	**7**
# 研究生学历	Postgraduate Graduation	194	52	3	72	49	7
大学本科毕业	Undergraduate Graduation	3626	1185	499	1420	160	
大学专科毕业	College Graduation	354	89	16	209	2	
小学教师	**Primary School Teachers**	**1292**	**2322**	**957**	**1942**	**293**	**21**
# 研究生学历	Postgraduate Graduation	113	48	4	29	18	11
大学本科毕业	Undergraduate Graduation	4229	1636	562	1242	259	10
大学专科毕业	College Graduation	1513	506	323	507	12	
高中阶段毕业	High School Graduation	436	131	68	163	4	

11-7 普通中小学分布情况(2012年)
Distribution of Regular Secondary Schools and Primary Schools, 2012

地区	Region	学校数(所) Number of Schools (unit)		在校学生数(人) Students Enrollment (person)		专任教师(人) Full-time Teachers (person)	
		普通中学 Regular Secondary Schools	小学 Primary Schools	普通中学 Regular Secondary Schools	小学 Primary Schools	普通中学 Regular Secondary Schools	小学 Primary Schools
新区合计	**Total**	**91**	**103**	**65879**	**81539**	**6457**	**6351**
#塘沽	Tanggu	27	36	21799	35118	2070	2322
汉沽	Han'gu	14	19	7021	8972	841	957
大港	Dagang	37	29	27088	24879	2565	1942
经济技术开发区	TEDA	4	2	3992	3731	364	293
天津港保税区	TPFTZ	1		21	193	7	21

11-8 幼儿园基本情况(2012年)
Basic Statistics on Kindergartens, 2012

项目	Item	单位	unit	合计 Total	#塘沽 Tanggu	汉沽 Han'gu	大港 Dagang	经济技术开发区 TEDA
幼儿园数	**Number of Kindergartens**	**所**	**unit**	**119**	**36**	**8**	**44**	**8**
入园儿童数	**Children Enrollment**	**人**	**person**	**25419**	**9076**	**1959**	**9644**	**2558**
三岁以上儿童	Children Aged over Three Years	人	person	24775	9045	1932	9546	2401
三岁以下儿童	Children Aged under Three Years	人	person	644	31	27	98	157
教职员数	**Teachers, Staff and Workers**	**人**	**person**	**3020**	**1170**	**172**	**956**	**409**
#教养员	Teachers and Health Workers	人	person	1809	791	134	512	189

注：统计口径为新区内所有国办园、集体园、民办园、企业园等。

Note: The coverage of this table include all the state kindergartens, collective kindergartens, civil kindergartens and enterprise kindergartens, etc..

11-9 卫生事业基本情况(2012年)
Statistics on Public Health, 2012

项 目	Item	合 计 Total	政府办 Run by Government	社会办 Run by Community	其他 Others
卫生机构(个)	Health Care Institutions(unit)	586	148	247	191
# 医院、卫生院	Hospitals and Health Care Centers	63	30	20	13
卫生机构床位(张)	Beds in Health Care Institutions (unit)	6481	3980	2199	302
# 医院、卫生院	Hospitals and Health Care Centers	5840	3669	1869	302
卫生技术人员(人)	Medical Technical Personnel(person)	11478	7057	3533	894
# 执业(助理)医师	Licensed (Assistant) Doctors	4525	2602	1502	427
注册护士	Registered Nurses	4296	2651	1363	282
药 师(士)	Pharmacists	550	371	148	31
技 师(士)	Technicians	708	447	184	77
其他人员	Others	1399	986	336	77

资料来源：天津市滨海新区卫生局。表11-10至11-13同。
Source: Tianjin Binhai New Area Public Health Bureau. Same as table 11-10 to 11-13.

11-10 卫生事业机构(2012年)
Health Care Institutions, 2012

单位：个 (unit)

项 目	Item	合 计 Total	#塘 沽 Tanggu	汉 沽 Han'gu	大 港 Dagang
总 计	**Total**	**586**	**136**	**93**	**252**
医院、卫生院、社区服务中心	Hospitals, Health Care Centers and Community Health Care Centers	80	31	10	23
疗养院	Sanatoriums	1		1	
门诊部、诊所、医务室、卫生所、村卫生室	Outpatient Departments and Clinics, Village Health Rooms	356	53	68	161
社区服务站	Community Health Care Stations	128	42	10	65
专科疾病防治院(所、站)	Specialized Prevention Centers	1	1		
疾病预防控制中心	Disease Prevention and Control Centers	7	3	1	1
妇幼保健院(所、站)	Maternity and Children Care Centers	4	2	1	1
卫生监督所	Sanitation Supervision Institutions	3	1	1	1
急救中心(站)	First-aid Centers	1	1		
采供血机构	Blood Collection and Supply Institutions	1	1		
医学教育机构	Medical Education Institutions	2	1	1	
其他卫生事业机构	Other Health Care Institutions	2			

11-11 卫生机构床位数(2012年)
Number of Beds in Health Care Institutions, 2012

单位：张 (unit)

项目	Item	合计 Total	#塘沽 Tanggu	汉沽 Han'gu	大港 Dagang
总计	**Total**	**6481**	**2235**	**939**	**2106**
医院、卫生院	Hospitals and Health Care Centers	5840	1954	859	1826
疗养院	Sanatoriums	50		50	
门诊部	Outpatient Departments				
社区卫生服务中心(站)	Community Health Care Centers(Stations)	395	85	30	280
妇幼保健院(所、站)	Maternity and Children Care Centers	156	156		
专科疾病防治院(所、站)	Specialized Prevention Stations	40	40		
其他卫生机构	Other Health Care Institutions				
每千人拥有卫生机构床位数	**Number of Beds in Health Care Institutions per 1000 persons**	**2.51**	**2.58**	**4.26**	**3.95**

11-12 卫生技术人员数(2012年)
Number of Medical Technical Personnel, 2012

单位：人 (person)

项目	Item	合计 Total	#塘沽 Tanggu	汉沽 Han'gu	大港 Dagang
总计	**Total**	**11478**	**4742**	**1237**	**3294**
医生	Doctors	4525	1881	514	1379
执业医师	Certified Doctors	4271	1808	484	1265
执业助理医师	Certified Assistant Doctors	254	73	30	114
注册护士	Registered Nurses	4296	1695	473	1281
药师(士)	Pharmacists	550	247	82	129
技师	Labouratory Techniecians	708	293	90	162
#检验师(士)	Docimaster	530	205	73	123
其他	Others	1399	626	78	343

11-13 二级以上医院诊疗和病床使用情况(2012年)
Diagnosis, Treatment and Beds Used of Medical Institutions at Grade Ⅱ and Above, 2012

项目	Item	单位	Unit	合计 Total	#塘沽 Tanggu	汉沽 Han'gu	大港 Dagang	经济技术开发区 TEDA
诊疗情况	**Diagnosis and Treatment**							
诊疗人数	Patients Treated	人次	person-time	6109396	2840340	669625	1480065	649940
#门诊诊疗人数	Out-patients	人次	person-time	5529924	2510396	626145	1376700	549886
入院人数	In-patients	人次	person-time	124050	43358	14905	37128	20112
平均每月诊疗人数	Number of Patients Treated per Month	人次	person-time	487022	236695	55802	123339	54162
#门诊诊疗人数	Out-patients	人次	person-time	438781	209120	52179	114725	45824
入院人数	In-patients	人次	person-time	10289	3613	1242	3094	1676
病床使用情况	**Sickbeds Used**							
死亡率	Recovering Rate	%	%	0.6	0.4	0.2	1.3	0.2
病床周转次数	Turnover of Beds	次	time	27.0	27.9	20.2	26.7	27.0
出院人数	Leaving Hospital	人	person	123396	43265	14953	37009	20222
平均开放病床数	Average Usable Beds	张	unit	4571	1546	740	1386	750
病床使用率	Utilization Rate	%	%	75.9	84.3	54.1	80.1	73.8
实际开放总床日数	Period of Actual Total Usable	天	day	1673038	565882	270840	507156	274500
实际占用总床日数	Period of Actual Total Used	天	day	1270322	476826	146300	406381	202570
病床工作日	Working Days of Beds	天	day	277.9	308.4	197.7	293.2	270.1
出院者平均住院日数	Average Hospitalization Period of Leaving	天	day	10.2	10.9	9.8	10.7	10.2
出院者占用总床日数	Total Period Using Beds of Leaving	天	day	1257683	470553	146392	396215	205909

11-14 群众文化事业基本情况
Basic Statistics on Mass Art

项目	Item	单位	Unit	2011	2012	2012比2011年增长(%) Increase Rate in 2012 over 2011(%)
文化馆数	Number of Cultural Centers	个	unit	3	3	
工作人员数	Employment Personnel	人	person	120	112	-6. 7
组织文艺活动次数	Number of Cultural Activities	次	time	258	360	39. 5
举办展览次数	Number of Exhibitions	次	time	37	85	130. 0
举办训练班	Number of Classes of Training Courses	班	class	274	146	-46. 7
举办训练班结业人数	Number of Graduation of Training Courses	人	person	26700	14126	-47. 1

资料来源：天津市滨海新区文广电局，表11-15至11-18同。
Source: Tianjin Binhai New Area Administration of Culture, Radio, Film & TV.Same as table 11-15 to 11-18.

11-15 分功能区群众文化事业基本情况(2012年)
Basic Statistics on Mass Art by Functional Area, 2012

项目	Item	单位	Unit	合计 Total	塘沽 Tanggu	汉沽 Han'gu	大港 Dagang
文化馆数	Number of Cultural Centers	个	unit	3	1	1	1
工作人员数	Employment Personnel	人	person	112	48	33	31
组织文艺活动次数	Number of Cultural Activities	次	time	360	120	150	90
举办展览次数	Number of Exhibitions	次	time	85	31	30	24
举办训练班	Number of Classes of Training Courses	班	class	146	106	13	27
举办训练班培训人数	Number of Persons Engaged in Training Courses	人	person	14126	7664	1800	4662

11-16 公共图书馆基本情况
Basic Statistics on Public Libraries

项目	Item	单位	Unit	1994	2011	2012	2012比2011年增长(%) Increase Rate in 2012 over 2011(%)
公共图书馆数	Number of Public Libraries	个	unit	5	6	6	
工作人员数	Employment Personnel	人	person	124	206	194	-5.8
房屋建筑面积	Floor Space of Buildings	平方米	sq. m	9107	36207	35584	-1.7
#阅览室	Reading Room	平方米	sq. m	2264	11370	11170	-1.8
书库	Stack Room	平方米	sq. m	2186	16790	17190	2.4
阅览室座席数	Seating Capacity of Reading Room	个	unit	681	2610	2155	-17.4
总藏书量	Total Collections	万册	10000 volumes	62.73	254.04	211.11	-16.9
发放借书证	Library Cards Granted	张	piece	19609	13767	12728	-7.5
图书借阅人次	Person-times of Lent	万人次	10000 person-times	399.00	115.68	103.98	-10.1
图书借阅册次	Volume-times of Lent	万册次	10000 volume-times	187.00	45.80	38.64	-15.6

11-17 分功能区公共图书馆基本情况(2012年)
Basic Statistics on Public Libraries by Functional Area, 2012

项　　目	Item	单 位	Unit	合　计 Total	塘　沽 Tanggu	汉　沽 Han'gu	大　港 Dagang	经济技术开发区 TEDA
公共图书馆数	Number of Public Libraries	个	unit	6	2	2	1	1
工作人员数	Employment Personnel	人	person	194	42	20	28	104
公用房屋建筑面积	Floor Space of Buildings	平方米	sq. m	35584	3814	4200	4570	23000
#阅览室	Reading Room	平方米	sq. m	11170	1170	400	600	9000
书　库	Stack Room	平方米	sq. m	17190	850	1200	1140	14000
阅览室座席数	Seating Capacity of Reading Room	个	unit	2155	458	300	200	1197
总藏书量	Total Collections	万 册	10000 volumes	211.11	50.39	30.00	16.75	113.97
发放借书证	Library Cards Granted	张	piece	12728	2996	1668	5000	3064
总流量人次	Person-times of Lent	万人次	10000 person-times	103.98	11.64	6.00	10.50	75.84
书刊文献外借册次	Volume-times of Lent	万册次	10000 volume-times	38.64	10.96	5.00	6.78	15.90

11-18 体育场地情况(2012年)
Statistics on Sport Fields, 2012

单位：个　　(unit)

项　　目	Item	合　计 Total	#塘　沽 Tanggu	汉　沽 Han'gu	大　港 Dagang	经济技术开发区 TEDA	天津港保税区 TPFTZ
体育场	Stadium	17	4	1	6	4	1
体育馆	Coliseum	16	6	2	2	2	1
游泳池	Swimming Pool	21	4	1	10	2	1
#室内游泳池	Indoor Swimming Pool	16	4	1	5	2	1
有看台的灯光球场	Illuminated Court With Stand	5	1		2	1	1
足球场	Football Ground	14	1		6	4	1
运动场	Sports Field	14	1	1	6	4	1

主要统计指标解释

Explanatory Notes on Main Statistical Indicators

主要统计指标解释

建成区面积

指城市行政区内实际已成片开发建设、市政公用设施和公共设施基本具备的区域。对核心城市，它包括集中连片的部分以及分散的若干个已经成片建设起来的市政公用设施和公共设施基本具备的地区；对一城多镇来说，它包括由几个连片开发建设起来的市政公用设施和公共设施基本具备的地区组成。因此，建成区范围一般是指建成区外轮廓线所能包括的地区，也就是这个城市实际建设用地所达到的范围。

生产总值

指按市场价格计算的一个国家（或地区）所有常住单位在一定时期内生产活动的最终成果。

从价值形态看，它是所有常驻单位在一定时期内所生产的全部货物和服务价值超过同期投入的全部非固定资产货物和服务价值的差额，即所有常驻单位的增加值之和；从收入形态看，它是所有常驻单位在一定时期内所创造并分配给常驻单位和非常驻单位的初次分配收入之和；从产品形态看，它是最终使用的货物和服务减去进口货物和服务。在实际核算中，其三种表现形态体现为三种计算方法，即生产法、收入法和支出法。三种方法分别从不同的方面反映生产总值及其构成。

三次产业划分

第一产业是指农、林、牧、渔业（不含农、林、牧、渔服务业）。

第二产业是指采矿业（不含开采辅助活动），制造业（不含金属制品、机械和设备修理业），电力、热力、燃气及水生产和供应业，建筑业。

第三产业即服务业，是指除第一产业、第二产业以外的其他行业。第三产业包括：批发和零售业，交通运输、仓储和邮政业，住宿和餐饮业，信息传输、软件和信息技术服务业，金融业，房地产业，租赁和商务服务业，科学研究和技术服务业，水利、环境和公共设施管理业，居民服务、修理和其他服务业，教育，卫生和社会工作，文化、体育和娱乐业，公共管理、社会保障和社会组织，国际组织，以及农、林、牧、渔业中的农、林、牧、渔服务业，采矿业中的开采辅助活动，制造业中的金属制品、机械和设备修理业。

企业(单位)登记注册类型

是以在工商行政管理机关登记注册的各类企业为划分对象，以工商行政管理部门对企业登记注册的类型为依据，将企业登记注册类型分为内资企业、港澳台商投资企业和外商投资企业三大类。内资企业包括国有企业、集体企业、股份合作企业、联营企业、有限责任公司、股份有限公司、私营公司和其他企业；港澳台商投资企业和外商投资企业分别包括合资经营企业、合作经营企业、独资经营企业和股份有限公司和其他企业。对不在工商行政管理部门进行登记注册的行政机关、事业单位和社会团体，主要按其经费来源和管理方式进行划分。

国有企业　指企业全部资产归国家所有，并按《中华人民共和国企业法人登记管理条例》规定登记注册的非公司制的经济组织。不包括有限责任公司中的国有独资公司。

集体企业　指企业资产归集体所有，并按《中华人民共和国企业法人登记管理条例》规定登记注册的经济组织。

股份合作企业　指以合作制为基础，由企业职工共同出资入股，吸收一定比例的社会资产投资组建，实行自主经营，自负盈亏，共同劳动，民主管理，按劳分配与按股分红相结合的一种集体经济组织。

私营企业 指由自然人投资设立或由自然人控股，以雇佣劳动为基础的营利性经济组织。包括按照《公司法》、《合伙企业法》、《私营企业暂行条例》以及《个人独资企业法》规定登记注册的私营独资企业、私营有限责任公司、私营股份有限公司、私营合伙企业和个人独资企业。

股份有限公司 指根据《中华人民共和国公司登记管理条例》规定登记注册，其全部注册资本由等额股份构成并通过发行股票筹集资本，股东以其认购的股份对公司承担有限责任，公司以其全部资产对其债务承担责任的经济组织。

有限责任公司 指根据《中华人民共和国公司登记管理条例》规定登记注册，由两个以上，五十个以下的股东共同出资，每个股东以其所认缴的出资额对公司承担有限责任，公司以其全部资产对其债务承担责任的经济组织。有限责任公司包括国有独资公司以及其他有限责任公司。

国有独资公司 指国家授权的投资机构或者国家授权的部门单独投资设立的有限责任公司。

其他有限责任公司 指国有独资公司以外的其他有限责任公司。

联营企业 指两个及两个以上相同或不同所有制性质的企业法人或事业单位法人，按自愿、平等、互利的原则共同投资组成的经济组织。联营企业包括国有联营企业、集体联营企业、国有与集体联营企业和其他联营企业。

其他内资企业 指上述内资企业之外的其他内资经济组织。

港澳台商独资经营企业 指依照《中华人民共和国外资企业法》及有关法律的规定，在内地由港澳台地区投资者全额投资设立的企业。

港澳台商投资股份有限公司 指根据国家有关规定，经商务部（原外经贸部）依法批准设立，其中港、澳、台商的股本占公司注册资本的比例达 25%以上的股份有限公司。凡其中港、澳、台商的股本占公司注册资本的比例小于25%的，属于内资企业中的股份有限公司。

外商独资企业 指依照《中华人民共和国外资企业法》及有关法律的规定，在中国内地由外国投资者全额投资设立的企业。

外商投资股份有限公司 指根据国家有关规定，经商务部（原外经贸部）依法批准设立，其中外资的股本占公司注册资本的比例达 25%以上的股份有限公司。凡其中外资股本占公司注册资本的比例小于25%的，属于内资企业中的股份有限公司。

行政机关、事业单位和社会团体

填写登记注册类型参照企业登记注册类型，主要按其经费来源和管理方式划分。具体规定如下：

1. 行政机关：包括国家机关和政党机关，原则上均列为“国有”。但有特殊规定的，如供销社等，则列为“集体”。

2. 事业单位：包括经国家机构编制部门和有关业务主管部门批准成立的各类事业单位，不包括实行企业化管理的事业单位。事业单位的划分办法如下：

(1) 由国家财政预算拨款或列入财政预算外资金管理以及经费主要来源于国有主管部门或国有上级单位的事业单位，列为“国有”。

(2) 经费主要来源于集体单位的事业单位，列为“集体”。

(3) 公民个人（或个人合伙）开办的事业单位，列为“私营”。

(4) 上述以外的其他事业单位，如果其经费来源不明确，按管理方式进行归类。

3. 社会团体：包括经民政部门批准成立以及未纳入社会团体管理条例范围的工会、妇联等各类社会团体。社会团体的划分办法如下：

(1) 未纳入民政部社会团体管理条例范围的工会、妇联、共青团、青联、工商联、科协、侨联等社会团体，国家拨款设立的基金会或基金管理组织以及经费主要来源于国有业务主管部门或国有上级单位的社会团体，列为“国有”。

(2) 经费主要来源于集体单位的社会团体，列为“集体”。

(3) 公民个人（或个人合伙）开办的社会团体，划为“私营”。

(4) 上述以外的其他社会团体，如果其经费来源不明确，改按管理方式进行归类。

现行价格（或称当年价格）

指报告期的实际价格，如工业品的出厂价格，农副产品的收购价格，商业的零售价格等。它反映当年的实际情况，使国民经济各项指标互相衔接，便于对生产、流通、分配、消费之间进行综合平衡。

可比价格

指计算各种总量指标所采用的扣除了价格变动因素的价格，可进行不同时期总量指标的对比。按可比价格计算总量指标有两种方法：一种是直接用产品产量乘某一年的不变价格计算；另一种是用价格指数进行缩减。

平均增长速度

平均增长速度表明社会经济现象在一个较长的时期内逐期平均增长变化的程度，它不能根据各个环比增长速度直接求得，但与平均发展速度之间存在着一定的数量关系：

平均增长速度＝平均发展速度－1

平均发展速度是一种根据环比发展速度计算的序时平均数，由于各时期对比的基础不同，所以计算平均发展速度不能采用一般的序时平均数的计算方法，计算方法分为水平法和累计法。水平法，又称几何平均法，即将环比发展速度按连乘法用几何平均数公式计算。累计法，也称方程法，根据一段时期内各年发展水平总和与基期水平的关系，列出方程式计算平均发展速度。水平法着重考虑最后一年所达到的发展水平；累计法着重考虑整个时期累计发展水平的总量。

常住人口

指实际经常居住在某地区半年以上的人口。按人口普查和抽样调查规定，主要包括：(1) 除离开本地半年以上（不包括在国外工作或学习的人）的全部常住本地的户籍人口；(2) 户口在外地，但在本地居住半年以上者，或离开户口地半年以上而调查时在本地居住的人口；(3) 调查时居住在本地，但在任何地方都没有登记常住户口，如手持户口迁移证、出生证、退伍证、劳改劳教释放证等尚未办理常住户口的人，即所谓“口袋户口”的人。

户籍人口

指公民依照《中华人民共和国户口登记条例》，已在其经常居住地的公安户籍管理机关登记了常住户口的人。这类人口不管其是否外出，也不管外出时间长短，只要在某地注册有常住户口，则为该地区的户籍人口。

人口密度

指单位土地面积上的人口数。通常使用常住人口计算人口密度，用于说明人口的拥挤程度。通常以每平方公里的居民人数来表示。计算公式：

$$人口密度=\frac{常住人口}{总土地面积}$$

人口出生率（又称粗出生率）

指在一定时期内(通常为一年)一定地区的出生人数与同期内平均人数(或期中人数)之比，用千分率表示。本资料中的出生率指年出生率，其计算公式为：

$$人口出生率=\frac{年出生人数}{年平均人数}\times 1000‰$$

式中：出生人数指活产婴儿，即胎儿脱离母体时(不管怀孕月数)，有过呼吸或其他生命现象。年平均人数指年初、年底人口数的平均数，也可用年中人口数代替。

人口死亡率（又称粗死亡率）

指在一定时期内(通常为一年)一定地区的死亡人数与同期内平均人数(或期中人数)之比，用千分率表示。本资料中的死亡率指年死亡率，其计算公式为：

$$人口死亡率=\frac{年死亡人数}{年平均人数}\times 1000‰$$

人口自然增长率

指在一定时期内(通常为一年)人口自然增加数(出生人数减死亡人数)与该时期内平均人数(或期中人数)之比，用千分率表示。计算公式为：

$$人口自然增长率=\frac{本年出生人数-本年死亡人数}{年平均人数}\times 1000‰$$

$$=人口出生率-人口死亡率$$

法定婚龄、劳龄人口

我国进入婚龄法定人口标准为男 22 岁、女 20 岁； 进入劳龄人口、劳动年龄内人口、退出劳龄人口的国内标准分别是男 16 岁、16-59 岁、60 岁和女 16 岁、16-54 岁、55 岁；国际标准男女均为 15 岁、15-64 岁、65 岁。

经济类型

本年鉴中的经济类型分组，从 1998 年开始是在企业登记注册类型分组基础上的再加工，其中国有经济包括国有企业、国有独资和国有与国有联营企业；集体经济包括集体企业、股份合作企业和集体与集体联营企业。私有经济包括私营企业和个体经营。

社会从业人员

指在劳动年龄内，有劳动能力，参加社会劳动取得劳动报酬或经营收入的人员。具体指城镇单位从业人员，乡镇企业从业人员，乡村农林牧渔劳动者，私营、个体雇员，私营、个体雇主以及其他从业人员。从空间范围上讲社会从业人员既包括城镇中的从业人员，又包括乡村中的从业人员。

城镇单位从业人员

指在各级国家机关、政党机关、社会团体、事业单位以及城镇范围内的各类企业中工作，并取得劳动报酬的全部人员。包括在岗职工和其他从业人员，但不包括不在岗职工。

在岗职工

指在本单位工作且与本单位签订劳动合同，并由单位支付各项工资和社会保险、住房公积金的人员，以及上述人员中由于学习、病伤、产假等原因暂未工作仍由单位支付工资的人员。在岗职工还包括：应订立劳动合同而未订立劳动合同人员；处于试用期人员；编制外招用的人员；派往外单位工作，但工资仍由本单位发放的人员。

从业人员工资总额

指根据《关于工资总额组成的规定》(1990 年 1 月 1 日国家统计局发布的一号令)进行修订，本单位在报告期内(季度或年度)直接支付给本单位全部从业人员的劳动报酬总额。包括计时工资、计件工资、奖金、津贴和补贴、加班加点工资、特殊情况下支付的工资，是在岗职工工资总额、劳务派遣人员工资总额和其他从业人员工资总额之和。

在岗职工工资总额

指本单位在一定时期内直接支付给本单位全部在岗职工的全部劳动报酬总额。在岗职工工资总额由基本工资、绩效工资、工资性津贴和补贴、其他工资四部分组成。工资总额不包括病假、事假等情况的扣款。

农林牧渔业总产值

指以货币表现的农、林、牧、渔业全部产品和对农林牧渔业生产活动进行的各种支持性服务活动的价值总量，它反映一定时期内农林牧渔业生产总规模和总成果。1957 年以前的农林牧渔业总产值中包括了厩肥和农民自给性手工业(如农民自制衣服、鞋、袜，自己从事粮食初步加工等)。1958 年及以后，林业中增加了村及村以下竹木采伐产值；牧业中取消了厩肥产值；副业中取消了农民自给性手工业产值，增加了村及村以下办的工业产值；渔业中增加了海洋捕捞水产品产值。1980 年及以后，在副业中增加了农民家庭兼营工业商品部分的产值。从 1984 年起村及村以下工业产值划归工业。从 1993 年起取消副业，将野生动物的捕猎划入牧业，野生植物采集和农民家庭兼营商品性工业划归农业。从 2003 年起，执行新的国民经济行业分类标准，农林牧渔业总产值中包括了农林牧渔服务业产值。

农林牧渔业总产值的计算方法通常是按农、林、牧、渔业产品及其副产品的产量分别乘以各自单位产品价格求得；少数生产周期较长，当年没有产品或产品产量不易统计的，则采用间接方法匡算其产值；然后将四业产品产值相加即为农林牧渔业总产值。

农林牧渔业增加值

指各种经济类型的农业生产单位和农户从事农业生产营活动所提供的社会最终产品的货币表现。其计算方法有两种，一是生产法：农牧渔业增加值＝农林牧渔业总产值 - 农林牧渔业中间消耗；二是分配法：农林牧渔业增加值＝固定资产折旧＋劳动者报酬＋生产税净额（生产税-生产补贴）＋营业盈余。

农业机械总动力

指主要用于农、林、牧、渔业的各种动力机械的动力总和。包括耕作机械、排灌机械、收获机械、农用运输机械、植物保护机械、牧业机械、林业机械、渔业机械和其他农业机械。不包括专门用于乡、镇、村、组办工业、基本建设、非农业运输、科学试验和教学等非农业生产方面用的动力机械与作业机械。

有效灌溉面积

指灌溉工程或设备已基本配套，有一定水源，土地比较平整，在一般年景可以进行正常灌溉的耕地面积。在一般情况下，有效灌溉面积应等于灌溉工程或设备已经配套，能够进行灌溉的水田和水浇地面积之和。

肉类总产量

指当年出栏并已屠宰的猪、牛、羊、马、骡、驴、家禽、兔等肉产量。即屠宰后除去头、蹄、下水后带骨肉的重量，也叫胴体重。

水产品产量

指本年度内捕捞的水产品（包括人工养殖并捕捞的水产品和捕捞天然生长的水产品）产量。不论自食或出售的，都应计算在内。用作继续扩大再生产的水产品（如鱼苗、鱼种、鱼饵及转塘鱼、存塘鱼等）不作水产品产量统计。在淡水生长的各种水生植物，如莲藕、菱角等，因属农作物范畴，均不包括在水产品产量之内。

园林水果产量

指本年度内从果树上收获的全部水果产量，不论自食的或出售的，都应计算在内。不包括果用瓜(如西瓜、甜瓜、白兰瓜、哈密瓜、脆瓜等)和主要作蔬菜食用的藕、西红柿等。也不包括采集的野生水果。水果的产量按鲜果计算，干枣、葡萄干、柿饼、桔饼等应统一折成鲜果计算。

工　业

指从事自然资源的开采，对采掘品和农产品进行加工和再加工的物质生产部门。具体包括：(1) 对自然资源的开采，如采矿、晒盐等(但不包括禽兽捕猎和水产捕捞)；(2) 对农副产品的加工、再加工，如粮油加工、食品加工、缫丝、纺织、制革等；(3) 对采掘品的加工、再加工，如炼铁、炼钢、化工生产、石油加工、机器制造、木材加工等，以及电力、自来水、煤气的生产和供应等；(4) 对工业品的修理、翻新，如机器设备的修理、交通运输工具(包括小卧车)的修理等。

1984 年以前农村的村及村以下办工业归属农业，1984 年以后划归工业。工业统计调查单位为独立核算法人工业企业。

独立核算法人工业企业指从事工业生产经营活动的单位。独立核算法人工业企业应同时具备以下条件：(1) 依法成立，有自己的名称、组织机构和场所，能够承担民事责任；(2) 独立拥有和使用资产，承担负债，有权与其他单位签订合同；(3) 独立核算盈亏，并能够编制资产负债表。

轻工业

指主要提供生活消费品和制作手工工具的工业。按其所使用的原料不同，可分为两大类：(1)以农产品为原料的轻工业，是指直接或间接以农产品为基本原料的轻工业。主要包括食品制造、饮料制造、烟草加工、纺织、缝纫、皮革和毛皮制作、造纸以及印刷等工业；(2)以非农产品为原料的轻工业，是指以工业品为原料的轻工业。主要包括文教体育用品、化学药品制造、合成纤维制造、日用化学制品、日用玻璃制品、日用金属制品、手工工具制造、医疗器械制造、文化和办公用机械制造等工业。

重工业

指为国民经济各部门提供物质技术基础的主要生产资料的工业。按其生产性质和产品用途，可以分为下列三类：(1)采掘(伐)工业，是指对自然资源的开采，包括石油开采、煤炭开采、金属矿开采、非金属矿开采等工业；(2)原材料工业，指向国民经济各部门提供基本材料、动力和燃料的工业。包括金属冶炼及加工、炼焦及焦炭、化学、化工原料、水泥、人造板以及电力、石油和煤炭加工等工业；(3)加工工业，是指对工业原材料进行再加工制造的工业。包括装备国民经济各部门的机械设备制造工业、金属结构、水泥制品等工业，以及为农业提供的生产资料如化肥、农药等工业。根据上述划分原则，修理业中以重工业产品为修理作业对象的划为重工业，反之划为轻工业。

规模以上工业企业

指年主营业务收入 2000 万元及以上的工业法人企业。

大、中、小、微型企业

根据 2011 年国家统计局制定的《统计上大中小微型企业划分办法》，以从业人员和营业收入两项指标为依据，将工业企业划分为大、中、小、微型。划分标准如下：

行业名称	指标名称	计量单位	大型	中型	小型	微型
工业	从业人员(X)	人	X≥1000	300≤X＜1000	20≤X＜300	X＜20
	营业收入(Y)	万元	Y≥40000	2000≤Y＜40000	300≤Y＜2000	Y＜300

工业总产值

是指以货币形式表现的，工业企业在一定时期内生产的工业最终产品和提供工业性劳务活动的总价值量。它反映一定时间内工业生产的总规模和总水平。

资产总计

指企业过去的交易或者事项形成的，由企业拥有或者控制的、预期会给企业带来经济利益的资源。资产一般按流动性分为流动资产和非流动资产。

流动资产合计

资产满足以下条件之一应归为流动资产：（1）预计在一个正常营业周期中变现、出售或耗用，主要包括存货、应收账款等；（2）主要为交易目的而持有；（3）预计在资产负债表日起一年内（含一年）

变现；（4）自资产负债日起一年内，交换其他资产或清偿负债的能力不受限制的现金或现金等价物。包括货币资金、应收票据、应收账款、存货等项目。

固定资产合计

指企业为生产商品、提供劳务、出租或经营管理而持有的，使用寿命超过一个会计年度的有形资产。包括使用期限超过一年的房屋、建筑物、机器、机械、运输工具以及其他与生产、经营有关的设备、器具、工具等。

主营业务收入

指企业确认的销售商品、提供劳务等主营业务的收入。

主营业务成本

指企业经营主要业务所发生的成本总额。

主营业务税金及附加

指企业经营主要业务应负担的营业税、消费税、城市维护建设税、教育费附加等。

利润总额

指企业在一定会计期间的经营成果，是生产经营过程中各种收入扣除各种耗费后的盈余，反映企业在报告期内实现的亏盈总额。执行 2006 年《企业会计准则》的企业，利润总额为营业利润加上营业外收入，减去营业外支出后的金额；未执行 2006 年《企业会计准则》的企业，利润总额为营业利润加上投资收益、补贴收入、营业外收入，再减去营业外支出后的金额。

利税总额

指利润总额、主营业务税金及附加和本期应交增值税之和。

产品销售率

反映工业产品已实现销售的程度，是分析工业产销衔接情况，研究工业产品满足社会需求的指标。计算公式为：

$$产品销售率（\%）=\frac{工业销售产值}{工业总产值（现价）}\times 100\%$$

全社会固定资产投资

是以货币形式表现的在一定时期内全社会建造和购置固定资产的工作量以及与此有关的费用的总称。该指标是反映固定资产投资规模、结构和发展速度的综合性指标,又是观察工程进度和考核投资效果的重要依据。全社会固定资产投资按登记注册类型可分为国有、集体、个体、联营、股份制、外商、港澳台商、其他等。全社会固定资产投资的统计范围包括城镇固定资产投资、农村非农户投资和农村农户投资。

城镇固定资产投资

指城镇各种登记注册类型的企业、事业、行政单位及个体户进行的计划总投资(或实际需要总投资)500 万元及 500 万元以上的建设项目投资和房地产开发投资。县城及以上区域内发生的投资，县及县以上各级政府及主管部门直接领导、管理的建设项目和企业事业单位的投资均为城镇固定资产投资。

农村投资

指在农村区域范围内进行固定资产投资活动的企业、事业、行政单位及农户投资。

房地产开发投资

指房地产开发企业（单位）进行土地开发工程、商品房屋建设工程所完成的投资额。是以货币表现的房地产开发工作量。

固定资产投资的资金来源

指固定资产投资单位在报告期收到的，用于固定资产建造和购置的各种货币资金。包括国家预算内资金、国内贷款、债券、利用外资、自筹资金和其他资金。

国家预算内资金 包括中央预算资金和地方预算资金。国家预算包括一般预算、政府性基金预算、国有资本经营预算和社保基金预算。各类预算中用于固定资产投资的资金全部作为国家预算资金填报，其中一般预算中用于固定资产投资的部分包括基建投资、车购税、灾后恢复重建基金和其他财政投资。各级政府债券也纳入国家预算资金。

国内贷款 指报告期固定资产投资单位向银行及非银行金融机构借入的用于固定资产投资的各种国内借款，包括银行贷款、非银行金融机构贷款等。

债　券 指企业（公司）或金融机构为筹集用于固定资产投资的资金向投资者出具的承诺按一定发行条件还本付息的债券凭证，包括金融债券和企业债券（由国家发展改革委员会和中国证券监督管理委员会批准发行）。

利用外资 指报告期收到的用于固定资产建造和购置的国外资金(包括设备、材料、技术在内)。包括对外借款(外国政府、国际金融组织贷款、出口信贷、外国银行商业贷款、对外发行债券和股票)、外商直接投资及外商其他投资（包括利用外商投资收益在国内进行固定资产再投资活动的资金）。不包括我国自有外汇资金(包括国家外汇、地方外汇、留成外汇、调剂外汇和中国银行自有资金发行的外汇贷款等)。计算利用外资时，需要折算成人民币，折算中所使用的外汇汇率按现汇计算，即按使用外汇时的汇率计算。

自筹资金 指固定资产投资单位报告期收到的，由各企、事业单位筹集用于固定资产投资的预算外资金，包括各类企、事业单位的自有资金和从其他单位筹集的用于固定资产投资的资金，但不包括各类财政性资金、从各类金融机构借入资金和国外资金。

其他资金 指在报告期收到的除以上各种资金之外的用于固定资产投资的资金，包括社会集资、个人资金、无偿捐赠的资金及其他单位拨入的资金等。

固定资产投资按构成分

建筑工程 指各种房屋建筑物的建造工程，又称建筑工程量。这部分投资额必须兴工动料，通过施工才能实现。建筑工程包括各种房屋的建造，设备基础及各种窑炉的砌筑和金属结构工程，为施工而进行的建筑场地布置、工程地质勘探、平整场地、施工临时用水、电、气、路和清理绿化等。矿井的开凿、铁路、公路、桥梁、水利及防空、地下建筑等特殊工程。

安装工程 指各种设备、装置的安装工程，又称安装工作量。在安装工程投资额中，不包括被安装设备本身的价值。安装工程包括生产、动力、起重、运输、传动和医疗试验等各种需安装设备的装配和安装与设备相连的工作台、梯子栏杆以及管线敷设、保温、油漆、防腐和单机试运系统联动无负荷试运工作（不包括投料试运）。

设备、工具、器具购置 指建设单位或企、事业单位购置和自制达到固定资产标准的设备、工具、器具的价值。但新建单位、扩建单位的新建车间，按照设计和计划要求购置或自制的全部设备、工具、器具，不论是否达到固定资产标准均计入“设备、工具、器具购置”中。

其他费用 指在固定资产建造和购置过程中发生的，除建筑安装工程和设备、工器具购置投资完成额以外的费用。包括土地购置费（建设用地费）、旧建筑物购置费（房屋建筑物购置费）等。

固定资产投资按建设性质分

新　建 一般指从无到有“平地起家”开始建设的企事业和行政单位的建设项目。有的项目原有基础很小，经扩大建设后，其新增加的固定资产价值（原值）超过原有固定资产价值三倍以上的也应算为新建。

扩　建 指为扩大原有产品生产能力或增加新的产品能力，在厂内或其他地点增建主要生产车间

（或主要工程），独立的生产线等。事业单位和行政单位在原单位增建业务用房，也作为扩建。

改建和技术改造 指现有企、事业单位对原有设施进行技术改造或更新（包括相应配套的辅助性生产、生活设施建设）的建设项目。有的还充分发挥现有的生产能力，进行填平补齐而增建不直接增加本单位主要产品生产能力的车间等，也属于改建。

新增固定资产

指报告期内已经完成建造和购置过程，并交付生产或使用单位的固定资产价值，包括建成投入生产或交付使用的工程投资和达到固定资产标准的设备、工具器具的投资以及有关的摊入费用，属于增加固定资产价值的其他建设费用应随同交付使用的工程一并计入新增的固定资产。

商品房销售面积

指报告期内出售商品房屋的合同总面积(即双方签署的正式买卖合同中所确定的建筑面积)。由现房销售建筑面积和期房销售建筑面积两部分组成。

商品房销售额

指报告期内出售商品房屋的合同总价款(即双方签署的正式买卖合同中所确定的合同总价)。该指标与商品房销售面积同口径，由现房销售额和期房销售额两部分组成。

建筑业总产值

是以货币形式表现的建筑业企业在一定时期内生产的建筑业产品和提供的服务的总和。建筑业总产值包括：

1. 建筑工程产值：指列入建筑工程预算内的各种工程价值;

2. 安装工程产值：指设备安装工程价值，不包括被安装设备本身的价值;

3. 其他产值：建筑业总产值中除建筑工程、安装工程以外的产值。包括房屋构筑物修理产值、非标准设备制造产值、总包企业向分包企业收取的管理费以及不能明确划分的施工活动所完成的产值。

劳务分包企业建筑业总产值指劳务分包企业与总承包企业或专业承包企业签定劳务分包合同后，从事建筑安装工程取得的所有劳务收入。

房屋建筑施工面积

指在报告期内施过工的全部房屋建筑面积，包括本期新开工的房屋面积、上期施工跨入本期继续施工的房屋面积、上期停缓建在本期恢复施工的房屋面积、本期竣工的房屋面积及本期施工后又停缓建的房屋面积。

房屋建筑竣工面积

指在报告期内房屋建筑按照设计要求已全部完工，达到了住人和使用条件，经验收鉴定合格或达到竣工验收标准，可正式移交使用的各栋房屋建筑面积的总和。

财政收入

指国家可直接支配的财力，主要包括税收收入和其他收入两大类。1994 年我国统一实行分税制财政体制，按税种分为上划中央收入和地方财政收入。上划中央收入包括：增值税的 75% 和消费税的 100%等；地方财政收入包括：增值税的 25%、 营业税（不含银行总行、铁道、保险总公司的营业税）、地方企业交纳的企业所得税、外商投资企业和外国企业所得税、个人所得税、土地使用税、固定资产投资方向调节税、城市维护建设税（不含银行总行、铁道、保险总公司集中交纳的部分）、资源税（不包括海洋石油资源税）、房产税、车船使用税、印花税、屠宰税、农牧业税、耕地占用税、契税、遗产和赠与税、土地增值税、国有土地有偿使用收入以及基金收入等。地方财政收入加上划中央收入为全市财政收入。需要指出的是 1994 年以后地方财政收入与以前实行的总额分成财政体制下的地方财政收入在内容和范围上有一定差别，历年数据不完全可比。

一般预算财政收入

是通过一定的形式和程序，由各级财政部门组织并纳入预算管理的各项收入，也就是会计制度改革以前所称的“预算收入”。

政府性基金收入 是按规定收取，转入或通过当年财政安排，由财政管理并具有指定用途的政府性基金预算收入等。

一般预算财政支出

是各级财政部门对集中的一般预算收入有计划地分配和使用而安排的支出。

政府性基金支出 是各级财政部门用基金预算收入安排的支出。

存　款

指企业、机关、团体或居民根据资金必须收回的原则，把货币资金存入金融机构保管并取得一定利息的一种信用活动形式。根据存款对象的不同可划分为企业存款、财政性存款、城乡储蓄存款、农村存款、信托及其他存款等，它是银行信贷资金的主要来源。

贷　款

指金融机构根据资金必须归还的原则，按一定利率，为企业、个人等提供资金的一种信用活动形式。我国银行贷款分为工业贷款、农业贷款、商业贷款、建筑业贷款、私营和个体贷款、乡镇企业贷款、中长期贷款、信托及其他贷款等。

社会消费品零售总额

指企业（单位、个体户）通过交易直接售给个人、社会集团非生产、非经营用的实物商品金额，以及提供餐饮服务所取得的收入金额。个人包括城乡居民和入境人员。社会集团包括机关、社会团体、部队、学校、企业事业单位、居委会或村民委员会。

商品购进总额

指从本企业(单位)以外的单位和个人购进(包括从国外直接进口)作为转卖或加工后转卖的商品总额（含增值税）。它反映批发和零售贸易业从国内、国外市场上购进商品的总价。商品购进总额包括：（1）从工农业生产者、批发和零售业企业、住宿和餐饮业企业、出版社或报社的出版发行部门和其他服务业企业购进的商品；（2）从机关团体、事业单位购进的商品；（3）从海关、市场管理部门购进的缉私和没收的商品；（4）从居民收购的废旧商品等。不包括（1）企业为本单位自身经营用，不是作为转卖而购进的商品；（2）未通过买卖行为而收入的商品；（3）经本单位介绍，由买卖双方直接结算，本单位只收取手续费的业务；（4）销售退回和买方拒付货款的商品；（5）商品溢余。

商品销售总额

指对本企业(单位)以外的单位和个人出售的商品总额（包括售给本单位消费用的商品，含增值税）。它反映在国内市场上销售商品以及出口商品的总量。商品销售总额包括：(1) 售给城乡居民和社会集团消费用的商品；(2) 售给工业、农业、建筑业、运输邮电业、批发零售贸易业、餐饮业、服务业等国民经济各行业用于生产、经营用的商品；(3)对国(境)外直接出口的商品。不包括：（1）未通过买卖行为付出的商品；（2）经本单位介绍，由买卖双方直接结算，本单位只收取手续费的业务；（3）购货退回的商品；（4）商品损耗和损失；（5）出售本单位自用的废旧物资。

年末库存总额

对于批发和零售业法人企业和个体经营户，是指期末取得所有权的全部商品金额（含增值税）；对于批发和零售业产业活动单位，是指期末实际在库且归属法人具有所有权的全部商品金额（含增值税）。它反映批发零售贸易企业(单位)的商品库存情况和对市场商品供应的保证程度。期末库存包括：(1) 存放在批发零售贸易业经营单位(如门市部、批发站、经营处)仓库、货场、货柜和货架中的商品；(2) 挑选、整理、包装中的商品；(3) 已记入购进而尚未运到本单位的商品，即发货单或银行承兑凭证已到而货未到的部分；(4) 寄放他处的商品，如因购货方拒绝承付而暂时存放在购货方的商品和已办完加工成品收回手续而未提回的商品；(5) 委托其他单位代销(未作销售或调出)尚未售出的商品；(6) 代其他单位购进尚未交付的商品。不包括：（1）所有权不属于本单位的商品；（2）委托外单位加工的商品（包括本单位所属加工厂和其他生产单位加工生产尚未收回成品的商品）；（3）外贸企业代理其他单位从国外进口，尚未付给订货单位的商品；（4）代国家储备部门保管的商品。

营业收入

指企业(单位)经营主要业务和其他业务所确认的收入。营业收入包括主营业务收入和其他业务收入。主营业务收入是指企业确认的销售商品、提供劳务等主营业务的收入。其他业务收入是指各类企业主营业务以外其他业务或不独立核算的附营业务所发生的收入。

主营业务成本

指企业经营主要业务所发生的成本总额。

限额以上批发和零售业、住宿和餐饮业企业划分标准

批发业是指年主营业务收入 2000 万元及以上；零售业是指年主营业务收入 500 万元及以上；住宿业和餐饮业是指年主营业务收入 200 万元及以上。

外贸进出口总额

指海关统计中按经营单位即进出口企业在海关注册地的行政区域口径统计的数据，它反映的是天津行政辖区内各类具有进出口经营权企业（外贸企业）的进出口。它不包含外省市外贸企业途经天津口岸由天津海关结关放行及统计的进出口商品，但包含天津外贸企业经由非天津口岸进出口结关放行及统计的商品。

利用外资

包括三部分，一是借用国外资金；二是直接利用投资；三是其他利用投资。外资包括现金、实物、工业产权或专有技术等。凡是本年内实际投资（不论是执行本年签订的协议或是执行过去几年签订的协议）均应计算在内。

借用国外资金 指由我国政府、部门、企业或其他经济组织从境外借入的资金或在境外发行的外币债券。按借款类别不同划分为：外国政府贷款、国际金融组织贷款、外国银行商业贷款、出口信贷和其他：包括对外发行债券、股票等。本年鉴公布的我市的对外借款统计数据中，不含外国及港、澳、台在津投资企业的对外借款。

直接利用投资 指国外及港澳台地区的法人和自然人按照我国有关政策、法规在中国大陆地区以现金、实物、无形资产等各种方式投资于非上市公司中的全部投资及在单个外国投资者所占股权比例不低于 10%的上市公司中的投资。

其他利用投资 凡是国外及港澳台地区的法人和自然人按照我国有关政策、法规在中国大陆地区以现金、实物、无形资产等各种方式进行的投资中不属于客商直接投资的部分，均列入本类。

实际利用外资

包括借用国外资金、直接利用投资和其他利用投资三部分实际到位的外资。借用国外资金按实际提取或拨交的使用数、直接利用投资按外方实际到位资金统计（以会计师事务所出具的验资报告为准）、其他利用投资按到位数计算。

城市居民家庭总收入

指调查户中生活在一起的所有家庭成员在调查期得到的工资性收入、经营性收入、财产性收入、转移性收入的总和，不包括出售财物和借贷收入。收入的统计标准以实际发生的数额为准，无论收入是补发还是预发，只要是调查期得到的都应如实计算，原则上不作分摊。

城市居民家庭可支配收入

指调查户可用于最终消费支出和其它非义务性支出以及储蓄的总和，即居民家庭可以用来自由支配的收入。它是家庭总收入扣除交纳的个人所得税、个人交纳的社会保障费以及调查户的记账补贴后的收入。计算公式为：

可支配收入=家庭总收入-交纳个人所得税-个人交纳的社会保障支出-记账补贴

城市居民工资性收入　指就业人员通过各种途径得到的全部劳动报酬，包括所从事的主要职业的工资以及从事第二职业、其他兼职和零星劳动得到的其他劳动收入。

城市居民经营净收入　指家庭成员从事生产经营活动所获得的净收入。是全部生产经营收入中扣除生产成本和税金（但不扣除个人所得税）后所得的收入。

城市居民财产性收入　指家庭所拥有的动产（如银行存款、有价证券）、不动产（如房屋、土地等）所获得的收入。包括出让财产使用权所获得的利息、租金、专利收入；财产运营所获得的红利收入、财产增值收益等。

城市居民转移性收入　指国家、单位、社会团体对居民家庭的各种转移支付和居民家庭间的收入转移。包括政府对个人收入转移的离退休金、失业救济金、赔偿等；单位对个人收入转移的辞退金、保险索赔、住房公积金、家庭间的赠送和赡养等。

城市居民家庭消费性支出

指家庭用于日常生活的支出，包括食品、衣着、居住、家庭设备用品及服务、医疗保健、交通和通信、教育文化娱乐服务、其他商品和服务八大类支出。

城市居民家庭服务性消费支出

指调查户用于本家庭支付社会提供的各种文化和生活方面的非商品性服务费用。包括为别人付款的服务。服务消费与商品消费不同，其特点在于其劳动过程和消费过程在时间与空间上的统一。

服务性消费支出=食品加工服务费用+在外饮食×50% +衣着加工服务费+ 家庭服务+医疗费+交通工具服务支出+交通费+通信服务+文化娱乐服务费+教育费用+房租+住房装潢支出×40% +居住服务费+其它服务费

农村居民纯收入

指农村住户当年从各个来源得到的总收入相应地扣除所发生的费用后的收入总和。纯收入主要用于再生产投入和当年生活消费支出，也可用于储蓄和各种非义务性支出。计算公式为：

农村居民纯收入＝农村住户总收入-家庭经营费用支出-税费支出-生产性固定资产折旧-农村亲友赠送

农村居民可支配收入

指农村住户获得的经过初次分配与再分配后的收入。可支配收入可用于住户的最终消费、非义务性支出以及储蓄。

农村居民可支配收入＝农村住户总收入-家庭经营费用支出-税费支出-生产性固定资产折旧-财产性支出-转移性支出

农村居民工资性收入　指农村住户成员受雇于单位或个人，靠出卖劳动而获得的收入。包括：

1. 在非企业组织中劳动得到的收入：指农村住户成员在不具备企业性质的行政事业单位和各种组织中劳动得到的收入。包括村干部和民办教师的工资（奖金、补贴），乡及以上行政、事业单位工作人员的工资（奖金、补贴）等。

2. 在本地劳动得到的收入：指农村住户成员在所属乡（镇）地域范围内受雇于单位或个人，靠出卖劳动而获得的收入。

3. 常住人口外出从业得到的收入：指农村住户成员到住户所属乡镇地域范围以外从业得到的收入。

农村居民家庭经营收入　指农村住户以家庭为生产经营单位进行生产筹划和管理而获得的收入。

家庭经营活动按行业划分为农业、林业、畜牧业、渔业、工业、建筑业、交通运输和邮电业、批发和零售贸易餐饮业、社会服务业、文教卫生业和其他家庭经营。

农村居民财产性收入 指金融资产或有形非生产性资产的所有者向其他机构单位提供资金或将有形非生产性资产供其支配，作为回报而从中获得的收入。包括利息收入、股息收入、租金收入等。

农村居民转移性收入 指农村住户和住户成员无须付出任何对应物而获得的货物、服务、资金或资产所有权等，不包括无偿提供的用于固定资本形成的资金。一般情况下，指农村住户在二次分配中的所有收入。

农村居民生活消费支出

指农村住户用于物质生活和精神生活方面的支出。包括食品，衣着，居住，家庭设备、用品及服务，医疗保健，交通和通讯，文化教育娱乐用品及服务，其他商品和服务等消费支出。

城镇居民最低生活保障人数

指在报告期末家庭平均收入在当地规定的最低生活保障线以下的城镇居民数。包括“三无”对象，失业人员和在职、下岗、退休人员等。

农村居民最低生活保障人数

指报告期末在建立农村最低生活保障制度的地区，得到当地政府或集体给予最低生活保障的农业人口家庭人数。

城镇社区服务设施数

指报告期末城镇（街道办事处、居委会）设立的以非盈利为目的，为本社区居民服务，特别是为老年人、残疾人、儿童服务的社区服务中心、活动站、服务站、养老院、老年公寓（托老所），残疾人工疗站、残疾儿童日托所、家务服务站、婚姻介绍所等福利性设施以及职工社会保险管理服务的机构数。几种不同类型的社区服务单位，共用一个场所的，只能统计为一个社区服务设施。成为社区服务设施的条件：（1）是独立核算单位；（2）有固定的从业人员；（3）有一定的服务项目；（4）有一定的场所。

基本医疗保险

1. 参保人数：指报告期末按国家有关规定参加基本医疗保险的人数。包括参加保险的职工人数和退休人员人数。

2. 基金收入：指根据国家有关规定，由纳入基本医疗保险范围的缴费单位和个人，按国家规定的缴费基数和缴费比例缴纳的基金，以及通过其他方式取得的形成基金来源的款项，包括：单位缴纳的社会统筹基金收入、个人缴纳的个人账户基金收入、财政补贴收入、利息收入、其他收入。

3. 基金支出：指按照国家政策规定的开支范围和开支标准从社会统筹基金中支付给参加基本医疗保险的职工和退休人员的医疗保险待遇支出，和从个人账户基金中支付给参加基本医疗保险的职工和退休人员的医疗费用支出，以及其他支出。包括：住院医疗费用支出、门急诊医疗费用支出、个人账户基金支出、其他支出。

4. 基金累计结余：指截止报告期末基本医疗保险的社会统筹和个人账户基金累计结余金额。包括银行存款、财政专户、债券投资和其他。

失业保险

1. 参保人数：指报告期末按照国家法律、法规和有关政策规定参加了失业保险的城镇企业事业单位的职工及地方政府规定参加失业保险的其他人员的人数。

2. 失业保险基金收入：指按照规定从企业、事业及其他单位筹集的失业保险费及其他并入失业保险基金收入的总额。包括单位和个人缴纳的失业保险费、失业保险基金利息收入、上级补助收入、下级上解收入、转移收入、财政补贴和其他收入。

3. 失业保险基金支出：指报告期内为保障失业人员和下岗职工基本生活、促进其再就业等支出的基金总额。包括失业救济金、医疗费、死亡丧葬补助费、抚恤救济费、转业训练费支出、失业保险经办机构管理费、补助下级支出、上解上级支出、转移支出和其他支出。

4. 基金累计结余：指截止报告期末失业保险基金收支相抵后的累计余额。

基本养老保险

1.（参保）职工人数：指报告期末按照国家法律、法规和有关政策规定参加基本养老保险并在社保经办机构已建立缴费记录档案的职工人数，包括中断缴费但未终止养老保险关系的职工人数，不包括只登记未建立缴费记录档案的人数。

2.（参保）离退休人员人数：指报告期末参加基本养老保险的离休、退休和退职人员的人数。

3. 基本养老保险基金收入：指根据国家有关规定，由纳入基本养老保险范围的缴费单位和个人按国家规定的缴费基数和缴费比例缴纳的养老保险基金，以及通过其他方式取得的形成基金来源的收入。包括单位和职工个人缴纳的基本养老保险费、基本养老保险基金利息收入、上级补助收入、下级上解收入、转移收入、财政补贴和其他收入。

4. 基本养老保险基金支出：指按照国家政策规定的开支范围和开支标准从养老保险基金中支付给参加基本养老保险的个人的养老金、丧葬抚恤补助，以及由于保险关系转移、上下级之间调剂资金等原因而发生的支出。包括离休金、退休金、退职金、各种补贴、医疗费、死亡丧葬补助费、抚恤救济费、社会保险经办机构管理费、补助下级支出、上解上级支出、转移支出、其他支出等。

5. 基本养老保险基金累计结余：指截止报告期末基本养老保险基金收支相抵后的累计余额。

受理劳动争议案件数

指劳动争议仲裁委员会根据国家有关规定，对劳动争议当事人的申请予以审查，符合受理条件而正式立案、准备处理的劳动争议案件数。

工业废水排放量

指经过企业厂区所有排放口排到企业外部的工业废水量。包括生产废水、外排的直接冷却水、超标排放的矿井地下水和与工业废水混排的厂区生活污水，不包括外排的间接冷却水(清污不分流的间接冷却水应计算在内)。

工业废水排放达标率

指工业废水排放达标量占工业废水排放量的百分率，计算公式为：

$$工业废水排放达标率=\frac{工业废水排放达标量}{工业废水排放量}\times 1000\%$$

工业废气排放量

指报告期内企业厂区内燃料燃烧和生产工艺过程中产生的各种排入大气的含有污染物的气体的总量，以标准状态(273K，101325Pa)计算。测算公式为：

工业废气排放量 = 燃料燃烧过程中废气排放量 + 生产工艺过程中废气排放量

工业粉尘排放量

指企业在燃料燃烧和生产工艺过程中排放的能在空气中悬浮一定时间的固体颗粒物排放量。如钢铁企业的耐火材料粉尘、焦化企业的筛焦系统粉尘、烧结机的粉尘、石灰窑的粉尘、建材企业的水泥粉尘等。不包括电厂排入大气的烟尘。

货(客)运量

指在一定时期内，各种运输工具实际运送的货物(旅客)数量。该指标是反映运输业为国民经济和人民生活服务的数量指标，也是制定和检查运输生产计划、研究运输发展规模和速度的重要指标。货运按吨计算，客运按人计算。货物不论运输距离长短、货物类别，均按实际重量统计。旅客不论行程远近或票价多少，均按一人一次客运量统计；半价票、小孩票也按一人统计。

货物(旅客)周转量

指在一定时期内，由各种运输工具运送的货物(旅客)数量与其相应运输距离的乘积之总和。该指标可以反映运输业生产的总成果，也是编制和检查运输生产计划，计算运输效率、劳动生产率以及核算运输单位成本的主要基础资料。计算货物周转量通常按发出站与到达站之间的最短距离，也就是计费距离计算。计算公式为：

货物（旅客）周转量=Σ〔货物（旅客）运输量×运输距离〕

港口货物吞吐量（又称港口吞吐量）

指经由水路运进、出港区范围，并经过装卸的货物数量。按货物流向分为进港吞吐量和出港吞吐量；按货物的贸易性质分为内贸和外贸吞吐量；按货物的类别分，可根据现行的交通行业标准《运输货物分类和代码》分类。

国际标准集装箱吞吐量

凡经过水运进、出港区范围，并经过装卸的集装箱箱数和重量（含集装箱自重），通常是按进港和出港分别统计。TEU 是“折合 20 英尺标准箱”的英文缩写。它是指各种尺寸的国际标准集装箱的自然箱数，按各自的换算比例，折算为 20 英尺标准箱数。其换算比例为：40 英尺箱 1∶2；35 英尺箱 1∶1.75；20 英尺箱 1∶1；10 英尺箱 1∶0.5。

邮电业务总量

指以价值量形式表现的邮电通信企业为社会提供各类邮电通信服务的总数量。邮电业务量按专业分类包括函件、包件、汇票、报刊发行、邮政快件、特快专递、邮政储蓄、集邮、公众电报、用户电报、传真、长途电话、出租电路、无线寻呼、移动电话、分组交换数据通信、出租代维等。计算方法为各类产品乘以相应的平均单价(不变价)之和，再加上出租电路和设备、代用户维护电话交换机和线路等的服务收入。该指标综合反映了一定时期邮电业务发展的总成果，是研究邮电业务量构成和发展趋势的重要指标。计算公式为：

邮电业务总量=Σ（各类邮电业务量×不变单价）+出租代维及其他业务收入=邮政业务总量+电信业务总量

科技活动

指在自然科学、农业科学、医药科学、工程与技术科学、人文与社会科学领域（简称科学技术领域）中与科技知识的产生、发展、传播和应用密切相关的有组织的活动。为核算科技投入的需要，科技活动可分为科学研究与试验发展（R＆D）、科学研究与试验发展成果应用及相关的科技服务三类活动。

专　利

是专利权的简称，是对发明人的发明创造经审查合格后，由专利局依据专利法授予发明人和设计人对该项发明创造享有的专有权。包括发明、实用新型和外观设计。反映拥有自主知识产权的科技和设计成果情况。

发　明　指对产品、方法或者其改进所提出的新的技术方案。是国际通行的反映拥有自主知识产权技术的核心指标。

实用新型　指对产品的形状、构造或者其结合所提出的适于实用的新的技术方案。反映具有一定技术含量的技术成果情况。

外观设计　指对产品的形状、图案、色彩或者其结合所做出的富有美感并适于工业上应用的新设计。反映拥有自主知识产权的外观设计成果情况。

普通高等学校

是按国家规定的设置标准和审批程序批准举办的，通过全国普通高等教育统一招生考试，招收高中毕业生为主要培养对象，实施高等学历教育的全日制大学、独立设置的学院和高等专科学校、高等职业学校和其他机构。大学、独立设置的学院主要实施本科及本科层次以上的教育。高等专科学校、高等职业学校实施专科层次教育。

中等职业学校

是按国家规定的设置标准和审批程序批准成立的实施中等职业教育的学校（机构）。调整后的中等职业学校是指将普通中等专业学校（中等技术学校、中等师范学校）、成人中等专业学校、职业高中学校等各种实施中等职业教育的办学类型，通过合并、共建、联办、划转等形式调整为统一的办学类型，即中等职业学校。

职业中学（职业高中、职业初中）

是指经县或县以上教育行政部门批准设立，招收小学或初中毕业生实施中等职业技术教育的教学机构。职业中学按学校性质类别可分为：独立设置的职业中学（包括：职业初中、职业高中、职业初高中合设学校）；附设有普通中学班的职业中学。

普通中等学校（普通高中、普通初中）

通常称普通中学，分为普通高级中学和普通初级中学两个阶段。普通初级中学是指独立设置的招收小学毕业的适龄人口进行初级中等基础教育的机构；普通高级中学是指独立设置的招收初中毕业的适龄人口进行高级中等基础教育的机构；完全中学是指普通初、高中合设的教育机构；一贯制学校是指在一所学校连续实施中小学教育的机构。其中包括实施九年义务教育的九年一贯制学校和实施高中教育的十二年一贯制学校。（说明：一贯制学校的办学条件如能划分为小学、初中、高中，则分开填报；如不能划分清楚，可按就高不就低的方法填入初中、高中报表中，不能重复填写。）

初等教育（普通小学）

是指由县或县以上教育行政部门批准，招收学龄儿童实施初等教育的教学机构。

学前教育 （幼儿园）

是指招收三周岁以上 （含三周岁）学龄前幼儿，对其进行保育和教育的单位，包括全市各幼儿教学点；幼儿园以游戏为基本活动形式，寓教于乐、寓教于动。

文化事业机构

指从事专业文化工作和为专业文化工作服务的单独核算、独立建制的单位，不包括文化主管部门直属单位举办的其他行业和各部门的业余文化组织。

卫生技术人员

指卫生事业机构支付工资的全部固定职工和合同制职工中现任职务为卫生技术工作的人员。包括中医师、西医师、中西医结合高级医师、护师、中药师、西药师、检验师、其他技师、中医士、西医士、护士、助产士、中药剂士、西药剂士、检验士、其他技士、其他中医、护理员、中药剂员、西药剂员、检验员和其他初级卫生技术人员。不包括从事管理工作的卫生技术人员。

执业（助理）医师

指持有执业（助理）医师证书，并从事医疗卫生工作的人员。

Explanatory Notes on Main Statistical Indicators

Developed Areas

refer to the land in administrative areas having been developed concentratedly with municipal public facilities. For core city, developed areas include concentrated areas and decentralized areas, having basic perfect municipal public facilities; for the city with several towns, developed areas are composed of several concentrated areas with municipal public facilities. Therefore, the scope of developed areas refers to actual construction land of a city.

Gross Domestic Product

refers to the final products at market prices produced by all resident units in a country (or a region) during a certain period of time.

From the aspect of value added form, GDP refers to the total value of all products and services produced by all resident units during a certain period of time minus total value of inputs of non-fixed-assets products and services or the summation of the value added of all resident units; the form of products refers to all final goods and services minus imports of goods and services. In the practice of national accounting, it is calculated by three approaches, i.e. product approach, income approach and expenditure approach, respectively, to reflect Gross Product and its composition of different aspects.

Classification of Three Strata of Industry

Primary Industry includes agriculture, forestry, animal husbandry and fishery (excluding agriculture, forestry, animal husbandry and fishery services).

Secondary Industry includes minerals mining (excluding support activities for mining), manufacturing (excluding repair of metal products, machinery and equipment), production and supply of electricity, heat energy, gas and water, construction.

Tertiary Industry refers to all other industries not included in primary or secondary industry, including wholesale and retail trade; transportation, storage and post services; accommodation and catering services; information transmission, software and IT services; financial intermediation; real estate; leasing and business services; scientific research and technical services; management for water conservancy, environment and public facilities; resident services, repair and other services; education; health care and social work; culture, sports and entertainment; public management, social security and social organizations; international organizations; together with agriculture, forestry, animal husbandry and fishery services in agriculture, forestry, animal husbandry and fishery, support activities for mining in minerals mining, and repair of metal products, machinery and equipment in manufacturing.

Registration Status of Enterprises (Units)

Enterprises are classified into 3 categories, namely domestic-funded enterprises, enterprises with investment from Hong Kong, Macau and Taiwan, and enterprises with foreign investment, according to the registration status of an enterprise in industrial and commercial administration agencies. Domestic-funded enterprises include state-owned enterprises, collective-owned enterprises, cooperative enterprises, joint ownership enterprises, limited liability corporations, share-holding corporations Ltd., private enterprises and other enterprises. Included in the enterprises with investment from Hong Kong, Macau and Taiwan and enterprises with foreign investment are joint-venture enterprises, cooperative enterprises, sole investment enterprises and share-holding corporations Ltd. For government agencies, institutions and social organizations which are not registered in industrial and commercial administration agencies, they are classified mainly by their sources of funding and manner of management.

State-owned Enterprises refer to non-corporation economic units where the entire assets are owned by the state and which have registered in accordance with the Regulation of the People's Republic of China on the

Management of Registration of Corporate Enterprises. Excluded from this category are sole state-funded corporations in the limited liability corporations. Excluded from this category are enterprises with exclusive investment from state-owned, state-owned cooperative enterprises in the join ownership enterprises.

Collective-owned Enterprises refer to economic units where the assets are owned collectively and which have registered in accordance with the Regulation of the People's Republic of China on the Management of Registration of Corporate Enterprises. Excluded from this category are collective-owned and collective-owned cooperative enterprises in joint ownership enterprises, excluded cooperative enterprises.

Cooperative Enterprises refer to a form of collective economic units (enterprises) where capitals come mainly from employees as their shares, with certain proportion of capital from the outside, where production is organized on the basis of independent operation, independent accounting for profits and losses, joint work, democratic management, and a distribution system that integrates remuneration according to work with divided according to capital share.

Private Enterprises refer to profit-making economic units invested and established by natural persons, or controlled by natural persons using employed labour. Included in this category are private limited liability corporations, private share-holding corporations Ltd., private partnership enterprises and private-funded enterprises registered in accordance with the Corporation Law, Partnership Enterprises Law and Interim Regulations on Private Enterprises.

Share-holding Corporations Ltd. refer to economic units registered in accordance with the Regulation of the People's Republic of China on the Management of Registration of Corporations, with total registered capitals divided into equal shares and raised through issuing stocks. Each investor bears limited liability to the corporation depending on the holding of shares, and the corporation bears liability to its debt to the maximum of its total assets.

Limited Liability Corporations refer to economic units established with investment from 2-50 investors and registered in accordance with the Regulation of the People's Republic of China on the Management of Registration of Corporations, each investor bearing limited liability to the corporation depending on its share of investment, and the corporation bearing liability to its debt to the maximum of its total assets. Limited liability corporations include exclusive state-funded limited liability corporations and other limited liability corporations.

Sole State-funded Corporations refer to limited liability corporations established with exclusive investment from investment institutions or departments authorized by the state.

Other Limited Liability Corporations refer to the limited liability corporations other than sole state-funded corporations.

Joint Ownership Enterprises refer to economic units established by two or more corporate enterprises or corporate institutions of the same or different ownership, through joint investment on the basis of equality, voluntary participation and mutual benefits. They include state joint ownership enterprises, collective joint ownership enterprises, joint state-collective enterprises, and other joint ownership enterprises.

Other Domestic-funded Enterprises refer to domestic-funded economic units other than those mentioned above.

Enterprises with Sole Investment from Hong Kong, Macao and Taiwan refer to enterprises established in the mainland of China with exclusive investment from investors from Hong Kong, Macao and Taiwan in accordance with the Law of the People's Republic of China on Foreign-Funded Enterprises and other relevant laws.

Share-holding Corporations Ltd. with Investment from Hong Kong, Macao and Taiwan refer to share-holding corporations Ltd. established with the approval from the Ministry of Commerce Relations (the Ministry of Foreign Trade and Economic) in line with relevant state regulations, where the share of investment from Hong Kong, Macao or Taiwan business men exceeds 25% of the total registered capital of the corporation. In case, the share of investment from Hong Kong, Macao or Taiwan is less than 25% of the total registered capital, the enterprise is to be classified as domestic-funded share-holding corporation Ltd.

Enterprises with Sole Foreign Investment refer to enterprises established in the mainland of China with exclusive investment from foreign investors in accordance with the Law of the People's Republic of China on Wholly Foreign-owned Enterprises and other relevant laws.

Share-holding Corporations Ltd. with Foreign Investment refer to share-holding corporations Ltd.

established with the approval from the former Ministry of Foreign Trade and Economic Relations in line with relevant State regulations, where the share of investment from foreign investors exceeds 25% of the total registered capital of the corporation. In case the share of foreign investment is less than 25% of the total registered capital, the enterprise is to be classified as domestic-funded share-holding corporation Ltd.

Government Agencies, Institutions and Social Organizations

are classified into following categories by source of funds and way of management taking reference of the registration status of enterprises.

1. Government agencies include state and party agencies, classified in principle as "state-owned". There are exceptions, such as supply and marketing cooperatives which are classified as "collective-owned".

2. Institutions include institutions of various types established with the approval by organization and staffing department of the government, but exclude institutions where enterprise management system is introduced. Institutions are further classified as follows:

(1) Institutions whose main budgets are listed in the government budget appropriations or extra-budget funds, or allocated from the budget of their competent government agencies. Such institutions are classified as "state-owned".

(2) Institutions whose budgets mainly come from collective units. Such institutions are classified as "collective-owned".

(3) Institutions established by individual (individual partnership), which are classified as "private".

(4) Institutions other than those mentioned above whose source of budget are not clear. Such institutions are classified by way of management.

3. Social organizations include social organizations established with the approval from the Ministry of Civil Affairs, and organizations that are not covered by social organizations management regulations such as trade unions, women's federations etc. Social organizations are further classified as follows:

(1) Social organizations that are not covered by social organizations management regulations of the Ministry of Civil Affairs, such as trade unions, women's federations, communist youth leagues, youth associations, industrial and commerce associations, scientists associations, overseas Chinese associations, etc., foundations and fund management organization established with funds from state, and social organizations whose funds mainly come from the budget of their competent government agencies. Such institutions are classified as "state-owned".

(2) Social organizations whose budgets mainly come from collective units. Such institutions are classified as "collective-owned".

(3) Social organizations established by individual (individual partnership), which are classified as "private".

(4) Social organizations other than those mentioned above whose source of budget is not clear. Such institutions are classified by way of management.

Actual Price (current year price)

includes all other industries not included in primary or secondary industry, including transport, storage, post services; information transmitting, computer services and software; wholesale and retail trade; accommodation and catering services; finance; real estate; leasing and business services; scientific research, technical services and geological prospecting; management for water conservancy, environment and public facilities; resident services and other social services; education; health care, social security and social welfare; culture, sports and recreational services; public management and social organizations and so on.

Constant Price

refers to prices that are used to remove the factors of price change in calculating economic aggregates, so as to facilitate comparison of aggregates over time. Two methods are used for calculating economic aggregates at constant prices, a) Multiplying the output of products by their constant prices of certain year; b) Deflation of data at current prices by relevant price index.

Average Annual Growth Rate

shows the average growth rate of social and economic development during a longer period. It can not be directly calculated by chain based growth rate. The relation is:

Average Annual Growth Rate = Average Speed of Development – 1

Average speed of development is the time series average of speed which calculated by chain based. Because the reference bases during the different periods are not same, average speed of development can not be calculated by the general method. Level approach and accumulative approach for calculating average speed of development rate are applied. The "level approach", or the method of calculating the geometric average, is derived by the formula of geometric average of the chain-based speeds of development, or comparing the level of the last year of the interval with that of the beginning year; the other is called the "accumulative approach" or the "algebraic average", "equation" method, which is derived by the summation of the actual figure of each year in the interval divided by the figure in the base year. The level approach focuses on the level of the last year, while the accumulative approach emphasizes the aggregate development in the duration.

Permanent Population

refers to the total number of people alive at a given area within a period (over half a year). According to the regulation of population census and sample survey, permanent resident population include (1) registered population in this area except those who have left this area over half a year (exclude those going abroad to work or study). (2) population with residence registered in other area, but having actually resided in this area over half a year or having left place of residence registration over half a year and resided in this area during the period of population survey. (3) population with residence registration in this enumeration area not yet settled, i.e. residence card on hand, migration certificate, birth certificate, demobilized soldier card, release certificate, etc.

Registered Population

refers to the population with registered in accordance with the regulation of the People's Republic of China on the Management of Registration Residence in public security organs in this area. No matter he is out or not, how long the time is, which is often expressed in.

Population Density

refers to the total number of people within unit land area. Usually, population density is calculated using permanent resident population and indicates crowd degree of population. It is often expressed in the number of people per square kilometer. The following formula is used :

$$\text{Population Density} = \frac{\text{Permanent Resident Population}}{\text{Total Area of Land}}$$

Birth Rate (Crude Birth Rate)

refers to the ratio of the number of births to the average population (or population in the middle of the year) during a certain period of time, usually using a year as unit for calculation, which is often expressed in ‰. In this book, birth rate refers to annual birth rate. The following formula is used

$$\text{Birth Rate} = \frac{\text{Number of Births}}{\text{Annual Average Number of Population}} \times 1000‰$$

In the formula, births refers to babies alive, which means the babies was born with breath and other phenomenon of life, no matter how many months of pregnant. Annual average number of population refers to the average of population at the beginning and the end of the year, which can be instead of population in the middle of the year.

Death Rate (Crude Death Rate)

refers to the ratio of the number of deaths to the average population (or population in the middle of the year) during a certain period of time, usually using a year as unit for calculation, which is often expressed in ‰. In this book, death rate refers to annual death rate. The following formula is used

$$\text{Death Rate} = \frac{\text{Number of Deaths}}{\text{Annual Average Number of Population}} \times 1000‰$$

Natural Growth Rate of Population

refers to the ratio of natural increase in population (number of births minus number of deaths) in a certain period of time to the average population (or population in the middle of the year) of the same period, usually using a year as unit for calculation, which is often expressed in ‰. The following formula is used:

$$\text{Natural Growth Rate of Population} = \frac{\text{Number of Births - Number of Deaths}}{\text{Annual Average Number of Population}} \times 1000‰$$

$$= \text{Birth Rate - Death Rate}$$

Legal Marriage Age, Labour Age Population

The standard of legal marriage age is 22 for male and 20 for female. The domestic standard of "reaching labour age", "within labour age" and "over labour age" are 16, 16 to 59, 60 for male respectively and 16, 16 to 54, 55 for female respectively; the international standard of these items are 15, 15-64 and 65 respectively for both male and female.

Status of Ownership

refers to enterprises classified as various type of ownership in accordance with registered categories of enterprises after 1998.In which, state-owned economy refer to state-owned enterprises, sole state-funded enterprises, state joint ownership enterprises, collective-owned economy refer to collective-owned enterprises, cooperative enterprises, collective joint ownership enterprises; private economy refer to private enterprises and individual.

Social Employment Personnel

refer to the persons aged 16 and over who are engaged in social labor and receive remuneration payment or earn business income, including employment personnel worked in units in urban areas, employment personnel worked in township enterprises, rural labor engaged in farming, forestry, animal husbandry and fishery, employees in private enterprises and individual economy, employers of private enterprises and individual economy and other employment personnel. Social employment personnel not only include those in urban areas, also include those in rural areas.

Employment Personnel in Urban Units

refer to all the persons working in government agencies of various levels, political and party organizations, social organizations, enterprises and institutions, and receiving remuneration payment. They include on-post staff and workers and other employment personnel in various units, but exclude staff and workers who have left their working units.

On-post Staff and Workers

refer to staff and workers working in the units, signed working contracts and received wages, social insurance and housing fund, including those receive wages from units but are temporarily absent from work for reasons of study, work or on sick, injury or maternal leave. It also include staff and workers should but not be contracted, on probation, recruited out of positions, sent to other units but still received wages.

Total Remuneration of Employment Personnel

refer to total reward payment of employment personnel worked in units during a certain period according to the < Provisions on the Composition of Total Wages> (National Statistic Bureau No. 1, January 1st, 1990). It includes time wage, piece wage, cash awards, exceed wage, subsidy, working overtime wage and other special wage. It is the total wages of working staff and workers, labour dispatch and reward of other employment personnel.

Total Remuneration of On-post Staff and Workers

refer to the total reward payment to working staff and workers in their units during a certain period of time. It consisted of basic salary, performance pay, wage-equivalent subsidy and other wages. It excludes the deduction of sick leave, personal leave and others.

Gross Output Value of Farming, Forestry, Animal Husbandry and Fishery

refers to the total value of products of farming, forestry, animal husbandry and fishery, and total value of services rendered to support farming, forestry, animal husbandry and fishery activities. It reflects the total scale and results of agricultural production during a given period. Prior to 1957, gross agricultural output value of China included barnyard manure and handicraft products for self-consumption (clothes, shoes, stockings, and initial grain processing undertaken by peasants). Since 1958, cutting and felling of bamboo and trees by villages and other cooperative organizations under villages have been included in forestry; value of barnyard manure has been excluded from animal husbandry; self consumed handicrafts has been excluded from sideline occupations, while the output value of industries run by villages and cooperative organizations under village had been included in sideline occupations and the output value of fish catches by motor fishing boats has been added to fishery. Since 1980, the value of handicraft products made for sale by individuals in households had been added to sideline occupations. Since 1984, industries run by villages and under villages have been included in the sector of industry. Since 1993, the subdivision of sideline occupations has been canceled, and the hunting of wild animals has been classified into animal husbandry, and the gathering of wild plants and commodity industry run by rural household have been included in farming. A new industrial classification of economic activities was introduced in 2003. Under the new classification, value of services to farming, forestry, animal husbandry and fishery is included in the gross output value of agriculture.

Gross output value of agriculture is obtained by first multiplying the output of each product or by product by its price, resulting in the output value of each single item. For a small number of products, annual output of which is not available or difficult to get due to the long production (growing) process involved, the output value is estimated through an indirect approach. The sum of output value of all products of farming, forestry, animal husbandry and fishery is then equal to the gross output value of agriculture.

Value-added of Farming, Forestry, Animal Husbandry and Fishery

refers to the final results of various agricultural production and trade units in money terms. It is calculated with two approaches. First, production approach, value-added of farming, forestry, animal husbandry and fishery = gross output value of farming, forestry, animal husbandry and fishery intermediate input of farming, forestry, animal husbandry and fishery. Second, distribution approach, value-added of farming, forestry, animal husbandry and fishery = depreciation of fixed assets + laborers remuneration + net taxes on production (taxes on production subsidies production) + operating surplus.

Total Power of Agricultural Machinery

refers to total mechanical power of machinery used in farming, forestry, animal husbandry, and fishery, including ploughing, irrigation and drainage, harvesting, transport, plant protection, stock breeding, forestry and fishery and other agricultural machineries. Machinery employed for non-agricultural purposes, such as the machines used in township run and village-run industry, construction, non-agricultural transport, scientific experiments and teaching, is excluded.

Effective Irrigated Area

refers to areas that are effectively irrigated, i.e. level land which has water source and complete sets of irrigation facilities to lift and move adequate water for irrigation purpose under normal conditions. In general, irrigated area equal sum area of paddy fields and irrigated land for irrigated engineering or complete sets.

Output of Meat

refers to output of having butchered of pork, beef, mutton, horse, mule, donkey, fowls, and rabbit in the current year, namely the heaviness minus head, hoof, offal.

Output of Aquatic Products

refer to amount of fishing (including artificially cultured, naturally grown), in respective consumption by peasants themselves or sold. It excludes aquatic (i.e. fish fry, fish grows, fish bait and transferred fish from piscine, leave fish) for continuing expanded reproduction aquatic. Various fresh water plants (i.e. lotus roots, water chestnut) are not included.

Output of Fruits in Orchards

refer to total output of fruits harvested from fruit trees in current year, not only for eating but also for sale, but not include melon-fruits (for example, watermelon, melon, honey dew melon, crisp melon, etc.) , vegetables such as lotus root, tomatoes and so on, and collection of wild fruits. Output of fruits is calculated as fresh fruits. Dried dates, raisins, persimmon, orange cake, etc. should be unified into fresh fruits in the calculation.

Industry

refers to the material production sector which is engaged in extraction of natural resources and processing and reprocessing of minerals and agricultural products, including (1) extraction of natural resources, such as mining, salt production (but not including hunting and fishing); (2) processing and reprocessing of farm and sideline produces, such as rice husking, flour milling, wine making, oil pressing, silk reeling, spinning and weaving, and leather making; (3) manufacture of industrial products, such as steel making, iron smelting, chemicals manufacturing, petroleum processing, machine building, timber processing; water and gas production and electricity generation and supply; (4)repairing of industrial products such as the repairing of machinery and means of transport (including cars).

Prior to 1984, the rural industry run by villages and cooperative organizations under village was classified into agriculture. Since 1984, it has been grouped into industry. Units of industrial statistics survey corporate industrial enterprises with independent accounting system.

Corporate industrial enterprises with independent accounting system refer to enterprises engaging in industrial production activities, which meet the following requirements: They are established legally, having their own names, organizations, location, able to take civil liability; They possess and use their assets independently, assume liabilities, and are entitled to sign contracts with other units; They are financially independent and compile their own balance sheets.

Light Industry

refers to the industry that produces consumer goods and hand tools. It consists of two categories, depending on the materials used: (1) Industries using farm products as raw materials. These are branches of light industry which directly or indirectly use farm products as basic raw materials, including the manufacture of food and beverages, tobacco processing, textile, clothing, fur and leather manufacturing, paper making, printing, etc. (2) Industries using non farm products as raw materials. These are branches of light industry which use manufactured goods as raw materials, including the manufacture of cultural, educational articles and sports goods, chemicals, synthetic fiber, chemical products for daily use, glass products for daily use, metal products for daily use, hand tools, medical apparatus and instruments, and the manufacture of cultural and clerical machinery.

Heavy Industry

refers to the industry which produces capital goods, and provides various sectors of the national economy with necessary material and technical basis. It consists of the following three branches according to the purpose of production or the use of products: (1) Mining, quarrying and logging industry refers to the industry that extracts natural resources, including extraction of petroleum, coal, metal and non-metal ores. (2) Raw materials industry refers to the industry that provides various sectors of the national economy with raw materials, fuels and power. It includes smelting and processing of metals, coking and coke chemistry, chemical materials and building materials such as cement, plywood, and power, petroleum refining and coal dressing.(3) Manufacturing industry refers to the industry that processes raw materials. It includes machine building industry which equips sectors of the national economy, industries of metal structure and cement products, industries producing means of agricultural production, such as chemical fertilizers and pesticides. According to the above principle of classification, the repairing trades which are engaged primarily in repairing products of heavy industry are classified into heavy industry while these engaged in repairing products of light industry are classified into light industry.

Industrial Enterprises above Designated Size

refer to industrial enterprises as legal person with annual business revenue of over 20 million yuan.

Large, Medium, Small, Mini-sized Enterprises

Industrial enterprises are classified into large, medium, small, mini-sized enterprises according to employment personnel and sales revenue in accordance with the regulation of Classification of Large, Medium, Small, Mini-sized Enterprises on Statistics in 2011. The standard of classification as following:

Industry	Indicator	Unit	Large-sized	Medium-sized	Small-sized	Mini-sized
Industry	Employment Personnel (X)	person	X≥1000	300≤X<1000	20≤X<300	X<20
	Sales Revenue (Y)	10 000 yuan	Y≥40000	2000≤Y<40000	300≤Y<2000	Y<300

Gross Output Value of Industry

refers to total volume of final industrial products produced and industrial services provided during a given period. It reflects the total achievements and overall scale of industrial production during a given period.

Total Assets

refer to all resources formed by transaction or other activities, which are owned or controlled by enterprises and expected to bring economic benefits to the enterprises. Classified by the degree of liquidity, total assets include working capitals and immovable assets.

Total Current Assets

the assets should be classified into working capital if meeting one of the following conditions: (1) expected to be liquidated, sold or consumed in one normal operating cycle, mainly including inventory, account receivable, etc.; (2) owned for transaction purpose; (3) expected to be liquidated in one year (including one year) since balance sheet date; (4) cash or cash equivalent without limited ability of exchanging other assets or paying debts in one year from balance sheet date, including monetary funds, note receivable, accounts receivable, inventory and other items.

Total Fixed Assets

refer to the physical assets owned over one accounting year for the purpose of production, providing services, rent or business management, including the use of more than one year of housing, buildings, machines, machinery, transport equipment and other production and business-related equipment, apparatus, tools, etc.

Revenue from Principal Business

refers to revenues accepted by enterprises from the sales of products, labour services provided and etc. in the principal business.

Cost of Principal Business

refers to total costs for enterprises to operate the principal business.

Tax and Extra Charges of Principal Business

refer to the tax and charges including the business tax, consumption tax, city maintenance and construction tax, resources tax, land increasing value tax and extra charges for education and etc. in the operation of principal business.

Total Pre-tax Profits

refer to the business results of enterprises in certain accounting period, that is the profits gained from the revenues after deducting the costs, which means the final achievements in the reference period. To the enterprises implemented the Regulation of Accounting Standards for Business Enterprises in 2006, total pre-tax profits equals to business profit add non-operating revenue and minus non-operating expenditures. To the enterprises not implemented, total pre-tax profits equals to business profit add investment income, subsidies, non-operating revenue and minus non-operating expenditures.

Total Profits and Taxes

refers to the sum of the total profits, tax and extra charges of principal business and the value added tax payable of industrial enterprises.

Sales Ratio of Products

reflects the actual sale of industrial products, analyzing the production-selling and supply-demand relations. It is calculated as:

$$\text{Sales Ratio of Products} (\%) = \frac{\text{Value of Industrial Sales}}{\text{Gross Industrial Output Value (Current Prices)}} \times 100\%$$

Total Investment in Fixed Assets

refers to the volume of activities in construction and purchases of fixed assets of the whole country and related fees, expressed in monetary terms during the reference period. It is a comprehensive indicator which shows the size, structure and growth of the investment in fixed assets, providing a basis for observing the progress of construction projects and evaluating results of investment. Total investment in fixed assets in the whole country includes, by type of ownership, the investment by State-owned units, collective-owned units, individuals, joint ownership units, share-holding units, as well as investments by entrepreneurs from foreign countries and from Hong Kong, Macao and Taiwan, and by other units. Total investment in fixed assets in the whole country includes urban investment, rural non-agricultural investment and rural agricultural investment.

Urban Investment in Fixed Assets

refers to construction projects involving a total planned (or required) investment of 5 million yuan and over by enterprises of various types of ownership, institutions, administrative units and individuals in urban areas, investment in real estate development. In other words, all investments that take place in county towns and urban areas, investment in construction projects under the direct leadership and management of government agencies at and above county levels and investments by enterprises and institutions at and above county levels are covered in urban investment in fixed assets.

Investment in Rural Areas

refers to investment in fixed assets by enterprises, institutions, administrative units and households in rural areas.

Investment in Real Estate Development

refers to the investment by the real estate development companies (unit) in the construction of house buildings. It is finished work in monetary terms.

Sources of Funds for Investment in Fixed Assets

refer to the funds used to establish or buy fixed assets by the investment units in report period, included the state budget, domestic loans, bonds, foreign investment, self-raised funds, and others.

State Budgetary Appropriation consists of central budgetary appropriation and local budgetary appropriation. National budget includes the general budget, government fund budget, state-owned capital management budget and social security funds. In various types of budget, funds used for investment in fixed assets are all calculated as state budgetary appropriation. And general budget used for investment in fixed assets includes infrastructure investment, vehicle purchase tax, post-earthquake recovery and reconstruction funds and other financial investments. Government bonds of all levels are also included in the state budgetary appropriation.

Domestic Loans refer to loans of various forms borrowed by investing units from banks and non-bank financial institutions during the reference period for the purpose of investment in fixed assets, including bank loans, non-bank financial institutions loans, etc..

Bonds refer to the voucher issued enterprise (company) or financial institutions in order to raise funds with commit of payback with interests according to certain conditions, including the financial bonds and enterprise bonds (approved by the National Development and Reform Commission and the China Securities Regulatory Commission).

Foreign Investment refers to foreign funds received during the reference period for the construction and purchase of investment in fixed assets (covering equipment, materials and technology), including foreign borrowings (loans from foreign governments and international financial institutions, export credit, commercial loans from foreign banks, issue of bonds and stocks overseas), foreign direct investment and other foreign investments (including using revenue of foreign investment to invest in the domestic fixed assets). Excluded from this category is capital in foreign exchanges owned by China (foreign exchanges owned by the central and local governments, foreign exchanges retained by enterprises, foreign exchanges by enterprises through the regulating mechanism, loans in foreign exchanges issued by the Bank of China with its own fund, etc.). In calculating the utilization of foreign capital, foreign currencies are converted into Chinese RMB applying the current exchange rate when the foreign capitals are actually used.

Fundraising refer to extra-budgetary funds for investment in fixed assets raised by enterprises and institutions and received by investing units during the reference period, including self-raised funds of enterprises and institutions, funds raised from other units for investment in fixed assets, excluding government financial capital, funds borrowed from various financial institutions and foreign funds.

Others refer to funds for investment in fixed assets received from sources other than those listed above, including funds raised from individuals and through social donations, and funds transferred from other units.

Investment in Fixed Assets by Composition of Use

Construction Project refers to the construction of various houses and buildings, it also is called the work volume of construction, including construction of various houses, equipment foundations and industrial kilns and stoves, preparation works for project construction, and clearing up works post project construction, geological examination, land-leveling, water, electricity, gas road-cleaning, planting trees, drilling of mines, pavement of railways and roads, highway, bridge, construction of projects of water conservancy, construction of underground air-raid shelters and construction of other special projects.

Installation Project refers to the installation of various kinds of equipment and instruments (work volume of installation). The value of equipment installed is excluded in the value of installation projects. Including various kinds of equipment, i.e. production, power-driven, lifting, transport, transmission, medical experiment etc. and working table, stepladder railing, putting up of pipes, keep warm, paint, rot-proofing, try operation (excluding put in material try operation).

Purchases of Equipment and Instruments refer to the total value of equipment, tools, and vessels purchased or self-produced by construction units, enterprises or institutions, which come up to standards for fixed assets. Equipment, tools and vessels purchased or self- produced for new workshops by newly established or expanded units are categorized as “purchase of equipment and instruments” no matter whether they come up to the standards for fixed assets or not.

Other Expenses refer to investment in assets construction and purchases excluded in above items, including land acquisition costs (costs of land for construction use), old building purchase costs (building purchase costs), etc..

Investment in Fixed Assets by Type of Construction

New Construction refers to newly constructed units. In the case, in which the value of the original fixed assets is quite small, and the value of newly added fixed assets exceeds the original ones by three times, the expansion construction is considered as new construction.

Expansion Construction refers to construction of new major production workshop or independent production line within a factory or in other locations, or construction of a branch factory so as to increase the production capacity of the original products. Newly constructed business houses in institutions and administrative organizations are also classified as expansion.

Reconstruction and Technical Innovation refers to construction of technical innovation and transformation of the existing equipment and technical conditions undertaken by enterprises and institutions, (including accessory facilities for production and living purposes). The construction of new workshops for improving existing production capacity rather than increasing production capacity is also considered as reconstruction.

Newly Increased Fixed Assets

refer to the newly increased value of fixed assets finished construction and purchase in the reference period and delivered to the production or use units, including the value of projects completed and put into production, the value of equipment, tools, and vessels considered as fixed assets, as well as the relevant expenses as investment in fixed assets. Other construction expenses to increase the volume in fixed assets should be calculated into newly increased fixed assets with the project put in use.

Floor Space of Commercial Houses Sold

refers to total contracted area of commercialized housing (the area of floor space as designated in the formal contracts signed by both sides) during the reference time. It is constituted by floor space of completed housing and floor space of future housing.

Total Sales of Commercial Houses

refers to the total contracted value (the value of sales/purchase for selling/purchase of commercialized housing as designated in the contract signed by both sides) during the reference time. This indicator has the same coverage as the area of commercialized housing sold, which is constituted by floor space of completed housing and floor space of housing yet to be completed.

Gross Output Value of Construction

refers to total of construction products and services, expressed in money terms, produced or rendered by construction and installation enterprises during a given period of time. It includes:

1. Output value of construction projects, which is the value of projects covered by the project budgets;

2. Output value of installation projects, which is the value of the installation of equipment, excluding the value of the equipment to be installed;

3. Output value of others, which is the output value of construction industry excluding that of construction projects and installation projects. It includes: output value of repair of buildings and structures; output value of non-standard equipment manufacturing; overhead expenses received by contracted enterprises to the sub-contracted enterprises and the completed output value of construction activities that have no clear definition.

Output value of sub-contracted construction enterprises refers to the total labour income of installation projects earned by sub-contracted enterprises after signed sub-contracted labour contracts with general of specialized contractors.

Floor Space of Buildings under Construction

refers to floor space of buildings under construction during the reference period, including newly started buildings, buildings started earlier and continued during the reference period, and buildings suspended earlier but restarted during the reference period, buildings completed during the reference period, and buildings under construction and then suspended during the reference period.

Floor Space of Buildings Completed

refers to the total floor space of buildings that are completed in the reference period in accordance with the requirements of the design, up to the standard for putting them into use, have been checked and accepted by concerned departments as qualified ones or reached the completed qualification standard, and can be transferred to use formally.

Government Revenue

refers to the revenue of the government directly disposable finance, including various tax revenue and other revenue. In accordance with the classification of the structure of the government finance in 1994 on the basis of the classification of channels for collection of tax revenue, the revenue of the central government and the revenue of the local governments have different coverage. Revenue of the central government includes 75% of the value added tax and 100% of the value consumption tax, etc, The revenue of the local governments includes 25% of the value added tax, business tax, (excluding business taxes of head offices of bank, profits of railways, head office of insurance company) , income tax of the local enterprises subordinated to the local government, income tax of foreign, Hong Kong, Macao and Taiwan funded enterprises, personal income tax, tax on the use of urban land, tax on the adjustment of the investment in fixed assets, tax on town maintenance and construction, tax on resources (excluding tax on ocean petroleum resources), tax on real estates, tax on the use of vehicles and ships, stamp tax, slaughter tax, tax on agriculture and animal husbandry, tax on the occupancy of cultivated land, contract tax, inheritance tax, gift tax, land value added tax, income of non-gratuitous use on the state-owned land and income of funds. Total of government revenue included the revenue of the central government and the revenue of the local governments. Now the content and coverage of the local financial revenue is different from that before 1994, please pay attention to distinguish when you use.

General Budgetary Government Revenue

refers to financial revenue with budgetary management through certain form and procedure by financial departments at each level, also called "budgetary revenue" before reformation of accounting system.

Governmental Fund Revenue refers to government fund budgetary revenue with financial management and assigned uses gathered by rules or through financial arrangement.

General Budgetary Government Expenditure

refers to expenditure distributed and used from general budgetary financial revenue by financial departments at each level.

Governmental Fund Expenditure refers to expenditure arranged from fund budgetary revenue by financial departments at each level.

Deposit

is a form of credit by which enterprises, institutions, organizations or households can put money into banks and other credit institutions for safekeeping and interest earning under the principle of free withdrawal. According to different depositors, deposits are divided into enterprise deposits, treasury deposits, urban and rural savings deposits, rural deposits, entrust and other deposits. Deposits are major sources of credit funds of banks.

Loan

is a form of credit by which banks and other credit institutions provide funds at certain interest rate to enterprises and individuals in the light of the principle of unconditional repayment. Loans from Chinese banks include industry loans, agriculture loans, commerce loans, construction loans, loans to private and individuals, township enterprises loans, medium & long term loans, entrust and other loans.

Total Retail Sales of Consumer Goods

refers to the sum of retail sales of commodities sold by enterprise (units and individuals) to individuals and social groups for non-production and non-business use, and the income from catering services provided. Among of which, individuals refer to residents of urban and rural households and entering persons; social groups refer to government agencies, social organization, military, schools, institution, enterprises, neighbourhood committees and village committees.

Total Purchases of Commodities

refer to the total value of purchases of commodities by the enterprises (establishments) from other establishments or individuals (including direct import from abroad) for the purpose of re-selling, either with or without further processing of the commodities purchased. This indicator is used to show the total value of purchases of commodities by wholesale and retail establishments from domestic and overseas markets. The total purchases include: (1) commodities purchased from agricultural and industrial producers, wholesale and retail enterprises, accommodation and catering enterprises, distribution departments of the publishers and other service enterprises; (2) commodities purchased from government agencies and institutions; (3) anti-smuggling and confiscated goods purchased from the customs authorities or market management agencies; (4) second-hand goods and wastes purchased from residents. Excluded are (1) commodities purchased by enterprises (establishments) for use in their own business operation, not for re-selling; (2) commodities obtained without buying or selling procedures; (3) commission income from brokerage in transactions whose settlement is directly handled by buyers and sellers; (4) commodities rejected and refused to pay; (5) goods overflow.

Total Sales of Commodities

refer to value of commodities sold by the establishments to other establishments and individuals (including sales for the self-consumption and its value-added taxes). This indicator is used to show the total value of sales of commodities at domestic markets and export. The total sales include: (1) commodities sold to urban and rural residents and social groups for their consumption; (2) commodities sold to establishments in all the industries, such as industry, agriculture, construction, transportation, post and telecommunications, wholesale and retail trades, catering trade, services, etc., for their production and operation; (3) commodities for direct export to other countries. Excluded are (1) commodities transferred without buying or selling procedures; (2) commission income from brokerage in transactions whose settlement is directly handled by buyers and sellers; (3) rejected commodities in the purchase; (4) loss in commodities; (5) selling of waste packaging materials used by the establishments (units) themselves.

Year-end Inventory

refers to total commodities (including value-added tax) possessed by wholesale and retail enterprises, private and individuals, and total commodities (including value-added tax) at storage and possessed by their institutional units for the wholesale and retail units with industrial undertakings. It reflects the commodity stock level of various wholesale and retail enterprises (units) and the potential for market supply. It includes: (1) commodities located in storage, garages, counters, and shelves of operating units (such as sale stores, wholesale centers, and operating offices) of wholesale and retail enterprises; (2) commodities in the process of selecting, sorting, and packing; (3) commodities not arrived but recorded as purchase in the account, i.e. commodities not arrived but payment receipts for the commodities from the sellers or the banks arrived; (4) commodities deposited in other places rather than places mentioned above, for instance: commodities in the hold of purchasers temporarily due to the refusal of payment and commodities not taken back after going through the formalities; (5) commodities entrusted to other units to sell but not sold yet; (6) commodities purchased for other units but not delivered yet. Commodities not included as: (1) stock not owned by the enterprises (units); (2) commodities entrusted to other units to process (including entrusted to subsidiary processing plants and other units and not taken back yet); (3) commodities imported from foreign countries agented by foreign trade enterprises and not delivered to the order units; (4) commodities managed on behalf of the state material reserves units.

Business Revenue

refers to revenue of enterprises through operating of main business and other business. It includes income of principal business and other business income. Income of principal business refers to income of main business activities, such as selling commodities or providing services. Other business income refers to income of other business or attached business not including main business.

Cost of Principal Business

refers to real costs from the operating of main business.

Classified Standard of Wholesale and Retail Trades, Accommodation and Catering Enterprises above Designated Size

Wholesale enterprises refer to enterprises with revenue from principal business over 20 million yuan. Retail enterprises refer to enterprises with revenue from principal business over 5 million yuan. Accommodation and catering enterprises refer to enterprises with revenue from principal business over 2 million yuan.

Total Value of Imports and Exports in Foreign Trade

is offered by Customs authorities, covering the operations units, or the enterprises involved in import and export, that have registered in the administrative regions where the Customs operate. It reflects the import and export of all the enterprises with import and export rights (foreign trade enterprises) under the administration of Tianjin Municipality. It excludes those commodities of foreign trade enterprises from out of town that underwent customs clearance at Tianjin ports but includes commodities of foreign trade enterprises of Tianjin that underwent customs clearance in non-Tianjin ports.

Utilization of Foreign Investment

includes foreign borrowing, foreign direct investment, and other foreign investment. Foreign capital includes cash, foods, industrial property right, special technique, etc. It includes actual investment in current year or signed in previous years.

Foreign Loans refer to funds borrowed from abroad by the Chinese government, departments, enterprises and other economic units, foreign currency bond issued abroad. Grouped by the category of borrowing, it includes (a) loans of foreign governments, (b) loans of international financial institutions, (c) commercial loans of foreign banks, (d) export credit of foreign banks, (e) bonds, shares issued abroad, etc. The data in this yearbook excludes foreign borrowing of foreign funded and Hong Kong, Macao and Taiwan funded enterprises.

Foreign Direct Investment refers to the investment inside China by foreign funded and Hong Kong, Macao and Taiwan funded enterprises, economic organizations or individuals, following the relevant policies and laws of China and using cash, practicalities technology, for the investment of corporations that are not listed in stock market, share ownership of single foreign investor is not lower than 10%.

Other Foreign Investment refers to the investment except foreign direct investment inside China by foreign funded and Hong Kong, Macao and Taiwan funded enterprises, economic organizations or individuals, following the relevant policies and laws of China and using cash, practicalities technology.

Foreign Capital Actually Used

refers to the actual investment of foreign borrowing, foreign direct investment and other investment by foreign enterprises. It includes actual withdraw of foreign borrowing, actual capital of foreign direct investment (in accordance with the capital report of Accountant Services), actual capital of other investment by foreign enterprises.

Total Income of Urban Households

refers to the total income of all the members of the sample households, including wage, income from business, income from property, transfer income, excluding proceeds from sales of belongings and credit income. It is calculated on real income, no matter the income is supplied again or beforehand.

Disposable Income of Urban Households

refers to the disposable income of the sample households, including those which can be used for final expenditure and other non-obligation expenditure and savings. It refers to the difference of total income minus income tax, expenditure for social security and subsidies of account. The following formula is used :

Disposable Income of Urban Households = Total Income - Income Tax - Expenditure for Social Security - Survey Subsidies

Wages and Salaries of Urban Households refer to all labour compensation from working units, including the wage of major career and the subsidies from the second career and other job.

Net Business Income of Urban Households refer to net income earned by household members from production and management activities, which equals total income from production and management activities minus cost and taxes (not minus individual income tax).

Property Income of Urban Households refer to income from movables (savings, securities) and non-movables (houses, land, etc.), including interest income dividends and bonuses, income from leasing houses and intellectual property income, etc.

Transferred Income of Urban Households refer to income transferred from state, unit, social organization to households or between different households, including income, parental support, boarding fees paid by relatives and friends and housing accumulation funds, etc.

Consumption Expenditures of Urban Households

refer to total expenditures of the households in daily life. It is classified into 8 categories: food, clothing, household facilities and articles service, medicine and medical service, transportation and communication, recreation, education and culture service, residence, miscellaneous commodities services.

Service Consumption Expenditures of Urban Households

refers to total non-commodity expenditures of the sample households for consumption in culture and life, including service expenditure paid for other persons. Service expenditure is different from commodity expenditure, with the character of uniform of labour process and consumes process in time and space.

Service Expenditure for Consumption of Urban Households = Food Processing Service Fees + Dining Out Fees × 50% + Tailoring and Laundering Service Fees + Household Services Expenditures + Medical Services Expenditures + Transportation Tools Service Fees + Transportation Expenditures + Communications

Service Expenditures + Cultural and Recreation Service Expenditures + Education Expenditures + Rent + Room Decorations Expenditures × 40% + Residence Service Expenditures + Other Service Expenditures

Net Income of Rural Households

refers to the total income of the rural households after the deduction of the expenses for the various cost, which can then be spent for investment in reproduction, expenditure for living consumption, saving, non-productive construction. The formula for calculating is as follows:

Net Income of Rural Households = Total Income - Expenses for Productive Operation - Taxes - Depreciation of Fixed Assets for Production - Gifts to Relatives

Disposable Income of Rural Households

refers to the income of rural households gained after the initial distribution and redistribution, which can be used for final expenditure, non-obligation expenditure and savings.

Disposable Income of Rural Households = Total Income - Expenses for Productive Operation - Taxes - Depreciation of Fixed Assets for Production – Property Expenditure – Transferred Expenditure

Rewards of Labours of Rural Households refers to income from labour earned by members of rural households employed by other units or individuals. It includes:

1. Income by members of rural households employed by administration business units and social organizations, including wages (cash awards and subsidy) of village staff and teachers in schools run by the local people, wages (cash awards and subsidy) of staff employed by administration business units at township and higher level.

2. Income earned at local region: income from labour earned by members of rural households employed by other units or individuals at local township.

3. Income of permanent residence outside the household: income from labour earned by members of rural households employed by other units or individuals outside of local township.

Income from Family Business of Rural Households refers to income obtained from family productive operation. Family productive operation cover farming, forestry, animal husbandry, fishery, industry, construction, transport, post, telecommunication, wholesale and retail trade, catering, social services, culture, education, health care and other household operation.

Property Income of Rural Households refers to the income received as returns by owners of financial assets or tangible non-productive assets by providing capital or tangible non-productive assets to other institutional units. It includes interest income, bonus stock income, rent income, etc..

Transferred Income of Rural Households refers to the receipt by rural households and their members of goods, services, capitals or rights of assets without giving or repaying accordingly, excluding capitals provided to them for the formation of fixed assets. In general, it refers to all income received by rural household through redistribution.

Living Expenditure of Rural Households

is use on material life and cultural life by rural households, including food expenditure, clothing expenditure, residence, household facilities, articles and services, medicines and medical services, transportation and communications, cultural, education and recreation articles and services, other commodity and services.

Urban Residents Enjoying Subsistence Allowance

refers to the number of those whose average family income is below a minimum local standard by the end of the reporting period, including both the employed and unemployed, laid off and retired, and those jobless people without stable residence or valid IDs.

Rural Residents Enjoying Subsistence Allowance

refers to the number of those receiving the minimum living allowances from the local government or community in the rural areas where this allowances system is in place as of the end of the reporting period.

Number of Service Facilities in Urban Communities

refers to the number non-profit welfare facilities set up by urban communities (community offices and residents' committees) to serve the community residents, including, among others, community-based centers that serve senior citizens, the handicapped or children, recreational centers, service centers, nursing homes, apartments for the elderly (nursery for the aged), work and treatment stations for the handicapped, day-care centers for handicapped children, domestic help agencies and dating services, as well as social insurance management agencies for the employees. Different types of community service providers that share the same premise are regarded as one community service facility. The requirements for a social service facility of communities include: (1) independent accounting; (2) fixed employees; (3) provision of services; (4) provision of service premises.

Basic Medical Care Insurance

1. Number of people participating in the insurance programme refers to people participating in the basic medical care insurance programme according to related regulations as at the end of reference period, including number of staff and workers and retirees participating in this insurance programme.

2. Revenue of the insurance programme refers to payments made by employers and individuals participating in the medical care insurance programme in accordance with the basis and proportion stipulated in State regulations, and income from other sources that become source of medical insurance fund, including income of social comprehensive funds paid by employers, income from individual accounts, government financial subsidies, interest income and other income.

3. Expenditure of the insurance programme refers to payment made from social comprehensive funds to those retired and resigned people covered in basic medical care insurance within the scope and standards of expenditure according to related national policies, and medical care payment made from individual accounts to staff and workers and retirees, and other expenses, including medical expenses of hospital inpatients, medical expenses for outpatients and emergency patients, payment from individual accounts and other expenditure.

4. Balance of the basic medical care insurance programme refer to the balance of medical care insurance of social comprehensive funds and individual accounts at the end of the reference period, including bank savings, special fiscal accounts, investment in bonds and others.

Unemployment Insurance

1. Number of people covered refers to staff and workers in urban enterprises or institutions who have participated in unemployment insurance programme in line relevant policies and regulations, and other people who have participated according to local government regulations, by the end of reference period.

2. Revenue of unemployment insurance refer to payments made by employers and individuals participating in unemployment insurance programme in accordance with relevant regulations and other income contributed to this programme, including unemployment insurance premium made by employers and individuals, interest income, subsidies from higher level agencies, income as transfer from subordinate agencies, transferred income, government financial subsidies and other income.

3. Expenses of unemployment insurance refer to total expenses during the reference period to guarantee the basic livelihood of unemployed people and laid-off staff and workers and to encourage their re-employment. Included are unemployment relief, medical fees, funeral subsidies, compensation pension, training expenses, management fees for unemployment insurance agencies, subsidies to lower level agencies, expenses as transfer to higher level agencies, transferred expenditure and other expenditure.

4. Balance of unemployment insurance refer to the balance of unemployment revenue deducting unemployment expenses at the end of the reference period.

Basic Pension Insurance

1. Number of staff and workers covered refer to staff and workers participating in the basic pension insurance programme according to national laws, regulations and related policies at the end of the reference period, who have already had payment records in social security management agencies, including those who have interrupt payment without terminating the insurance programme. Those who have registered in the programme but with no payment records are not included.

2. Number of retirees participating in the basic pension insurance programme refer to the number of retirees participating in basic pension insurance programmes by the end of the reference period.

3. Revenue of the basic pension insurance programme refers to payments made by employers and individuals participating in the pension insurance programme in accordance with the basis and proportion stipulated in State regulations, and income from other sources that become source of pension insurance fund, including the premium paid by employers and staff and workers, interest income, subsidies from higher level agencies, income as transfer from subordinate agencies, transferred income, government financial subsidies and other income.

4. Expenditure of basic pension insurance programme refers to payment made on pensions and funeral subsidies to those retired and resigned people covered in pension insurance programmes according to related national policies on scope and standard of expenditure. Also included are expenditure which arises due to shift of the insurance relationship or adjustment of funds among agencies. More specifically, included are pensions for resigned people, pensions for retired people, pension for people quitting jobs, various subsidies, medical fees, funeral subsidies, compensation payments, management fees for social security agencies, expenses on subsidies to lower subordinates, expenses as transfer to agencies at higher level, transferred expenditure and other expenditure.

5. Balance of basic pension insurance programme refers to the balance of basic pension insurance funds at the end of the reference period after deducting expenses from revenue.

Number of Labour Dispute Cases Accepted

refers to the number of cases of labour dispute submitted that, after being reviewed by the labour dispute arbitration committees in line with the relevant national regulations, are accepted and registered for treatment.

Discharge of Industrial Waste Water

refers to the volume of waste water discharged by industrial enterprises through all their outlets, including waste water from production process, directly cooled water, groundwater from mining wells which does not meet discharge standards and sewage from households mixed with waste water produced by industrial activities, but excluding indirectly cooled water discharged (It should be included if the discharge is not separated with waste water).

Ratio of Meeting Standard of Industrial Waste Water Discharged

refers to percentage of industrial waste water meeting discharge standards over total industrial waste water discharge. It is calculated as:

$$\text{Ratio of Reaching the Standard of Industrial Waste Wate} = \frac{\text{Industrial Waste Water Meeting Discharge Standards}}{\text{Total Industrial Waste Water Discharge}} \times 100\%$$

Industrial Waste Gas Emission

refers to discharge into atmosphere of waste air containing pollutants generated from fuel burning and production process in enterprises within a given period of time. It is calculated at standard status (273K, 101325Pa) as:

Industrial Waste Gas Emission = Emission through Fuel Burning + Emission through Production Process

Industrial Dust Emission

refers to volume of dust emitted by fuel burning and production process of enterprises and suspended in the air for a given period of time, such as dust from refractory material of iron and steel works, dust from coke-screening systems and sintering machines of coke plants, dust from lime kilns and dust from cement production in building material enterprises, but excluding soot and dust emitted from power plants.

Freight (Passenger) Traffic

refers to the volume of freight (passenger) transported with various means within a specific period of time. This indicator reflects the service of the transport industry towards the national economy and people's living conditions, as well as an important indicator used in formulating and monitoring transport production plans and research into the scale and pace of transport development. Freight transport is calculated in tons and passenger traffic is calculated in terms of number of persons. Freight transport is calculated in terms of the actual weight of the goods and takes no account of the type of freight and distance of travel. Passenger traffic is calculated by the principle that one person can be counted only once in one trip and takes no account of the travelling distance and ticket price. The passengers who travel with a half price ticket or a child's ticket is also calculated as one person.

Turnover Volume of Freight (Passenger) Traffic

refers to the sum of the product of the volume of transported cargo (passengers) multiplied by the transport distance. It is an important indicator to reflect the achievement of the transportation industry. This is an important indicator to show the total results of the transport industry; to prepare and examine the transport plan; and to serve as the main basic data for calculating the efficiency, labour productivity and unit cost of transport. Normally, the shortest distance between the departure station and the destination station (i.e., the payable distance) is the basis in calculating the freight ton-kilometres. The formula is as follows:

Turnover Volume of Freight (Passenger) Traffic =∑Freight (Passenger) Traffic × Distance of Transportation

Volume of Freight Handled in Ports

refers to the volume of cargo passing in and out the harbor area and having been loaded and unloaded. The volume of freight handled may be classified as in-port & out-port. It can also be classified as national trade and international trade by the attribute of trade or be classified by the classification of cargo according to the standard of traffic in use "The Classification and Code of Transported Cargo".

International Container Handled in Ports

refers to number and weight of containers which are loaded or unloaded within port area via water carriage. It is often calculated by entering and leaving port, respectively. TEU was the abbreviation of twenty foot equivalent unit, which refers to converted number of all kinds of containers. The conversion method is based on respective conversion ratio and the number of all kinds of container is converted to the standard number of 20-foot equivalent unit. The conversion ration is 40-foot container 1 : 2, 35-foot container 1 : 1.75, 20-foot container 1 : 1, 10-foot container 1 : 0.5.

Business Value of Post and Telecommunication Services

refers to the total amount of post and telecommunication services, expressed in value terms, provided by the post and telecommunications departments for the society. Post and telecommunication services can be classified as letters, parcels, remittance, issue of newspapers and magazines, fast mail service, express mail service, savings deposits, stamps for collection, public and individual telegraph service, facsimiles, long-distance telephone service, leasing of telephone lines, urban paging service, mobile telephone service, data transfer and transmission, etc. The accounting approach is to multiply the service products of all types with their average unit price (constant price) to get sum of business value, plus income from other services such as leasing of telephone lines and equipment, maintenance of telephone switchboards and lines on behalf of customers. This indicator reflects the overall results of post and telecommunications service during a given period, and is important to study the composition of business service and the development of post and telecommunications service. The formula is as follows:

Business Value of Post and Telecommunication Services = ∑ (Transaction of Post and Telecommunication Service × Constant Price) + Income from leasing, Maintenance and Other Services = Business Volume of Post + Business Volume of Telecommunication

Science and Technology Activities

refer to organizational activity aimed at developing, spreading and applying the scientific technology about natural science, agriculture science, medicine science, engineering and technology science, human and social science. In order to calculate the input of science and technology, science and technology activities are divided into R & D, Achievements Applying on Researches & Experiments Developing and Science and Technique Services.

Patent

is an abbreviation for the patent right and refers to the exclusive right of ownership by the inventors or designers for the creation or inventions, given from the patent offices after due process of assessment and approval in accordance with the Patent Law. Patents are granted for inventions, utility models and designs. This indicator reflects the achievements of S & T and design with independent intellectual property.

Inventions refer to the new technical proposals to the products or methods or their modifications. This is universal core indicator reflecting the technologies with independent intellectual property.

Utility Models refer to the practical and new technical proposals on the shape and structure of the product or the combination of both. This indicator reflects the condition of technological results with certain technical content.

Designs refer to the aesthetics and industrially applicable new designs for the shape, pattern and color of the product, or their combinations. This indicator reflects the appearance design achievements with independent intellectual property.

Regular Institutions of Higher Education

refer to educational establishments set up according to the government evaluation and approval procedures, enrolling graduates from senior secondary schools and providing higher education courses and training for senior professionals. They include full-time universities, colleges, high professional schools, high professional vocational schools and others. Universities and colleges are mainly providing undergraduate courses; those high professional schools and high professional vocational schools are mainly providing professional trainings.

Secondary Professional Schools

refer to educational establishments, set up in line with relevant rules approved by the government, implementing secondary professional education. Secondary professional schools are original specialized secondary schools (secondary technical schools, secondary teacher training schools) , specialized secondary schools for adults, vocational secondary schools, which are named secondary professional schools after they are merged, constructed together and adjusted to be a kind of education type.

Vocational Secondary Schools

(vocational senior secondary schools, vocational junior secondary schools)

refer to educational establishments approved by county or above education administrative department, enrolling graduates from primary schools and junior secondary schools and providing vocational secondary education courses. They include vocational secondary schools (including vocational senior secondary schools, vocational junior secondary schools, vocational junior & senior secondary schools), vocational secondary schools with regular secondary school classes.

Regular Secondary Schools

(regular senior secondary schools, regular junior secondary schools)

are divided into regular senior secondary schools and regular junior secondary schools. Regular junior secondary schools refer to educational establishments enrolling graduates from primary schools and providing junior secondary education courses. Regular senior secondary schools refer to educational establishments enrolling graduates from junior secondary schools and providing senior secondary education courses. Whole secondary schools refer to educational establishments including senior secondary school and junior secondary school. Successive schools refer to educational establishments providing successive primary and secondary education courses including nine-year successive schools and twelve-year successive schools. (Note: If successive schools can be divided into primary school, junior secondary school and senior secondary school, should fill in respectively, otherwise, should fill in junior secondary school or senior secondary school and have no repetition.)

Primary Education (regular primary schools)

refer to educational establishments approved by county or above education administrative department, enrolling school-age children and providing primary education courses.

Baby Education (kindergartens)

refer to educational units enrolling children aged 3 and over, including all baby education units.

Kindergartens take games as basic activities.

Cultural Institutions

refer to units which have their own organizational system and independent accounting system and specialize in or serve cultural development. They exclude other establishments run by these cultural institutions and amateur cultural groups established by various departments.

Medical Technical Personnel

refer to all medical staff and workers employed by medical institutions, including doctors of Chinese and Western medicine, senior doctors who integrate traditional Chinese therapeutics with Western therapeutics in practice, senior nurses, pharmacists of Chinese and Western medicine, laboratory specialists, other specialists, paramedics of Chinese and Western medicine, nurses, midwives, druggists in Chinese and Western medicine, laboratory technicians, other technicians, other practitioners of Chinese medicine, nursing attendants, pharmacological workers of Chinese and Western medicine, laboratory workers, and other primary medical personnel, excluding management personnel.

Licensed (Assistant) Doctors

refer to personnel with certifications working in health care institutions.

附 录

《国民经济行业分类》（GB/T 4754-2011）

门 类	大 类	中 类	小 类
A 农、林、牧、渔业	5	23	60
B 采矿业	7	19	37
C 制造业	31	175	532
D 电力、热力、燃气及水生产和供应业	3	7	12
E 建筑业	4	14	21
F 批发和零售业	2	18	113
G 交通运输、仓储和邮政业	8	20	40
H 住宿和餐饮业	2	7	12
I 信息传输、软件和信息技术服务业	3	12	17
J 金融业	4	21	29
K 房地产业	1	5	5
L 租赁和商务服务业	2	11	39
M 科学研究和技术服务业	3	17	31
N 水利、环境和公共设施管理业	3	12	21
O 居民服务、修理和其他服务业	3	15	23
P 教 育	1	6	17
Q 卫生和社会工作	2	10	23
R 文化、体育和娱乐业	5	25	36
S 公共管理、社会保障和社会组织	6	14	25
T 国际组织	1	1	1
（合计） **20**	**96**	**432**	**1094**

Appendix

National Economy Industry Category (GB/T 4754-2011)

Industry	Large	Middle	Small
A Agriculture, Forestry, Animal Husbandry and Fishery	5	23	60
B Minerals Mining	7	19	37
C Manufacturing	31	175	532
D Production and Supply of Electric Power, Heat Power, Gas and Water	3	7	12
E Construction	4	14	21
F Wholesale and Retail Trades	2	18	113
G Transportation, Storage and Post Services	8	20	40
H Accommodation and Catering Services	2	7	12
I Information Transmission, Software and IT Services	3	12	17
J Financial Intermediation	4	21	29
K Real Estate	1	5	5
L Leasing and Business Services	2	11	39
M Scientific Research and Technical Services	3	17	31
N Management for Water Conservancy, Environment and Public Facilities	3	12	21
O Resident Services, Repair and Other Services	3	15	23
P Education	1	6	17
Q Health Care and Social Work	2	10	23
R Culture, Sports and Entertainment	5	25	36
S Public Management, Social Security and Social Organizations	6	14	25
T International Organizations	1	1	1
(Total) 20	**96**	**432**	**1094**

图书在版编目（CIP）数据

天津滨海新区统计年鉴. 2013 : 汉英对照 / 天津市滨海新区统计局编. -- 北京 : 中国统计出版社, 2013.9
ISBN 978-7-5037-6865-1

Ⅰ. ①天… Ⅱ. ①天… Ⅲ. ①统计资料—滨海新区—2013—年鉴—汉、英 Ⅳ. ①C832.213-54

中国版本图书馆 CIP 数据核字（2013）第 158684 号

天津滨海新区统计年鉴 - 2013

作　　者 / 天津市滨海新区统计局　编
责任编辑 / 郭　栋　李　冲
封面设计 / 李雪燕
出版发行 / 中国统计出版社
通信地址 / 北京市丰台区西三环南路甲 6 号　邮政编码 / 100073
电　　话 / 邮购（010）63376909　书店（010）68783171
电　　话 / （010）63376907
网　　址 / http://csp.stats.gov.cn
印　　刷 / 河北天普润印刷厂
经　　销 / 新华书店
开　　本 / 880mm×1230mm　1/16
字　　数 / 700 千字
印　　张 / 18.25 印张　　彩插 / 4 印张
版　　别 / 2013 年 9 月第 1 版
版　　次 / 2013 年 9 月第 1 次印刷
定　　价 / 280.00 元

本书附同版本 CD-ROM 一张，光盘内容以书面文字为准。
中国统计版图书，如有印装错误，本社发行部负责调换。

企业采风

Brief Introduction of Enterprises

天津滨海联合投资发展有限公司

董事长　胡时俊

时任天津市委副书记、滨海新区区委书记何立峰（前排右二）视察公司项目现场，公司总经理王书林（前排右一）陪同视察

天津滨海联合投资发展有限公司成立于2007年，注册资本0.5亿元人民币，是含盖以自有资金向房地产、物业管理行业投资；游艇研发、销售、会展；商业、酒店管理服务；建筑材料、五金交电、机电产品（不含小轿车）批发兼零售；房地产开发、经营；物业出租、管理等经营管理领域的有限责任公司。

近年来，在天津市、滨海新区政府及社会各界的帮助和支持下，依托天津经济快速发展的良好契机，公司凭借敏锐的市场观察力和果敢的经营决策力，不断寻求商业创新与文化底蕴的完美融合，始终心系城市发展、心向生活品质，专注挖掘城市发展的新动力，为城市人居环境的不断改善、城市生活品质的综合提高以及区域经济的和谐发展做出了显著贡献。

2008年8月公司通过招拍挂的方式取得津塘（挂）2007－10地块，投资兴建“新岸大厦”项目。该项目位于天津滨海新区响螺湾商务区第20、21#地块，东起滨河路，西至众安路，南起万顺路，北至横福路，是改革开放以来温州商人在外省市开发兴建的首座得到两地政府共同认可、规模最大、楼体最高、装饰最为豪华的“温津两地桥梁大厦”，项目计划总投资12亿元，占地面积16521平方米，为两栋高度分别为112和125米的高层建筑，是一座集金融投资、商务活动、智能办公、餐饮休闲及配套服务为一体的综合性建筑体。2011年4月，该项目荣获“2011典范天津品牌价值楼盘”、“2011引领天津后十年地产?天津地产最具潜质楼盘”奖。

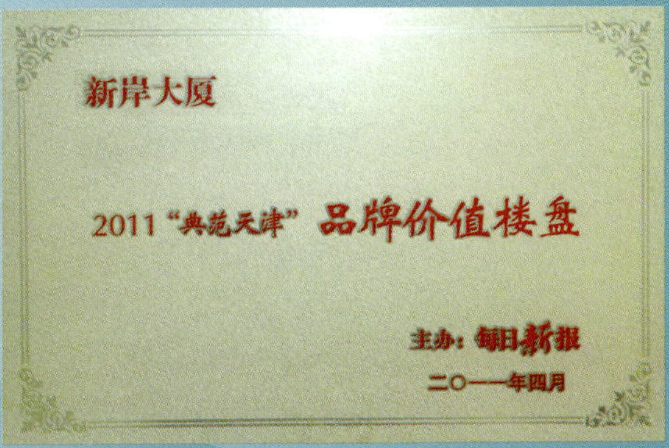

公司员工工作掠影

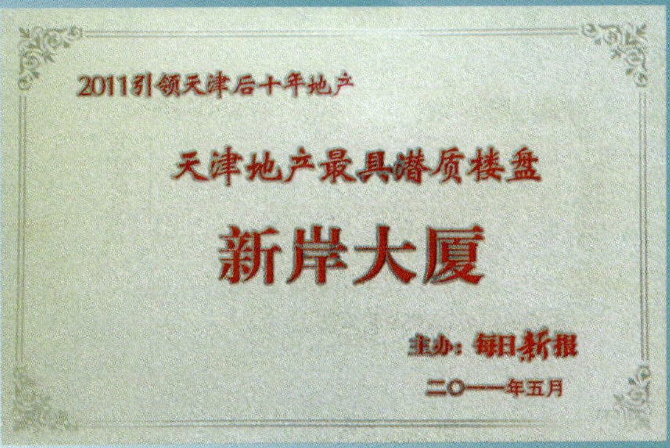

天津天乐滨海国际投资咨询有限公司

董事长　于明泉

天津天乐滨海国际投资咨询有限公司是伴随着滨海新区的快速崛起而成长起来的综合性高智力型咨询服务机构。依托母公司——"天津天乐国际工程咨询设计有限公司"的雄厚实力，秉承"以人为本，追求卓越，超越客户期望"的服务理念及"科学、客观、严谨"的工作方法，在新区政府各级部门的亲切关怀和大力支持下，天乐滨海公司得以迅速发展。

公司业务范围包括工程咨询、建筑设计、城市规划、造价咨询、能源评估与审计、经济专题研究、涉外咨询等，涵盖工业科技、农林水利、文教卫生、基础设施、交通运输、城市发展、能源环境等诸多领域。

公司员工在进行项目总结讲评

公司自成立以来始终以服务滨海新区建设为己任，积极献计献策，努力做好服务。先后承担了滨海新区"十二五"能源规划及风电发展"十二五"规划；大港五个镇工业产业园、大港港滨物流园总体规划及滨海国际医疗城概念规划；国家海洋博物馆项目、滨海旅游区基础设施项目、滨海新区技防网项目等可行性研究；天津临港经济区100万吨食品配料项目节能评估；滨海新区电子政务专网云中心项目申请报告；生态城临港产业区世行亚行项目咨询等百余个项目，赢得了广大客户的信任与赞誉。

公司技术人员办公室一角

宽敞明亮的办公环境

电话：022-65542108
传真：022-65540358
E-mail：tlbhgs@163.com

天津市众鑫创业建筑工程有限公司

总经理　莫洪军

钢结构车间

公司创建于二○一○年十二月，二○一二年五月经天津市城乡建设和交通委员会批准为私营有限责任公司二级建筑施工企业，通过建筑木工、钢筋、砌瓦、混凝土、脚手架、室内外装饰装修工程专业承包，钢结构加工制作安装、水暖设备安装、管道设备安装、园林绿化工程、市政工程、防水绿化工程、房屋拆迁工程等专业承包。

公司现有正式职工120人，年组织施工人数近1500人左右，其中管理人员56人，有职称人员33人，其中高级职称2人，中级职称10人，初级职称11人，其他管理人员33人，一级项目经理2人，二级项目经理8人，企业注册资金300万，固定资产总值近500万元，拥有现代化的技术设施和较强的综合施工能力。

近几年来，在公司总经理莫洪军率领下，公司先后成立了10个项目经理部，从单一的土建施工向以土建为主，基础、装饰、钢结构、机电设备、市政、园林绿化与多元化并进，企业实现了长足发展，企业经营规模不断扩大、经营领域不断拓展、经济效益逐年攀升、社会荣誉不断提高，开拓了北京、上海，河北、山东等市场，立足于天津。

公司多年来与承包商、合作商创建了多项名优工程和市级优质工程，秉承了重质量、求诚信、树丰碑的公司文化理念和企业精神。

天津市图书馆河西区平江道

芦台愉悦港湾二期1#2#3#楼

天津静海县大丰堆镇、滴水湖别墅

石家庄建设集团、唐山富丽花园9#10#14#15#楼

唐山芦台农场、新明（芦台）科技有限公司

联系电话：15222287248　传真：022-25332121　邮箱：mhj1234567@163.com

天津中煤能源

天津市副市长任学锋与中煤能源集团副总胡善亭在交谈工作

天津东疆保税区管委会主任张爱国、天津中煤能源集团副总裁胡善亭、天津港集团副总裁赵彦虎，三方就加强合作开发、扩大合作范围、拓展合作方式等进行了深入交流。销售公司执行董事宫清超同志代表中煤集团与东疆签订框架合作协议，明确天津东疆保税区给予中煤集团在区内注册企业最优惠的政策，支持中煤在天津扩大业务。

开展港口煤炭深加工业务

活力健身再创佳绩主题活动

天津中煤能源华北有限公司位于天津市和平区睦南道41号，2012年在东疆港注册成立，是中国中煤能源集团的下属公司，注册资本1亿元，主要从事煤炭、焦炭的国际、国内贸易业务及其仓储业务。公司拥有自营煤炭场地，煤炭港口加工、采制化全套设备，拥有煤炭贸易和港口管理方面经验丰富的管理团队和驰名的信誉品牌，2012年煤炭贸易总量706万吨，实现营业收入29.8亿元；利润总额2142万元；2012年底公司总资产达到7亿元。

公司滨海办事处在天津港散货物流中心，有自己的储运货场，可以提供检验、港口破碎、筛分、配煤、洒水、装箱和除杂一条龙服务，把质量标准化、管理精细化、安全信

华北有限公司

国有重点大型企业监事会刘广勇主任莅临指导

平朔煤成功疏港天津港

息化作为保障安全、发展生产、强化管理的重要举措，实现了以安全为轴心、以生产为中心、以管理为重心、以效益为核心的经营方略，促进了安全生产、经济效益和企业管理的同步提升。

天津中煤能源华北有限公司将秉承“以市场为导向、以客户为中心”的经营理念，依托中煤集团强大的资源优势、华北启运港口优势和东疆港的政策支持，积极拓展煤炭贸易主营业务，广交四海朋友，真诚与国内外企业精诚合作，共谋发展！

公司近年获得奖状

以市场为导向

以客户为中心

地址：天津市和平区睦南道41号

电话：022-23141255

和平区办公楼

泰达足球场

滨海时尚天街（滨海酒吧街）

汉沽泰达汉郡

永旺购物中心

泰达时尚广场

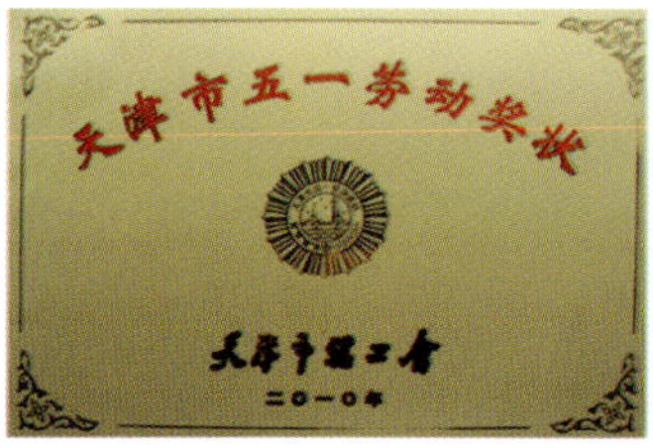

滨海国际会议中心

泰达时尚旺角

天津鑫凯龙国际贸易有限公司

李铁军总裁在上海国际 FIC 展览会上

党员大会

天津鑫凯龙国际贸易有限公司成立于 2005 年 4 月，注册资金 5000 万元，公司在成立之初，集团总裁李铁军先生精准把握到国内市场对优质乳制品的迫切需求和快速增长的巨大市场潜力，确立了依托天津滨海港口以进口乳制品原料分销及乳品原料深加工为主的经营战略。

经过几年的努力经营，到 2010 年公司进口额就超过 1 亿美元，销售各种乳制品原料 10 万吨，产值超 10 亿，由此进口总量、销售产值均成为国内同行业领军企业。

根据近年来国内乳制品市场的形式，天津鑫凯龙国际贸易有限公司在巩固加强进口乳品原料的同时，已经将乳品深加工贸易作为下一季公司发展目标。公司通过新建、并购、托管的方式迅速建设形成乳制品原料加工基地，形成一条集生产—国际贸易—科技研发—物流配送为一体的产业链。

到 2013 年、天津鑫凯龙国际贸易有限公司在国内销售网络已经更加完善，分别在上海、广州、成都、哈尔滨成立了分公司，销售网络涵盖 28 个省、自治区及直辖市，销售城市 146 个，已经成为国内知名品牌伊利、蒙牛、光明、娃哈哈等企业的指定供应商，也是雀巢、玛氏、联合利华、卡夫等国际食品巨头在中国地区的主要供应商。公司所代理销售的全球乳品原料最大生产商—新西兰恒天然集团的各种乳品原料 3 万吨，约占中国贸易商采购恒天然产品的30%，成为恒天然集团在中国最大代理商。公司同时代理经营丹麦阿拉、美国 Glanbia 、等国际顶级乳品原料产品。

在天津鑫凯龙国际贸易有限公司迅猛发展之际，公司总裁李铁军深知人才对于企业的重要性，现在公司员工 90% 以上有本科学位、硕士 4 名、博士 2 名，因此公司不仅为客户提供产品、更重要能提供技术服务，公司利用技术优势可以为乳制品原料提供全寿命的技术服务。同时可以为中小型客户提供完整的乳品解决方案。天津鑫凯龙国际贸易有限公司拥有中国北方地区唯一的国家食品监管仓库，仓储年设计吞吐能力 30 万吨，通过一套完善、高效的物流系统，公司将物流周转上的损耗和费用降到了最低。

天津鑫凯龙国际贸易有限公司以声誉为基准，以亲和、敬业、务实、高效的企业精神为理念，认真做好每一笔业务，发展壮大企业规模的同时赢得了国内众多乳制品企业的信任。销售金额逐年递增，乳制品进口总量在全国同行业中名列前茅。

鑫凯人在李铁军先生的带领下将立足天津滨海港口城市、乘国内历史性市场机遇，放眼国际，必将实现企业跨越式发展、铸就宏基伟业。

2013 军训

上海国际 FIC 展览会

足球队

天津市星际空间地理信息工程有限公司

天津市星际空间地理信息工程有限公司（简称“星际空间”）成立于 2005 年 8 月，公司关注于三维数字城市建设，是一家集数据、软件、服务于一体的地理信息产业服务商，是国家认定的“高新技术企业”、“软件企业”，具有 ISO9001 质量管理体系和 ISO27001 信息安全管理体系认证、“甲级测绘资质”。

公司承担了多项科技部、住建部、天津市、滨海新区科技攻关项目，并多次获国家、省、市政府和科技部门的奖励。先后荣获天津市科技进步一等奖、二等奖、全国测绘科技进步奖、全国测绘优秀工程金奖等十多项省部级奖项，通过多年的持续研发和实践，拥有了 4 项发明专利和二十多项著作权等自主知识产权。

公司积极倡导和坚持“技术创新、产品创新”的精神，本着“为用户提升工作乐趣和生活品质”的发展理念，秉承用户至上、持续创新的企业文化思想，加速成为国内领先的三维地理信息服务供应商。

专　利

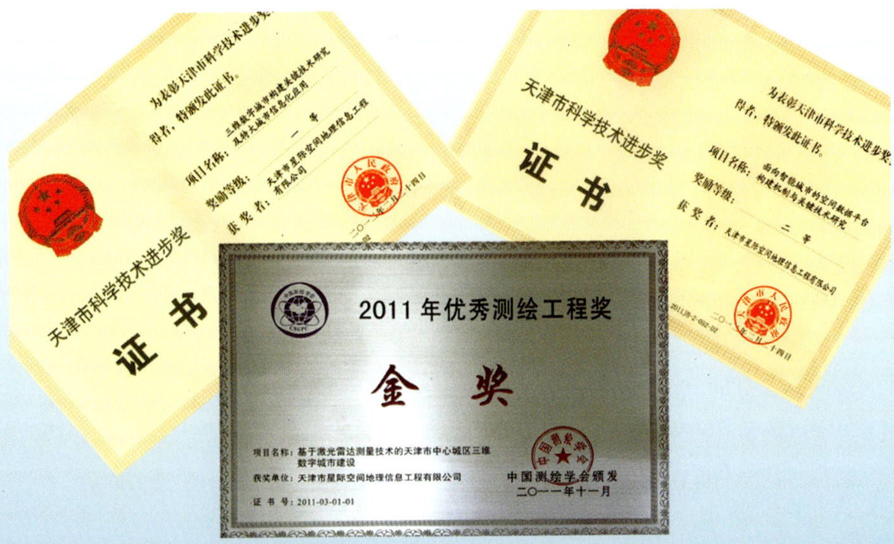

奖　励

天津市中心城区三维数字城市成果

三井物产（天津）有限公司

MITSUI & CO.,(TIANJIN)LTD.

三井物产成立于1947年，总部设在东京，是日本最大的综合商社之一。截至到2013年3月，三井物产的总资产为1095亿美金，收入为32.7亿美金，在世界67个国家和地区设有151个分支机构，拥有6,167名员工（另有关联企业员工4万5千余名）。为适应时代要求，三井物产自成立以来，在“金属”、“基础设施”、“化学品”、“能源”，“生活产业”和“新一代 职能推进” 6 个事业领域开展商务活动。

三井物产株式会社在日本和全球各地拥有庞大的关联企业群,开展着全球性营销和投资活动，最大限度地发挥了三井物产的综合力量。

现在中国是我公司重要的战略区域之一，我们在中国涉足金属资源、钢铁制品、交通、农牧、食品原料零售、消费者服务等各个领域。**具体事业项目有：**

① 与内蒙古鄂尔多斯控股集团成立了内蒙古鄂尔多斯电力冶金公司

② 与宝钢合作成立宝井公司，为金属材料的加工、配送及管理提供服务（在中国14个地区开展业务）

③ 与华润电力共同合作，建设运营贺州发电厂。

④ 与重庆两江新区合作，成立中日产业园区。在城市开发、基建、医院、物流、再生利用等多个领域共同开发事业。

另外，我们在天津的化学品、钢铁制品、电子信息产业等领域进行积极的商务活动。

我公司在天津开展的投资项目如下：

①锂电池制造项目（天津市捷威动力工业有限公司）

②一汽丰田汽车零部件运输项目（广州特兰富力运输有限公司天津分公司）

③汽车橡胶零部件制造项目（东海橡塑（天津）有限公司）

面向新时代，我公司也正在如下领域积极探讨开展业务，以新的发展为天津尽一己之力。

■贡献已发展成熟的庞大消费者市场

介绍/导入日本和其他国家的各种高附加值消费者服务。

以实现有效资源高度循环化为目标的资源再生事业以及环保事业。

面对高龄化社会，介绍/导入具备高附加值的医疗服务。

■面向新时代，推动天津市的特色产业（化工品产业/汽车产业/电子信息产业/其他）结构调整，研究并实行天津市企业与外资企业在新事业上的合作。

■充分利用向中国内陆以及海外不断扩大的天津港口功能，构建物流事业。

公司矿盐在天津新港卸货

天津双叶协展机械有限公司

2012 年 12 月三岛社长来社视察工作

2013 年 8 月滨海新区工会刘主席和开发区工会杨副主席来社慰问，并送来防暑降温慰问品

地　　址：天津开发区第十一大街 73 号

成立日期：2004 年 1 月 19 日

企业性质：中日合资企业

注册资本：1182 万美元　　**投资总额：**1824 万美元

土地面积：63000m²　　**建筑面积：**33000m²

员工人数：650 人左右

股东构成：

双叶产业株式会社	51%
协展（福建）机械工业有限公司	42%
丰田通商株式会社	5%
株式会社麦迪水谷	2%

主要客户：天津一汽丰田汽车有限公司

配套车型：皇冠、锐志、RAV4、卡罗拉、威驰等丰田车型

主要产品：消音器、加油颈管、燃油箱、仪表盘支架、保险杠等产品

2013 年 1 月荣获开发区工会 2012 年度促进劳动关系稳定贡献奖

2013 年 3 月被开发区管委会评为 2012 年度百强企业

2013 年 3 月荣获天津一汽丰田 2012 年原价鼓励奖、安全、品质达成奖

我公司的汽车部件业务积极采用既坚硬又轻便的高张力钢材，同时采用自由度相当高的激光焊接等加工技术，很好地衡量了产品的轻量化，汽车的安全性能、省油、价格等，我们有自信制造出满足社会需要的产品，并一直在不断努力。

通过体系认证情况：

2009 年 12 月取得 ISO14001:2004 环境管理体系认证证书

2011 年 11 月取得 TS16949:2009 质量管理体系认证证书

社训：更好的产品、更低的价格

经营理念：

我们坚持不懈、不断努力、立志成为

1. 受客户信赖，不可或缺的公司

2. 令一起工作的伙伴都认为有生存的价值，并引以为自豪的公司

3. 受地域社会广泛支持、喜爱的公司

滨海新区第一垃圾焚烧发电厂外景

天津滨海新区建设

天津滨海新区建设投资集团有限公司是市政府出资，滨海新区监管的国有独资大型企业，公司注册资本金300亿元。

自2008年初组建以来，集团坚决贯彻市委市政府、区委区政府各项决策部署，以“滨海建投，建设滨海”为使命，全力投身新区基础设施建设，充分发挥新区开发建设先锋队和排头兵作用。集团承担了新区70%的骨干路网建设，开工建设道路里程400多公里，完成300多公里，新区骨架路网基本成型；在区域开发中，承担了约60平方公里的区域基础设施和启动器项目建设，中心渔港、北塘、黄港片区、南港轻纺经济区起步区、中心商务区等区域基础设施建设全面完成；标准厂房、蓝白领公寓、一二三号酒店、投资服务中心等一批启动器、孵化器项目相继投入使用，极大完善了区域配套环境，实现了筑巢引凤；集团还在新区投资建设了2个垃圾焚烧发电厂、4个污水处理厂，实现了新区垃圾、污水、污泥处理的全覆盖，为建设美丽新区做出了积极贡献。此外，集团还承担了于家堡枢纽站、海河隧道、国家海洋博物馆等一大批事关新区未来，事关新区投资硬环境的重大项目建设，成立五年来，累计完成各类投资约950亿元。围绕新区开发建设，集团逐步形成了基础设施建设、区域开发、高速公路建设及运营、

滨海一号酒店古建筑群

海滨高速海河大桥

投资集团有限公司

滨海欣嘉园保障房

中心渔港

房地产开发、轨道交通、环保产业、科技金融、公共产业和酒店服务等业务板块。截至2012年底，集团总资产达到1666亿元，净资产702亿元，主体信用等级AAA，多项综合指标在全市同类大型国企中名列前茅。

按照“知识密集型、管理密集型、资金密集型”的定位，集团打造出了一支结构合理、素质优良、精干高效、能征善战的干部人才队伍。目前，集团核心管理团队350多人，平均年龄39岁，其中各类高级人才120人，三分之二的员工具有中高级职称。在攻坚实战中，集团干部职工充分发扬滨海精神和“特别能吃苦、特别能战斗、特别能奉献”的建投精神，牢固树立“重质量、重安全、重廉政”的管理理念，打造出一大批优质工程，3个项目荣获国家建筑质量最高奖项——“鲁班奖”，1个项目获“国家优质工程银奖”，30多个项目获得了市优“海河杯”。集团以突出的工作业绩荣获全国五一劳动奖状。

天津泰达热电公司

书记陈德强检查工作

泰达热电公司成立于1987年7月21日，是天津泰达投资控股有限公司所属的全资供热专业化子公司，承担着滨海新区开发区东、西区居民及企业采暖、蒸汽、地热用水生产、供应及热力工程建设等任务，为开发区的能源供应提供可靠的热力保障。

伴随着滨海新区的快速发展，泰达热电公司自身也不断得到发展、提高，已形成了一套管理科学化、办公现代化、生产自动化的管理和运行机制。开发区东、西区热源装机容量已达1914吨/小时，投资建设管网总长度约517公里，上网能力达1546吨/小时，供热面积1387.9万平方米，覆盖全区95%以上区域的供热系统，能够为用户提供高品质蒸汽和采暖及生活用热水。

泰达热电公司一直把“奉献100%的温暖”作为服务于全区用户的永恒追求，为滨海新区的经济发展提供了可靠的热力支持，赢得了广大用户的赞誉。被评为滨海新区开发建设先进单位、滨海新区“五一”劳动奖状单位；连续多年被天津市供热办评为“供热计量工作先进单位”；被市供热办、市科委授牌为“供热系统科技节能减排示范单位”。为保障开发区能源供应,完善开发区的投资环境，促进滨海新区可持续发展做出了贡献。

上级领导慰问泰达热电公司

世界银行项目组来泰达热电公司考察

西区热源二厂

泰达热电公司蒸汽管网

供热服务接待日

西区供热中心

天津大无缝铜

领导班子：左起副总会计师王明清、常务副总经理刘振祥、董事长、总经理刘星光、党总支书记周世杰、副总经理许占群

2002年，钢管集团在天津市委市政府、市工业工委的正确指引下，作出了“努力建设天津有色金属加工基地”的重要战略部署。2002年10月19日通过专家论证，随即次年3月5日由天津港保税区管委会批准立项，4月28日破土动工，仅用4个月的时间，2003年8月2日，一座现代化、充满活力的铜材制造企业已经屹立在了天津滨海新区的核心地带，天津大无缝铜材有限公司从此孕育而生。

天津大无缝铜材有限公司坐落于天津滨海新区保税区的核心位置，拥有独特的区位资源优势和海、陆、空的交通运输优势。公司拥有德国SMS Meer公司制造的两条世界最先进的CONTIROD连铸连轧铜杆生产线，年生产能力达到30万吨，同时还拥有尼霍夫公司制造的两条世界先进水平的MM85拉丝生产线，年生产能力为7万吨，可生产Φ8-22mm低氧铜杆和Φ1.12-4mm铜细线，产品质量优良，产品性能能满足广大用户的需求。目前公司主要生产Φ8mm铜杆和Φ2.6mm铜细线，广泛应用于换位导线、超高压电缆、漆包线、电线电缆、网络线、电子线及通讯线等行业。公司客户遍布全国各地，铜杆产品销往东北、华北、华东、华南、西南等地区，主要客户150多家，公司产品受到广泛好评。2009年、2012年两年，公司产品被评为“天津市名牌产品”。

公司十分注重产品质量以及职业健康安全与环境的管理，加强质量保证体系以及职业健康安全与环境管理体系的建立和运行，并于2004年11月17日通过了劳氏质量认证公司的ISO 9001：2000和GB/T19001-2000质量管理体系认证，于2007年3月28日通过了职业健康安全与环境管理体系认证。

铜杆

铜细线

漆包线

换位导线

超高压电缆

德国SMS Meer公司生产的全套连轧铜杆生产设备

德国尼霍夫公司生产的MM85拉丝生产线

世界一流的试验检测设备

材有限公司

①、2003年4月28日TPCO刘云生总经理陪同保税区管委会苟利军主任出席奠基仪式

②、2004年2月21日进入热负荷试车

③、2007年11月28日河北大无缝建昌铜业公司揭牌

④、2008年7月2日低氧杆扩建项目开工仪式现场

从2003到2013，铜材公司经过整整10年的积累和发展，从建厂初期的名不见经传，月产几千吨，年产几万吨的小厂，到如今成为得到业界充分肯定，年产达25万吨、产值120亿元，北方最具规模的铜材加工企业，一点一滴无不渗透着我们“铜材人”辛勤的汗水。如今，我们有一个有胆有识、团结向上的领导班子，有一支水平过硬、敢打敢拼的职工队伍，有一种坚韧顽强、勇往直前的拼搏精神，这是我们不断提升自身竞争力，在激烈的市场竞争中立于不败之地的最根本保障；也是我们谋求发展，不断壮大的最强有力的支撑。展望未来，市场形势与竞争环境风云变幻，挑战与机遇并存，发展与创新同在，铜材人将始终保持勇于开拓、不断进取的信念，以饱满的热情和昂扬的斗志迈向更加美好的明天！

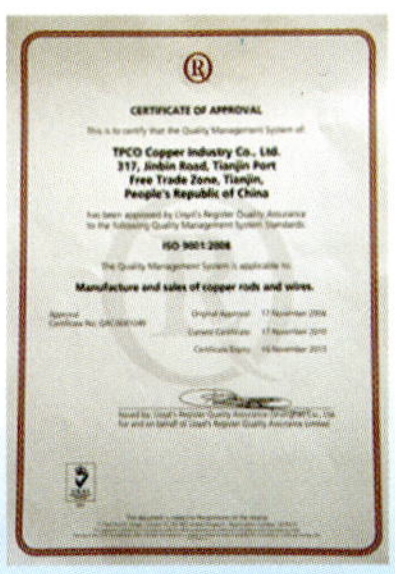

地址：天津港保税区津滨大道317号

邮编：300461

电话：022-59816583

传真：022-59816564

滨海新区大港广业经

总经理　赵士华

团结奋进的领导班子

滨海新区大港广业经贸总公司是注册资本1.1亿元，总资产3.6亿元，集购物、房地产开发、投资担保、广告、装饰、拍卖等多种经营于一体的国有企业。2012年，广业经贸总公司深入贯彻科学发展观，强化核心竞争力，以“调、惠、上”活动为发展契机，团结奋进、真抓实干，创一流业绩，促企业发展，开创广业经贸总公司发展新辉煌。

一、在培育企业文化中促进企业发展

广业经贸总公司，在企业发展中不断加强职工、干部队伍思想政治建设，完善科学管理、职工的奉献精神逐步提升、企业文化阵地建设得到加强。定期组织职工外出观摩学习，不断提高职工的思想境界，以企业发展促进文化建设，先后建设了市级职工书屋和党员活动室。几年来，总公司获得滨海新区“五一”集体劳动奖状，被评为大港劳动和谐企业，党总支连续三年被评为经发局先进基层党组织、优秀领导班子。

二、加快企业发展，为广业二次腾飞奠定基础

广业经贸总公司始终坚持以科学发展的人本理念为根本出发点，坚持国有企业为社会积极奉献的精神，先后投资9000万建成23400平方米的太平镇世纪商贸中心，完善了太平镇农民示范镇商业配套工程；开发公司始终坚持安全生产、绿色施工，在保证大港中心商业区环境整洁以及周边居民的正常出行的前提下，开

太平世纪商贸中心

新基业家居装饰中心

贸总公司

发建安里8300平方米商品房建设，并在大港卫生城市复检工作中获得专家组好评；积极参加春晖北里28000平米的商品房开发建设；新基业家居装饰中心30000平米购物新城带动了大港地区装饰材料行业的发展；金港水产市场改造升级工程，是配合新区政府、大港管委会建设宜居生态城区的精品工程，提升了大港的载体功能，为城区居民创建了舒心的购物环境；拍卖公司在市迎宾馆成功举办了3次书画精品拍卖会，成交量在全市名列前茅。

广业经贸总公司在企业发展中不断完善、不断发展，力争把企业做大做强做好，以滨海新区大开发、大开放为总体目标，实现新的发展，更好的服务社会，为新区建设作出应有贡献。

“墨韵千秋”书画展——赵士华总经理讲话

墨韵千秋书画展公司领导

墨韵千秋书画展出席领导嘉宾

金港购物中心

天津港益供热

总经理、党委书记　李相伟

港益公司挂牌成立

一、公司发展史

我公司前身为大港公用事业管理所，1988年9月成立大港公用事业管理所，隶属大港区房管局李相伟任所长，1991年12月大港公用事业管理所更名为大港公用事业管理局，至2004年12月9日改制为天津港益供热有限责任公司，由李相伟同志任董事长、总经理兼党委书记；2011年10月我公司股权被天津市燃气集团全部收购，成为天津市燃气集团下属子公司，由王文霞任董事长、李相伟任总经理兼党委书记。

二、公司机构设置

天津港益供热有限责任公司座落于大港区迎宾街62号，公司注册资金500万元，公司性质为法人独资的有限公司。公司有董事长1名、总经理1名、常务副总1名、副总经理3名共计6名领导。公司下设“六部一室一中心二公司”10个部门，六部为财务部、供热部、供气部，安技部、人劳部、市场发展部，一室为办公室，一中心为客服中心，二公司为瑞康房地产公司、晟源物业公司。供气部下设5个班组、供热部下设8个班组，合计13个基层班组，其他部室未设班组。原供水部资产、业务、人员于2012年10月31日整建制划转至天津自来水集团成立的大港水务公司。

三、公司经营范围、规模

公司经营区域为大港老城区和港东新城，主营业务为天然气销售、供应及服务；城市集中供热及设施的维修服务；天然气、城市集中供热基础设施建设。以上业务无论在经营规模还是经营业绩在大港城区同行业中都处于绝对龙头地位。公司下属瑞康房地产公司和盛源物业分别经营房地产开发和物业管理。

四、人员设备情况

办公室（含安技部、人劳部、财务部、市场发展部、客服中心）共38人，其中合同工36人、临时工2人。

供气部54人，其中合同工32人、临时工22人。目前，已建天然气高中压调压站2座，设计每座调压站供气能力7万户，区域调压站21个，现供气4万余户，2012供气1102万方，供销差率4.49%。

有限责任公司

旭日路调压站

福苑里锅炉房

供热部192人，其中合同工62人、临时工22人、季节工108人。目前，已建集中供热锅炉房三座，计供热能力594兆瓦，设计总供热面积700万平方米。2012年底已安装热水锅炉418兆瓦（40吨6台、65吨1台、80吨1台、100吨2台共10台），537万平方米，12年新增100.5万平方米。

瑞康房地产公司26人，其中合同工19人、临时工7人。

晟源物业公司52人，其中合同工4人、临时工48人。

综上，公司现有职工362人，合同工153人、临时工101人、季节工108人。

五、服务与党建

我公司致力于为大港地区供应高效清洁能源，2006年我公司主营业务自来水、天然气、城镇集中供热通过北京天一认证中心ISO9001质量管理体系的认证；作为服务性质行业，做好各项服务工作是我公司的头等大事，不管是之前由下属大港区的公用事业管理局，还是到现在天津港益供热有限责任公司我们都将服务于民放在首位，我们通过自行组织各种服务活动、深入社区宣传燃气用气安全、参加大港区组织的政风行风评议工作来提高我公司员工的服务意识。每年我公司都进行先进个人的评比对一年中表现优异的个人进行奖励，这更好的带动我服务工作的开展；同时我们多年的党建工作也指导了我们工作的方向，我公司各级支部在党委的带领下认真学习党的方针路线，定期进行学习、研讨、前往革命根据地进行参观活动，以先进的理论方针指导实际工作，同时我公司党委还注重对35岁以下青年培养教育，通过演讲比赛、趣味运动会等活动来丰富青年职工的业余生活，有助于新职工更好的融入港益公司这个大家庭，为更好的服务于大港地区的百姓打下良好的基础。

党的十八大会议观摩现场

天津开发区万通发展

董事长杨树彬（中）为万通供热公司开业剪彩

万通供热公司总经理杨鑫致辞

天津市塘沽供热办主任（右三）马永平参加剪彩仪式

天津开发区万通发展集团有限公司是以房地产开发为主并有供热公司、物业公司、建设公司、凯通公司、实业发展公司和万通置业有限公司等6个子公司组成的集团公司。企业注册资金壹亿元人民币。集团公司形成了以房地产开发建设为主，兼有施工、热力、物业、租赁等多方位的经营格局。近年来，我集团公司在西部新城范围内先后开发建设了30余万平方米住宅小区。其中，欣美园小区被天津市建委评为“创海河杯优质工程”，被天津市政府命名为“治安模范小区”、“绿化达标小区”、“环保小区”和市级文明村。公司从2008年到2011年先后为慈善协会捐款261.7万元。企业凭着诚实守信、开拓创新的精神，创造了骄人的业绩。

天津万通集团发展战略和目标：按照现代化企业制度和市场经济发展的要求，以房地产市场为导向，建立起新型高效的、与国际接轨的现代企业管理体制和运行机制。充分发挥公司核心企业的主导作用，通过资产运营，不断优化资源配置，形成群体优势，使天津万通集团逐步发展成为集房地产投资、房地产开发、房地产经营、物业管理、建筑材料高新技术开发等综合功能，多种产业经营一体化的大型企业集团。今后天津万通集团将继续秉承“诚信、严格、求精、进取”的企业精神，为滨海新区的现代化国际港口城市建设、为塘沽推进农村城市化西部新城的建设开发做出自己不懈的努力。

万通供热公司员工工作中

集团有限公司

万通供热公司办公楼

天津市滨海新区塘沽万通供热有限公司

万通供热公司坐落在塘沽西部新城。公司占地56785平方米，总建筑面积32620平方米。锅炉装机容量261MW。（29 MW热水锅炉3台，58 MW热水锅炉3台）。我们已铺设管网50公里。公司已完成供热基础设施投资3.8亿元。2008年万通供热公司被塘沽区政府指定为塘沽西部新城集中供热热源。目前万通供热公司具备200万平方米的供热能力。现供热面积200余万平方米。

多年来，万通供热公司以优质服务树立了企业的信誉和形象，被天津市政府授予稳定供热先进单位光荣称号。

公司技术人员在分析供热技术参数

万通供热公司正门门口

万通供热公司员工

天津市顺鑫进出

钢　坯

线　材

天津市顺鑫进出口贸易有限公司，隶属于天津市第一家世界500强企业天津物产集团有限公司。公司成立于2003年6月，注册资金5000万元，由天津物产基建物资有限公司、天津港保税区瀚通国际贸易有限公司和天津市物资实业发展中心共同出资组建，法定代表人于继成。

天津市顺鑫进出口贸易有限公司主要从事自营和代理各类商品和技术的进出口业务；钢材加工、金属材料、机电设备、化工材料、轻工材料、木材及木制品、五金交电设备、纸浆、纸张、装饰、装修材料、建筑材料、日用百货、服装、针棉织品、煤炭、焦炭批发兼零售；商贸信息咨询服务等经营，是天物集团创效的骨干企业。

多年来，天津市顺鑫进出口贸易有限公司运用现代经营管理理念，整合社会资源，创立

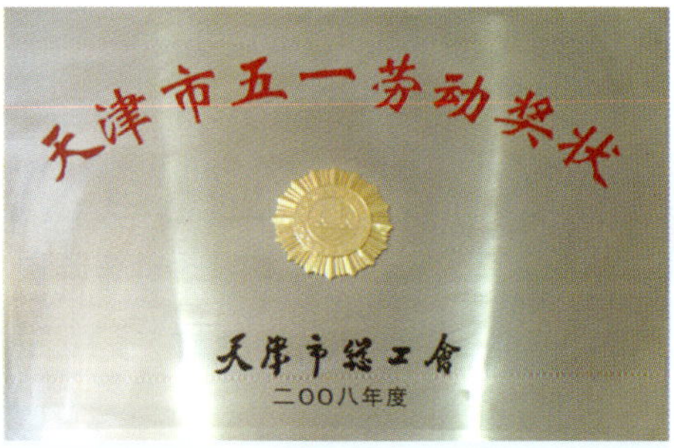

储煤场

口贸易有限公司

轧钢厂吐丝

焦　炉

了合作共赢的营销模式。公司力求稳健与进取相结合，以客户为中心，推崇服务至上观念，不断扩大经营范围，积极寻求新的经济增长点，大力开发进出口贸易和国内贸易，实现多方合作，共同赢利。2012年实现销售收入44亿元，利润729万元，并连续多年荣获天津经济技术开发区百强企业荣誉称号。

今后公司将以更加完善的供应信息、配送服务系统，良好的商业信誉，真诚地为广大用户服务，并希望赢得各方的支持与合作。

焦　炭

铁矿石

天津卓安石油技术服务有限公司

董事长　师文会

天津卓安石油技术服务有限公司，位于天津市大港油田幸福大道，毗邻滨海新区南港工业区，是中国石油大港油田公司多种经营企业，隶属大港油田原油运销公司。公司成立于2000年4月，主营业务有油田相关技术、劳务服务；包车客运；普通货运；工业生产用二类1项易燃气体、三类1项低闪点液体、三类2项中闪点液体、三类3项高闪点液体批发等。

公司成立以来，先后中标大港油田千米桥古潜山区块、塘沽和长芦油田区块、海人工岛区块运维管理技术服务；长庆油田、海南福山油田相关投产技术服务；尼日尔油田原油储运技术服务；中石油煤层气忻州、韩城分公司场站运维技术服务；天津市内包车客运服务等。

依托雄厚的专业人才梯队，依靠专业化技术及经验，凭借精益求精服务理念，公司多次获得“优秀服务企业”“优秀施工队”等荣誉称号，并多次获得大港区、滨海新区、大港油田“优秀企业”“文明企业”“先进企业”“二星级企业”等荣誉称号。

“以质量求生存、以信誉求发展”，客户的满意是我们永远的追求，我公司将始终坚持“没有最好只有更好”的原则，抢占油田相关技术、客货运输服务至高点。

我们竭诚欢迎各界朋友，共谋发展大业！

公司员工例会

安全知识竞赛

联系电话：

022-25911745　022-25915688（传真）

公司地址：

天津大港油田幸福大道北侧135号

春节晚会

公司文体活动

尼日尔油田项目掠影

天津滨海新城建设发展有限公司

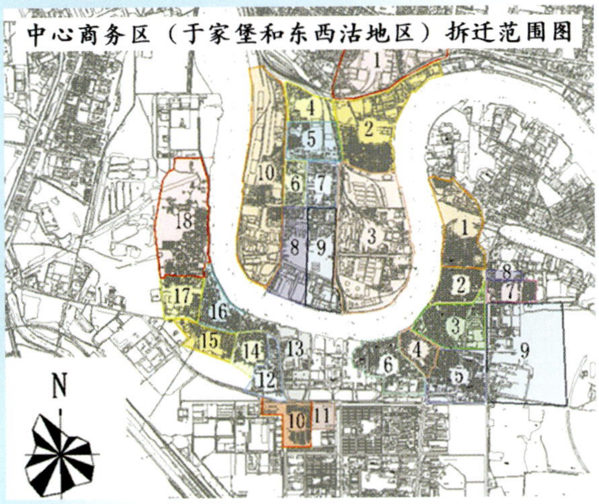

公司承担工作——中心商务区土地整理

公司建设项目——于家堡还迁房一期工程

天津滨海新城建设发展有限公司是滨海新区中心商务区开发建设企业，在中心商务区管委会和集团公司领导下，主要负责中心商务区范围内企事业单位土地整理、居民拆迁、还迁房建设、市政基础设施及绿化园林建设、城市运营管理等重要工作。

几年来，新城公司勇挑重担、敢于拼搏、真抓实干，以“五加二，白加黑”的工作热情，抢抓滨海新区开发开放的历史机遇，促进各项工作取得显著成果，为中心商务区的开发建设做出了巨大贡献。公司完成中心商务区居民拆迁 13600 余户、企业搬迁近百家、整理土地面积达 330 余万平方米，有力的促进了商务区的开发建设；公司完成于家堡还迁房建设工程建设，不断改进物业服务水平，提升了拆迁居民生活环境；中心商务区蓝鲸岛生机勃勃、彩带公园初显英姿、市政绿化工作彰显了商务区的繁荣与魅力；响螺湾公共设施平稳运行、环境卫生干净整洁，保证了城市运营井然有序。

公司建设项目——彩带公园

面向未来，新城公司将继续贯彻落实滨海新区整体发展规划，在中心商务区管委会与集团公司领导下，扎实推进区域开发建设，不断完善城市运营管理水平，以更加优异的成绩，促进中心商务区开发建设、企业健康发展再上新水平。

城市运营管理——保洁工作

公司建设项目——迎宾大道

天津市山金国际贸易有限公司

天津市山金国际贸易公司是一家中国专业的乐器制造者和出口商，提供专业西洋乐器包括舞鼓、行进鼓、铜管乐器、乐器支架、乐器箱包、手风琴、木吉他、电吉他、电贝司、小提琴、打击乐器、麦克风、扩大器和其它乐器配件。我们所有的乐器都是在严格的质量管理下生产的。

现在我们的客户遍及许多国家包括欧洲、美国、亚洲、南美和非洲。我们与客户建立了长期的合作关系，他们很满意我们的产品质量和售后服务。

我们相信并且坚守的原则是：

给员工好的工作环境；

给消费者合适的价钱；

给玩家好的乐器；

如果你正在寻找来自中国的乐器，和我们联系是最好的机会。

SANJIN INTERNATIONAL TRADE (TIANJIN)CO.,LTD.is a professional musical instruments maker and exporter in China, dealing with a full line of musical instruments including dancing drum, marching drum, brass instruments, wind instruments, accordions, acoustic guitars, electric guitars, electric basses, violins, percussions, stands, bags, cases, microphone, powered mixer, amplifier and musical instrument accessories. All of our musical instruments are made under serious quality control. And they also follow the newest pattern and style in the world so that beginners and players can find the pleasure from playing them.

Till now we have importers and wholesalers in many countries in Europe, U.S.A., Asia, South America and Africa. Long-lasting business relations are established between them and us. All of them are satisfied with both the quality of our instruments and the after service of our company.

We believe and abide by the principle like this:

Offer the employees good working conditions;

Offer the customer good prices;

Offer the player good instruments;

If you are looking for the best instrument from China, contact us to get the best chance.

2113　2110　2110 TRUMPET　2111　2112　2111

2150 POCKET TRUMPET

2131 BUGLE

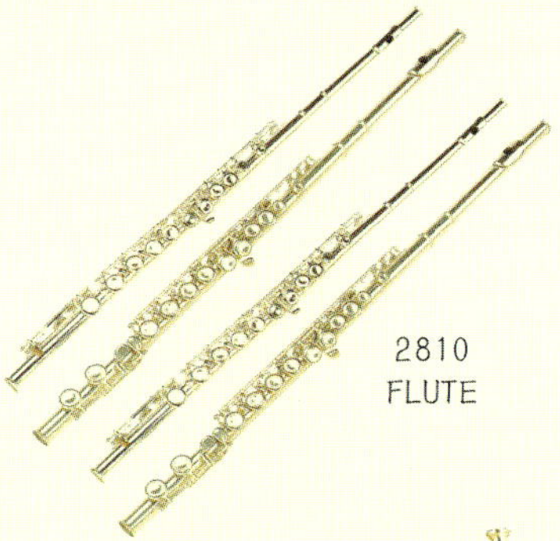

2810 FLUTE

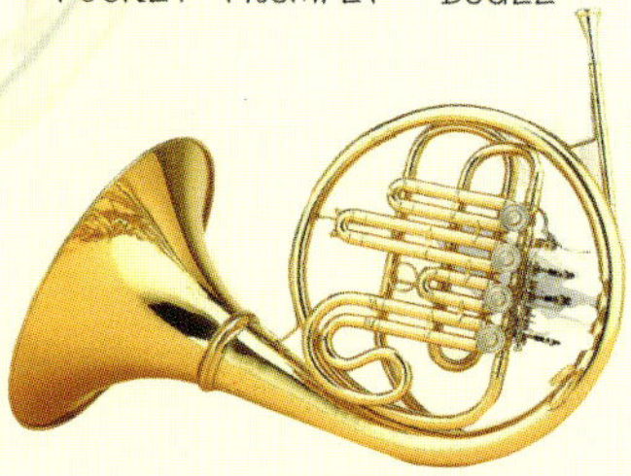

2311 FRENCH HORN

2312 FRENCH HORN

4110 SIZE OF DRUM
22″×14″ 16″×16″ 14″×5″ 13″×11″ 12″×10″

4112 SIZE OF DRUM
22″×16″ 16″×16″ 14″×6.5″ 13″×11″ 12″×10.5″

4210 SIZE OF DRUM
22″×14″ 16″×16″ 14″×5″ 13″×11″ 12″×10″ 11″×10″ 10″×10″

4112 SIZE OF DRUM
22″×14″ 16″×16″ 14″×5.5″ 13″×11″ 12″×10.5″

4211 SIZE OF DRUM
16″×21″ 13″×7″ 13″×11″ 12″×10.5″

4121 SIZE OF DRUM
22″×14″ 16″×16″ 14″×6.5″ 13″×11″ 12″×10.5″

4121 SIZE OF DRUM
22″×14″ 16″×16″ 14″×6.5″ 13″×11″ 12″×10″

4120 SIZE OF DRUM
22″×14″ 16″×16″ 14″×5.5″ 13″×11″ 12″×10″

2012年10月4日，天津市委副书记、滨海新区区委书记（现任天津市政协主席）何立峰同志莅临航母视察工作

2013年4月19日，天津市委常委、滨海新区区委书记袁桐利同志莅临航母视察工作

天津滨海航母旅游集团有限公司领导班子

天津滨海航母旅游集团有限公司

硕果累累

泰达控股所属天津滨海航母旅游集团有限公司（以下简称“航母旅游集团公司”）成立于2011年12月，由原天津滨海航母主题公园有限公司改制组建而成。下设三家子公司，分别为天津滨航演艺有限公司、天津滨实餐饮管理有限公司、天津滨航旅行社有限公司。

天津滨海航母旅游集团有限公司
党总支书记、董事长、总经理　刘占中

航母旅游集团公司位于天津滨海旅游区，东临渤海湾，西靠汉北公路，北接汉沽城区，南连天津经济技术开发区、塘沽、天津港。距天津市区45公里，距北京市175公里。具有独特的区位优势和便捷的交通网络。

以“基辅号”航母观光游览为主线，以军事为特色主题，滨海航母已发展成为了集航母观光、武备展示、主题演出、会务会展、拓展训练、国防教育、娱乐休闲、影视拍摄八大板块于一体的大型军事主题公园。

滨海航母是国家AAAA级景区，每年都推出新颖奇特的军事体验项目、激情四射的主题活动、精彩绝伦的歌舞表演。有大型实景海战表演剧《航母风暴》、独具特色的4D影院、惊险刺激的真人CS等，还有全球首家航母舰上酒店，包括主题客房、西餐厅、会员酒吧、KTV等娱乐休闲设施，为客人提供一种集娱乐性和观光性为一体的独家体验。

2013年，滨海航母一如既往地以“游客的快乐体验”为中心，在如期上演王牌表演—“航母风暴”的基础上，新增航母园区主广场及俄罗斯文化创意风情街等极具特色的高端基础配套设施项目，同时重磅打造以低空旅游“空中巴士”项目为首，“航母飞车特技表演”、“航母危险地带”，“航母喷气飞艇”等一系列全球独一无二、惊险刺激的航母娱乐探险项目，让游客置身于异域风情小镇，感受别样的旅游体验。

天津滨海航母旅游集团将继续发挥新区旅游行业的龙头带动作用，利用滨海新区现有独特旅游资源，以创建5A景区为契机，打造中国主题公园第三极，树立“海陆空”特色的国际旅游目的地新形象。

天津市滨海新区大港管理委员会
住房保障和房屋管理局

大港房管局组织开展调查研究交流研讨活动

自觉接受社会监督，街道社区代表参观指导窗口工作

凝心聚力彰显房管文化 歌声嘹亮唱响中国梦想

天津市滨海新区大港管理委员会住房保障和房屋管理局（简称：大港房管局），是负责大港地区住房保障和住房制度改革、房地产市场管理、房地产权属登记管理、房屋安全使用管理、物业管理行业管理、公有房产资产管理、城市房屋征收补偿等工作的行政管理部门。内设办公室、法制监察科、住房保障科、物业管理办公室、房产管理科、房屋修缮科、房地产权籍管理科、行政审批科等8个行政科室，下属房地产交易所、海滨房地产交易所、房地产市场服务中心、房地产登记制证中心、房产服务中心（公用公房管理所）、房屋租赁服务中心、房屋安全鉴定中心、胜利房管站、房屋修缮工程服务站等9个事业单位。目前，全局共有干部职工140余人。

大港房管局本着“廉政勤政、安全稳定、立德立信、务实创新”的原则，坚持以人为本，努力发挥房管职能作用，突出住房保障重点，立足房屋管理主业，提升服务保障能力，不断强化内部管理，推进依法行政。在局党组的坚强领导下，全局干部职工队伍充满活力，住房保障和房屋管理事业扎实推进，为大港地区全面率先建成小康社会作出积极贡献。

大港房管局连续三年获得民主评议政风行风满意单位

汉沽住房保障和房屋管理局

局 长 张洪伟

党委书记 韩向阳

市局领导前来视察工作

汉沽住房保障和房屋管理局，原为汉沽区房地产管理局，是负责主管汉沽管委会辖区房地产行政管理工作和住房保障及住房制度改革工作的管委会组成部门，内设办公室、组干科、纪检监察科、人事科、房地产权籍管理科、房管监察科、住房保障科、行政审批科、财务计划科、物业管理科以及房屋管理科等 11 个科室，下属事业单位天津市滨海新区汉沽房产公司、天津市滨海新区汉沽民用房屋管理站、天津市滨海新区汉沽房屋修建服务站、天津市滨海新区汉沽公用房屋管理所、天津市滨海新区汉沽房屋安全鉴定中心、天津市滨海新区汉沽房地产价格评估事务所、天津市滨海新区汉沽房地产交易所。下设企业单位天津市滨海新区汉沽房屋拆迁服务中心、天津市汉房中介有限公司、天津汉沽房地产经营开发公司、天津市滨海新区汉沽房屋修建工程公司、汉沽海滨物业管理中心、汉沽福民物业服务有限公司。目前，全局系统共有干部职工 270 人。

汉沽住房保障和房屋管理局本着“科学管理、高质服务、勇于创新、真抓实干”的原则，坚持以人为本，坚持务实创新，注重培养干部职工素质与工作能力，不断强化科学管理，提高服务质量。在局领导班子的领导下汉沽住房保障和房屋管理局充满活力，朝气蓬勃，为汉沽经济社会又好又快发展做出了积极的贡献！

电子房交会开幕

庆祝建党 92 周年座谈会

党员义务奉献日活动

荣誉室

天津星源石化工程有限公司

董事长、总经理　王志

保温工程

天津星源石化工程有限公司系由中国石化集团第四建设公司所属的中国石化四建三和实业总公司改制成立，主要经营范围是：工业及民用建筑施工，防腐保温施工，架设及防火、防水施工，地基与基础及土石方工程施工，机电设备、电器仪表、钢结构安装，管道安装，石油化工设备管道检修、维修，自有设备及房屋租赁。

公司拥有国家防腐保温施工专业承包壹级、石油化工设备安装专业承包贰级、管道安装工程专业承包贰级，机电设备安装工程叁级、地基基础工程专业承包叁级施工资质，是国内较早从事防腐保温施工的专业队伍，同时组建30个专业项目部，同步管理，同时交工的施工能力。公司施工经验丰富，施工质量优良，先后承担了百余项国家重点工程项目的炼油、化工装置的防腐保温和架设施工以及管道、设备和钢结构安装工程，并以工期短、质量优、服务周到赢得客户好评。

公司先后荣获天津市“守合同重信誉单位”等荣誉称号，通过了国家高新技术企业、滨海新区科技小巨人企业的认定，是中国工业防腐蚀技术协会会员单位。公司通过实行权责分明、管理科学、激励和制约相结合的管理体制，不断提高市场竞争和应变能力，在积极为社会做出贡献的同时，为全体股东及员工谋取最大的利益。

公司坚持“诚信守法，管理科学；质量优良，服务优质；保护环境，预防污染；安全生产，保障健康；持续改进，追求一流”的管理方针，全面提高企业管理水平，竭诚为国内外广大顾客提供优质的工程和优良的服务。

保冷工程

地址：天津市滨海新区大港世纪大道188号　　**邮编：300270**

电话：022-63862161　　**传真：022-25994791**　　**电子邮箱：xingyuanjlb@163.com**

架设工程

储罐工程

防腐工程

安全/Security

前台接待处
Rececion

安防辊闸
Entrance for server Room

安防门禁
Security card reader

TIS Hi-tech 提爱斯海泰

天津提爱斯海泰信息系统有限公司

天津提爱斯海泰信息系统有限公司（简称TIS海泰）是天津滨海高新区华苑产业区2008年重点招商引进项目，是日本TIS株式会社和天津海泰控股集团共同投资成立，专业开展高水平IT外包服务和数据服务的中日合资企业。

公司注册资金1400万美元，在天津滨海高新区BPO基地内自建数据中心于2010年4月份正式运营。

公司主营业务为数据中心托管服务（DC服务）和云计算服务；同时开展网络服务、软硬件系统集成业务、IT运维与监控、技术咨询等相关IT服务。

数据中心占地面积9亩，按照国际高等级数据中心标准建设，建筑面积8848平米，其中服务器机房使用面积3000平米。

数据中心机房等级达到Tier3+和中国A级机房的评定标准。

2011年6月获得由DNV颁发的ISO27001和ISO9001体系认证证书。

公司现有员工61人，平均年龄33岁，78%的员工具有本科及本科以上学历。

日本TIS株式会社是世界名列前茅、日本第三大IT服务提供商，2012年财年营业额折合人民币204亿元，业务涵盖软件开发、服务外包和系统集成。软件开发能力获得CMMI 4级认证。

设施/Facility

服务器机柜
Cabinet

机房
Server room

UPS电池组
Battery for UPS

电气室
electrical room

变压器
electrical transformet

发电机组
Generator

天津中油渤星工程科技有限公司

CNPC TIANJIN BO-XING ENGINEERING SCIENCE & TECHNOLOGY CO.,LTD

领导关怀

天津中油渤星工程科技有限公司，是中国石油集团海洋工程有限公司的全资子公司，主要从事固井技术的研究开发，油井水泥外加剂、防腐涂料和保温管的生产销售，防腐保温工程施工，以及技术咨询和服务等业务，是天津市科学技术委员会认定的集科研开发，产品制造，技术服务为一体的高新技术企业，连续10年被天津塘沽国家海洋高新技术开发区管理委员会评为十佳企业、科技创新示范企业和突出贡献企业。从1980年开始致力于固井技术的研究与开发，是国内最早专业从事油井水泥外加剂研究的单位之一。经过三十年努力，在油井水泥外加剂研究和应用方面已形成行业技术优势，主要为中国石油集团陆上、海上及海外勘探开发重大工程和重点项目提供固井技术支持与服务，所属固井技术研究室是中国石油天然气集团公司钻井工程重点实验室的分支机构，研发条件、科研装备和研究水平居国内领先。依托中国石油集团工程技术研究院的高科技成果，在防腐涂料和直埋管道保温预制技术的研发和应用方面，处于中国石油集团领先地位。2012年固定资产5752万元。拥有生产及辅助设备123台套、科研仪器141台套；共有生产线19条，生产化工产品18000吨/年，生产保温管线200km/年。

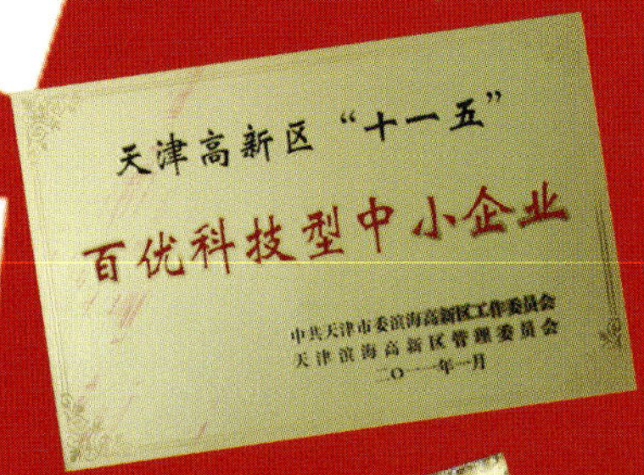

厂区外貌

天津中海油服化学有限公司

COSL CHEMICALS(TIANJIN),LTD.

天津中海油服化学有限公司（国有企业）成立于1993年9月，由中国海洋石油总公司下辖的中国海洋石油渤海公司与中海油田服务股份有限公司（下称：中海油服）共同投资组建。2006年9月，中海油服以股权收购方式将该公司纳为旗下，使之成为其在国内唯一的一家全资子公司。目前该公司位于天津市滨海新区塘沽渤海石油军粮城基地，占地面积14560平方米，注册资金2000万元，主营业务包括：精细化工产品科技开发、服务、加工、制造、销售；化工生产线设计、建造、维修；对外贸易经营；工具制造、租赁、销售、仓储，为石油勘探、开发、生产过程中使用的功能化工品研发、生产、销售一体化高新技术企业。

公司拥有多条先进的化工产品生产线，生产具有自主知识产权的泥浆、固井、增产增注石油专业化工品，拥有自主进出口权。公司的最高权力机构为董事会并拥有一支高素质的企业管理、研发和销售团队，其经营规模正在以年增长50%的速度持续健康快速发展。

总经理　王伟

母公司CEO兼总裁李勇总与滨海高新区领导讨论化学公司未来发展规划事宜

公司产品已经覆盖钻完井、固井和油田酸化增产领域中油田化学品添加剂近40余种。这些产品在油田勘探开发中发挥着重要作用。其中多项产品已获国家知识产权局颁发的专利资质。

公司始终秉承“我们必须做得更好”的企业理念，“以客户为中心，和谐促共赢”对产品售前、售中及售后服务全过程进行跟踪。目前，公司拥有中海油、中石油、中石化以及塔里木油田、辽河油田、胜利油田等及国外：印度尼西亚、缅甸、菲律宾、伊拉克等国际市场。公司坚持优质、高效、双赢的服务宗旨，愿为新老客户的价值最大化做出不懈的努力。

母公司执行副总裁兼总法律顾问董伟良总与滨海高新区领导讨论化学公司未来发展规划事宜

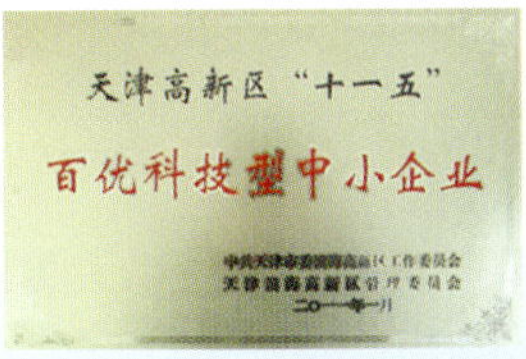

天津江南科技有限公司

总经理　黄贤普

天津江南科技有限公司成立于 2002 年，是通过 TS16949 质量体系认证的具有资质的汽车配套厂，服务于一汽夏利、吉利、哈飞、海马、华晨金杯、广汽吉奥、青年莲花、一汽丰田、一汽通用等国内多家汽车主机厂。

公司现有职工 160 人，其中工程技术 / 质量人员 21 人。公司拥有大小型注塑机 22 台、吹塑机 5 台、超声 / 旋转焊接机 10 台以及洗涤器电机及泵总成的组装流水线。公司的电镀厂座落于天津汉沽区占地面积 13360m^2, 建筑面积 7752m^2)，公司投资 3000 万，配置了自动电镀流水线 1 条、喷漆线 1 条。公司投资 300 多万元成立了模具加工制造车间，拥有加工中心、CNC 数控加工，雕刻机、线切割机、电火花机等模具加工制造设备；使公司形成了从模具制造、注塑 / 吹塑成型、电镀喷漆、组装成型一体化的生产基地。

公司主要产品是汽车的各种塑料配件，如：动力转向油罐总成、洗涤器及泵总成、各种散热器罩、装饰条、各种电镀标牌、徽标、各种通风口、通风管道、各种铭牌等。

多年来公司以“信誉第一、顾客至上”为宗旨，建立起了严格的质量管理体系，科学管理，持续改进，为客户提供优质的产品和服务。

汉沽电镀厂区

注塑生产车间

华苑厂区研发部生产车间

电镀生产线

濱海投資 BINHAI INVESTMENT

滨海投资有限公司

泰达控股党委书记、董事长
滨海投资有限公司董事会主席 张秉军

滨海投资有限公司
执行董事兼总经理 高 亮

滨海投资有限公司（股份代号HK8035)（以下简称“滨海投资”)是一家在香港联合交易所上市的投资公司，主要于国内投资建设和经营城市燃气管道网络，提供接驳服务，供应及提供天然气，销售液化石油气。滨海投资一直致力于开拓国内城市燃气市场，是最早介入国内城市公用事业的外资企业之一。十几年来，滨海投资坚持以国策为先，为工、商业用户和城市居民提供洁净能源。2009年，天津泰达投资控股有限公司通过其全资子公司泰达香港置业有限公司持有滨海投资50.13%股份，成为滨海投资的控股股东。滨海投资发展至今得到了天津市及滨海新区政府的大力支持，拥有广泛社会资源。未来，滨海投资将依托“天津”作为环渤海经济中心城市的各种优势，凭借滨海新区的巨大发展潜力和泰达控股的优质资源，倡导“诚信、团队、成就、创新”的企业精神，努力做实做强燃气主业，扩大自身规模，以发展实用技术、加强品质质量管理、提高服务素质及保证供气安全为承诺，为完善城市基础设施建设、改善环境及提高人民生活质量做出贡献，力争成为滨海新区最大的清洁能源供应商。

2011香港杰出企业奖

公司运营站储罐

天津长芦海晶集团有限公司

党委书记、董事长　张维忠

总经理　龚俊国

生产车间

天津长芦海晶集团有限公司（原天津长芦塘沽盐场）隶属于天津渤海化工集团有限责任公司，是国家大型海盐生产重点骨干企业、国家大一类企业。公司位于天津市滨海新区核心区，现占地面积 180 平方公里。公司前身是始建于元朝至元二年（1265 年）的丰财场，海盐生产历史悠久，是我国最大的海盐生产基地之一和国家药用盐中试基地，年产“海晶”牌优质工业盐 100 万吨以上。随着滨海新区开发开放步伐的加快，公司按照“融入其中，借势发展”的思路，不断加快产品产业结构调整步伐，在巩固制盐、盐化工基础地位的同时，积极发展房地产、化纤纺织、石油化工、仓储物流和环卫服务等产业，并积极探索走出去发展之路，已在山东肥城购买了盐矿，正在实施年产 120 万吨绿色生态精制盐项目。“十二五”期间，公司提出“立足制盐业、发展化工业、壮大服务业、冲刺一百亿”的发展目标，实现企业的跨越发展，逐步形成主营业务突出、相关产业多元发展的产业格局。截止 2012 年底，公司有直属单位、全资子公司、控股公司和参股公司 36 个，员工 6861 人，资产总值 65.48 亿元，营业收入 38 亿元。

办公楼

海晶集团制盐场集坨

新区领导在渤龙湖现场视察

高新公寓奠基仪式

公司员工

滨海高新区开发建设有限公司

公司总经理邱社明向来访人员介绍区域规划情况

滨海高新区开发建设有限公司是在天津市政府、中海油总公司等各级领导的直接关怀下成立的，肩负着开发建设滨海高新区的光荣使命。在天津市政府和高新区管委会的授权下，公司全面负责滨海科技园 30.5 平方公里土地的开发建设与管理，包括：土地整理、基础设施建设、市政配套设施建设等土地的一级和多级开发，协助高新区管委会开展招商引资相关活动，并为入区企业提供各类配套服务。

从 2007 年开始，公司按照“高起点规划，高效能管理，高标准建设”的总体要求，创新管理、精心组织、扎实工作，高水平、高质量地完成了高新区两委下达的各项建设任务。整个开发建设过程手续齐全、程序规范、管理科学，建设速度快、质量高、成本低，为滨海高新区的跨越发展做出了积极贡献。到 2012 年底，公司共完成滨海科技园土地一级开发投资 51.5 亿元，约 17 平方公里土地的实现了九通一平。竣工道路 62 公里、桥梁 9 座、场站 8 座，完成地上物拆迁 16.6 万平米，填土 2100 万方，铺设配套管线 1400 孔公里。

成绩代表过去，未来任重道远。公司将乘滨海新区大发展之势，以推进高新区技术产业发展，高水平地建设和服务高新区为己任，在创新中超越，在实践里成长，逐步把公司建设成为理念超前、机制先进、管理科学、权责明确、运行高效的多元化发展的创新型企业。

综合服务中心施工现场

市政配套工程施工现场

滨海高新区
综合服务中心

北海明珠投资发展有限公司

董事长　赵淑英

北海明珠投资发展有限公司是一家坐落在天津滨海新区核心区集餐饮、娱乐、文化传媒为一体的大型集团化企业。集团现全资控股：贵祥大酒店、天津北海明珠酒店、北京北海明珠海鲜宫、北海明珠中心渔港花园酒店以及纵横捭阖文化传媒有限公司、连横合纵企业咨询有限公司等数家子公司。

集团自成立以来,可持续发展始终是作为公司发展的重要战略目标之一。学习型创新企业,是我们始终秉承的企业文化。2013年公司进军影视文化产业，投资拍摄的30集古装历史剧《谋圣鬼谷子》，预计将于2013年8月中旬正式开机。至此，经过八年跨越式的发展,北海明珠已成长为一家多元性发展多项经营的集团化企业。

2007年11月天津北海明珠酒店被国家等级评定委员会评为“国家特级五钻”酒店，同时被天津市商务委员会任命为“国家特级酒家示范基地”。2007年12月天津市卫生局授予天津北海明珠酒店“卫生A级企业”称号，2008年7月20日被评为“全国食品安全示范单位”，2009年1月被评为“天津市先进企业”，2010年天津北海明珠酒店被中国烹饪协会授予“中华特色餐饮美食名店”荣誉称号，所有的殊荣无不演绎着北海人执着、稳健前行的步伐。

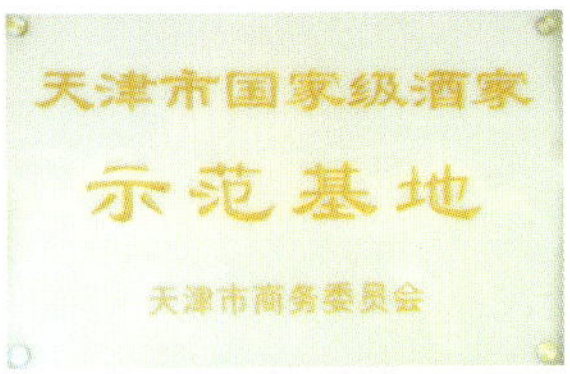

北海明珠将秉承“诚信共进、创新致远”的企业精神，以饱满的工作热情、严谨认真的服务态度、精益求精的工作作风，致力于打造中国文化餐饮的旗舰航母，并努力将北海明珠建设成为中国的优质名牌餐饮企业。

天津起重设备有限公司

董事长　宫　强

党委书记、总经理　冯会有

AS电动葫芦式单梁起重机

300吨桥式电动双梁起重机

钢结构车间工作场景

天津起重设备有限公司始建于1953年，有着60年起重机制造历史，原名天津起重设备厂，隶属于百利机电控股集团的起重机专业生产国有企业。中国第一台钢丝绳电动葫芦和第一台电动单梁起重机均诞生于我公司。1991年公司晋升国家一级企业，是中国重型机械工业协会常务理事，葫芦、单双梁起重机专业分会理事单位。是钢丝绳电动葫芦和梁类产品标准的制订单位之一。

2009年天起公司为了迎合天津市东移战略规划发展的需要，投资4亿元在滨海西区建立了新的生产基地，新厂区占地面积10万平方米，建筑面积6.7万平方米。公司秉承“忠诚服务用户、敬业升华产品”的公司理念和“创新、高效、务实、聚才”的企业精神。

公司主导产品包括以AS型钢丝绳电动葫芦、HBTex型防爆葫芦为起升机构的防爆单双梁、悬挂、桥式起重机；旋臂、抓斗、通用门式起重机、多支点起重机等共二十大系列。

近年来公司制定了产品向大型化、专业化、高端化方向发展的总体战略，自主研发制造的天津市“首台首套”300吨桥式电动双梁起重机和600吨门式吊钩大型起重机就是这种战略化的新起点。用技术创新成果促进企业发展，向世界先进技术水品靠近，是我公司孜孜不断的追求。我们始终保持着“自强不息，厚德载物”的精神和“以市场和客户为焦点”的管理理念。竭诚与国内外宾朋携手合作，共创辉煌！

长瀬集团

长濑集团以其历史悠久、经验丰富的化学成品和合成树脂事业为核心，在电子技术、生命科学、汽车相关和海外事业四大战略领域里，向客户提供贸易功能、市场功能、研发功能和加工制造功能。

本集团的核心企业——长濑产业株式会社的前身是1832年在京都创立的染料批发商。自1990年开始进口瑞士Basel Chemical Co.公司的合成染料以来，本公司始终如一地与客户站在一起开拓国际新市场，并发挥技术和信息商社的优势不断积累技术秘诀，拓充新技术，新产品的研究开发功能和加工制造能力。

长濑集团在国内外拥有多达一百多家的集团公司，同事本公司各分支机构齐备研究开发功能、加工制造功能、贸易功能和市场功能。我们力求将这些功能有机地结合起来，创立全新的商务模式，高层次地满足客户需求，并为客户提供崭新的建议，实现“化才智为商机的技术和信息企业”。

今后，长濑集团将一如既往地与遍及全球的客户一起捕捉新的商机，不断发展壮大。

经营理念

自觉意识到我们是社会的一员，通过有诚信和良知的企业活动，提供社会所需要的产品和服务；通过公司的发展，努力提高员工福利，并贡献于社会。

经营理想

“化才智为商机的技术和信息企业”

行动指针“长濑方式”

★始终以客户至上

★始终考虑充分发挥集体能量

★ 始终争做具有独创性的挑战者

★始终系统地思考问题，雷厉风行

天津长濑简介

本公司是一家由长濑产业株式会社出资设立，位于天津港保税区内的外商独资企业。本公司成立于2003年9月，经营期限30年。公司注册资本30万美金，公司主要业务包括：化学品原材料（涂料、塑料）、合成树脂原材料、电子相关材料、汽车相关材料等商品的进出口及国内销售业务。

本公司主要业务部门

化工品部 负责化工类商品的采购与销售，包括联系客户、安排发货、以及与客户的价格谈判等。

塑 料 部 负责塑料商品的采购与销售，包括联系客户、安排发货、以及与客户的价格谈判等。

汽 车 部 负责汽车零部件商品的采购与销售，包括联系客户、安排发货、以及与客户的价格谈判等。

电 子 部 负责电子元器件商品的采购与销售，包括联系客户、安排发货、以及与客户的价格谈判等。

管 理 部 主要从事日常的管理工作，包括财务、法务审查、人事、IT等活动。

青岛分公司 主要从事电子类商品在青岛附近地区的采购与销售，包括联系客户、安排发货、以及与客户的价格谈判等。

大连分公司 主要从事塑料类商品在大连附近地区的采购与销售，包括联系客户、安排发货、以及与客户的价格谈判等。

长春分公司 主要从事塑料类商品在长春附近地区的采购与销售，包括联系客户、安排发货、以及与客户的价格谈判等。

天津中建地产有限公司

中建总部领导前来我项目视察，右三为中国建筑副总裁李百安先生，右一为中建房地产事业部执行总经理、中建地产总经理陈谊先生

现场咨询踊跃

中国建筑于1980年代开始在香港、美国和东南亚等地开发地产项目，是中国最早从事跨国地产业务的企业；其中在香港的地产业务后来回到内地发展，成为中国内地第一个从事商品房开发的发展商，并打造成为中国地产业的领导品牌 中海地产；为进一步扩大中国建筑旗下地产业务的总市场占有率，推动集团产业结构调整，中国建筑于2008年对国内地产业务进行重组，强力推出"中建地产"，打造与"中海地产"比翼齐飞的又一地产品牌。

中建地产以工科血统的专业精神和建造世界级地标的精细标准，为客户提供国际品质的物业产品和服务，共筑美好家园。

目前，中建地产在环渤海、长三角、珠三角、中部、西部等五大区域的北京、天津、上海、广州、深圳、西安、成都、武汉、济南、长沙、乌鲁木齐等全国30多个城市开展地产业务。截至2011年底，拥有土地储备2760万平方米，并以70.53亿元的品牌价值位列"2011中国房地产品牌价值排行榜"第五名。

中建地产充分发挥中国建筑的集团优势，形成了城市综合开发、居住地产、商务地产和保障性住房四大业务线，成为"大地产模式"的实践者。区别于一般的地产业务模式，在"大地产模式"下，我们以城市综合开发为业务龙头，为城市创造价值；以居住、商务地产开发为商业内核，为客户创造价值；以保障性住房建设为责任担当，为社会创造价值；中建地产四大业务线相互支撑，互为补充，最终实现股东价值的创造，实现"大地产模式"的全面增值，致力于成为"大地产模式"的创新者和领先者。建得广厦千万间，大庇天下寒士俱欢颜，中建地产，心系天下，正通过参与保障房建设和推动绿色建筑开发，积极履行社会责任。

中建地产，中国建筑地产行业的国家队，国之栋梁，源远流长。

中建地产，中国地产业的中坚力量；中建地产，筑福天下！

中建地产，全球视野，精工筑家。

天津公司职工活动

中建的标志性建筑——中央电视台大楼

BSI 邦士 邦士（天津）食品有限公司

邦士（天津）食品有限公司是由法国保健然集团在1997年于中国投资建立的独资企业，是国内第一家外商独资的专业奶酪生产企业。

BSI(Tianjin) Foods. Co. Ltd was invested by Bongrain group in Mar. 1997, and it is the first wholly foreign-owned cheese manufacturer in China.

投资人-法国保健然集团（BONGRAIN Group）专注于奶酪和特色奶制品领域，是全球最大的特色奶酪制造商，同时也是全球国际化程度最早最高的奶酪生产企业，并拥有近百年的奶酪制作历史和世界顶级的各种奶酪生产工艺。法国保健然集团通过其遍布世界七大洲的100多家具有国际化标准的生产机构向消费者提供品类繁多的奶酪产品。百吉福是保健然旗下主要的国际品牌，销售网络遍布欧洲、亚洲和中东。

Bongrain Group focuses on the cheese and speciality dairy products, and currently it is the world leader in speciality cheese with hundred years of cheese manufacturing experience and premium cheese production process. Bongrain group provides abundant varieties of premium and delicious cheese products to consumers through its more than 100 production sites located all over the world. "Milkana" as one of Bongrain 's most famous international brands and its sale network has expanded in Europe, Asia and Middle East.

中国市场的法国百吉福奶酪由邦士（天津）食品有限公司荣誉出品，本着为中国消费者提供营养、美味、创新、品质、完善的服务和无时不在的品尝乐趣的宗旨，以法国传统奶酪和严谨安全质量控制为基础，融合了中国人的消费方式和口味，现有百吉福品牌8大系列和20多个单品的零售系列奶酪，引领着中国人的奶酪消费时尚，百吉福品牌奶酪现已成为国内中高端奶酪零售市场第一品牌。并且近年来在专业餐饮渠道也保持了很强的增长，主要产品包括马苏里拉奶酪丝、丁产品，芝士片，奶酪调理食品，奶酪酱，奶油芝士等。

"Milkana" cheese is honored produced by BSI(Tianjin) Foods. Co. Ltd in Chinese market with the philosiphe of nutritious, delicous, innovative, premium quality, service and the continuous taste pleasure, applied French cheese know-how, rigorous safety and quality control, and deep understanding of Chinese consumers, as well as locally-adapted approach, a range of cheese products have been successfully innovated and dedicated to Chinese consumers. It has become as the first brand of middle and high-end market in the past 10 years. FS/BTOB sale channel has engaged strong growth over past years, with the primary products like Mozza shred cheese, cheese slice, cheese prepared food, cheese jam and cream cheese et al.

邦士公司旗下的百吉福品牌产品均已通过HACCP、ISO90001等国际质量认证，依靠国际集团的全球资源、本地专业的研发队伍和专业生产团队和基地，可以为您提供各种专业贴心的服务。

BSI(Tianjin) Foods. Co. Ltd. has granted HACCP, ISO90001 and HALA certificates. Professional and tailored service is provided in terms of the global sourcing from Bongrain group, strong local R&D and manufacture together with a professional local team.

项目鸟瞰图

>>天津南瑞房地产开发有限公司<<

天津南瑞房地产开发有限公司是香港南益地产集团在津设立的子公司，南益·名士华庭是其在天津的首发力作。项目位于滨海新区（塘沽）新河板块福州道延长线，紧邻京津塘高速与天津经济技术开发区。项目总占地41公顷，总建筑面积约100万平米，预计容纳人口约1.8万人，是滨海新区重点招商引资项目。

借助1.8的容积率，项目规划为高层与7层电梯洋房的业态组合，引入风靡世界的Art Deco建筑风格，配以媲美21个足球场大小的新古典主义水景园林，营造出高雅、生态的生活空间。为升级社区配套，精工打造多元化的主题商街，让人们在繁华闲适中徜徉生活；为升级社区功能，丰富片区教育资源，南益地产集团捐建了浙江路小学（分校）和塘沽一幼（分园）。精耕细作、悄然天成，如今首期工程已展现世人面前，载誉荣耀。

在参与滨海新区建设、改善人居环境的同时，南益地产集团积极投身公益事业，承担社会责任。项目开发至今，通过捐建浙江路小学（分校）和塘沽一幼（分园）、捐助新河街道贫困残疾人员、协办滨海青年集体婚典等一系列社会公益事业的善举，得到滨海新区相关领导的高度赞扬和社会的广泛关注。

南益·名士华庭愿为提升滨海人居标准、服务新区发展做出更大的贡献！

捐建浙小

集体婚礼

天津雅马哈电子乐器有限公司

天津雅马哈公司接待室

天津雅马哈电子乐器有限公司始建于1989年，座落于天津经济技术开发区，距北京120公里，距天津港约10公里，距天津机场20公里。

★ 公司性质：中日合资

★ 主要产品：电子琴、电子钢琴、电吉他、电子合成器等

★ 产品种类：约50余种

年销售量：130余万台

★ 销往地区：全世界

★ 经营目标：

天津雅马哈凭借丰富的生产经验，超强的生产能力，优秀的品质，卓越的性能以及雅马哈人的开拓创意，锐意进取的精神，努力成为日本雅马哈在海外的主要生产基地。

天津雅马哈全员将凭着对乐器事业的热忱与执着，用自己的勤劳和智慧架起和全世界沟通的桥梁，和世界人民携手共同创造一个更加和谐、美好的音乐空间。

★ 质量目标：

生产出让顾客满意的产品，是我们的第一目标！

★ 环境理念：

我们都是地球的公民，让世界充满“绿色”和“音乐”，愿我们在和平的环境中共 同成长，创造和谐美好的世界。

总装车间（14条总装线）

SMT线路板加工生产线2条

表面处理车间

百利买（天津）信息技术有限公司

创始人　鲁明

总裁　李树斌

根据好乐买集团发展需要，2012年4月在天津滨海新区成立百利买（天津）信息技术有限公司，主要负责集团公司商品的采购业务。成立当年销售额达78952万元。

好乐买集团 OkBuy 成立于2007年8月，由鲁明与李树斌联手创办。OkBuy 中文是：好乐买，意思是：好，就来买吧！好乐买使用 OkBuy 的用意就是让更多的人体验到便捷的网上购物体验，好，就来买吧！一个最简单也是最直接有效的网上购买过程。

好乐买（www.okbuy.com）目前业务为 B2C（商家对客户），经营范围包括男鞋、女鞋、童鞋、服装、包和配件等。OkBuy 好乐买正在成为中国最大正品运动休闲鞋购物网站和目录销售商，其使命是让消费者用更少的精力、享受更好更安全的购物体验、买到更加超值的正品鞋；同时给厂商带来更多、更精准的目标消费者，并降低其运营和销售成本，减缓其现金流压力。

www.okbuy.com 完美的购物体验，期待着你的加入！

公司前台

天津市升云海鲜酒店有限公司

天津市升云海鲜酒店有限公司位于滨海新区大港上古林海鲜街888号，始建于1981年，总面积2.8万平方米。是一家集餐饮、娱乐、住宿、会议、旅游、海产品加工于一体的综合性企业。我酒店地理位置优越，交通便利，环境优雅，是大港第一家以经营当地特产渔家海鲜菜系而名震津、京、冀地区的三星级酒店。

董事长 赵升云

升云大酒店在食客的肯定、政府各部门的支持下，2003年10月，董事长又耗资建立起来了四期工程，并改名为天津市升云海鲜酒店有限公司。内部装修全部采用名师设计，法式、欧式、日式、伊斯兰式等17种不同风格的豪华单间吸引更多的新顾客。

2004年3月，根据顾客需求，酒店又增加了水产品加工项目，采用真空包装，以填补大港区水产加工的空白，这一项目已得到顾客的认可欢迎！这时的升云酒店已经成为大港区餐饮行业的龙头企业。在它的引领和帮助下，古林街相应成立了几家大型饭店，古林街也正式成为名震天津市的海鲜一条街。

餐厅包房

在菜品方面年年都有获奖菜品，2001年11月在本市举办的特色菜比赛中获得五金八银六铜及三项优秀奖。12月被评为“天津市餐饮名店”。2002年2月又在全国各大菜系比赛中喜创佳绩，11月董事长赵昇云获得了全国餐饮管理成就奖，并出席人民大会堂颁奖仪式，几年来各项证书多达200本。

硬件的更新并不能完全满足酒店下一步发展的要求。对于酒店软件的配置，我们也做了相应的努力。打破原来的经营方式力图上进是我们酒店新纪元的目标。从北京聘请高级专业餐饮管理团队对酒店进行管理、培训并已获得一些成果。出品部也对菜品进行了更新，酒店自花费用外送4名厨师去新东方学习新式菜品的制作和加工，学成归来的他们为酒店菜品的制作又增加了一个亮点。

与国际同行接轨，加入国际旅游业行列，已经成为我们现下最重要的工作重心。不断努力、力求上进，我们将继续在党和政府的正确领导下开拓创新、与时俱进，在新的世纪里让“昇雲”再创辉煌。同时也希望得到政府部门的大力支持和帮助。使得升云大酒店开创新的里程碑。

客房标准间

天津科电石化科技发展有限公司

天津市CMA评审组来我公司进行审定

参展2012年度天津市信息技术博览会

天津科电石化科技发展有限公司（以下简称科电公司）成立于2006年12月26日，前身为天津石化电仪工程中心，座落在滨海新区（大港）天津石化公司行管区内。公司现有员工180余人，其中73%以上为大专及以上学历。其中工程技术及经济管理人员48人；中、高级工程师27人；高级仪表工、高级钳工和焊工36人；拥有注册建造师、注册工程造价师、注册设备监理工程师、注册安全工程师、信息系统集成工程师等20余人。持有二级电子工程资质、三级机电安装资质、三级建筑智能化工程资质、通信信息网络系统集成资质及天津市安全技术防范系统设计、安装、维修资质证书，通过了ISO 9000质量体系认证，取得国家高新技术企业认定、天津市科技型中小企业认定。其独立法人子公司—天津天科机电检测有限公司取得中国合格评定国家认可委员会颁发的阀门国家实验室CNAS认证及天津市技术质量监督局颁发的CMA计量认证。

科电公司是一家从事以信息服务为主的国家高新技术企业，目前主要承担中石化股份天津分公司、中沙（天津）石化公司的通信系统、计算机信息系统、安防监控系统、数字电视系统、计量仪表及数据采集系统、RFID一卡通系统等业务的系统集成及运行维护等技术服务。负责天津石化公司范围内约21000户固话、10000户宽带、21000户数字电视基础运营和增值业务。2013年科电公司通过投标成为中国联通大港分公司唯一维护外包服务商，负责永明路分局、胜利街分局、中塘分局近98000户的固话、宽带用户装拆移修维护外包工作。

科电公司多年来为石化系统提供电子信息系统的高新技术服务，具有开展物联网技术应用方案、系统集成、软件开发与系统维护的独特优势。同时，科电公司与天津大学建立了产学研联盟，共同研究物联网技术和开发相关产品，目前已完成石化大型仓储RFID管理系统、石油化工成品油长输管线防盗视频监控系统的研发工作，正在进行RFID石化铁路调度系统、农业物联网的技术研发。今后公司将在石油化工危险品管理、石油化工安全环保检测、资产管理、计量管理等领域开发物联网技术，为滨海新区和石化产业基地提供RFID技术、WSN无线传感技术、智能视频技术、无线通信技术等先进的物联网技术支持，成为打造滨海新区“智慧城市”和石化产业基地“智能化工厂”有力参与者和推动者。

科电公司在立足石化的同时，努力开拓外部市场，在天津南港工业区、中海油、中石油、滨海新区区政府等相关专业进行检修保运服务。科电公司秉承“优质服务、诚信经营、务实高效、创新发展”的企业理念和“为员工谋幸福、为社会做贡献”的价值观，全体员工同心同德，共谋企业发展，愿在“友谊、交流、合作、共赢”的基础上，为广大用户提供优质服务，同社会各界进行真诚合作，共同进步！

中国合格评定国家认可委员会
实验室认可证书
（注册号：CNAS L4262）
兹证明：
天津天科机电检测技术有限公司

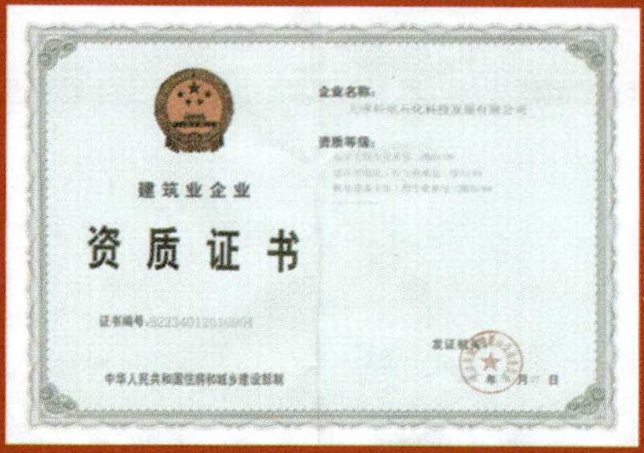

建筑业企业
资质证书

高新技术企业
证书
企业名称：天津科电石化科技发展有限公司

资质认定
计量认证证书